MASTERY

如何在自己
感兴趣的领域

出类拔萃

理想人生实现指南

[美] 罗伯特·格林 著　　黄淼 译

九州出版社
JIUZHOUPRESS

前　言

终极能力

　　每个人都要像雕刻家将原料精雕细琢为一件作品一样，去掌控自己的命运。但与从事其他所有艺术活动一样，我们几乎不可能天生就具备这样的能力。这种将原料打磨成我们想要的样子的能力，必须通过学习和精心培养才能获得。

　　——约翰·沃尔夫冈·冯·歌德（Johann Wolfgang von Goethe）

　　世上有一种能力和智慧代表了人类潜力的最佳状态。历史上最伟大的成就和发现都来源于此。这种能力和智慧，学校无法传授，教授无法解释，但几乎所有人都曾在某时某刻的自身经验中窥见其一斑。它常常会在我们非常紧张的时候光顾我们——面对最后期限时，迫切需要解决某个问题时，应对各种危机时。它也可能会在我们长时间沉浸于某项工作时出现。无论何种情况，在环境的压力下，我们都会感到异常的精力充沛和专注。我们的心思全然投入在眼前的工作中。这种高度的专注会激发出种种灵感——这些灵感会在我们睡觉时突然出现，仿佛是在我们无意识的状态下冒出来的。在这些时候，别人似乎不那么抗拒我们对他们的影响；这或许是因为我们更关注他们了，或许是因为我们可能有某种可以激发出他人尊敬的特殊能力。我们平日的生活可能消极被动，需要不停地应对这样或那样的事情，但是在这些时候，我们会觉得自己好像可以决定一些事情，达成一些目标。

我们可以这样来描述这种能力。大多数时候，我们都活在梦想、欲望、执念交织的内心世界中。但是在这段创造力非凡的时期，我们迫切想要做一些实实在在的事情。我们强迫自己走出内心世界的惯性思维，与世界、他人及现实连接起来。我们不再总是心不在焉，浮于事物的表面，而是一门心思地深入事物的核心。在这些时候，周遭世界的光明仿佛涌进了我们向外打开的心智，突然间暴露在新的细节和想法中的我们，变得更有灵感和创造力了。

一旦最后期限过了或危机解除，这种能力感和非凡的创造力就会逐渐消退。我们又会回到心不在焉的状态，控制感消失殆尽。如果我们能制造这种感觉就好了，或者哪怕让它持续得再久一些也好……可惜它似乎很神秘，难以捉摸。

我们面临的问题是：这种能力和智慧要么被忽略，没有人把它当作研究的对象；要么被各种迷思和误解重重包围，这反过来又为它平添了一份神秘感。我们以为创造力和才华是一种灵光乍现，源自天赋或好心情，或者与星象的排列有某种关联。若能扫清迷雾——给这种能力命名，了解它的由来，洞悉它背后的智慧，知道如何培养和保持它，将会对我们有极大的帮助。

让我们把这种能力称为**精通力**（mastery）——一种能更好地掌握现实、他人及自我的能力。普通人只能短暂地感受到这种能力，但是对各个领域的大师而言，这已经成了他们生活以及看待世界的方式。这些大师包括莱昂纳多·达·芬奇（Leonardo da Vinci）、拿破仑·波拿巴（Napoleon Bonaparte）、查尔斯·达尔文（Charles Darwin）、托马斯·爱迪生（Thomas Edison）、玛莎·葛兰姆（Martha Graham）等。这种能力从根本上讲是一种通往精通的简单过程，人人都可以获得。

这个过程可以用下面两个例子加以阐释：假设我们将要去学习钢琴，或开始一项需要掌握特定技能的新工作。起初，我们是门外汉，对钢琴或新工作环境抱着某种先入之见，并且这种先入之见中常常掺杂着一点担忧和害怕。刚开始学习钢琴的时候，键盘看起来真是令人颇有压力——我们不懂琴键之间的关系，也缺乏琴弦、踏板及演奏音乐的相关知识。在新的工作环境中，我们不了解人与人之间的权力关系、老板的心思以及对成功至关重要的处事规则。我们感到困惑——在这两个例子中我们所需要的知识都超出了我们的认知范围。

尽管一开始我们可能会怀着一种学习新知识和使用新技能的兴奋之情，但很快我们就会意识到有多少辛苦的工作在等着我们。这时对我们来说最可怕的就是，屈服于厌倦、急躁、恐惧和迷茫的情绪，停止观察和学习。因为一旦我们这样，通往精通的过程就停止了。

但是反过来说，如果我们能管理好这些情绪，把一切交给时间，让一切顺其自然，非凡的成就就开始酝酿了。随着对他人的观察和模仿，我们会慢慢了解一些规则，并知道事物是如何运转和相互协调的。如果我们坚持这种观察和学习，我们会越来越得心应手，因为掌握了基本技能，我们就可以迎接更新鲜和更刺激的挑战。我们开始能够看到之前觉察不到的联系。通过不断的坚持，我们慢慢相信自己有能力去解决问题或克服弱点。

到了一定的程度，我们从学习者变成了实践者。我们试验自己的想法，然后从这个过程中获取宝贵的反馈。我们用越来越有创造性的方式来运用我们不断扩展的知识。我们不再只是跟着别人学习如何做事，而是能够在实践过程中融入自己的风格和个性。

如果我们不断坚持这个过程，日积月累，另一个飞跃就会出现——达到精通。键盘不再陌生，它被我们记在了脑子里，成为神经系统和指尖的一部分。在工作中，我们也对人际互动和业务现状有了自己的感受。我们可以将这种感受应用到社交场合中，更深入地了解他人，预测他们的反应。我们可以迅速做出富有创造性的决策。灵感会找到我们。熟知规则的我们此时有能力打破或改写规则了。

在追求这一终极能力的过程中，有三个不同的阶段或水平。首先是**学徒阶段**；其次是**积极创造阶段**；最后是**精通阶段**。在第一阶段，我们是门外汉，还在尽可能多地学习基本原理和规则。我们只能窥见全局的一部分，因此能力有限。在第二阶段，通过大量的投入和实践，我们能看到组织的内部结构，以及事物之间是如何相互联系的，因此也能获得对自身领域更全面的认识。随之而来的是一种新的能力——试验并创造性地运用相关原理的能力。到了第三阶段，我们的知识、经验及专注程度都很深了，因而能够对全局了若指掌。我们触碰到了生命的核心——人性和自然现象。这就是大师们的作品能触动我们的内心的原因：能捕捉到关于事物本质的一些东西。这也是杰出的科学家能揭示新的物理法则，发明家或企业家能创造出别人想都没想过的东西的原因。

我们可以称这种能力为直觉力，但是直觉不过是对事物本质稍纵即逝的捕捉，无须形成语言或规则。语言和规则可能晚些时候才能形成，但这一闪而过的直觉才是带领我们接近真相的关键，因为我们的心智会突然被一些之前无人能见的真相粒子照亮。

动物也有学习能力，但这种学习能力很大程度上依赖于其连接周围环境和拯救自己于危难之中的本能。透过本能，动物可以快速高效地行动起来。而人类是凭借思考和理性来理解周围环境的。但是这种思考可能会很迟缓，并可能因为这种迟缓而变得无效。执念过多，内心思考过程过于复杂，往往会让我们与这个世界脱节。处于精通水平的直觉力是本能与理性、意识与无意识、人性与动物性的融合。这是我们与环境以及对事物本身的感受和思考建立快速而有力的联系的方式。孩童时期的我们都有一些这样的直觉力和自发性，但是它通常被日积月累的、超过我们心智负荷的信息赶离了我们。大师们重新回到了这种孩童般的状态，因而他们的作品能呈现出不同程度的自发性和接近无意识的状态，但是水平比孩童高出许多。

如果我们经历这个过程并到达这一终点，我们就能唤醒潜藏在自己大脑中的直觉力，那种当我们深入研究某个问题或参与某个项目时曾短暂体验过的能力。其实，我们在生活中常常会感受到这种能力——例如，在某些情况下，我们能隐约知道接下来会发生什么，或者我们能突然想到某个问题的完美答案。但是这些时刻是短暂的，而且我们也缺乏足以使之再现的经验。当我们达到精通时，这种直觉力就变成了一种可以由我们支配的力量，它是我们漫长经历的成果。同时，由于这个世界看重创造力和这种发现新的真相的能力，它也给我们带来了巨大的实际效果。

我们可以这样理解精通力：纵观历史，由于缺乏与现实的联系和影响周围世界的力量，男人和女人都感到被自身意识的局限性所困。他们寻求所有能够扩展意识和获得控制感的捷径，如巫术、催眠、咒语和毒品等。他们将自己的生命投入到炼金术当中，寻找点金石——一种能将一切物质变成金子的神秘莫测的东西。

对神秘捷径的渴求以成功速成法的形式延续至今，古老的秘密终于被揭开：仅仅是心态的改变，就能吸引正确的能量。所有这些捷径看似都包含一丝真实性和可行性——例如巫术对高度专注的强调，但最终都聚焦在一些并不存在的东西上——毫不费力地取得实际效果的方法、快速简单的解决方案、理想中的黄金国（the El Dorado）①。

与此同时，很多人在这些无尽的幻想中迷失了自我，从而忽略了自己实际拥有的力量。与巫术和过分简单的成功速成法不同，我们可以在历史上看到这种力量产生的实质影响——伟大的发现和发明、宏伟的建筑和艺术品、我们拥有的技术能力、所有大师的杰作。这种力量给拥有它的人带来与现实的某种联系和改变世界的能力，而这对于过去那些神秘主义者和巫师来说只能是梦想。

数百年来，人们在这种精通力周围筑起了高墙。他们称之为"天赋"，认为它难以企及。他们视其为特权的产物、与生俱来的天资或者与星象的排列有某种关联。他们使其看起来和巫术一样神秘莫测。但是那高墙本身就是想象出来的。真正的秘密是：我们拥有的大脑是600万年进化的成果，更重要的是，大脑的进化就是为了指引我们达到精通，我们人人都有这种潜力。

---

① 传说印加国王有一个巨大的宝藏，为当时世界上的第一大宝藏。1532 年，由于西班牙人的入侵，印加国王带着他的宝藏四处逃亡，最后来到了一个叫"帕提提"的小城。后来西班牙人把这座城称为"理想中的黄金国"，但至今无人知晓印加人的宝藏流落何方。——编者注

精通力的进化

> 我们做了 300 万年的狩猎采集者，也正是由于这种生活方式所带来的进化压力，我们才最终拥有了如此有适应力和创造力的大脑。如今，我们凭借着狩猎采集者的大脑立存于世。
>
> ——理查德·利基（Richard Leakey）

我们现在很难想象，600 万年前冒险涉足东非大草原的人类始祖其实是极其脆弱的生物。他们站起来还没有 5 英尺 [①] 高。他们能够直立行走，用双腿奔跑，但是速度远不及那些用四条腿追赶他们的敏捷的捕食者。他们瘦骨嶙峋，手臂没有什么防御力量。遇袭时，他们也没有利爪、尖牙或毒液可用。为了采集水果、坚果、昆虫或死肉，他们不得不迁入开阔的热带稀树草原。在那里，他们很容易成为豹子和鬣狗的猎物。身体弱、数量少的他们本应该很轻易地就被灭绝了。

然而，在几百万年的时间里（以进化的时间尺度来看，这几百万年是非常短暂的），我们这些在体格上毫不起眼的祖先把自己变成了这个星球上最强大的猎人。是什么可能导致了这一不可思议的转变呢？一些人推测，双腿直立行走使他们得以解放自己的双手，用对生拇指 [②] 和精准的抓握来制造工具。但是这种基于身体的解释没有抓住重点。我们的支配地位、我们的精通力，源于我们的大脑而非双手，

---

① 1 英尺 = 0.3048 米。——译者注
② 灵长类动物中的一些种类，相比于其他哺乳类动物来说，前足（上肢）的一个特点就是，拇指可以不同程度地和其他四指对握，因此也称作"对生拇指"。对生拇指赋予高级灵长类动物的一个显著功能就是能够抓握物品。这被认为是人类能够发展智力和工具的一个重要因素。——编者注

源于我们将大脑塑造成了自然界已知的最强大的工具——远胜于任何利爪。这一**智力转变**的根源是两个简单的生物学特征——**视觉特征和社交特征**。原始人类将这两个特征转化升级成了自身的能力。

我们的原始祖先是在树上繁衍生息了数百万年的灵长类动物的后代，他们在这个过程中进化出了自然界最出色的视觉系统之一。为了能在这个弱肉强食的世界中快速高效地行动，他们进化出了极其精妙的眼睛和肌肉协调能力。他们的眼睛慢慢地进化到正脸的位置，这让他们的双眼拥有了立体视觉。这套系统为大脑提供了高度精确和细致的三维视图，但是视野相当狭窄。侧眼动物或半侧眼动物通常是高效的捕食者，如猫头鹰和猫，因为它们需要用这种强大的视力去锁定远距离的猎物。而树栖灵长类动物进化出了可以让它们的视线更高效地在树枝间穿梭，以发现水果、浆果和昆虫的视觉，以及精妙的色觉。

当我们的原始祖先离开树林，迁往热带稀树草原的开阔草地时，他们使用的是直立行走的姿势。已经拥有强大的视觉系统的人类始祖能够看到很远的地方（长颈鹿和大象站着时更高，本应看得更远，但是它们的眼睛长在头的两侧，使得它们看见的是全景而非远景）。这让他们可以发现远处的捕食者，即使在暮色中也能察觉到它们的活动。只需几秒钟或几分钟，他们就能策划出一场安全撤退。如果他们关注的是身边的环境，他们也能够识别出环境里各类重要细节——捕食者路过的足迹或迹象，或他们可以捡来用作工具的岩石的颜色和形状。

在树梢，这种强大的视觉系统简直就是为了速度而生的——使人类始祖能快速看见机遇和危险并做出反应。在开阔的草地上，情况则完全相反。为了保障自身和族群的安全，找到食物，他们需要对环境进行长久而耐心的观察，找出有用的细节，并了解其意义。专注程度是我们的祖先能否存活的关键因素。他们观察得越久、越仔细，就越能分辨出环境中的机遇和危险。如果他们简单地扫一眼就可以看到很多细节，就会导致他们的大脑信息超载——敏锐的视觉带来过多的细节。因此，人类的视觉系统并不擅长扫视（牛擅长），而是擅长深度观察。

动物永远被困在当下。它们可以从最近发生的事情中学习，但是它们很容易被眼前的事物分散注意力。慢慢地，经过很长一段时间，我们的祖先克服了动物的这一基本弱点。他们能够长时间地注视任何事物却不会出现哪怕几秒钟的分心，这使得他们能够暂时将自己从周围环境中抽离出来。如此一来，他们就可以发现事物的规律，进行归纳总结，并为未来提前做好准备；他们也有心力去思考和反省，尽管程度极小。

这些早期人类进化出的、从周围环境中抽离出来的思考能力，成为他们躲避捕食者和发现食物的最大优势。他们也因此连接到了其他动物无法触及的现实。这一层面的思考是所有进化中唯一且最伟大的转折点——意识和理性大脑的出现。

第二个生物学特征虽然不太明显，但其影响力同样强大。所有灵长类动物本质上都是社会性生物，但是由于人类始祖在开阔的地方极易成为猎物，他们对群体凝聚力有着更迫切的需求。他们要依靠群体来监视捕食者和采集食物。因此，这些早期的原始人类比其他灵长类动物有更多的社会交往。经过数十万年的进化，他们越来越擅长社交，这使得这些原始祖先们能进行更高层次的合作。并且，就像我们对自然环境的理解一样，社交智慧的发展也需要深度的专注。在一个关系密切的群体中，误读社交信号可能会引发高度的危险。

通过对视觉和社交这两个生物学特征的精细发展，我们的原始祖先在大约 200 万至 300 万年前就创造和发展出了复杂的狩猎技能。渐渐地，他们变得越来越有创造力，并把这项复杂的技能精进为一门艺术。他们成了季节性的狩猎者，行遍欧亚大陆，能够适应各种气候。在这个快速进化的过程中，大约 20 万年前，他们的大脑长到了几乎与现代人类的大脑相同的大小。

20 世纪 90 年代，一群意大利神经学家的发现有助于解释为什么我们的原始祖先的狩猎技能可以日益增长，进而解释为什么今天的我们可以拥有精通力。在研究猴子的大脑时，神经学家们发现，特定的运动控制神经元不只会在猴子们做出特定动作时被激活（如拉动枝干摘果子或抓住一根香蕉），当猴子们看到其他猴子做出相同动作时，这些神经元也会被激活。这些神经元后来被命名为**"镜像神经元"**（mirror neurons）。镜像神经元的激活意味着，这些灵长类动物在做出和看到相同的动作时会体验到类似的感受，这使得它们能够对同伴感同身受，并感知到同伴的动作，仿佛自己也做了相同的动作一样。这也许就解释了为什么许多灵长类动物具备模仿能力，也解释了为什么黑猩猩能准确地预见对手的计划和行动。据推测，这种神经元是因为灵长类动物生活的社交性进化而来的。

最近的实验已经证明了人类也有这种神经元，但是更为精妙。猴子和灵长类动物可以从同伴的角度理解某一动作并猜测其意图。但是人类可以更进一步，无须任何视觉提示或他人做出任何动作，就能将**自己代入他人的思维中**，想象他们可能在想些什么。

对我们的祖先来说，镜像神经元的精细发展能让他们从最细微的迹象中读懂他人的需求，进而提高他们的社交技能。这在工具制造中同样起到了关键作用——一个人可以通过模仿行家来制造工具。但可能最重要的是，镜像神经元使我们的祖先有能力代入周围一切事物之中进行思考。经过多年对某些动物的研究，他们可以模仿这些动物并像它们一样思考，预测其行为规律，从而提高自己追踪和捕杀猎物的能力。这种代入思考的方法还可以应用在其他事物上。在制造石头工具时，熟练的工具匠会产生一种自己与自己用来切割石头或木头的机器合而为一的感觉，它们仿佛是他们双手的延伸。他们感觉这些机器仿佛就是自己身体的一部分，无论是在制造工具还是在使用工具的过程中，他们都能更大程度地控制这些机器。

只需要几年的经验，这种思考的力量就可以迸发出来。追踪猎物、加工工具这些技能一旦被掌握，就可以自动发挥作用，因此在练习使用这些技能时，他们的头脑不再需要专注于相关的具体动作上，而是可以去关注一些更高层次的内容——猎物可能在想什么，工具如何变得更顺手。这种代入思考的方法可以说是第三阶段的精通力的语前版本——相当于莱昂纳多·达·芬奇对解剖学和地理学的直觉，或迈克尔·法拉第（Michael Faraday）对电磁学的直觉。拥有这种程度的精通力使我们的祖先能够快速高效地做出决定，并对自己的环境和猎物有全面的认识。假如这种能力没有进化出来，一次成功狩猎所要处理的海量信息很容易就会让我们的祖先的大脑不堪重负。在语言发明前的几十万年间，他们就已经进化出了直觉力。这也是为什么在我们体验到这种智慧时，会觉得它是一种语前的东西，一种我们无法用语言将其描述出来的能力。

要明白，这段漫长的时间在我们的心智发展过程中起到了关键的基本作用。它从根本上改变了我们和时间的关系。对动物来说，时间是最大的敌人。如果它被捕食者盯上了，在一个地方徘徊太久可能会导致瞬间的死亡。如果它们是捕食者，等待太久只会让猎物跑掉。时间还会让它们的身体衰退。而我们的狩猎祖先在相当大的程度上逆转了这一过程。他们观察事物的时间越久，对事物的认识就会越深刻，与现实的联系也会越紧密。随着经验的积累，他们的狩猎技能会更进一步。随着不断地练习，他们制造高效工具的能力也会提升。他们的身体虽然会衰退，但是他们的头脑会不断地学习和适应。而时间就是达到精通的关键要素。

可以说，是与时间的这种革命性关系从根本上改变了人类思维本身，并赋予了它某种特质或规律。当我们愿意花时间潜心钻研时，当我们坚信岁月的磨砺会带给我们精通力时，我们就是在遵循人类思维这一历经数百万年发展而来的杰出工具的运转规律。我们必然会走向更高层次的智力水平。我们会看得更深刻、更真切。我们用技能进行实践和创作。我们学会了独立思考。我们变得有能力应对复杂的局面，而不会轻易被压垮。沿着这条道路，我们成了**人类智者**（Homo magister），超越了男人和女人的性别界限。

当我们相信自己可以略过某些步骤，避开某些过程，通过政治关系或简单的速成法，或者依靠我们的天赋，奇迹般地获得力量时，我们就背弃了思维的运转规律，逆转了我们的自然力量。我们会变成时间的奴隶——随着时间的流逝，我们会愈发虚弱和能力不济，最后被困在某个没有前途的工作中。我们会变成他人看法和恐惧的俘虏。我们的思想将不再把我们与现实相连，我们会变得与世隔绝，并被锁在一个狭窄的思想囚笼里。依靠专注力生存的人类现在变成了心猿意马的动物，无法深入思考，也无法依靠本能。

只有最愚蠢的人才会相信，他们可以在自己短暂的一生中，在自己区区几十年有意识的生命里，通过技术或者一厢情愿的想法重置自己的大脑，摆脱 600 万年进化的影响。违背思维的运转规律可能会给我们带来暂时的快乐，但是时间会毫不留情地暴露你的弱点和急躁。

对我们所有人来说，最大的救赎就是，我们继承了一种可塑性极强的思维能力。我们的狩猎采集祖先在漫长的岁月中，通过创造一种可以学习、改变和适应周围环境的文化，成功地将我们的大脑塑造成了如今的模样，从而使我们不至沦为极其缓慢的自然进化的囚徒。作为现代个体，我们的大脑有着同样的能力和可塑性。在任何时候，我们都可以选择调整自己与时间的关系，遵循思维的运转规律，了解它的存在和力量。慢慢地，我们就可以扭转不良习惯和被动状态，在智慧的阶梯上向上迈进。

我们要将这种转变视作人类对自己的深刻过去的一种回归，以一种现代的形式与我们的狩猎采集祖先相连，并保持一种紧密的连续性。我们与我们的狩猎采集祖先身处的环境可能不同，但是我们的大脑在本质上是相同的，其学习、适应和掌握时间的力量是一致的。

精通力的关键

一个人应该学会去发现、去关注自己心灵深处那一闪而过的智慧微光，而不是从诗人和贤哲们的天空中寻找光彩。他也不可忽视自己的思想，因为这是他自己的。在天才的每一个作品中，我们都会看到那些曾被自己抛弃的想法，但当它们回到我们身边时，却带上了某种陌生的威严。

——拉尔夫·瓦多·爱默生（Ralph Waldo Emerson）

如果所有人一出生都有着本质上相似的大脑，其结构和达到精通的潜力大致相同，那为什么历史上只有少数人似乎真正意识到并超越了这种潜力？当然，从实际意义上来说，这是我们要回答的最重要的问题。

有关沃尔夫冈·阿玛多伊斯·莫扎特（Wolfgang Amadeus Mozart）或莱昂纳多·达·芬奇这类人的非凡成就的常见解释，都是围绕着天赋和才华而展开的。除了天生的某些因素外，还能对他们那些令人惊异的成就做何解释呢？在某些领域展现出过人的技能和天赋的孩子成千上万，他们中能有所成就的人却相当少。反而是那些年少时期没那么出色的人，常常会取得更多的成就。由此可见，天赋和高智商并不能保证一个人未来的成就。

弗兰西斯·高尔顿（Francis Galton）和他的表哥查尔斯·达尔文（Charles Darwin）两人的反转人生就是一个典型的例子。众所周知，高尔顿是一个智商极高的超级天才。他的智商比达尔文高出很多（这些是在智商测量技术发明多年后，专家所做的估算）。高尔顿是一个天才少年，大家都以为他长大后会拥有杰出的科学事业，但是他从未在自己所涉足的任何领域达到过精通。他是出了名的样样都通，样样稀松，这一点在神童身上很常见。

相比之下，达尔文被誉为杰出的科学家，这就很名副其实了。达尔文是少数几个彻底改变我们对生命的看法的人之一。正如达尔文自己认为的那样："我是一个非常普通的男孩，智力低于一般人……我没有超强的理解能力……我很难进行长时间的抽象思考。"但是，达尔文身上一定有高尔顿所缺少的某种东西。

如果我们对达尔文的早期生活进行多方面的了解，就可以为这个谜题找到答案。儿童时期的达尔文对收集生物标本情有独钟。作为医生的父亲希望他子承父业，于是把他送进了爱丁堡大学（University of Edinburgh）学习医学。达尔文不喜欢这个专业，在学业上表现平平。他的父亲为自己的儿子可能会一辈子碌碌无为而感到绝望，于是为他在教堂里谋得了一个职位。就在达尔文为这份工作做准备的时候，之前的一位教授告诉他，贝格尔号①即将离港进行环球航行，需要一名随船生物学家与船员同行，收集能带回英国的标本。达尔文不顾父亲的反对，接受了这份工作。因为，在他的内心有某种东西吸引着他参加这次航行。

突然间，他对收集标本的热情得到了完美的释放。在南美洲，他可以收集到最令人称奇的系列标本，还有化石和骨头。他可以将自己对地球上生命多样性的兴趣和更大的命题联系起来——有关物种起源的主要问题。他将全部的精力投入这项事业中，积少成多的标本慢慢在他的脑海里勾勒出一个理论的雏形。经过 5 年的海上生活，他回到英国，并将余生全部奉献给一项工作——阐释他的进化论。在这个过程中，他不得不处理大量辛苦乏味的工作——例如，有长达 8 年的时间，他只研究藤壶②，就是为了取得生物学家的资格；他还必须发展出

---

① 贝格尔号（the HMS Beagle），英国皇家海军舰艇，又译"小猎犬"号。——译者注
② 藤壶（barnacle），俗称"触""马牙"等，是一种附着于海边岩石、沿岸码头、船底、海底电缆等处，有着石灰质外壳的节肢动物，常会形成密集的群落。——编者注

高超的政治和社交技能，以应对维多利亚时期的英国对进化论的所有偏见。支撑他走过这一漫长过程的是他对生物学的强烈热爱和情结。

这个故事中的一些基本元素在历史上所有大师的生平经历中都出现过：年轻时的热爱或偏好、一个使他们发现如何运用自己的兴趣的偶然机会、一段让他们保持活力与专注的学徒经历。在这个过程中，他们凭借更加勤奋的练习和更快的行动超越他人，而所有这一切都源于他们渴望学习的热情和他们对自己所研究的领域的深厚感情。其实，这种高强度努力的核心是一种遗传和先天的品质——不是必须经过后天培养的才华，而是对某一主题深刻而强烈的**天生倾向**（inclination）。

这种天生倾向反映了个人的独特性。这种独特性不只带有诗意或哲学的意味，并且是科学事实——我们每个人的基因都是独一无二的，我们每个人的基因组成都空前绝后。这种独特性通过我们对某一活动或研究主题的天然偏爱而体现出来。这种天生倾向可以是对音乐或数学、某种运动或游戏的，也可以是对解决谜一样的问题、修补东西和建造房屋，或者舞文弄墨的。

那些因后来的成就而脱颖而出的人会比其他人对这种天生倾向有着更深刻和清晰的体会。他们将它视为内心的召唤。它常常支配着他们的思想和梦想。不管是靠偶然的机会还是纯粹的努力，他们都找到了一条能让自己的天生倾向蓬勃发展的职业道路。这种强烈的天生倾向和渴望使他们能够经受住这个过程中的痛苦——自我怀疑、单调乏味的练习和研究、不可避免的挫折、嫉妒者无尽的冷嘲热讽。他们练就了旁人缺乏的韧性和信心。

在我们的文化中，我们往往会将思维和智力上的能力等同于成功和成就。然而在很多情况下，将某个领域的大师和许多只是在这一领域从事一份工作的人区别开来的，是情感因素。相比于纯粹的理性思维能力，我们的欲望、耐心、毅力和信心的水平对成功的影响更大。当我们感到有动力和有活力的时候，我们几乎可以克服任何困难。而当我们感到无聊和不安的时候，我们的头脑就会停止运转，我们就会变得越发消极。

过去，只有精英阶层或精力、动力都超凡的人才可以追求自己选择的事业并真正掌控它。一个人是从军还是从政，多半是因为他出生于相应的家庭。如果他恰巧展现出对所从事工作的天赋和渴望，那多半是巧合。千千万万不属于相应的社会阶层、性别和种族的人被严格排除在追求内心渴望的可能性之外。即使他们想遵从自己的天生倾向，但是获取自己所偏爱领域的相关信息和知识的渠道也被精英阶层牢牢把持着。这就是过去的大师数量相对较少但成就非常突出的原因。

然而今天，这些社会和政治的壁垒几乎已经完全消失。我们可以获取过去的大师们梦寐以求的信息和知识。我们拥有前所未有的能力和自由，去靠近作为我们所有人的基因独特性而存在的天生倾向。是时候揭开"天才"一词的神秘面纱了。我们都比自己想象的更接近这种智慧。（"genius"一词源自拉丁语，原意是指看护每个人出生的守护神，后来指使每个人独一无二的先天素养。）

尽管我们可能会发现自己正处于一个富于精通的可能性的历史时刻，越来越多的人可以朝着自己的天生倾向前进，但实际上我们还面临着获取这种能力的最后一个障碍，一个文化层面的潜在危险："精通力"这一概念本身遭到了质疑，与某种过时的甚至令人讨厌的东西联系在了一起。通常，它不被人们视作一种值得追求的东西。这种价值观上的变化是最近才出现的，与我们这个时代特有的环境息息相关。

我们生活在一个似乎越来越脱离我们掌控的世界。我们的谋生手段受到了全球化力量的影响。我们面临的问题——经济问题、环境问题或其他方面的问题——无法仅凭一己之力解决。政客们对我们的愿望漠不关心。当人们感到不堪重负时的一种自然反应就是，退回各种各样的被动状态。如果我们在生活中不做过多尝试，如果我们在自己的舒适区里行动，我们就会给自己一种自己已经掌控了局面的错觉。我们尝试得越少，失败的机会就越少。如果我们佯装不用真的为自己的命运和生活际遇负责，那么这种明显的无力感会让人觉得更加心安理得。因此，我们会被这些说法所吸引：我们做什么主要是由基因决定的；我们是自己所处时代的产物；个体只是一场虚妄；人类行为可以被简化为统计学上的趋势。

很多人进一步扭曲了这种价值观的变化，给自己的消极披上了一层积极的外衣。他们将那些对自己失去控制而自我毁灭的艺术家浪漫化。在他们看来，任何给他们带来约束或需要他们努力的事情似乎都是烦人和迂腐的：真正重要的是艺术作品背后的感觉，而任何关于创作手法或作品的秘诀都破坏了这个原则。于是，他们开始接受那些生产成本低、生产速度快的东西。那种必须要付出很多努力才能得到所渴求的东西的想法，已经被能替他们做很多工作的设备的涌现所侵蚀，并在他们的心中催生出一种"一切都是理所应当的"的想法——他们天生有权享有和消费他们想要的东西。"既然我们可以用一点点努力就换来这么多权力，又何苦花费多年的时间去达到精通呢？技术会解决一切"。这种消极的态度甚至会站在道德的立场："精通力和权力都是邪恶的；它们是压迫我们的父权制精英们的领地；权力本质上就是坏的；我们最好完全退出这个体系。"或者至少让它看起来如此。

一不小心，你就会发现这种态度在潜移默化地影响着你。你会不自觉地低估自己一生能实现的成就。这可能会把你的努力程度和自律程度降低到有效水平之下。如果你想遵照社会规范，你就会更多地听从别人的而不是自己的声音。你可能会根据同龄人和父母的意见选择一条职业道路，或者选择一条看起来能赚钱的职业道路。如果你与自己内心的召唤失联，你可能会在生活中获得一些成功，但是最终你会失去真正的渴望。你的工作会变得机械。你开始放纵自己，及时行乐。这样的你会变得越发被动，永远无法迈过第一阶段。你可能会变得懊恼和失望，却一点也意识不到，这一切的根源在于你远离了自己的创造潜力。

在为时未晚之前，你必须找到自己的天生倾向，充分利用你所处的这个时代带给你的极好的机会。你的渴望以及你与工作的情感联系至关重要，是通往精通之路的关键。你可以让这些时间上的被动为你所用，并通过以下两种重要方式激励自己进步。

首先，你必须把自己试图获得精通力的尝试看作极其必要和积极的事情。这个世界充满了问题，其中许多都源于我们自己。解决这些问题需要大量的努力和创造力。仅仅靠基因、技术、巫术或待人亲切真诚，是救不了我们的。我们不仅需要精力去解决实际问题，还要建立新的体系和秩序来适应我们发生了变化的环境。我们必须创造我们自己的世界，否则就会无所作为地死去。我们需要找到数百万年前使我们人类这一个物种延续下来的方式，这可以让我们回到"精通力"

这一概念的本质。达到精通的目的不是主宰大自然或他人，而是决定我们自己的命运。消极讽刺的态度既不酷也不浪漫，并且是可悲又有害的。一个大师能够在现代世界中取得什么样的成就，你正在为此树立一个标杆。你正在为最重要的人类事业贡献力量——人类在停滞不前的年代里的生存与繁荣。

其次，你必须使自己相信：人们是通过生活中的行动来获得与之匹配的思维和智力的。尽管现在很流行从基因角度来解释我们的行为，但是神经学的最新发现正在推翻长久以来的"大脑是由基因决定的"的观点。科学家们正在试图证明大脑在何种程度上是可塑的——我们的想法是如何决定我们的精神世界的。他们正在探索意志力和生理机能之间的关系，以及思维对我们的健康和功能可以产生的影响的深刻程度。我们的某些心理活动会对我们创建各种生活模式产生多么深刻的影响——即我们是如何真正地对自己的际遇负责的，关于这一点可能会有越来越多的发现。

消极的人们所创造的精神世界相当贫瘠。由于他们的经验和行动有限，他们大脑里所有的连接都因疏于使用而消失了。要对抗这个时代的消极趋势，你必须努力看到你能在多大程度上掌控自己所处的环境，并创造你想要的那种智慧——不是通过毒品，而是通过行动。释放内在的真正渴望，你将成为探索人类意志力拓展极限的先锋。

从许多角度来看，从一个智力水平迈向另一个智力水平可以被看作一种转变仪式。随着你的进步，旧的想法和观点会消失；随着新的力量的释放，你开始站在新的高度去审视这个世界。将本书看作引导你经历这一转变过程的宝贵工具。本书旨在引导你从精通力的最低阶段走到精通力的最高阶段。它会帮助你迈出第一步——发现你的**人生使命**（Life's Task），并开辟一条引导你实现各阶段成就的道路。它会建议你如何充分利用学徒阶段——各种观察和学习策略会在这个阶段最大限度地帮助你；如何找到完美的人生导师；如何解读政治行为中不成文的规则；如何培养社交智慧；以及最后，如何找出离开学徒阶段这个"安乐窝"的时机，主动出击，进入积极创造阶段。

本书会告诉你如何在精通阶段继续学习。它会教给你一些永不过时的策略，从而创造性地解决问题、保持你思维的流动性和适应性。它会告诉你如何更方便地进入智力的无意识和原始层次，以及如何忍受避免不了的嫉妒者的冷嘲热讽。它会讲清楚通过精通某一领域你会获得什么力量，引导你朝着直觉和内心感受到的方向选择自己要发展的领域。最后，它会给你介绍一套人生哲学，以及一种能使你更容易遵循这条道路的思维方法。

本书的观点基于大量的神经和认知科学的研究、有关创造力的研究，以及历史上最杰出的大师们的传记。这些大师包括莱昂纳多·达·芬奇、白隐禅师（Zen Master Hakuin）、本杰明·富兰克林（Benjamin Franklin）、沃尔夫冈·阿玛多伊斯·莫扎特、约翰·沃尔夫冈·冯·歌德，诗人约翰·济慈（John Keats），科学家迈克尔·法拉第、查尔斯·达尔文、托马斯·爱迪生、阿尔伯特·爱因斯坦（Albert Einstein）、亨利·福特（Henry Ford），作家马赛尔·普鲁斯特（Marcel Proust），舞蹈家玛莎·葛兰姆，发明家巴克敏斯特·富勒（Buckminster Fuller），爵士艺术家约翰·柯川（John Coltrane），以及钢琴家格伦·古尔德（Glenn Gould）。

为了弄清楚这种智慧如何应用于现代世界，我们还详细采访了9位当代大师。他们是神经学家维莱亚努尔·苏布拉马尼安·拉马钱德兰（Vilayanur Subramanian Ramachandran），人类语言学家丹尼尔·埃弗雷特（Daniel Everett），电脑工程师、作家、科技创业公司的幕后操纵者保罗·格雷厄姆（Paul Graham），建筑工程师圣地亚哥·卡拉特拉瓦（Santiago Calatrava），前拳击手、现在是教练的弗莱迪·罗奇（Freddie Roach），机器人工程师和环保技术设计师松冈容子（Yoky Matsuoka），视觉艺术家特瑞西塔·费尔南德斯（Teresita Fernández），畜牧学教授和工业设计师坦普·葛兰汀（Temple Grandin），以及美国空军战斗机王牌飞行员塞萨尔·罗德里格斯（Cesar Rodriguez）。

这些不同的当代人物的人生故事推翻了"精通力某种程度上已经过时，或它是属于精英阶层的"的观念。他们来自不同的背景、社会阶层和种族。他们的精通力明显是他们努力和积极进取的结果，而不是与生俱来的或某种特权赋予的。他们的故事同样揭示了这种精通力如何适用于我们的时代，以及它能带给我们的巨大力量。

本书的结构很简单，共分为6个章节，并按照达到精通所要经历的过程循序渐进。第1章是起点——发现你内心的召唤和人生使命。第2—4章讨论了学徒阶段的不同要素（学习技能、与导师共事、获取社交智慧）。第5章专门介绍了积极创造阶段。第6章解读了终极目标——精通阶段。每一章都会以一位能说明本章宗旨的标志性历史人物的故事作为开始；接下来是每章的"精通力的关键"一节，这一节会给你更多关于对应阶段的细节分析、如何把这些知识应用到自身情况的具体想法，以及充分利用这些想法所必需的心态；之后的一节会详细介绍古今大师们的策略——他们使用的各种推动自己在这个过程中前进的方法。这些策略旨在让你对如何应用本书的想法更有感觉，并激励你追随大师们的脚步，证明精通阶段是完全可以达到的。

9位当代大师和某些历史上的大师的故事将贯穿于多个章节之中。因此为了回顾他们在前一阶段的生活中发生的事情，个别传记信息可能会存在些许重复。括号内的页码指的是前文叙述过的页码。

最后，千万别把从一个智力水平迈向另一个智力水平的转变过程仅仅看作线性地朝着精通阶段这一终极目标前进的过程。你的整个人生都是一个运用你的学习技能的学徒生涯。只要你留心，发生在你身上的一切都是某种形式的指引。你在深入学习一项技能时所获得的创造力必须不断地更新，因此你要不断地强迫你的大脑回到开放的状态。甚至，你也必须在你的一生中不断更新你的职业知识，因为环境的变化会迫使你调整它的方向。

在通往精通的过程中，你的思想将更靠近现实和生命本身。任何有生命力的事物都处于一种持续变化或运动的状态。你一停下来，认为自己已经达到了想要的水平，你大脑的一部分就会进入衰退阶段。你就会失去辛苦获得的创造力，并且其他人也会察觉到。这是一种必须不断更新否则就会消亡的能力或智慧。

不要再讨论天赋异禀、天生才华了！我们可以列举出各种没什么天赋的伟人。他们获得伟大的成就，变成"天才"（正如我们所说的），凭借的是某些品质，而缺乏这些品质的人即使知道这些品质什么，也不会引以为荣：他们都拥有高效工匠的严谨，会在冒险创造整体作品前先学习如何正确地打造各个部件；他们会给自己留足时间，因为对他们来说，将一些微小的、不重要的事情做好的乐趣，远远超过一个令人眼花缭乱的整体效果所带来的乐趣。

——弗里德里希·尼采（Friedrich Nietzsche）

目　录

第1章
发现你内心的召唤：人生使命

　　你拥有一种内在力量，它力图指引你完成你的人生使命——你在有生之年必须要完成的事情。童年时，这种力量对你来说十分清晰。它会把你引向适合自己天生倾向的活动和主题，点燃你内心深处原始的好奇心。长大后，当你更多地倾听父母和同龄人的意见以及每天折磨你的焦虑时，这种力量就会变得时隐时现。这会成为你不快乐的根源——你与自己的本色和独一无二之处失联了。通往精通的第一步总是指向内心——了解真正的自己，并与内在的力量重新连接。清楚地知道这一点，你将会找到正确的职业道路，其他一切也会水到渠成。无论什么时候开启这段旅程都不晚。

隐藏的力量

　　1519 年 4 月底，病了数月的画家莱昂纳多·达·芬奇认定自己将不久于人世。此时，达·芬奇[①]作为法国国王弗朗索瓦一世（François I）的私人贵客，已经在法国的克卢克堡住了两年。国王赐予了他大量的钱财和荣誉，视他为意大利文艺复兴的化身，想要经他把文艺复兴引入法国。达·芬奇会在各种重要的事务上给国王提供建议，这给国王带来了很大的帮助。但此时达·芬奇已经 67 岁了，他的生命行将终止，他的心思转到了其他事情上。他立了遗嘱，在教堂领了圣餐，然后回到床上，等待生命最后一刻的降临。

　　他躺在那儿的时候，他的几位朋友——包括国王——来探望他。他们发现达·芬奇满腹心事。他往常不是一个愿意谈论自己的人，但是现在却聊起了有关自己童年和青年时期的记忆，细细说着自己曲折离奇的一生。

　　达·芬奇一直有一种强烈的使命感，他被一个问题困扰了多年：是否存在一种源自内心的力量，这种力量能驱使万物生长和蜕变？如果这种力量真的存在于自然界中，他想去发现它，于是他努力在自己研究的所有事物中寻找它的踪迹。这成了一种执念。现在，在他临终前的几个小时里，在朋友们离开之后，达·芬奇几乎肯定会将这个问

---

① 原文此处为"莱昂纳多"，但中国读者习惯称呼他为"达·芬奇"，故此处及后文的"莱昂纳多"均改为"达·芬奇"，且书中不是全名的"达·芬奇"均指莱昂纳多·达·芬奇。——编者注

题以某种方式应用到自己的人生之谜中，搜寻敦促他不断发展并指引他走到今日的某种力量或命运迹象。

达·芬奇先是回忆了自己在芬奇村（佛罗伦萨城外约 20 英里[①]处的一个村庄）的童年时光。他的父亲皮耶罗·达·芬奇（Ser Piero da Vinci）虽然是一名公证人和有权势的资产阶级的中坚分子，但是由于达·芬奇是私生子，他被禁止上大学或从事任何贵族职业。因此，他受到的学校教育极其有限，童年时的达·芬奇大部分时候都是自己待着。他最喜欢沿着芬奇村外橄榄树林的某条小径去探寻不同的风景——到处都是野猪的茂密树林、从湍急的溪流倾泻而下的瀑布、在水池上空飞掠而过的天鹅、长在悬崖边的奇花异草。这片树林中丰富多彩的生命深深地吸引着他。

一天，他溜进父亲的办公室偷拿了一些纸张——纸在那时是非常珍贵的物品，但因为他的父亲是公证人，所以有很多。他带着纸张走入橄榄树林，坐在一块岩石上开始勾画周围的各种景象。他日复一日地在橄榄树林里做着这件事情；即便有时天气不好，他也会找个有遮盖的地方作画。他没有老师，没有画作可参考；他将大自然作为模特，全凭自己的眼睛去观察。他发现作画时，他必须比平常更仔细地去观察，才能捕捉到事物身上栩栩如生的细节。

一次，他要素描一朵白色鸢尾花，在细细端详之后，他被鸢尾花奇特的形状给迷住了。鸢尾花起初只是一粒种子，在经历了不同的生命阶段之后最终蜕变成一朵花（这一切已在过去的几年里都被他画了下来）。是什么让这种植物能够经历它不同的生命阶段，并最终开出

---

① 1 英里 ≈ 1.609 3 千米。——编者注

如此华丽的花朵，变得如此与众不同？或许有一种力量在推动它经历这些不同的变化。他还想知道这些花在接下来的几年里又会有什么其他的变化。

独自躺在病榻上，达·芬奇又回想起了自己在佛罗伦萨画家安德烈·德尔·韦罗基奥（Andrea del Verrocchio）的画室当学徒的最初几年。他 14 岁的时候就由于出色的绘画水平，在那里得到了认可。韦罗基奥会教给学徒们在画室工作所需要的全部知识——工程学、力学、化学和冶金学。达·芬奇如饥似渴地学习着所有这些知识，但是很快他就发现自己心里有一个声音：他不能只是简单地完成一项任务；他需要把它变成自己的东西，去创作新的作品而不是一味地模仿大师。

一次，画室要求他在韦罗基奥的一幅《圣经》题材的巨幅画作中画一位天使。他决心要用自己的方式让画作中的这一部分生动起来。首先，他在天使的前方画了一个花坛，但他没有在花坛里画那些司空见惯的植物，而是怀着一种前所未有的科学严谨的态度画上了他童年时曾仔细研究过的花卉标本。然后，画天使面孔的时候，他用各种颜料调制出了一种新的颜料，这种新的颜料色彩很柔和，能呈现出天使纯洁庄严的气质。（为了刻画这种气质，达·芬奇还花了一些时间在当地的教堂里观察那些虔诚的祈祷者，其中一位年轻人的表情就是画中天使的原型。）最后，画天使翅膀的时候，他又决心要尝试一种全新的写实风格。

为此，他到花鸟市场买了几只鸟。他花了很长时间画它们的翅膀，以及这些翅膀与它们的身体连接的形态。他想画出这样一种感觉，即这些翅膀就像是从天使的肩膀里长出来的一样，并且能带着天使飞翔。像往常一样，这幅画作完成后，达·芬奇并没有止步于此。他开始迷上了鸟类，并且一个新的想法开始在他的脑海中酝酿——如果可以弄清楚鸟类飞行背后的科学原理，或许人类真的可以飞起来。于是，他开始每周都抽出几小时阅读和研究所有能找到的有关鸟类的资料。他的思维就是这样运转的——从一个想法转到另一个想法。

达·芬奇肯定也回忆起了自己人生的低谷。1481年，教皇请洛伦佐·德·美第奇（Lorenzo de' Medici）推荐一些佛罗伦萨最好的画家来装饰他刚刚建好的西斯廷教堂（Sistine Chapel）。洛伦佐遵照教皇的要求，把佛罗伦萨最好的一批画家都送到了罗马，但不包括达·芬奇。他俩的关系一直不太融洽。洛伦佐热爱文学，尤其沉迷于古典文学；而达·芬奇不懂拉丁语，对古人也知之甚少，他天生就更喜欢科学。让达·芬奇对这次被冷落的遭遇感到痛苦的其实另有原因——他开始痛恨画家们为了得到皇室的青睐而不得不依赖他们，讨厌只能一次又一次地依靠皇室的委托来维持生计。他已经厌倦了佛罗伦萨和统治那里的宫廷政治。

他做出了一项彻底改变他生活的决定：他要到米兰去安家立业，为自己的生计另谋出路。他不要只做一个画家。他要追求自己感兴趣的所有艺术和科学——建筑学、军事工程学、水利学、解剖学和雕塑艺术。不管是哪个贵族或艺术赞助者需要他，他都可以全方位地胜任，以此来获得一笔不错的佣金。他认为，他的思维在同时处理几个不同的项目时运转得最好，因为这样可以让他在这些项目之间建立各种联系。

回忆还在继续，达·芬奇想起了在这个新的人生阶段他接受的一项重要委托——为纪念米兰时任公爵的父亲弗朗西斯科·斯福尔扎

（Francesco Sforza）而建造一个巨大的青铜骑马雕塑。这对他来说是个极诱人的挑战。这个雕塑的大小是自古罗马以来没人见过的，铸造如此巨大的青铜雕塑所需要的浩大工程令同时代的所有雕塑家都望而却步。达·芬奇花了数月时间进行设计，并且为了测试效果，他还仿造了一座一模一样的泥雕，把它放在米兰最大的广场上展览。这座泥雕有一栋大楼那么大。围观的人们都对它惊叹不已——它的高大、它扬蹄的身姿以及它给人们所带来的震撼。泥雕的事情很快传遍了意大利，人们都急切地等待着青铜马雕的建成。为此，达·芬奇发明了一种全新的铸造方式。他没有去分别铸造马儿身体的各个部分，而是制造了一个完整马儿的模具（使用的是他自己混合制成的一种不寻常的材料），进行整体浇铸。这样的铸造方式可以使马儿的外观更加生动、自然。

然而几个月后，战争爆发了，公爵需要用能弄到手的所有青铜造大炮。最终，泥雕被拆除，青铜马雕也未能建成。雕塑家们都在看达·芬奇的笑话，认为他愚不可及——要知道，他可是花了很长时间才找到这个完美的解决方案的，没想到却事与愿违。甚至连米开朗琪罗（Michelangelo）都来嘲笑达·芬奇："你造了一个永远不会有青铜浇铸的马的模具，还放弃了，你真应该为此感到羞耻。而米兰的那些蠢人竟然还相信你？"达·芬奇已经习惯了这种针对他工作进度缓慢的羞辱，他对这段经历并不感到后悔。他已经测试了自己那些关于如何建造大型项目的想法；他可以把从中学到的知识应用在别处。总之，他没那么在乎最终的成品，反而是探索和创作的过程总能令他感到兴奋。

这样回顾了自己的一生后，达·芬奇清晰地察觉到了隐藏在自己身上的某种力量是如何运作的。小的时候，这种力量将他引到最自然的风景中，在那里他可以观察到最丰富多彩的生命。同样是这种力量驱使他到父亲的办公室偷纸，并把自己的时间都投入到绘画中。还是这种力量促使他在为韦罗基奥完成画作时大胆尝试新的风格。这种力量指引他离开佛罗伦萨的宫廷和令艺术家们普遍不安的自我。这种力量迫使他变得极端大胆——使他敢于去建造巨大的雕塑、去尝试飞行、为了解剖研究去解剖数百具尸体——这一切都是为了发现生活的本质。

从这个角度来看，达·芬奇生活中的每一件事都是有意义的。私生子身份实际上成了一种幸运，使得他可以按照自己的方式发展。就连家里的纸似乎都预示着某种命运。假如他反抗这种力量会发生什么？假如在被西斯廷教堂拒绝后，他坚持和其他画家一起到罗马去强迫自己获得教皇的青睐，而不是寻求自己的道路，那会怎么样？他有能力获得教皇的青睐。假如他为了过上更好的生活而把绝大部分时间都用来绘画，那会怎么样？假如他像其他学徒一样只想尽快完成自己的画作，那会怎么样？他可能也会做得很好，但是他不会成为莱昂纳多·达·芬奇。他的生命会缺少本该有的意义，他的人生会不可避免地出现问题。

他身上的这种隐藏的力量，就像隐藏在他多年前画的那朵鸢尾花内部的力量，指引他的能力全面绽放。他坚定地遵从它的指引直到最后一刻，他完成了他的生命旅程，现在到了要离开这个世界的时候了。或许这一刻，他回想起了多年前自己写在笔记本上的那句话："充实的一天会带来安稳的睡眠，充实的一生会带来安然的长眠。"

精通力的关键

　　每个人都能在各种各样的人生可能性当中，找到真正且真实的自己。那个呼唤他走向真实自己的声音，就是我们所谓的"天命"。但是大部分人都在努力压制天命的呼唤，并且拒绝听见它。他们设法在自己内心制造噪声……从而让自己分心，听不到它；他们欺骗自己，用虚假的生命旅程来取代真实的自己。

　　　　　　——何塞·奥尔特加·伊·加塞特（José Ortega Y Gasset）

　　历史上许多杰出的大师都曾承认，有某种力量、声音或使命感在指引着他们前进。对拿破仑·波拿巴来说，是每当他采取正确的行动时总能感受到的那颗起主导作用的"星星"。对苏格拉底（Socrates）来说，是他的守护神，是他听到的一个可能来自诸神的声音，这个声音告诫他要避免什么。对歌德来说，也是他称之为"守护神"的东西——一种存在于他内心、驱使他完成自己的使命的精神。对更临近现代的阿尔伯特·爱因斯坦来说，是一种内在的声音，这种声音决定了他伟大猜想的方向。所有这些都和达·芬奇经历的使命感异曲同工。

　　这些感觉可以被看成是完全神秘的、无法解释的，或者被视为幻想或妄想。但是，也可以以另一种方式看待它们——它们是真实的、实用的和可解释的。我们可以用以下方式来解释它：

　　我们所有人生来都是独一无二的。从基因方面来说，这种独特性被刻在我们的 DNA 中。我们是宇宙中绝无仅有的存在——我们这样的基因组成以前从未出现过，之后也不会被重复。对所有人来说，这种独特性首先通过童年时期的某些天生倾向表现出来。对达·芬奇来说，它是探索村庄周围的自然世界，并用自己的方式生动地将它呈现在纸上。对其他人来说，它可以是童年时期容易被视觉图案所吸引——这往往是将来会对数学感兴趣的迹象；它也可以是容易被某些物理运动或空间排列所吸引。我们该如何解释这些天生倾向呢？它们是我们内心深处的力量，无法用有意识的话语来表达。它们吸引我们去靠近某些经历而远离另一些经历。当这些力量把我们带到这里或那里时，它们会通过一些非常独特的方式来影响我们心智的发展。

这种原始的独特性本能地想要维护和表达自己，但是有些人的这种愿望会比其他人的更强烈一些。对大师们来说，它是如此强烈，以至于它像是有自己的外部实体——一种力量、一种声音、一种使命。当我们参与一项与自己内心最深处的倾向相符的活动时，我们可能会体验到这种感觉：我们觉得我们写下的文字或者做出的动作来得如此迅速和轻易，就好像它们不是出自我们一样。毫不夸张地说，我们感受到了"灵感的涌现"（inspired），"inspired"一词来自拉丁语，意思是一些外界之物在我们的头脑里栩栩如生。

让我们用以下方式来说明它：在你出生之际，一粒种子便被种下。那粒种子就是你的独特性。它想长大、蜕变、绽放出自己全部的潜力。对此，它有一种本能的、坚定的能量。你的人生使命是，让这粒种子开花，通过你的工作展现你的独特性。你要完成你的使命。你越能感受到自己的独特性，你越去保持它——作为一种力量、一种声音或任意一种形式而存在——你完成你的人生使命和达到精通的机会就越大。

能削弱这种力量、让你感受不到它甚至怀疑它的存在的，是你在多大程度上屈服于生活中的另一种力量——顺应社会压力。这种**反作用力**（counterforce）可能非常强大。你想融入一个集体，可是不知不觉地，你可能会感到自己的与众不同是令人尴尬或痛苦的。你的父母也可能常常扮演反作用力。他们力图把你指向一条富足且舒适的职业道路。如果这些反作用力足够强大，你可能会与自己的独特性和真实的自己完全失去联系，你可能会丢掉你的天生倾向和渴望，转而模仿他人。

这可能会将你置于一条非常危险的道路。你最终会选择一个并不真正适合你的职业。你的渴望和兴趣渐渐消失，你的工作也因此受到拖累。你慢慢觉得，工作不会带给你快乐和满足感。由于你对工作的投入越来越少，你将注意不到你的职业领域里正在发生的变化——你将落后于时代并为此付出代价。在你必须要做出重要决定的时刻，你要么手足无措，要么随波逐流，因为你丝毫感受不到内心的方向或雷达的指引。你切断了与你一出生就注定的命运的联系。

无论如何，你必须避免这样的命运。你可以在人生的任何时候开始追随你的人生使命，直到你在这一领域达到精通。你内心的隐藏力量一直都在，随时供你使用。

完成你的人生使命的过程可以分为三个步骤：首先，你必须连接或重拾自己的天生倾向或独特性。第一步永远是向内的。你可以在过往的经历中搜寻内心的声音或力量的迹象，你要屏蔽可能迷惑你的其他声音——来自父母或同辈。你要寻找一种潜在模式，一种你必须要尽可能深入地去理解的自身特质的核心。

其次，随着连接的建立，你必须正视自己所处的或即将开始的职业道路。对职业道路的选择或重新定位，至关重要。要想顺利度过这个阶段，你需要扩充你对"工作"这一概念的认识。我们常常会把生活进行分割——这是工作，这是工作以外的生活，一个我们能在这里找到真正的乐趣和满足的地方。工作经常被看作一种赚钱的手段，我们用从工作中赚到的钱去享受我们工作以外的生活。即使我们从自己的事业里获得了些许满足，我们仍然喜欢用这种方式划分我们的生活。这是一种令人沮丧的态度，因为我们醒着的大部分时间最终都花在了工作上。如果我们只是把工作当作在追求真正快乐的路上不得不做的事情，那么我们用于工作的时间就是对短暂生命的可悲浪费。

因此，你要把自己的工作看作更加鼓舞人心的事情，看作自己的"天命"（vocation）。"vocation"一词源于拉丁语，意思是召唤或被召唤。它与工作有关的用法始于早期基督教——某些人被召唤进入教堂工作，那就是他们的天命。毫不夸张地说，他们可以通过听见上帝的声音找到自己的天命，是上帝为这一职业选中了他们。随着时间的推移，这个词变得世俗化了，指的是一个人觉得符合自己的兴趣的任何工作或研究，特别是手工艺。然而，是时候让我们回到这个词的本来含义了，因为它更贴近"人生使命"和"精通力"的概念。

因此，召唤你的声音不一定来自上帝，也可能来自你的内心深处。它源自你的个性。它告诉你哪些活动适合你的性格。并且在某个时刻，它召唤你去从事某种特定形式的工作或职业。然后，你的工作就会和真正的自己深深地联系在一起，而不再是你生活中单独的一部分。你也会随之发展出一种自己的使命感。

最后，你必须将自己的事业或职业道路看作一段迂回曲折的旅程，而不是一条直线。你从选择一个大致符合自己天生倾向的领域或职位开始。这个最初的职位能为你提供回旋的余地以及要学习的重要技能。你不必从太崇高、太宏大的事情开始做起——你需要生存和建立一些信心。一旦走上这条道路，你就会发现某些吸引你的支路，而这一领域的其他方面也就让你觉得索然无味了。你会进行一些调整，也许会转到一个相关领域，继续更多地了解自己，但还是要不断地拓展自己的技能基础，并像达·芬奇一样，用为自己做事的态度去为别人做事。

最终，你会碰到某个完全适合你的领域、职业或机会。一旦你找到它，就会认出它，因为它会点燃你孩童般的惊奇感和兴奋感，它会让你感觉很好。一旦你找到它，一切都会水到渠成。你会学得更快、更深入。你的技能水平将达到一定高度，你将能够脱离自己效劳的团队，自立门户。在一个有太多东西我们无法掌控的世界里，这将带给你终极权力。你将可以决定自己的处境。作为自己命运的主人，你将无须再忍受强横老板或腹黑同事的反复无常了。

这种对你的独特性和人生使命的强调，可能看起来是一种脱离现实的诗意的幻想，但实际上，它和我们生活的时代密切相关。我们正在进入这样一个世界，在这个世界中，我们越来越少地依赖国家、企业、家庭或朋友的帮助与保护。这是一个全球化的、竞争激烈的环境。我们必须学习提升我们自己。与此同时，这个世界充满了关键的问题和机遇，而最能解决问题和把握机遇的是那些能独立思考、快速适应且视角独特的企业家——个体户或小企业。拥有具有个人特色和创造性的技能将会成为你的附加价值。

我们可以这样想：在现代世界中，我们最缺少的就是对我们生活中更大目标的感知。在过去，是有组织的宗教为我们提供了这一点。但是我们中的大多数人目前生活在一个世俗化的世界中。我们这些人类动物是独特的——我们必须建造我们自己的世界。我们不会仅仅按照生物学脚本撰写的那样对事情做出反应。但是如果我们没有方向感，我们就很容易手足无措。我们不知道如何利用和安排我们的时间。我们的生活似乎没有明确的目标。或许我们不会意识到这种空虚，但是它会在方方面面影响着我们。

感到自己被召唤去完成一些事，对我们来说是提供这种目标感和方向感最可靠的方式。它对我们每个人来说都像是一种对宗教的追求。这种追求不应被视作自私的或反社会的。实际上，它与远超我们个体生命的事物相连。作为一个物种，我们的进化依赖于创造丰富多样的技能和思维方式。我们通过可以让人们施展个体才能的集体活动来实现发展。没有这种多样性，我们的文化将会消亡。

你与生俱来的独特性就是这种必要的多样性的标志。至于能将这种独特性发展和表达到何种程度，你自己发挥着至关重要的作用。或许因为我们的时代重视平等，然后我们就误以为每个人的需要都是一样的，其实我们真正的用意是给人们平等的机会去展示自己的不同之处，让百花齐放。你的天命不只是你做的工作。它还与你自身最深处紧密联系着，是自然界和人类文化极度多样性的一种表现。从这个意义上来说，你必须将自己的天命视作极富诗意的和鼓舞人心的。

大约 2600 年前，古希腊诗人品达（Pindar）写道："通过认识自己，成为真正的自己。"他的意思是：你天生具有赋予你某种命运的特殊的气质和倾向。这就是你的本质。有些人永远无法成为真正的自己；他们不信任自己；他们迎合他人的品位，最终只能戴上面具，藏起自己真实的本性。如果你允许自己关注自己内心的声音和力量，了

解真正的自我，那么你就能成为自己命中注定要成为的样子——一个
与众不同的人，一个大师。

找到人生使命的策略

　　压迫你的、使你痛苦的不是你的职业，而是你自己！如果没
有经历内心的召唤便从事一门技艺、一项艺术或任何一行，世上
何人不会觉得自己的处境难以忍受？生来就具有某种天赋的人，
或注定将具备某种才华的人，无论是谁，都一定能从自己的天赋
和才华中找到最令自己愉悦的职业！世界上的每件事都有它艰难
的一面！只有内在动力——快乐和爱——能帮助我们克服障碍，
开辟道路，并把我们带离像他人那样痛苦度日的狭隘怪圈！

　　　　　　　　　　　　　　　　——约翰·沃尔夫冈·冯·歌德

　　看上去一旦你认识到其重要性，与个人化的东西（如你的天生倾
向和人生使命）相联系会是一件相对简单和自然的事情。但事实正相
反。由于困难太多，我们需要周详的计划和策略才能正确地做到这一
点。以下五个策略将借大师们的故事加以阐述，其目的是帮助你应对
你在通往精通的道路上会遇见的主要困难——受他人声音的影响、争
夺有限的资源、选择错误的道路、困于过去以及迷失方向。要留心所
有这些困难，因为你几乎会不可避免地以某种形式遇到上述的每一个
困难。

策略一：回归本源，找到自己的天生倾向

对大师们来说，他们的天生倾向通常在童年时期就已经清晰地显现出来了。有时它虽然以一种简单的形式出现，但是其产生的影响却是深远的。当阿尔伯特·爱因斯坦（1879—1955）5 岁时，他的父亲送给他一个指南针作为生日礼物。立刻，这个男孩就被随着指南针移动而转变方向的指针迷住了。"有某种看不见的磁力作用在这个指针上"，这个想法触动了他的内心。这个世界上会不会存在着其他同样看不见却同样强大的力量还没有被发现或理解呢？在此后的一生中，他所有的兴趣和想法都围绕着是否存在隐藏的势和场这个简单的问题，他也会经常回想起那个点燃他最初兴趣的指南针。

镭的发现者玛丽·居里（Marie Curie，1867—1934）4 岁时溜进父亲的书房，就被一个装有各种化学和物理实验仪器的玻璃橱柜迷住了。她一次又一次地回到那个房间，望着那些仪器，想象着自己用这些试管和测量设备做着各种实验。多年后，当她终于有机会进入一间真正的实验室并亲自做实验时，她立即联想到了自己童年时对这些仪器的痴迷。她知道她已经找到了自己的天命。

电影导演英格玛·伯格曼（Ingmar Bergman，1918—2007）9 岁时，他的父母送给他哥哥一台电影放映机（一种用胶片条投影出有简单场景的动态画面的机器）作为圣诞节礼物。他非常想要得到它，就用自己的玩具去交换。一拿到手，他就赶忙躲进一个大壁橱里，欣赏投放在墙上的闪烁画面。每次打开放映机，似乎都会有什么东西魔法般地活了过来。制造这种魔法后来成了他终生的迷恋。

有时，某种活动会让人感到力量高涨，此时我们的天生倾向就会

变得清晰起来。还是个孩子时，玛莎·葛兰姆（1894—1991）因为无法让别人深入地理解自己而感到非常沮丧，她感觉语言似乎不足以表达自己。一天，她欣赏到了人生中的第一次舞蹈表演。领舞者有一种通过动作来表达特定情绪的方式，它发自肺腑，非言语所能表达。在那以后不久，她开始上舞蹈课，并且立即意识到了这就是自己的天命。因为只有在跳舞的时候，她才能感受到自身的活力和表现力。多年后，她创造了全新的舞蹈形式，彻底改变了原先的舞蹈流派。

有时，激发出这种深层联系的不是某件物品或某项活动，而是文化中的某种东西。当代人类语言学家丹尼尔·埃弗雷特（1951—　）在美国加利福尼亚州和墨西哥边境的牛仔城长大。从非常小的时候开始，他就发现自己会经常被周围的墨西哥文化所吸引。有关它的一切都令他着迷——移民工人们说话的声音、食物以及与盎格鲁世界完全不同的习俗。他让自己尽可能多地沉浸在他们的语言和文化中，而这变成了他对另一个事物的终生兴趣——这个星球上的文化多样性，以及这种多样性对我们的进化的意义。

有时，一个人的天生倾向可以通过与真正的大师相遇而被激发出来。在北卡罗来纳州长大的约翰·柯川（1926—1967）童年时就给人一种与众不同和奇怪的感觉。他比同学们更严肃，他不知道该如何用语言表达自己在情感上和精神上的渴望。他因为爱好接触了音乐，学了萨克斯，并加入了高中乐队。几年后，他观看了伟大的爵士萨克斯演奏家——"大鸟"查理·帕克（Charlie Parker）的现场演出，帕克演奏的音乐彻底触动了柯川。一些原始和个性化的东西从帕克的萨克斯演奏中流露出来，那是来自他内心深处的声音。柯川突然发现了展示自己的独特性和表达自己的精神渴望的方法。他开始高强度地练习萨克斯，并在 10 年之内就把自己变成了也许是他那个时代最伟大的爵士艺术家。

◆◆◆

你必须明白，要想精通某个领域，你必须热爱这个领域，并感受到和它的深刻联系。你的兴趣必须超越这个领域本身，是一种近似对宗教般的感情。对阿尔伯特·爱因斯坦来说，吸引他的不是物理学，而是对支配宇宙的无形力量的迷恋；对伯格曼来说，吸引他的不是电影，而是创造生活和用动态画面表现生活的感觉；对柯川来说，吸引他的不是音乐，而是为强烈的情感发声。这些童年时的迷恋难以用语言表达，而更像是一些感受——深深的惊叹、感官的愉悦、力量和觉悟的提升。认识这些语前倾向的重要性在于，它们清晰地表明了一种迷恋，这种迷恋不受他人欲望的影响。它们不是父母强加给你的那种肤浅的联系，那种联系既不入心，又很刻意。它们来自更深处，只属于你自己，是你独特的化学反应的体现。

随着你的成熟，你常常会接收不到你的天生倾向发出的信号。这些信号可能会被埋藏在你学过的其他东西之下。你的能力和未来取决于你与自己天生倾向的重新连接和对自己本源的回归。你必须挖掘出自己小时候这些天生倾向的迹象，寻找它在一些简单事情上本能反应的痕迹：一种能让你永不疲倦地重复某项活动的愿望、一个能激发出你强烈好奇心的主题以及一种特定行为带来的力量感。它已经在你的身体里了。你无须去创造什么，你只需要挖掘并重新找到一直被埋藏在你心里的东西。无论你年龄几何，只要你与自己的天生倾向重新连接，那种原始的迷恋里的某些元素会闪着光回到生活里，为你指明一条最终会成为你人生使命的道路。

策略二：占领属于自己的领域

故事 A

作为一个成长在 20 世纪 50 年代后期的印度马德拉斯的孩子，维莱亚努尔·苏布拉马尼安·拉马钱德兰（1951— ）知道自己是与众不同。他对运动或同龄男孩常见的其他爱好都不感兴趣，他喜欢的是阅读科学读物。他孤独时喜欢沿着沙滩漫步，很快他就迷上了各种各样被冲上沙滩的贝壳。他开始收集贝壳并对这些贝壳进行细致的研究。这给了他一种力量感——这是完全属于他的一个领域，学校里从来没有人和他一样了解贝壳。很快，他又被一些最奇特的贝壳种类所吸引，比如衣笠螺，一种收集废弃贝壳并用它们进行伪装的生物。在某种程度上，他就像衣笠螺一样，是一个异类。在自然界中，这些异类往往有着更重要的进化作用——它们可以占领新的生态位，获得更大的生存机会。拉马钱德兰也会这样形容自己的与众不同吗？

多年后，他将这一儿时的兴趣转移到了其他方面——人体解剖中的异常现象、化学反应中的奇特现象等。他的父亲担心这个年轻人会进入某些深奥小众的研究领域，于是劝他去医学院学习。由于在那里，他可以接触到科学的方方面面，还可以学到实用的技能，于是拉马钱德兰遵从了父亲的安排。

尽管他对医学院的学习很感兴趣，但是没过多久，他就不耐烦起来。他一点也不喜欢这种机械的学习。他想要自己做实验去发现一些东西，而不是一味地死记硬背。他开始阅读各种在他们所学的专业的书单上没有的科学期刊和书籍。其中一本书是视觉神经科学家理查德·格雷戈里（Richard Gregory）的《眼睛和大脑》（*Eye and Brain*）。书中最让他感兴趣的是关于视错觉和盲点——这些视觉系统中的异常，可以对大脑自身的运行方式做出一些解释——的实验。

受这本书的鼓舞，他进行了自己的实验，并成功地把这一实验结果发表在了一份权威期刊上，这让他收到了去剑桥大学（Cambridge University）研究生院研究视觉神经科学的邀请。他为有机会从事更符合自己兴趣的研究而感到兴奋，于是接受了邀请。然而，在剑桥大学几个月后，他意识到自己并不适合这个环境。在他儿时的梦想中，科学是一项伟大而浪漫的冒险，近乎一种宗教般虔诚的对真相的追寻。但是在剑桥大学，无论是对学生还是教员来说，它都更像是一份工作：你投入自己的时间，为统计分析贡献自己的微薄之力，仅此而已。

他忍着心中的不适坚持着，所幸在研究生院里发现了自己的兴趣，并取得了学位。几年后，他被加利福尼亚大学圣地亚哥分校（University of California at San Diego）聘为视觉心理学助理教授。就像以前多次发生过的那样，没过几年，他的心思就开始转移到另一个主题上，这次是对大脑的研究。他对幻肢现象——失去一只手臂或一条腿的人们依然能感受到已经失去的肢体的疼痛——产生了兴趣。他着手对幻肢现象进行了一系列实验。这些实验带来了一些令人兴奋的有关大脑的发现，以及一种能缓解这些病人痛苦的新方法。

突然间，那种不合适、不耐烦的感觉消失了。研究异常的神经系统疾病成了他可以奉献余生的主题。这也激起了他对一些其他问题的兴趣，比如有关意识的进化、语言的起源等方面的问题。仿佛他走了这么一大圈后，又回到了那些收集稀有贝壳的日子。这是完全属于他自己的领域，一个他将独领风骚数年的领域，这个领域既与他内心最深处的倾向相契合，又能最好地服务于科学进步事业。

故事 B

对松冈容子来说，童年是一段混乱而模糊的时光。她出生于 20 世纪 70 年代的日本，一切似乎都提前为她安排好了。那时日本的教育制度使得她只能在适合女生的领域学习。她的父母非常看重运动在孩子成长过程中的重要性，因此在她很小的时候就把她推上了竞技游泳的道路。他们还让她学习钢琴。对日本的其他孩子来说，自己的生活被这样安排可能是舒适的，但是对容子来说是痛苦的。她对所有学科都感兴趣，尤其是数学和科学。她喜欢运动，但不喜欢游泳。她不知道自己想成为什么样的人，也不知道该如何融入这个刻板守旧的世界。

11 岁时，她终于坚持了一回自己的意见。她已经受够了游泳，想开始学打网球。她的父母同意了她的请求。求胜心切的她对作为网球选手的自己有很高的期望，但是她开始这项运动的时间太晚了。为了弥补落下的时间，她必须要接受一项几乎不可能的严苛的训练计划。因为她要到东京以外的地方进行训练，所以不得不在晚上返程的车上写作业。她经常只能站在拥挤的车厢内，打开数学课本和物理课本解方程。她喜欢解一些难度较大的题目，因为在做这种作业时，她会全神贯注地思考问题，几乎注意不到时间的流逝。奇怪的是，这与她在网球场上的感觉如出一辙——注意力高度集中，没有什么能使她分心。

在火车上少有的闲暇时刻，也会被容子用来思考她的未来。科学和运动是她生活中的两大爱好。通过它们，她可以充分地展示自己性格中的不同之处——喜欢竞争、动手能力强、动作优美、擅长分析和解决问题。在日本，人们必须选择一个一般来说较为专业的职业。无论她如何选择，都要牺牲她的其他爱好，这让她非常沮丧。一天，她幻想着发明一个可以陪她打网球的机器人。发明这样的机器人并和它打网球可以满足她所有的性格特点，但它仅仅是个梦想而已。

尽管她名次不断上升，成了日本最有希望的网球选手之一，她还是很快就意识到了，这不是她想要的未来。训练时，没有人可以打败她，但是一到比赛，她就怯场，忧虑重重，然后输给比自己差的选手。她还经历着衰弱性损伤的痛苦。所以，她不得不专心于学术，把运动放在一边。在佛罗里达州的一所网球学院学习后，她说服父母让她留在美国，并申请到了加州大学伯克利分校（University of California at Berkeley）。

在伯克利分校，她不知道读哪个专业好——似乎没有哪个专业能够满足她广泛的兴趣。由于没有更好的选择，她最终选择了电机工程专业。一天，她向系里的一位教授吐露了自己年少时想要发明一个可以陪她打网球的机器人的梦想。出乎她意料的是，这位教授并没有嘲笑她，而是邀请她加入他的机器人研究生实验室。她在那里的工作表明，她在机器人研究方面具有非常大的潜力，所以后来被麻省理工学院（Massachusetts Institute of Technology，MIT）的研究生院录取。在那里，她加入了机器人先驱罗德尼·布鲁克斯（Rodney Brooks）的人工智能实验室。当时他们正在研发一个人工智能机器人，容子主动请缨设计机器人的手和手臂。

从小，在她打网球、弹钢琴或演算数学方程时，就研究过自己的双手。人类的双手堪称设计上的奇迹。尽管她不能从事运动了，但是她可以发挥自己的动手能力，用自己的双手去创造机器人的手。她终于找到了能够满足她广泛兴趣的事情，于是开始夜以继日地制造一种新型的机器人手，一种能尽量拥有人手精准抓握力的机器人手。她的设计令布鲁克斯惊叹不已，因为它比当时世上已有的其他设计领先了许多年。

容子感到自己知识上的严重匮乏，决定再多修一个神经学学位。如果她可以更好地理解手和大脑的关联，她就可以设计出一种能像人手一样感觉和反应的假肢了。她继续深造，在自己的简历里增添新的科学领域，最终开创了一个全新的领域，一个她称为"神经机器人学"——设计拥有仿人类神经的机器人，让它们更贴近生活本身——的领域。在这一领域上的锻造给她带来了科学上的巨大成功，也让她拥有了终极能力——自由地将她所有的兴趣结合起来的能力。

职场如同生态系统：人们占领某个领域，然后在这个领域中争夺资源和生存机会。一个领域涌入的人越多，越难在这个领域里蓬勃发展。在这样的领域里工作会让你将自己耗尽，因为你要奋力去争取关注、玩弄权术，从而为自己赢取稀有资源。你花费太多时间在这些把戏上，也就没有什么时间去追求真正的精通了。你之所以被引诱进这些领域，是因为你看到别人在这些领域里谋生，你想沿着他们走过的道路前行罢了。你并没有意识到这样的生活可能会有多艰难。

现在，你要玩不一样的游戏：在生态系统中找到一个完全属于你的领域。要找到这样一个领域从来不是一个简单的过程，它需要耐心和一种特定的策略。刚开始，你可以选择一个大致符合你兴趣（比如医学、电机工程学）的领域。接下来，你有两条路可以选。第一条是拉马钱德兰式的道路：在你选定的领域里独辟蹊径，寻找那些特别吸引你的支路（在他的例子中，这些支路就是知觉和视觉科学）。当时机成熟，你就往更细分的领域转移，直到你最终发现一个完全无人占领的细分领域，你所占领的细分领域越小越好。并且在某种程度上，你选定的领域要符合你的独特性，就像拉马钱德兰最终选定的神经学领域符合他觉得自己像个异类的最初感受一样。

第二条是容子式的道路。一旦你精通了的一个领域（机器人学），如有必要，你可以用自己的时间接着去寻找另一个可以征服的领域（神经科学）。然后你可以将新接触领域的知识与你原有领域的知识结合起来，或许你就可以创造出一个全新的领域，或者至少在它们之间建立新的联系。只要你愿意，你可以一直这么做——在容子的例子中，她就从未停止过拓展自己。最终，你将会开辟出一个独属于你自己的领域。第二条道路在信息开放易得的文化中更为适用。因为在这种文化中，建立想法之间的联系本身就是一种能力。

无论选哪个方向，你都可以找到一个没那么多竞争者的领域。在这个领域，你可以随意漫游，追寻自己真正感兴趣的问题的答案。你可以按照自己的节奏去行事，并掌控这个领域中的可用资源。卸下无休止的竞争和政治负担，你就有时间和空间让自己的人生使命开花结果了。

策略三：不走父母为你选择的歧路

1760 年，4 岁的沃尔夫冈·阿玛多伊斯·莫扎特在父亲的指导下开始学习钢琴。这么小就学习钢琴是莫扎特[①]自己要求的，因为他 7 岁的姐姐此时已经可以开始演奏乐器了。他这样做，或许在一定程度上是出于手足之争——看到姐姐因为弹钢琴获得关注和爱，自己也想拥有。

经过几个月的学习，他的父亲利奥波德·莫扎特（Leopold Mozart）——一个有才华的演奏家、作曲家和钢琴老师——看出了莫扎特的非凡天资。以莫扎特当时的年纪，最稀奇的是他居然很喜欢练琴，以至于每到夜晚，他的父母就不得不把他从钢琴前拖走。他在 5 岁的时候就开始作曲。不久之后，利奥波德就带着这个神童和他的姐姐去往欧洲的各个首都进行演出。莫扎特的演奏让皇室观众们惊叹不已。他的演奏水平稳定，而且可以即兴创作各种美妙的旋律。他就像一个珍贵的玩具。越来越多的宫廷想一睹这个天才儿童的演出风采，这帮他的父亲为家里挣了不少钱。

作为一家之主的利奥波德要求孩子们完全服从于他，尽管那时主要是小莫扎特在养活全家。莫扎特心甘情愿地服从父亲，毕竟他的一切都归功于父亲。但是当他进入青春期后，一些其他的东西开始搅动他的心绪。他享受的是弹钢琴，还是弹钢琴给他带来的关注呢？对此，他感到很困惑。经过多年的创作，他已经发展出了自己的风格，然而他的父亲还是坚持让他专心谱写更多传统风格的作品，以讨皇室

[①] 原文此处为"沃尔夫冈"，但中国读者习惯称呼他为"莫扎特"，故此处及后文的"沃尔夫冈"均改为"莫扎特"，且书中不是全名的"莫扎特"均指沃尔夫冈·阿玛多伊斯·莫扎特。——编者注

欢心，给家庭带来收入。他们的家乡萨尔茨堡 ① 也是个小地方，风气世俗。总之，他渴望别的东西，渴望成为自己。时间就这样一年一年地过去，莫扎特感到越来越苦闷。

终于在 1777 年，父亲允许 21 岁的莫扎特在母亲的陪同下前往巴黎。在那里，他必须获得指挥家这样的显赫地位，才能继续养家。莫扎特发现巴黎并不合他的口味，他在巴黎的工作似乎都埋没了他的才华。接着，他的母亲在巴黎病倒，并在回乡途中去世了。这趟旅行简直就是一场灾难。莫扎特回到萨尔茨堡，这次他学乖了，准备服从父亲的意愿。他接受了宫廷风琴手这个无趣的职位，但是他无法完全压抑自己内心的躁动。他为自己即将浪费一生的时间在这个平庸的职位上写音乐去取悦这些表面光鲜的乡下人而感到绝望。他曾一度写信给父亲："我是一个作曲家……我不能也不应该埋没上帝慷慨赐予我的作曲天赋。"

利奥波德对儿子日渐频繁的抱怨感到很愤怒，于是不断地提醒儿子自己为了培养他和供他巡演花了多少钱。终于，在某一个瞬间，莫扎特意识到：他真正热爱的从来不是钢琴，甚至不是音乐本身。他一点儿也不享受在别人面前像木偶一样地表演。作曲才是他命中注定要去做的事情，不仅如此，他对戏剧也有着强烈的热爱。他想创作歌剧——那才是他真正的心声。如果他一直待在萨尔茨堡，他永远不会意识到这一点：他的父亲不仅仅是一个障碍，事实上他正在毁掉他的生活、他的健康、他的信心。这不只是钱的问题，实际上他的父亲非常嫉妒儿子的才华，并且在有意或无意地试图阻碍儿子的进步。莫扎

---

① 萨尔茨堡（Salzburg），又译萨尔斯堡，位于奥地利的西部，莫扎特不到 36 年的短暂生命中超过一半的岁月是在萨尔茨堡度过的。——编者注

特必须趁着为时未晚迈出这一步，尽管很痛苦。

　　1781 年，在一次去维也纳的旅途中，莫扎特做了一个重大决定：留下来。他再也不会回萨尔茨堡了。莫扎特仿佛触犯了某种重大禁忌，他的父亲永远不会原谅他，因为他抛弃了自己的家庭。父子之间的裂痕永远无法修复了。深感于他已经在父亲的控制下浪费了太多时间，莫扎特开始疯狂地进行创作，他最著名的歌剧和作曲作品在他笔下倾泻而出，仿佛着了魔一般。

　　生活中，我们常常因为一些错误的原因——金钱、名声、关注等——被引上一条错误的道路。如果我们追求的是关注，我们经常会感到一种内心的空虚，希望用公众认可这种虚假的爱来填满它。因为我们选择的领域不符合自己内心最深处的倾向，所以我们很难找到自己渴求的那份满足。我们的工作因此而受到影响，我们最初获得的那份关注也开始消失，这是一个痛苦的过程。如果让金钱和舒适感支配我们的决定，很多时候我们的行为就会受到焦虑和取悦父母的需要的影响。他们出于照顾和关心可能会让我们去做赚钱多的事情，但是潜藏在这些照顾和关心下面的可能是其他东西——或许有一点嫉妒，嫉妒我们与他们年轻时相比有更多的自由。

　　你的策略必须由两部分组成：首先，在你的信心受挫之前，尽早意识到你是出于错误的原因而选择了你的职业。其次，积极反抗那些把你推离正确道路的力量。蔑视对关注和认可的需要——它们会把你引入歧途。要对试图把不适合你的职业道路强加给你的父母表达自己的愤怒。走一条独立于父母的道路并建立自己的身份，这对你的发展非常有利。让你的叛逆感带给你满满的能量和目标。假如挡你路的是父亲这样的人物，如利奥波德·莫扎特，你必须屏蔽他的影响，为自己扫清道路。

策略四：放下过去，适应变化

自 1960 年出生起，弗莱迪·罗奇（Freddie Roach）就被往拳击冠军的道路上培养。他的父亲是一位职业拳击手，他的母亲是一位拳击裁判，他的哥哥在很小的时候就开始学习这项运动。因此，罗奇 ①一满 6 岁就被送到南波士顿的体育馆开始接受这项运动的严格训练。他每天都要跟着教练训练几小时，一周训练 6 天。

到了 15 岁时，他感觉自己已被这项运动搞得筋疲力尽了，于是开始编各种各样的借口逃避去体育馆训练。一天，他的母亲发现了这一点，对他说："你为什么要练拳击呢？反正你总是被打。你上不了擂台。"他早已对父亲和哥哥无休止的批评麻木了，但是母亲如此直白的评价燃起了他的斗志。显然，她认为哥哥才是以后会有出息的那一个。因此，罗奇下定决心要向母亲证明她错了。他怀着这种心情恢复了训练。他找到了自己练习和训练的热情。他享受自己不断进步的感觉，奖杯也越拿越多，并且最重要的是，他终于可以打败自己的哥哥了。他对这项运动的热爱被重新点燃。

罗奇慢慢变成兄弟俩中更有前途的那一个，于是他的父亲带他到

① 原文此处为"弗莱迪"，但中国读者习惯称呼他为"罗奇"，故此处及后文的"弗莱迪"均改为"罗奇"。——编者注

拉斯维加斯，想要帮他的事业更上一层楼。在那里，18 岁的罗奇遇到了传奇教练埃迪·福奇（Eddie Futch），并开始在他手下进行训练。一切看起来都很有希望的样子——他入选了美国拳击队，排名也在不断上升。然而不久之后，他就遇到了事业的另一个瓶颈。虽然他可以从福奇那里学到最有效的战术并练习到几近完美，但是在实战中却发挥不出来。因为他一在擂台上被打中，就会本能地还击，让情绪占上风。几轮下来，他的攻击就被判定成殴打，他也常因此输掉比赛。

几年后，福奇告诉罗奇他应该退役了。但那时拳击已经变成了他生活的全部，退役之后他能做什么呢？他依旧不断地参加比赛，不断失败，最后他终于认命退役。他找了一份电话销售的工作，并开始酗酒。此时的他怨恨这项运动——他为之付出了那么多，到头来所有的努力却是一场空。一天，他不由自主地回到了福奇的体育馆，看到自己的朋友维吉尔·希尔（Virgil Hill）正在与另一位拳击手对打，争夺最后的冠军。两位拳击手都在福奇手下训练，但是所有人都在给另一位拳击手加油打气，没有人帮助希尔，所以罗奇就为希尔递水，并给他提了一些建议。第二天他又来帮助希尔，很快他就变成了福奇的体育馆的常客。他在福奇的体育馆没有收入，因而保留着自己电话销售的工作，但是他嗅到了某种机会——他极度渴望的机会。他每天准时出现在福奇的体育馆，并比其他人都待到更晚。慢慢地，他对福奇的技术了如指掌，并能将它们教给所有拳击手。他的职责也与日俱增。

在内心深处，他还是无法释怀自己对拳击运动的怨恨，他不知道自己能坚持这么做多久。这是一个竞争残酷的行业，教练很少能在这个行业中存活很久。他会不会机械地把从福奇那里学到的训练方法照搬到自己的拳击手身上？并且他心里仍然有一部分渴望回到擂台上——至少拳击运动胜败难料。

一天，维吉尔·希尔向他展示了一个从古巴拳击手身上学到的技巧：大多数时候，古巴拳击手不是用沙包练拳击，而是和佩戴着加垫手套的教练进行对练。站在擂台上，拳击手们与教练进行半对抗，练习出拳。罗奇和希尔尝试后眼前一亮。这一尝试把罗奇重新带回了擂台，并带给了他一些其他东西。他认为拳击运动已变得过时了，一如它的训练方法。他想到了手套对练在拳击训练之外的其他用途，即教练可以在手套对练时实时制定全套的对战策略并展示给拳击手们看。它可以彻底改变和振兴这项运动。罗奇开始在他当时训练的一批拳击手身上运用这个方法，指导拳击手们进行更灵活、更具战略性的实战演习。

不久，他离开福奇，独立工作。由于他能比其他教练更好地帮助到拳击手，他迅速在行业内建立起了自己的声望。几年之内，他便崛起为同时代最成功的拳击教练。

在应对你的职业和它不可避免的变化时，你必须这么想：你没有被绑在一个特定的工作上，你不必忠于某个工作或某家公司，你要忠于的是自己的人生使命，让它可以充分展现。你才是那个发现它并正确地引导它的人，不要寄希望于别人来保护你或帮助你。你要靠你自己。变化是不可避免的，尤其是在对我们来说有非常重要的意义的时刻。由于你要靠你自己，就要由你来预见自己的职业中目前正在发生的变化。你必须让自己的人生使命适应这些环境。你不能固执于过去做事的方式，因为那一定会让你落后并为此付出代价。你要灵活一些，以便随时适应变化。

如果你被迫要做出改变，像弗莱迪·罗奇所经历的那样，你必须抵制过度反应或自怜自哀的诱惑。罗奇能找到返回擂台的方法，是因为他明白自己热爱的不是拳击运动本身，而是竞技体育和制定战略。这么一想，他就可以让自己的天生倾向去适应拳击领域的新方向。像罗奇一样，你不必放弃已经获得的技能和经验，而是可以找一条运用它们的新方法。你要看向未来，而不是过去。这样有创造性的调整常常会为我们指出一条更好的道路，因为在这个过程中，我们会从自满中挣脱出来，并被迫去重新审视我们前进的方向。记住：你的人生使命是一个有生命、会呼吸的有机体。如果你一成不变地遵循年轻时定下的计划，你就会将自己困在一个位置上，而时代会无情地将你抛弃。

策略五：生死攸关时，要迷途知返

巴克敏斯特·富勒（1895—1983）还是个孩子时，就知道自己感知世界的方式与别人不同。他生下来就重度近视，周围的一切对他来说都是模糊的，他的其他感官也因此发育良好，弥补了这一不足——尤其是触觉和嗅觉。即使在他 5 岁佩戴眼镜后，他依然喜欢用眼睛以外的其他感官来感知周围世界。他的触觉特别灵敏。

富勒是一个非常聪明的孩子。他曾发明了一种新型船桨帮他在夏天穿过缅因州的湖泊递送邮件。这个设计模仿的是水母的运动，对此他曾进行过观察和研究。他不仅能用眼睛看到它们运动时的样态，还能感觉到它们的运动。他借鉴了水母运动时的样态，设计了新型船桨，非常好用。在那些夏天，他还梦想着其他有趣的发明——这些会成为他一生的事业，他的命运。

然而，这样的不同也有痛苦的一面。他对常规形式的教育完全没有耐心。尽管他很聪明，还被哈佛大学（Harvard University）录取了，但他无法适应哈佛大学严格的教学风格。于是他开始翘课、喝酒，过着一种放荡不羁的生活。哈佛大学开除了他两次，其中第二次是对他永不录取。

从那之后，他换了一份又一份工作。他先是在一个肉类加工厂工作，后来在第一次世界大战期间又在海军谋得了一个不错的职位。他对机器及其零部件如何协调工作十分敏感。但他总是不安分，无法在一个地方待太久。战后，他怕养不好妻子和孩子，于是决定去当销售经理，因为销售经理薪水高。他工作努力，业绩很好，但是 3 个月后，公司倒闭了。尽管这种工作并不是他所喜欢的，但似乎已经是他所能找到的最好的工作了。

终于，数月之后，他的生活突然出现了一个转机。他的岳父 ① 想出了一种生产房屋建筑材料的方法，能让这些材料更耐用、更隔热且成本更低。但是他的岳父找不到投资人或愿意帮他创业的人。富勒认为岳父的想法很棒，他也一直对房屋和建筑感兴趣，于是主动提出负责帮岳父实现这项新技术。他投入一切努力，甚至自己亲自动手改良要使用的材料。他的岳父非常支持他的工作，和他一起设计了围栏建

---

① 巴克敏斯特·富勒的岳父是詹姆斯·门罗·休利特（James Monroe Hewlett，1968—1941），美国著名的建筑师、风景设计师和壁画家，两人共同设计的围栏建筑系统于 1927 年获得专利。——编者注

筑系统。家人和朋友们一起投钱给他们开办公司。他们的公司艰难地生存着，因为这一技术太新、太激进，而富勒又是一个纯粹主义者，不愿对自己想彻底革新建筑行业的心愿做任何妥协。5 年后，公司被卖，作为董事长的富勒失业了。

他这时的处境比以往任何时候都要凄凉。本来一家人指望靠他的薪水在芝加哥过上舒适的生活，现在却入不敷出。在过去的 5 年里，他没能存下任何东西。冬天就要来了，而他的工作前景似乎非常渺茫，因为他的名声已经坏透了。一天晚上，他沿着密歇根湖散步，回想着自己一路以来的生活。他让妻子失望了，他赔光了岳父和朋友们投资给公司的钱。他把生意做得一败涂地，他感觉自己是所有人的负累。最后，他决定自杀，因为这在他看来是最好的选择。他打算将自己溺死在湖里。他有一份很好的保险，而且妻子的娘家人会比自己更好地照顾她。他在精神上做好死亡的准备后，走向湖水。

突然间，有什么东西阻止了他的脚步——他后来形容那是一种声音，一种来自耳边或者说来自他内心的声音。那个声音说："从现在起，你无须用时间来证明你的想法。你的想法就是真理。你无权了结你自己，因为你不属于你自己，你属于整个宇宙。你永远也不会明白自己有多重要，但是如果你用自己的经验为他人谋求最有益的发展，那你便履行了自己的角色。"因为之前从未听到过这些声音，富勒只能把它当作真理一般的存在。他被这些声音惊醒，转身离开湖边，朝着家的方向走去。

在回家的路上，他开始琢磨这些话，并重新审视自己的生活，这一次是从一个不同的角度。或许他片刻之前认为自己犯下的那些错误其实根本不是错误。他曾试图融入一个不属于他的世界（经商）。如果他一味地盲从，这个世界就会给他教训。之前那次开公司的经历并不完全是一种浪费——他从中学到了一些关于人性的宝贵经验，对此他没有什么可遗憾的。他的与众不同本就是一个客观存在的事实，他总在心里想象着各种各样的发明——新型汽车、新型房屋、新型建筑结构——这些都显示出他有不同寻常的感知能力。当他环顾着回家的路上一排排的公寓住宅时，他突然意识到，标新立异给人带来的痛苦远不如做着千篇一律的事情、无法用不同的方式思考问题给人带来的痛苦。

他发誓自那一刻起，他只听从自己的经验和自己的声音。他要发明一种新的建造方法，让人们看到新的可能性。财富终会有的。但任何时候，只要他把金钱放在第一位，失败就会随之而来。他会顾养好家庭，但是眼下他们不得不省吃俭用。

多年来，富勒一直信守着对自己的诺言。他对独特想法的追求让他能够设计出物美价廉、节能高效的交通工具和房屋，并发明出圆顶建筑结构这种全新的建筑结构形式。声誉和金钱也随之而来。

偏离你注定要走的路没有任何好处。你会被各种隐秘的苦恼所困扰。很多时候，你因为金钱的诱惑以及更易得的美好前景的诱惑而偏离轨道。但是因为这些都违背了你内心真正的想法，你的兴趣会逐渐消失，钱也就不那么容易赚了。然后你开始搜寻其他容易挣钱的门路，离你本应走的道路越来越远。看不清眼前的路，会让你的职业生涯最终走入死胡同。即便你的物质需求得到了满足，你也会感到一种内心的空虚，希望用信仰、毒品或娱乐活动来填补。你没有办法兼顾现实的欲望和内心的渴望。你可以从自己痛苦和挫败的程度来了解自己究竟偏离了多远。你必须倾听这些痛苦和挫败传递出来的信息，并让这些信息清晰地引导你，就像富勒听从他内心的声音的指引一样。这是生死攸关的事情。

回归正途需要有所牺牲。你不可能拥有现在的一切。通往精通的道路需要耐心。你必须在自己的道路上专注 5 年甚至 10 年，你的努力才能有所回报。这一过程充满着挑战和乐趣，你必须下定决心回到自己本应走的道路上，然后昭告其他人。因为这样一旦你偏离自己的轨道，你就会为此感到羞耻和难堪。最后，请记住，最终能获得金钱和成功的常常是那些专注于获得精通力和实现自己人生使命的人，而不是那些一心把这些当目标的人。

人生逆转

一些人在童年时并没有意识到自己的天生倾向或未来的职业道路，而是痛苦地意识到了自己的局限性。他们不擅长那些在他人看来简单易做的事情。人生使命对他们来说很陌生。有时候，他们会内化他人对自己的评判和批评，然后开始认为自己压根儿就没用。如果他们不注意，这可能会成为一个自我实现的预言。

没有人比坦普·葛兰汀更能应对这种命运了。1950 年，3 岁的坦普被诊断患有自闭症。当时，她在语言学习上还没有取得任何进展，大家都认为，她一生都只能在特殊机构的看护下度过了。但是，她的母亲想在放弃之前做最后的尝试：她将坦普送到一位语言治疗师那里。奇迹般地，坦普跟着这位治疗师慢慢学会了说话。这使她可以去上学，并开始学习其他孩子也在学的内容。

尽管有了这样的进步，坦普的未来还是极其受限的。她的思维方式与众不同——她是用图像来进行思考的，而不是语言。所以如果她想学习一个词语，她就必须要先在脑海里想象出它的样子。这就让她在理解抽象词语或学习数学运算方面感到十分困难。她也不擅长和其他孩子相处，那些孩子经常嘲笑她的与众不同。因着这些学习障碍，除了那些低贱的工作，她还能期待在生活中做些什么呢？更糟的是，她的思维极其活跃。如果没有能让她专心下来的事物，她就会陷入强烈的焦虑感。

每当她感到不安时，她就会本能地躲进两种让她感觉舒服一点儿的活动中：和动物嬉戏以及做手工。和动物在一起时，尤其是马，她会有一种不可思议的能力，她可以感知到它们的感受和想法。所以，她后来成了一名专业骑手。由于她总是不自觉地先用图像进行思考，所以在做手工（像缝纫或木工）时，她可以在脑海里先想象出成品的样子，然后再轻易地把它组装出来。

11岁时，坦普拜访了一位阿姨，这位阿姨在亚利桑那州有一个大农场。在那里，她发现自己对牛比对马有着更强烈的同理心。一天，当她看到几头牛在接种疫苗之前被赶入一个按摩槽中接受按摩槽对它们身体两侧的放松按摩时，她产生了特别的兴趣。坦普从小就一直渴望能被人紧紧拥抱着，但是她又无法忍受被一个成年人抱着，因为她觉得在这种情况下自己无法控制自己，会感到恐慌。她恳求阿姨允许她进入按摩槽中，阿姨同意了。在那 30 分钟里，她完全沉浸在自己一直梦寐以求的被按摩的感觉中。当按摩停止时，她感到无比平静。这次体验之后，她迷上了那台机器，并且几年后成功地造出了可以让自己在家使用的初代按摩槽。

那时，一切关于牛、按摩槽以及触摸和按摩对自闭症儿童的影响的事物，都令她着迷。为了满足自己的好奇心，她必须提升自己的阅读和研究技能。她一这么做，就发现自己的专注力高得出奇——她可以在一个主题上连续阅读几小时而丝毫不感到无聊。她的研究范围慢慢地扩大到一般的心理学、生物学和科学。由于她拥有广泛的知识技能，一所大学录取了她。她的视野也慢慢扩大。

几年后，她到亚利桑那州立大学（Arizona State University）攻读动物科学的硕士学位。在那里，她再次陷入了对牛的迷恋——她想对饲养场和牛槽做一项详细的分析，以帮助她理解动物的行为反应。她的教授们不能理解她的这种兴趣，并告诉她这是行不通的。字典里永远没用"不"字的她找到了其他系的教授们，并获得了资助。她做了自己想做的研究，并最终在这个过程中发现了她的人生使命。

她注定不会一辈子待在学校。她是一个务实的人，喜欢自己动手做东西，也需要持续的精神刺激。于是，她决定走一条属于自己的独特的职业道路。她从自由职业者做起，向不同的农场和饲养场提供服务，为他们设计更适合牛且更能高效喂食的牛槽。慢慢地，凭借她对设计和工艺的视觉感受，她对这一行的基本知识也无师自通。然后，她又将自己的业务扩展到设计更人性化的屠宰场和牧场动物管理系统上。

在这份事业稳定后，她又继续前进：成为一名作家，回到大学当教授，把自己变成一位在动物和自闭症领域颇有天赋的演说家。不知怎的，她已经成功地克服了自己的人生道路上所有看似不可逾越的障碍，找到了最适合她的通往自己人生使命的道路。

当你所拥有的不是优势和天生倾向而是缺陷时，你必须采用以下策略：忽略你的缺陷并拒绝随波逐流。你要像坦普·葛兰汀一样，把自己引向自己所擅长的小事上去。不要光做白日梦或制订一些关于未来的宏大计划，而要专心地把这些简单的、可直接上手的技能练到精通。这将带给你自信，并成为你扩展其他追求的根基。这样一步一步地往前走，你就会发现自己的人生使命。

要明白，你的人生使命并不总会通过某种宏大或前途光明的天生倾向出现在你面前。它可能会伪装成你的不足，迫使你不得不专注于一两件你必然会擅长的事情。通过磨炼这些技能，你会认识到训练的价值，并看到努力的回报。就像莲花一样，你的技能将会围绕着你的优势和信心向四周扩展。不要羡慕或嫉妒那些看起来很有天赋的人，天赋通常是一种诅咒，因为这类人很少会认识到勤奋和专注的价值，他们将在之后的人生中为此付出代价。这一策略同样适用于我们可能遇到的任何挫折和困难。在这些时刻，明智的做法通常是，坚持做好那些我们所熟悉的为数不多的几件事情，重建我们的信心。

如果连坦普·葛兰汀这样一出生就遭遇如此多困难的人都能找到自己的人生使命，并达到精通，那么我们每个人都可以获得这种力量。

迟早会有什么东西召唤我们走上某条道路。你可能还记得这个"什么"，它是童年时的一种信号，一种当某种不知从何而来的强烈愿望、迷恋、变故突然出现时所传递出的信号：这是我必须要做的事情，这是我必须要有的东西，这就是真正的我……即便你的召唤没有这样生动和笃定，它也会像激流中温柔地一推，让你在不知不觉中漂到岸边的某个地方。回顾过去，你会感觉到命运曾经插手其中……这个召唤可能会迟迟不至，可能会跟你捉迷藏，可能会与你擦肩而过。它也可能会完全控制住你。无论怎样，最终它都会出现，并对你产生影响……非凡之人最能遵从自己内心的召唤，或许这正是他们被人津津乐道的原因。又或许，他们之所以非凡，是因为他们的召唤来得非常清晰而他们又非常忠于它……非凡之人能更好地证明这种召唤的存在，因为他们能做到普通人做不到的事情。而我们普通人似乎更缺乏积极性，更容易分心。但是，无论是非凡之人还是普通人，我们的命运都受同一个引擎的驱动。非凡之人并非异类，只是这个引擎在他们身上的作用更明显罢了……

——詹姆斯·希尔曼（James Hillman）

第 2 章
服从现实：理想的学徒阶段

　　在接受正规教育后，你将步入人生中最重要的阶段——达到精通的第一阶段，即被称为学徒阶段的实践再教育阶段。每当你改变职业或获得新的技能时，你都要重新进入这个阶段。这一阶段存在着许多风险。稍有不慎，你就会屈服于不安全感，被卷入情绪问题和支配你想法的冲突中。然后，你将出现恐惧和学习障碍，并且它们会伴随你的一生。在还不算太晚之前，你必须吸取教训，并遵循那些无论是过去还是现在最杰出的大师们所开辟的道路——一种超越所有领域限制的理想学徒阶段。在这一过程中，你要掌握必要的技能，训练你的心智，并把自己变为一个独立思考者，为通往精通之路上出现的创造性挑战做好准备。

第一次转变

从很小的时候起，查尔斯·达尔文（1809—1882）就感觉父亲的存在对他来说是一种压力。他的父亲是一名成功且富有的乡村医生，对自己的两个儿子有很高的期望。但是小儿子达尔文似乎没什么希望能达到他的预期。在学校里，达尔文既不擅长希腊语和拉丁语，也不擅长代数或其他科目。这不是因为他缺乏进取心，而是因为他对通过书本认识世界不感兴趣。他喜欢户外活动——打猎、在乡间搜寻稀有品种的甲壳虫、收集花卉和矿物的标本。他可以花上几个小时观察鸟的行为，并详细记录它们的各种不同。对这些事物，他目光敏锐。但是这些爱好并不能成就一份事业，并且随着年岁的增长，他能感觉到父亲的耐心在逐渐减少。一天，父亲斥责了他。达尔文永远也忘不了父亲的指责："你只知道打猎、逗狗、抓老鼠，你以后会让自己和整个家族蒙羞的。"

在达尔文15岁时，他父亲决定更多地介入他的生活。父亲把他送到爱丁堡的医学院学习，但是达尔文见不了血，只好退学。父亲决心一定要让儿子有个好工作，于是在教堂里为他谋了一个乡村牧师的职位。这份工作既给了达尔文不错的收入，还让他有大量的空闲时间去追求自己收集标本的狂热爱好。这一职位的唯一要求就是，申请者必须拥有名校的学位，于是达尔文进了剑桥大学读书。他不得不再一次面对自己对正规学校教育不感兴趣的事实。他竭尽全力培养出了自己对植物学的兴趣，并和他的导师亨斯洛（Henslow）教授成了好朋友。

他拼尽全力学习，终于在 1831 年 5 月勉强取得了文学学士学位，这让他父亲松了一口气。

达尔文希望他的学校生涯就此结束，于是去了英国的乡村旅行，在那里他可以尽情释放自己对户外活动的热情，暂时忘掉未来。

8 月下旬，当他回到家时，惊喜地看到一封来自亨斯洛教授的信。教授向达尔文推荐了贝格尔号上的一个没有薪酬的博物学家的职位。贝格尔号几个月后就要开启为期数年的环球航行了，此次航行的目的是勘测各个大陆的海岸线。作为工作的一部分，达尔文需要负责收集沿途的生物和矿物标本，并把它们送回英国进行研究。显然，亨斯洛教授对这位年轻人在收集和识别植物标本方面的卓越技巧印象深刻。

这一邀请让达尔文感到很困惑，因为他从未想过进行那么远距离的旅行，更别说将博物学家作为自己的事业来追求。他还没来得及认真考虑这件事，父亲就介入进来了——他强烈反对儿子接受这个职位。首先，达尔文从来没有出过海，可能会不太适应海上的生活。其次，达尔文不是受过专业训练的科学家，又缺乏锻炼。最后，花数年时间在这次航行上可能会影响他已经在教堂里谋得的职位。

他的父亲非常强势和有说服力，达尔文忍不住同意了，并决定拒绝教授的邀请。但是在随后的几天里，他一直在想着这次航行以及它可能会是什么样的。他越想，这次航行对他就越有吸引力。或许是因为备受呵护的童年让冒险对他来说成了一种诱惑；或许是因为这次航行让他有机会去探索成为一名博物学家的可能，去沿途看一看这颗星球上各种各样的生命形式；或许是因为他需要摆脱专制的父亲，找到自己的人生之路。无论原因是什么，他很快就改变了主意，决定接受教授的邀请。达尔文说服了一位叔父支持自己，并设法取得了父亲极为勉强的准许。在出发前夕，达尔文给贝格尔号的船长罗伯特·菲茨罗伊（Robert FitzRoy）写了一封信，信中写道："我的第二次生命将就此开始，我余生都会视这一天为我的再生之日。"

贝格尔号在那一年的 12 月起航，年轻的达尔文几乎立刻就后悔了自己的决定。这艘船相当小，因而海浪对它的冲击力很强。他一直晕船，东西吃了就吐。一想到自己将那么久看不到家人，还要和这些陌生人被困在一起那么多年，他就痛苦不已。他开始感到心悸，觉得自己好像病得很重。水手们察觉到了他的不适应，都奇怪地打量他。船长菲茨罗伊是一个阴晴不定的人，常常会因为一些看似微不足道的事情而突然大发雷霆。他还是一位宗教狂热分子，坚信《圣经》就是真理。他告诉达尔文，在南美洲找到《创世纪》中描述的大洪灾和生命起源的证据就是达尔文此次航行的职责。达尔文觉得违抗父命的自己就是个傻瓜，孤独感也排山倒海而来。他要如何在这个逼仄的空间里连续忍受数月，如何和这个看上去有点精神失常的船长近距离地生活在一起呢？

航行几周后，感到有点绝望的达尔文想了一个办法：每当他在自己的舱房里感到心烦意乱时，就会冲出舱房，观察周围的生活，这样总能让他平静下来。因为这会让他忘记自己，并认清这就是他此刻生活的世界。他观察着这艘船上的生活以及水手们和船长的性格，犹如记录蝴蝶的斑纹一样仔细。例如，他发现没有一个水手抱怨食物、天气或手头的工作，他们很看重坚忍这个品质。他也试着采取这样的态度。他发现菲茨罗伊似乎有一点缺乏安全感，需要经常确认自己在船队中的权威和领导地位。于是，达尔文打算尽量满足他这一点。慢慢地，他开始融入船上的日常生活。他甚至染上了一些水手们的怪癖。

所有这些都帮他从孤独感中抽离了出来。

几个月后，贝格尔号抵达巴西。这时，达尔文终于明白了自己为什么如此迫切地希望加入此次航行。他完全被这里丰富多样的植物和野生动物迷住了——这里简直就是博物学家的天堂。它们和他在英国看到的或收集到的所有东西都不一样。一天，在穿过一片森林的途中，他站在一旁，目睹了自己有生以来见过的最奇异、最残酷的场景：一群非常小的黑蚂蚁，它们排成超过 100 码 ① 长的队，吞噬着沿途所有的生物。在森林里的每个地方，他都可以看到一些由于生命过剩，为了生存而进行的激烈斗争。在专心工作的同时，他也迅速意识到自己面临着一个问题：他的工作任务之一是审慎地挑选送回去的标本，而他捉到的所有这些鸟、蝴蝶、螃蟹和蜘蛛都是这么的与众不同，这叫他怎么区分哪些是值得收集的呢？

他必须扩充自己的知识。这要求他不仅要花大量时间研究一路上见到的一切，并做好翔实的笔记，还要找到一种可以整理好所有这些信息的方法，将所有标本分类，以便让自己的观察可以有序地进行下去。这虽然是一项艰巨的任务，但与学校功课不一样的是，他为之感到兴奋。因为这些都是鲜活的生命，而不是书本上模糊的概念。

随着他们的船沿着海岸线一路向南航行，达尔文逐渐发现，南美洲的一些内陆地区至今还没有博物学家去探索过。他决心要见到尽可能多的生物种类，于是在只有高乔人 ② 的陪伴下，开始了在阿根廷潘

---

① 1 码 = 0.9144 米。——译者注

② 高乔人（Gauchos），拉丁美洲的一个民族，属混血人种，由印第安人和西班牙人长期结合而成，保留了较多印第安文化传统。分布在阿根廷潘帕斯草原和乌拉圭草原以及巴西南部平原地区，讲西班牙语，信仰天主教，主要从事畜牧业。高乔人生性好动，热情奔放，且非常好客，习惯于马上生活，英勇强悍，曾在 19 世纪初叶拉丁美洲独立战争中起过重要作用。现多为牧场工人。——编者注

帕斯草原的艰苦跋涉，并收集了许多不同寻常的动物和昆虫标本。他采取了与在船上时相同的策略：观察高乔人和他们的生活方式，融入他们的文化，仿佛他就是他们中的一员。在这些与高乔人同行和之后的其他旅途中，他始终勇敢地面对来抢劫的印第安人、有毒的昆虫和潜伏在森林中的美洲豹。不承想，这些竟让他开始喜欢上冒险，他的家人和朋友知道了会觉得很震惊吧。

　　航行 1 年后，在布宜诺斯艾利斯以南约 400 英里的海滩上，达尔文发现了一些东西，这些东西在接下来的许多年里都萦绕在他的脑海里，让他苦苦思索着。他偶然发现悬崖上的岩石里有一道道白色的条纹。想到它们可能是某种巨大的骨头，于是他凿开岩石，以便尽可能多地挖出这些遗骸。它们的大小和种类是他从来没有见过的——似乎是一只巨型穿山甲的角和甲壳、乳齿象的巨大牙齿，还有最令人惊讶的马的牙齿。因为西班牙人和葡萄牙人第一次到南美洲时并没有发现马，而这颗牙齿却很古老，在他们到来之前就有了。他开始好奇——如果这些物种在很久之前就已经灭绝了，那么所有生命都是被同时创造出来的想法似乎不合逻辑。更重要的是，为什么会有如此多的物种被灭绝了呢？这颗星球上的生命是否会处于不断变化和发展的状态中？

　　几个月后，他在安第斯山脉艰苦跋涉，寻找可以带回去的稀有的地质标本。在海拔约 1.2 万英尺的地方，他发现了一些贝壳化石和海洋岩石的沉积物——在这种高海拔地区发现这些是相当令人惊讶的。他仔细观察了这些贝壳化石和海洋岩石的沉积物以及它们周围的植物群，他推测，这些山脉曾经位于大西洋中，一定是数千年前的那些火山爆发将它们越推越高。他虽然没有找到支持《圣经》中的故事的遗

迹，但是发现了另外一些证据，这些证据指向令人震惊但截然不同的
故事。

随着旅行的继续，达尔文逐渐注意到自己身上的一些明显的变
化。过去，他常常觉得所有的工作都是无聊的，但是现在他可以花上
一整天的时间工作，因为有这么多东西需要去探索和学习，他不愿浪
费旅途中的一分一秒。对南美洲的植物和动物，他已经练就了一种不
可思议的观察力。他能通过鸟儿的鸣叫、鸟蛋的特征以及它们飞翔的
方式来识别当地鸟儿的种类。并且，他能用一种高效的方法将所有这
些信息分类组织起来。更重要的是，他整个人的思维方式完全变了。
他会去观察事物，阅读和记录有关这一事物的一切，然后在更多的观
察后发展出一套理论，这些理论和观察互相补益。由于他掌握了自己
所探索的世界方方面面的丰富细节，各种想法会在他的脑海中层出
不穷。

1835 年 9 月，贝格尔号离开了南美洲的太平洋海岸，向西返航。
他们返程的第一站是几乎无人居住的加拉帕戈斯群岛。这些岛屿因野
生动物而闻名，但是达尔文完全没有料到自己会在那里发现什么。船
长菲茨罗伊只给他一周的时间去探索其中的一个岛屿，然后他们就要
继续返航了。从他上岛的那一刻起，达尔文就意识到了这个岛屿的不
同：在这个小小的岛上到处都是不同于其他任何地方的生命——成
千上万只黑色海鬣（liè）蜥聚集在他周围，在海滩上，在浅水中；约
500 磅①重一只的乌龟在海岸上笨拙地爬行；海豹、企鹅和不会飞的鸬
鹚，这些冷水生物却栖息于这座热带岛屿。

---

① 1 磅≈0.4536 千克。——编者注

到一周快结束时，仅仅是珍稀的陆地鸟，他就在这座岛上发现了26 种。此外，他的罐子里还装满了最稀奇的植物、蛇、蜥蜴、鱼和昆虫的标本。回到贝格尔号上，他就开始对收集到的大量标本进行分类和编目。让他吃惊的是，几乎所有的标本都是全新的物种。接着，他又有了更惊人的发现：每个岛上的物种都不一样，即便它们相距只有大约 50 英里。不同岛上的乌龟的壳纹路不同，不同岛上的雀类的嘴形不同，它们都是根据其所在岛屿上特定的环境进化而来的。

突然间，仿佛 4 年的航行和所有的观察为他淬炼出了一种更深刻的思维方式，一个激进的理论在他的脑海里成形。他推测，这些岛屿就像安第斯山脉一样，是因为火山爆发才被从水中挤出来的。最初，这些岛上并没有生命存在。慢慢地，鸟类飞到这里并带来了种子。各种各样的动物也漂洋过海而来——蜥蜴或昆虫是附在漂浮的圆木上过来的，原本是海洋生物的乌龟是自己游过来的。经过数千年的演变，每种生物都适应了自己所在岛屿的食物和天敌，并且在适应的过程中改变了自己的形状和外表。而无法适应的动物灭绝了，就像达尔文在阿根廷挖出的那些巨型生物化石一样。这是为了生存而进行的残酷斗争。这些岛上的生命并不是由某些神圣的存在在同一时间内永久地创造出来的，而是缓慢地进化成现在的样子的。而这些岛屿正是地球的缩影。

在回家的路上，达尔文开始进一步研究这一理论，这暗示着一场革命即将到来。从此，证明这一理论成了他毕生的工作。

1836 年 10 月，贝格尔号在海上航行了近 5 年后，终于回到了英国。达尔文迫不及待地赶回家，父亲看到他先是吃了一惊。因为他发生了很大的变化，他的头似乎变大了，他的行为举止也不一样了——

从他的眼中可以读出笃定和犀利，几乎与几年前出海的那个迷茫的年轻人判若两人了。显然，这次航行已经从身体上和精神上改变了他的儿子。

精通力的关键

人能掌控的只有自己。

——莱昂纳多·达·芬奇

在古今伟大人物的故事中，我们可以发现，在他们的人生中都有这样一个阶段，在这个阶段，他们所有的未来力量都在蓄势待发，就像蝴蝶在蝶蛹时期一样。他们人生的这个阶段——一个一般持续5—10年、主要靠自我指导的学徒阶段——很少受到关注，因为他们在这个阶段不仅没有伟大的成就或发现，并且通常与其他人没有太大差别。然而在他们平凡的表面之下，他们的思想正在以我们看不见的方式转变着，蕴藏着他们未来成功的所有种子。

大师们如何在这一阶段向前走多半出于一种直觉，这种直觉会告诉他们哪些对他们的发展是最重要和最关键的。尽管如此，我们还是可以通过研究他们做得对的事情为自己积累一些宝贵的教训。事实上，只要对他们生活进行密切的观察，我们就能发现一种适用于各个领域的规律，即大师们都有一个理想的通往精通的学徒阶段。为了掌握这一规律，并用我们自己的方式遵循它，我们必须对"学徒阶段"

这一概念以及度过学徒阶段的必要性有所了解。

童年时，我们在长期的依附关系中被灌输各种观念——这一依附关系的时间远远长于其他动物。在这个时期，我们要学习语言、书写、数学和推理，还有一些其他技能。这些大多是在父母和老师们的密切关注和爱心指导之下进行的。随着我们的长大，书本知识越来越受重视——我们尽可能地吸收各个学科的知识。历史、科学或文学知识是抽象的，因此在整个学习的过程中，我们大部分时候都是在被动地吸收。当这一学习过程结束的时候（通常在 18—25 岁之间），我们就被推入了冰冷、残酷的工作中，自力更生。

当我们摆脱年少时的依附关系时，我们并没有真正准备好过渡到一个完全独立的人生阶段。我们的身上还带有从书本或老师身上学到的习惯，而这些习惯在很大程度上并不适用于接下来这个实际的、自主的人生阶段。这时的我们在人情世故上往往还显得有点儿天真，对人们玩弄的政治把戏毫无准备。我们还不能确定自己的身份，我们认为工作中重要的是获得关注和交朋友。而这些错误的观念和天真的想法终会被真实的世界残忍地打破。

如果我们能随着时间的推移不断地进行调整，我们可能最终会找到自己的道路；但是如果我们犯了太多错误，就会给自己制造无数的问题。我们浪费了太多的时间纠结在情绪问题上，因而无法超脱自身以更加客观的视角从自身的经历中反省和学习。由于学徒阶段的本质，每个个体都必须以自己的方式来经历。一味地遵照他人的引导或书上的建议只会弄巧成拙。在这个人生阶段，我们将宣告我们的独立，并了解我们是谁。但是，在我们生命中的这一再教育阶段——这对我们未来的成功至关重要——有一些我们所有人都可以从中获益的、有效且必要的经验教训，可以引导我们避免常见的错误，帮我们节省宝贵的时间。

这些经验教训能超越所有领域和历史的限制，因为它们与人类的心理状态和大脑本身的运作方式有关。它们可以被提炼为学徒阶段的一项首要原则，并大致包括三个步骤。

这项原则很简单，你一定要牢牢记在心里：学徒阶段的目标不是金钱、一个好的职位、一个头衔或一张文凭，而是你思想和性格的转变——你通往精通之路的第一次转变。你从一个门外汉开始进入一个行业。你很天真，并对这个新世界懵懵懂懂。你的脑海里装满了对未来的美梦和幻想。你对这个世界的认知是主观的，主要基于你的情绪、不安和有限的经验。慢慢地，你会逐渐接受现实，融入这个以使人成功的知识和技能为代表的客观世界。你会学习如何与他人合作，如何应对批评。在这个过程中，你会把自己从一个不够耐心且注意力分散的人变成一个自律且专注的人，并拥有能够处理复杂事物的心智。最终，你将掌握自己和自己全部的弱点。

因此，毫无疑问，你必须选择能够给你提供最大学习可能性的工作单位和职位。实用的知识才是你的终极能力，而且会在未来数十年后给你带来回报——远比你在一个看起来很能赚钱但提供的学习机会极少的职位上可能挣的微不足道的薪水要多得多。这意味着你要迎接那些能让你变得更坚韧、更好的挑战，因为通过这些挑战你会得到关于自己的表现和进步最客观的反馈。不要选择那种看起来轻松舒适的学徒生活。

从这个意义上来说，你必须追随查尔斯·达尔文的脚步。这样你终将开启自己的旅途，创造属于自己的未来。这是一个青春和冒险的时期——你将以开放的思想和精神去探索世界。事实上，每当你必须学习一项新技能或改变自己在之后的人生里的职业道路时，你都会重新回到那个年轻、爱冒险的自己。达尔文本可以求稳，只收集必要的东西，并且花更多的时间在船上学习，而不是积极地探索。倘若这样，他就不会成为一名杰出的科学家了，而只是又一个收藏家。他不断地寻找挑战，逼迫自己突破舒适区。他用危险和困难来衡量自己的进步。你必须秉持跟达尔文一样的精神，并将你的学徒阶段看作一个改变自己的旅程，而不是一个无聊的、进入工作之前的被动地灌输知识的过程。

　　用上述原则指导自己做选择，你还必须在学徒阶段考虑三个必要步骤，每一步都与下一步有一定的重叠，它们分别是：**深入观察 / 被动模式、获得技能 / 练习模式、实验 / 主动模式**。记住，学徒阶段可以有许多不同的形式。在学徒阶段，你可以在某个领域停留几年，也可以在不同的领域不停地转换，这是一种涉及多种技能的复合训练。它可以是研究和实践经验的结合。在任何情况下，按照以下这些步骤进行思考都会对你有所帮助，不过你可能需要根据你所处领域的实际情况对某个步骤予以格外的重视。

第一步：深入观察 / 被动模式

　　当你进入一个新行业或新环境时，你就进入了一个拥有自己的规则、程序和社会运行机制的世界。几十年甚至几百年来，人们不断地积累某一领域的做事方法，并且每一代人都会在前人的基础上不断改进。此外，每个工作场所都有自己的惯例、行为规则和工作标准。个体之间也存在着各种各样的权力关系。所有这些都代表着一种超越你个人需求和欲望的现实。所以当你进入一个新世界时，你的任务就是尽可能深入地观察现实情况并从中吸收养料。

在学徒阶段的最初几个月里，你可能会犯的最大错误就是幻想自己必须得到关注，给别人留下深刻的印象，并向他人证明自己。这些想法会控制你的理智，让你看不清周围的现实。这个时候你得到的任何正面关注都具有欺骗性，因为它不是基于你的技能或任何真实的东西，最终只会背叛你。所以，你需要承认并服从现实，尽量韬光养晦、韫椟藏珠，保持一种被动的状态并给自己足够的空间去观察。你还需要放弃你对自己即将进入的世界可能有的任何先入之见。如果你真的想在最初的几个月里给别人留下深刻的印象，那也应该是因为你渴望学习的认真态度，而不是因为你在还没有准备好之前就试图一步登天。

在这个新世界中，你要观察两个基本现实。首先，你要观察在这个环境中可以让你取得成功的规则和程序，换句话说，就是"我们在这里做事的方式"。这些规则中的一些可能会被直接传达给你，这通常是那些表面的和常识性的规则。你必须注意并遵守这些规则，但更重要的是那些没有言明但已成为工作文化的一部分的潜规则。这些潜规则关注的是那些被认为非常重要的工作风格和价值标准，因为它们常常是领导个性的反映。

你可以通过观察那些在职场中平步青云的人来了解这些规则，因为他们往往能给你指点迷津。你也可以留意那些在职场中没那么如意的人，他们因为某些错误而受到惩罚甚至被开除，因此他们的经验更能说明问题。这些例子可以作为你的反面教材，告诉你，这样做你将很痛苦。

你要观察的第二个基本现实是群体中存在的权力关系：谁真正掌权，所有的信息都是通过谁来传递的，谁处于升势中而谁又处于降势中。（更多关于社交智慧的内容，请参阅第 4 章）这些程序上和政治上的规则可能会不起作用甚至适得其反，但你的工作不是对这些说三道四或抱怨不休，而只是理解它们，了解全部的情形。你要像一个研究外国文化的人类学家一样，去熟悉它所有的细微差别和惯例习俗。你的存在不是为了去改变那种文化，这样做最终只会让你被杀死或被解雇（在工作语境下）。之后，当你获得权力和精通力时，你就可以成为改写或打破上述规则的那个人了。

你被分配的每一项任务，无论多么琐碎，都能为你提供在工作中观察这个世界的机会。其中所有人的细节都非常值得注意。你所看到或听到的一切都能帮助你理解这个世界。随着时间的流逝，你会开始看到和理解更多你在一开始看不到和理解不了的现实。例如，你最初认为很有权力的一个人结果被发现其实是一个虚张声势的人。慢慢地，你开始看到表象背后的东西。当你积累了足够多的与新环境的规则和权力动态有关的信息后，你就可以开始分析它们为什么存在以及它们如何与所在领域内更大的趋势相关联了。你从观察转向分析，以此磨炼你的推理能力，但前提是你需要先仔细观察数月。

我们可以清楚地看到查尔斯·达尔文是如何遵循这一步骤的。通过最初几个月对船上的生活和不成文的规则的观察和研究，他让自己用于科学研究的时间变得更加富有成效了。通过使自己融入船上的生活，他避免了很多不必要的争斗，而这些争斗可能会打断他的科研工作，甚至给他带来情绪上的混乱。他随后将同样的技巧用在了高乔人和他接触的其他土著部落上。这扩展了他可以探索的区域，增加了他可以收集的标本。此外，他渐渐地把自己变成了可能是当时世界上最敏锐的自然观察者。达尔文通过清空自己对生命及其起源的所有先入之见，成功地训练出了自己看见事物本来面貌的能力。他并不急于将自己所见到的东西形成概念或理论，直到他积累了足够的信息。他服从并接受这次航行各个方面的现实，最终得以洞察万物最根本的现实之一——所有生命形式的进化。

关于为什么你必须遵循这个步骤，有几个重要的原因你需要明白。首先，从内而外地熟悉你所处的环境会帮你在其中更好地前行并避免重大的错误。你就像一名猎人：你对森林和整个生态系统的每个细节的知识会给你提供更多有利于生存和成功的选择。其次，观察不熟悉的环境的能力会成为你的一项重要的终身技能。你会养成让自我平静下来、向外看而不是向内看的习惯。在任何情况下，你都会看到大多数人因为一直关注自己而错过的东西。你会培养出能敏锐洞察人类心理的眼光，并加强自己的专注力。最后，你会开始习惯先观察，将自己的想法和理论建立在自己亲眼所见的基础上，然后再分析自己的发现。这将对你人生的下一个创造性阶段非常重要。

第二步：获得技能 / 练习模式

随着你在最初的几个月里的观察不断取得进展，你将进入学徒阶段最关键的一步：为了获得技能而练习。人类的每一项活动、每一次努力或每一条职业道路都需要掌握一定的技能。某些领域所需要掌握的技能是直接和明显的，像使用工具或操作机器，或创造某种有形的东西。但另一些领域更需要你身体和心理素质兼备，例如查尔斯·达尔文进行的观察和收集标本的活动。还有一些领域所需的技能比较抽象，例如与人打交道的能力，或调查和组织信息的能力。你要尽可能地把这些技能简化成一些简单和必要的东西——你需要擅长的核心技能，以及可以练习的技能。

在获得任何一种技能时，都存在一个与我们的大脑的工作方式相一致的自然学习过程。这个过程会带给我们所谓的**隐性知识**——一种对自己正在做的事情难以用语言表达但容易用行动证明的感觉。要想更好地理解这个学习过程是如何进行的，就要借助有史以来最伟大的用于技能培训和获取隐性知识的系统——中世纪的学徒制。

这个系统的出现是为了解决这样一个问题：在中世纪，随着商业的不断扩张，各种手工艺大师们无法再仅仅依靠家庭成员在店里的帮忙来工作了。他们需要更多的帮手。但是对他们来说，如果招进来的人待不长久，就很不划算——他们需要工人们稳定下来，这样才有时间去培养工人们的技能。因此，他们发明了学徒制，招聘大约 12—17 岁的年轻人进入店里工作，并跟这些年轻人签署一份为期 7 年的合同。合同快到期时，学徒们必须通过技师测试，或者创作出一个杰出的作品，来证明他们的技能水平。一旦通过，学徒们就能晋升到熟练工的行列，可以自由地到任何有工作的地方继续练习他们的手艺。

由于那时候缺乏书籍和图示，学徒们只能通过观察大师们并尽力模仿他们来学习手艺。他们通过不断的重复和亲身实践进行学习，少有语言指导（"apprentice"一词源自拉丁语"prehendere"，意思是用手抓住）。由于像纺织面料、木材和金属之类的材料都很昂贵，不能浪费在练习环节，学徒们大部分时间都是直接在制作最终成品的材料上工作，所以他们不得不学习如何在工作中保持深度专注，不犯错误。

如果把学徒们那些年所有用来直接加工材料的时间加起来，应该超过了 1 万小时，这足以让他们在一个行业中获得超群的技能水平。这种隐性知识的力量充分体现在了欧洲伟大的哥特式大教堂中——这些美丽、工艺精湛的传世杰作，都是在没有借助蓝图或书籍的情况下建起来的。这些教堂代表了众多工匠和工程师们不断累积的技能水平。

这一点并不难理解，因为无论是口头形式还是书面形式的语言，都是相对近期的发明。而在那之前很久，我们的祖先必须学习各种技能——制造工具、狩猎等。自然学习过程主要建立在镜像神经元的基础上，它源自对他人的观察和模仿，然后反复重复同一动作。我们的大脑非常适合这种学习方式。

例如，在学习骑自行车这项活动中，我们都知道观察并模仿别人如何骑车比听别人说怎么骑或阅读骑车指南更有效。我们练习得越多，骑车对我们来说就越容易。即使是那些主要依靠脑力的技能，例如电脑编程或说一门外语，我们依然要通过练习和重复（自然学习过程）才能学到最好。我们是通过尽可能多地说，来学习一门外语的，而不是通过阅读书本和学习理论。我们说得越多，练得越多，我们的表达就会越流畅。

一旦你做得足够多，你就会进入一个**加速回报的循环**。在这个循环中，练习会变得更容易、更有趣，因而你愿意练习更长时间，这不仅会提升你的技能水平，反过来还会让练习变得更有趣。进入这一循环是你必须为自己设立的目标，并且为了达到这个目标，你必须了解一些有关技能的基本原则。

首先，你必须从一项自己可以掌握的技能开始，而这项技能会成为你获得其他技能的基础。你必须全力避免自己同时学习几项技能的想法。你需要培养自己的专注力，并且明白一心多用只会让你一无所获。

其次，学习一项技能的最初阶段总是枯燥乏味的。与其回避这种不可避免的单调乏味，不如真心去接受并拥抱它。我们在学习一项技能的最初阶段所经历的痛苦和无聊会让我们的心智变得更坚韧，这很像体育锻炼。很多人相信生活中的一切都必须是令人愉悦的，这让他们不断地分心，去寻找学习的捷径。痛苦是你的大脑对你提出的一种挑战——你是会学习如何集中注意力并度过枯燥无聊的阶段，还是会像小孩一样屈服于即时的快乐和消遣？像体育锻炼一样，了解了它将带给你的益处，你甚至可以从这种痛苦中获得一种反常的快乐。无论在何种情况下，你都必须直面任何无聊，而不要试图去回避它或抑制它。因为在你的一生中，你会遇到很多单调乏味的情况，你必须培养自己用自律应对它们的能力。

在练习一项技能的最初阶段，知道大脑在这个阶段会发生一些神经学上的变化，这对你来说很重要。当你开始做一件新的事情时，额叶皮层（大脑中更高级、更有意识的指挥区域）的大量神经元会被调动起来，变得活跃，从而在学习过程中帮助你。大脑必须处理大量的新信息，如果能动用的大脑部分有限，这个过程就会充满压力并且让大脑不堪重负。所以在这个最初阶段，当我们努力专注于任务时，我们的额叶皮层会扩大。但是一旦某件事重复得足够频繁，它就会固化下来并成为无意识的习惯，让大脑的其他部分来掌管这项技能的神经通路，一个比大脑皮层更深的部分。从而使那些我们在这个最初阶段需要用到的额叶皮层神经元被解放出来，以帮助我们学习其他东西，而额叶皮层的大小也恢复正常。

最后，为了记住这项任务，我们的大脑会形成一整个神经元网络。这就可以解释为什么在学会骑自行车后即使时隔多年不骑，我们仍然会骑。如果我们观察那些通过不断重复来掌握某项技能的人的额叶皮层，我们会发现，当他们使用这项技能时，他们的额叶皮层会处于惊人的静止和不活跃的状态。他们所有的大脑活动都发生在比大脑皮层更深的区域，并且需要的有意识的控制也少得多。

如果你不断分心，总是更换任务，固化的过程就不会发生。在这种情况下，这项技能专属的神经通路就永远建立不起来，因为你所学的东西太浅层，不足以在大脑中扎根。在一项技能上注意力高度集中地投入 2—3 小时，好过注意力分散地磨蹭 8 小时。你需要尽快融入你正在做的事情当中。

一旦一个动作变成自动的，你就有了思维空间去观察练习时的自己。你必须用这个空间来注意自己需要改正的弱点和缺点——去剖析自己。同样有用的是，尽可能多地获取他人的反馈，并设立标准。比照着标准，你就可以衡量自己的进步情况，知道自己还有多远的路要走。不练习、不学习新技能的人永远不会有恰当的分寸感或自我批评意识。他们认为自己不努力就可以做成任何事情，而且与现实缺乏联系。反复尝试一件事可以让你脚踏实地，让你深深地意识到自己的不足，并认识到哪些是可以通过付出更多的工作和努力来实现的。

如果你练习得足够多，你会自然而然地进入加速回报的循环：随着你不断地学习和获得一些新技能，你可以试着开始改变自己的工作，找到工作中你可以有所发展的某个点，这样你的工作就会变得更有趣。随着某项技能的各个要点变得越来越自动化，你的大脑将不再会因为辛苦的付出而感到疲惫不堪，从而让你可以更努力地去练习，这些反过来又会带给你更好的技能和更多的乐趣。进而，你可以去寻找新的挑战和领域去征服，以保持自己对工作的高度兴趣。随着循环的加速，你可以进入一种心流状态：你的心思完全沉浸在练习中，旁若无物，你变成了自己正在学习的工具、仪器或事物的一部分。你的技能不是可以用语言描述的东西，它已经被植入你的身体和神经系统中，成为隐性知识。深入地学习任何一项技能都可以使你为达到精通做好准备。进入心流状态和成为工具的一部分这两种感觉是精通力能带来的巨大快乐的前兆。

本质上，当你练习和深入发展任何一项技能时，你都在这个过程中改变了自己。随着你的进步，你会逐渐发现早就潜藏在你身上的新能力。你在情绪体验上也会有进步。你对快乐的感觉会被重新定义：对你来说，提供即时愉悦的事物看起来像是一种消遣，是用来打发时间的空虚的娱乐；真正的快乐源自对挑战的克服、对自身能力的信心、自身技能的逐渐成熟以及随之而来的力量感。你还会变得更有耐心。无聊不会再让你分心，而是会促使你去征服新的挑战。

尽管可能看起来，掌握必备技能和达到专业水平所需的时间取决于你所处的领域和你自己的天赋水平，但是那些反复研究过这个主题的人提出了 1 万小时定律。1 万小时似乎是一个人想要达到高水平技能所需要的高质量的练习时间的总数，它尤其适用于作曲家、围棋选手、作家和运动员等人。这个数字能引起一种近乎神奇或神秘的共鸣。它意味着如此多的练习时间——无论是什么人，无论在什么领域——会给人脑带来质的变化。1 万小时后，大脑能学会组织和建构大量的信息。而拥有所有这些隐性知识，大脑就可以变得更有创造性、更活跃。虽然 1 万小时可能看起来有些多，但如果是持续、扎实的练习，一般7—10年就达到了，这大致相当于一个传统的学徒阶段。换句话说，长期的专注练习不会失败，只会给你带来丰硕的成果。

第三步：实验 / 主动模式

这是整个学徒阶段最简短的一个步骤，却仍然是很关键的一个组成部分。当你获得技能和信心以后，你必须开始向更主动的实验模式迈进。这可能意味着你要承担更多的责任，启动某种项目，做一些可能会让你受到同事或公众批评的工作。这么做的目的是，衡量你的进步并检查你的知识是否还存在缺口。你要在行动中观察自己，看看自己如何回应他人的评判。你能接受批评并建设性地利用好它吗？

在查尔斯·达尔文的例子中，随着贝格尔号的不断远航，他开始对那些可能让他形成进化论的观念感兴趣，他决定把自己的想法告诉他人。首先，他与船长讨论了这些想法，并耐心地听取了他对这一想法的猛烈抨击。达尔文告诉自己，这或多或少会是大众的反应，他必须为此做好准备。他还开始给英国各个科学家和科学研究机构写信。他收到的回复表明他正在做的事情是有重要意义的，但是他还需要更多的研究。在莱昂纳多·达·芬奇的例子中，随着他在韦罗基奥的画室的不断进步，他开始尝试和主张自己的风格。他惊喜地发现，韦罗基奥对他的创造力印象深刻，这表明他的学徒阶段已接近尾声。

大多数人往往因为恐惧而迟迟迈不出这一步。学习规则并待在自己的舒适区里总是更容易的事情。通常，**在你认为自己准备好之前**，就必须强迫自己开始行动或实验。你要考验你的性格，克服你的恐惧，并培养出一种超然于工作之外的感觉——通过他人的眼睛看待自己的工作。你将尝到下一阶段的滋味，即你的成果会不断地受到审视。

当你感到从目前的环境中已经没什么东西可学的时候，你的学徒阶段就结束了。这时候，你就可以宣布你的独立或换到另一个地方继续训练并扩展你的技能基础了。在之后的生活中，当你遇到事业的变动或有学习新技能的需求时，你需要再经历一遍这个过程，让它变成你的第二天性。好了，现在你已经学会了要如何学习了。

许多人可能认为学徒训练和技能获取是过去时代的古雅遗物，那时的工作就是制作东西。而现在，我们已经进入了信息和计算机的时代，技术可以使我们不用做那些需要练习和重复的低级工作了。我们生活中的很多技能已经变成虚的了，这让工匠模式过时了。像这样的争论一直存在。

然而事实上，这种关于我们生活的时代的本质的看法是完全错误的，甚至是非常危险的。我们当前所处的这个时代并不是一个技术能解决一切的时代，而是方方面面的复杂性都在不断增加的时代。在商业方面，竞争变成了全球性的，并且更加激烈。商人必须比过去更有远见，这意味着他们必须具备更多的知识和技能。在科学方面，其未来并不取决于专业化程度的提高，而是取决于各领域知识的结合和兼容。在艺术方面，人们的品位和风格正在加速变化。艺术家必须把握这一点并有能力创造出新的艺术形式，这样才能始终保持领先地位。这往往不仅要求他们掌握关于某一艺术形式的知识，还要求他们了解其他艺术，甚至是各种科学以及世界上正在发生的事情。

无论从事哪个领域，人类大脑需要做的和应对的事情比以往任何时候都要多。我们需要同时处理与自身领域相关的多个领域的知识，并且这种混乱会在技术所带来的信息中成倍地增加。这意味着我们所有人都必须掌握各种知识以及一系列不同领域的技能，并拥有能够组织大量信息的头脑。未来属于那些学习了多种技能并能用创造性的方式将它们结合起来的人。而无论某项技能多么虚无，学习它的过程都是一样的。

在未来，巨大的差距会出现在那些已经把自己训练得能够应对复杂事物的人们与那些会被复杂事物压倒的人们之间，即那些可以掌握技能并训练自己头脑的人们与那些不可避免地总是被周遭所有媒体所吸引而永远不能专心学习的人们之间。因此，学徒阶段将前所未有地有意义和重要，而那些忽视学徒阶段的人几乎肯定会被落下。

最后，我们生活在一种普遍重视智力和用语言推理的文化中。我们往往认为，用双手工作、建造有形的东西是属于那些不够聪明的人的低级技能。这是一种极会适得其反的文化价值观。人类大脑是在与手建立的紧密配合中进化的。我们最早的许多生存技能都依赖于复杂的手眼协调。直到今天，我们大脑的很大一部分还致力于这种关联。当我们用双手工作和建造一些东西时，我们学会了如何安排我们的行动以及如何组织我们的想法。在把东西拆开又修好的过程中，我们学会了能广泛应用的问题解决技能。即使是那种不重要的活动，你也应该找到一种能用到你的双手的工作方法，或者多了解一些机器内部的运作方式和你周围的各种技术。

历史上的许多大师凭直觉发现了这种联系。托马斯·杰斐逊（Thomas Jefferson）就是一个狂热的修补匠和发明家，他相信手艺人能成为更好的公民，因为他们明白事物是如何运转的，并且具备一些实用的常识，所有这些都能帮助他们很好地处理他们作为公民的各项需求。阿尔伯特·爱因斯坦是一位狂热的小提琴家，他相信用手拉小提琴同样有助于他的思考过程。

总之，无论你身处什么领域，你都必须把自己看作一个运用实际的材料和想法的建造者。你正在你的工作中创造一些有形的东西，一些以某种直接、具体的方式影响人们的东西。为了很好地创造这样东西，无论是一栋房子、一个政治组织、一家企业或是一部电影，你都必须了解创造的过程并具备必要的技能，并且学着像一个坚持最高标准的工匠。为此，你必须经历一段认真的学徒阶段。如果你不先发展并改变自己，你将无法在这个世界上创造出任何有价值的东西。

拥有理想的学徒阶段的策略

不要认为你难以掌握的事情是所有人都力所不及的。而如果一件事情是人力所能及的，也一定在你的能力范围内。

——马可·奥利里乌斯（Marcus Aurelius）

纵观历史，所有领域的大师们都为自己制定了各种策略来帮助自己追求和拥有理想的学徒阶段。以下是从他们的人生故事中提炼出来的八个经典策略，并结合了一些具体示例进行说明。尽管其中某些策略可能比另一些策略看起来更适用你所处的环境，但是它们中的每一个都与学习过程本身紧密相关，你最好将它们全都内化吸收。

策略一：学习重于金钱

1718 年，乔塞亚·富兰克林（Josiah Franklin）决定让 12 岁的儿子本杰明·富兰克林去自家在波士顿经营得还不错的蜡烛作坊里做学徒。他的打算是，经过 7 年的学徒训练后，富兰克林①能积累一点经验，从而接管家里的生意。但是富兰克林有其他的打算。他威胁说，如果父亲不给他做蜡烛作坊的学徒之外的其他选择，他就逃到海上去。父亲已经失去了一个离家出走的儿子，因而心软下来。让父亲惊讶的是，富兰克林选择了去哥哥新开业的印刷厂工作。印刷厂的工作更繁重，学徒期更是长达 9 年而非 7 年。而且，印刷行业是出了名的变幻无常，将一个人的未来寄希望于它是件很有风险的事情。但这是他自己的选择，父亲只好同意让他踏上这条艰难的道路。

年轻的富兰克林没有告诉父亲的是，他决心成为一名作家。印刷厂里的大部分工作都是体力劳动，需要操作机器，但是他会时不时地被叫去编辑和校对一些小册子或文章。印刷厂里总是会有一些新书。

---

① 原文此处为"本杰明"，但中国读者习惯称呼他为"富兰克林"，故此处及后文的"本杰明"均改为"富兰克林"，且书中不是全名的"富兰克林"均指本杰明·富兰克林。——编者注

几年下来，他发现自己最喜欢店里重印的英语报纸上的文章。他申请去监督这类文章的印刷，因为这可以让他有机会详细研究这些文章，并学着如何在自己的作品中模仿这些文章的风格。他成功地把在印刷厂的这几年变成了最有效的写作训练，并且额外学会了印刷业务。

1900 年，21 岁的阿尔伯特·爱因斯坦从苏黎世联邦理工学院（Zurich Polytechnic）毕业后，发现自己的就业前景十分渺茫。他的毕业成绩在班里近乎垫底，几乎没有机会去任何地方任教。但他很开心终于可以离开大学了，并计划自己去研究那些萦绕在他心头数年的物理学问题。这对他来说是一个理论和思维实验的自我训练阶段。但与此同时，他又不得不想办法谋生。他父亲在米兰的发电机公司给他找了一个工程师的工作，但是这份工作让他没有任何闲暇时间。一位朋友也可以在保险公司给他安排一个薪水颇丰的职位，但是这份工作又会让他的头脑变迟钝，思考能力被削弱。

1 年后，另一位朋友告诉他位于伯尔尼的瑞士专利局有一个职位空缺。这是个底层职位，薪水不是很多，工作时间很长，工作内容之一是审查专利申请这类普通的任务，但是爱因斯坦迫切地抓住了这个机会。这就是他想要的工作。他的任务是分析专利申请的有效性，许多专利申请都涉及他感兴趣的科学方面。这些申请就像是一个个小的谜题或思维实验，他设法在脑海中想象如何将这些想法在现实中转化为发明。审查这些专利申请提高了他的推理能力。工作了几个月后，他就变得非常擅长专利申请的审查工作，常常两三个小时就可以完成一天的工作，剩下的时间他就可以用来做自己的思维实验。1905 年，他发表了自己关于相对论的第一篇文章，其中的许多工作都是他在专利局的办公桌上完成的。

　　玛莎·葛兰姆（更多关于她早年生活经历的内容，请参阅第 17 页）最早在洛杉矶的丹尼肖恩舞蹈学校接受舞蹈培训，但是几年后，她就发现那里已经没什么可让自己学的了，她需要到其他地方去打磨自己的舞蹈技能。最终，她选择了纽约，并在 1924 年获得了一份为期两年的在一个时事讽刺剧中跳舞的工作。这份工作薪水优厚，所以她接受了。她当时想，只是跳跳舞罢了，她总能在空闲的时候去尝试自己的想法。但是合约快到期时，她决定再也不接这类商演了。因为商演耗光了她所有的创作精力并摧毁了她利用自己的时间工作的欲望，它还让她感觉自己越来越在意薪水。

　　她认为，年轻时重要的是，训练自己如何用少量的钱过活并最大限度地发挥自己的青春活力。在接下来的几年里，她一直做着舞蹈老师的工作，并将工作时长控制在仅能维持生活的水平。其余时间，她就用来创造和练习自己想要的新的舞蹈形式。为了不让自己变成商演的奴隶，她充分利用空闲的每一分钟，几年间就为现代舞的彻底变革奠定了基础。

　　正如第 1 章叙述的（详见第 28—30 页），1986 年，弗莱迪·罗奇的拳击手生涯走到了尽头，他在拉斯维加斯找了一份电话销售的工作。一天，他走进自己在传奇教练埃迪·福奇手下训练时待过的体育馆。他发现那里的许多拳击手都得不到福奇一点儿个别化的关注。尽管没有人要求他，他还是开始每天下午待在体育馆里帮忙。这逐渐变成了他的一份工作，因为没有薪水，所以他依然保留着电话销售的工作。除去这两份工作，他每天所剩的时间就只够睡觉了。这对别人来说几乎是难以忍受的，但是他可以忍受，因为他正在自己注定要从事的行业中学习。几年内，他就用自己的知识收服了很多年轻的拳击手，这让他建立起了自己的事业，并很快成为同时代最成功的拳击教练。

这是一条简单的人类心理学规律，即你的想法往往会以你最看重的事物为中心。如果你最看重的是金钱，你就会去找一个能提供最高薪水的地方做学徒。不可避免地，在这样的地方，你会经常在自己真的准备好之前就要为证明自己值这么高的薪水而感到压力骤增。你会专注于你自己、你的不安，专注于取悦和打动身居要职的人，而不是专注于如何获得技能。对这样的你而言，犯错并从中吸取教训的代价太大了，因此你会变得小心翼翼、因循守旧。慢慢地，你会对丰厚的薪水上瘾，而它会左右你将去哪里、如何思考以及要做什么。最终，那些没有用在学习技能上的时间会让你尝到后果，跌得很惨。

因此，你必须把学习看得高于其他一切。这会把你引向所有正确的选择。你要选择能给你最多学习机会的工作，尤其是可以让你动手实践的工作。你要选择一个有同伴和教练可以激励你和教导你的地方。一份薪水普通的工作还有一个额外的好处，那就是训练你用较少的钱过活，这是一项宝贵的生活技能。如果你想把自己大部分的学徒训练时间用来做自己注定要做的事情，那就选择一份能负担生活的工作——一份最好能让你保持头脑敏锐同时能给你留下时间和思维空间做自己认为有价值的事情的工作。千万不要瞧不起一份没有薪水的工作。事实上，找到一个完美的导师并无偿当他们的助理往往是最明智的做法。你不求回报和热切渴望的精神往往会让这些导师乐于传授给你更多的行业秘密。最后，把学习看得高于其他一切，会让你为自己的创造性扩展做好准备，而金钱很快也会随之而来。

策略二：不断拓宽视野

对作家佐拉·尼尔·赫斯顿（Zora Neale Hurston，1891—1960）来说，童年是她一生中的黄金时代。她在美国佛罗里达州的伊顿维尔长大，这是一个有点不寻常的南方小镇。这个全是黑人的小镇建立于19世纪80年代，由公民自己对其进行治理和管理。它仅有的冲突和苦难来自居民自己。那时的佐拉还没有种族主义的概念，是一个精神富足、意志坚强的女孩，常常独自一人在镇上闲逛。

那些年，她有两大爱好。其一，她热爱书籍和阅读。她会读所有她能拿到手的书，尤其喜欢神话书，如希腊、罗马和挪威的神话。那些最强大的人物常常会让她产生共鸣，如赫拉克勒斯①、奥德修斯②、欧丁③。其二，她会花很多时间听当地人讲故事，他们常常会聚集在门廊上闲聊或讲一些民间传说，这些很多都可以追溯到奴隶时代。她喜欢他们讲故事的方式——用丰富的隐喻讲述简单的道理。在她看来，希腊神话和伊顿维尔人口中的故事都以最不加修饰的方式揭示出了人类

---

① 赫拉克勒斯（Hercules），希腊神话英雄，力大无穷。——译者注
② 奥德修斯（Odysseus），一位传说中的希腊国王，《荷马史诗》中的英雄。——译者注
③ 欧丁（Odin），挪威神话中的众神之神。——译者注

的本性。每当自己一个人散步时，她就会放飞自己的想象力，给自己讲属于自己的奇异故事。她想着，总有一天，她要把这些故事全都写下来，成为伊顿维尔的荷马。

1904 年，她的母亲去世，她的黄金时代戛然而止。佐拉的母亲总是在父亲面前保护和庇护着她，因为她父亲认为她很奇怪、不讨人喜欢。父亲急切地想要把她赶出家门，于是就把她送到了杰克逊维尔①的一所学校。几年后，他就不再给她付学费了，这基本上相当于把她抛弃了。有 5 年的时间，她从一个亲戚家流落到另一个亲戚家。为了养活自己，她做了各种各样的工作（其中主要为家务工作）。

回忆童年，那种向外扩张的感觉记忆犹新——学习其他文化和它们的历史，学习自己的文化。她可以自由地探索的一切事物。现在，一切都不复存在了。她被工作和沮丧折磨得疲惫不堪，周围的一切都压迫着她，她满脑子想的只有自己的小小世界和这个世界带给她的不堪。很快，除了打扫房间，她就很难再想到其他事情了。但矛盾的是，人的思想在本质上是自由的。它可以去到任何地方，跨过时间和空间。如果她把自己的思想局限在自己狭隘的世界中，那就是她自己的过错。不管看起来多么不可能，她都不能放弃成为一名作家的梦想。为了实现这个梦想，她必须用任何必要的方法来自学并让自己的精神视野不断扩大，因为作家需要了解这个世界。这样一想，佐拉·尼尔·赫斯顿着手为自己设计了历史上最出色的自主训练计划之一。

因为当时她能找到的只有打扫房屋这样的工作，所以她设法在镇

---

① 杰克逊维尔（Jacksonville），位于美国佛罗里达州的东北部。——译者注

上最有钱的白人家里找到了一份工作——在那儿她有大量的书可以看。她会见缝插针地偷偷读一些书，并快速记住一些段落，以便在有空的时候脑子里有东西可以复习。一天，她在垃圾桶里发现了一本被丢弃的弥尔顿（Milton）的《失乐园》（*Paradise Lost*）。这本书对她来说像金子一般宝贵。她不论走到哪都带着它，并且读了一遍又一遍。就这种，她的思维才没有停滞不前。她为自己创造了一种独特的文学教育方式。

1915 年，她找到了一份在全是白人演员的巡演剧团里给主唱当女佣的工作。对大多数人来说，这不过是又一份卑躬屈膝的工作，但对赫斯顿来说，这是天赐良机。剧团的许多成员都受过良好的教育。随处都有书可读，而且还可以无意中听到很多有意思的对话。通过密切的观察，她知道了什么是白人世界中所谓的教养，知道了她可以如何用伊顿维尔的故事和自己的文学知识来让自己变得对他们来说有魅力。因为工作的需要，他们还让她接受了美甲师的培训。后来，她凭借这项技能在华盛顿靠近国会大厦的理发店里找到了工作。这个理发店的客户包括了当时最有权势的政客们，他们经常会旁若无人地闲聊。对她来说，这几乎和读书一样有价值——这些闲聊让她更加了解人性、权力和白人世界的内部运作方式。

她的世界在慢慢扩大，但是她可以工作的地方、她能找到的书、她能遇到和来往的人仍然十分有限。虽然她一直在学习，但是她的思维是松散的，而且她的想法缺乏条理。她认为，自己需要正规教育以及它能给她带来的训练。她其实可以试着在不同的夜校拼凑一个学位出来，但是她真正渴望的是重新获得被父亲剥夺的正规教育。25 岁时，看起来比实际年龄要小的她在申请书上把自己的年龄改小了 10

岁，由此获得了进入马里兰州一所免费的公立高中上学的机会，重新成了一名新生。

她必须最大限度地利用这次学习机会——她的未来取决于它。她阅读了远超学校要求她读的书，并且在写作上尤其用功。她凭借着自己多年来修炼的魅力与老师们和教授们成了朋友，建立了各种过去无法建立的联系。就这样，几年后，她考上了黑人高等学府霍华德大学（Howard University），并结识了一些黑人文学界的重要人物。因为有了学校的训练，她开始写短篇小说，并在一位熟人的帮助下在哈莱姆①的一份著名的文学杂志上发表了一篇短篇小说。她抓住每一个可以离开霍华德大学的机会，搬到了哈莱姆区，因为那里住着所有杰出的黑人作家和艺术家。这次搬家为她最终能够探索的世界又打开了一个新的维度。

多年来，赫斯顿一直在研究有权势的重要人物——无论是黑人还是白人——以及如何给他们留下深刻的印象。在纽约，她将这项技能发挥到了极致，并吸引了几位有钱的白人艺术赞助者。通过其中一位赞助者，她获得了进入巴纳德学院（Barnard College）学习的机会。在那里，她可以完成自己的大学教育。如果她接受这次机会，她将成为那里第一位也是唯一一位黑人学生。不断前进、不断扩展一直是她的人生策略——如果你安于现状，停滞不前，世界很快就会对你关闭。因此，她接受了这个机会。巴纳德学院的白人学生因她的出现而感到了威胁——她的知识面非常广，远远超过了他们。人类学系的几位教授像是中了她的魔咒，派她一路向南，收集民间传说和故事。她

---

① 哈莱姆（Harlem），美国纽约市曼哈顿的黑人社区。——译者注

利用这次旅行深入地接触了南部黑人的伏都教及其他的礼仪习俗，因为她想加深自己对黑人文化的丰富性和多样性的认识。

1932 年，随着大萧条席卷纽约，她的就业机会渐渐枯竭，于是她决定回到伊顿维尔。因为那里的生活比较俭朴，而且那里的气氛可以启发灵感。从朋友那儿借了点钱，她就开始着手写自己的第一部小说。所有她过去的经历、她漫长而丰富的学徒阶段都从她内心深处的某个地方浮现出来——她童年时听过的故事、她这些年在各处读过的书、她对人性阴暗面的洞察、她对人类学的研究、她的每一次遭遇，所有这些她都写到了她的小说里。这部小说名为《乔纳的葫芦蔓》(*Jonah's Gourd Vine*)，虽然讲述的是她父母的关系，但它实际上是她自己一生所有经历的浓缩。只经过数月的高强度写作，这部小说就完成了。

小说在第二年出版，并取得了巨大的成功。在接下来的几年里，她又以惊人的速度写了更多的小说。很快，她就成了当时最有名的黑人作家，而且是第一位靠写作谋生的黑人女性作家。

佐拉·尼尔·赫斯顿的故事以最直接的方式揭示了学徒阶段的本质——没有人会真的帮助你或给你指明方向。事实上，你成功的机会很小。如果你渴望学徒式的训练，如果你想学习如何达到精通，你必须靠自己，并付出极大的努力。当你刚开始进入这个阶段时，你一般要从最低的职位开始做起。你能接触的知识和人会受你的地位所限。如果你不小心，你就会接受这种地位并被它定义，尤其是当你来自一个弱势群体时。所以，你必须像佐拉一样和各种限制作斗争，并不断努力去拓宽你的视野。（每一种学习环境中都有你要服从的现实，但是服从现实并不意味着你必须待在一个地方。）超额地读一些书和资料，这就是一个好的开始。接触了广阔世界的思想，你就会渴求越来越多的知识，你会发现自己越来越难以在一个狭窄的领域里得到满足，而这恰恰就是成功的关键所在。

你所在领域和圈子的人们就像他们面前的世界一样——他们的故事和观点会自然地扩大你的视野，加强你的社交技能。你要尽可能多地和不同类型的人交往。这样你的圈子就会慢慢地拓宽。任何形式的校外教育也会扩大你的圈子。你要坚持不懈地追求扩张。每当你感到自己要安于某个圈子时，就强迫自己做出改变并寻找新的挑战，就像佐拉离开霍华德大学去哈莱姆那样。随着你思维的不断拓展，你将重新定义你面前的这个世界的界限。很快，想法和机会就会来到你的身边，而你的学徒阶段也就自然而然地结束了。

策略三：重新认识到自身的不足

20 世纪 60 年代晚期，还是高中生的丹尼尔·埃弗雷特有点迷茫。他感到自己被困在了加利福尼亚州的边境小镇霍尔特维尔，他自小在那里长大，却与当地牛仔的生活方式完全隔绝。正如第 1 章所述（详见第 17 页），埃弗雷特总是被小镇边缘的移民工人中存在的墨西哥文化所吸引。他喜欢他们的习俗和生活方式、他们说话的声音，以及他们的歌曲。他似乎有学习外语的诀窍，很快就学会了西班牙语，获得了进入移民工人的世界的敲门砖。对他而言，移民工人的文化使他瞥见了霍尔特维尔之外的一个更有趣的世界，但有时候他又对自己从未真正离开过家乡而感到绝望。他开始吸毒——至少当时吸毒为他提供了一种逃避的途径。

后来 17 岁时，他遇到了克伦·格雷厄姆（Keren Graham），他的高中同学，一切似乎从此改变。克伦的大部分童年时光是在巴西东北部度过的，她的父母曾在那里担任基督教传教士。他喜欢和她一起出去玩，听她讲在巴西生活的故事。见过她的家人之后，他就变成了他们家晚餐时的常客。他钦佩他们的使命感和他们对传教工作的奉献精神。遇见克伦几个月后，他成了一名得到重生的基督徒，并且 1 年后，他们结婚了。他们计划着生下自己的孩子并成为传教士。

埃弗雷特从芝加哥穆迪圣经学院（Moody Bible Institute of Chica-go）毕业，并取得了海外传教学位。1976 年，他和妻子进入夏季语言学研究所（Summer Institute of Languages，SIL）学习。这是一个基督教组织，旨在指导未来的传教士获得必要的语言技能，从而将《圣经》翻译为当地的语言并传播福音。完成学业后，他和家人（那时他和妻子已经有了两个孩子）被送到 SIL 在墨西哥南部恰帕斯地区的丛林营地中，为艰辛的传教士生活做准备。整整 1 个月，一家人不得不住在某个村子里，尽力学习当地的语言，一种玛雅方言。埃弗雷特出色地通过了所有考试。因为他在这个项目上取得的成功，SIL 的教员决定给他和他的家人一个最大的挑战——到亚马孙腹地的皮拉罕①村生活。

皮拉罕人是亚马孙最古老的居民之一。当葡萄牙人在 18 世纪早期到达这个地区时，大多数部落学会了葡萄牙语，并采用了许多葡萄牙

---

① 皮拉罕（Pirahã），又译作皮拉哈。——译者注

人的生活方式，但是皮拉罕人拒绝这样做并撤退到了丛林深处。他们过着与世隔绝的生活，与外界鲜有联系。当 20 世纪 50 年代传教士们到达他们的村庄时，只有大约 350 个皮拉罕人还活着，并且分散在这个地区的不同地方。那些试图学习皮拉罕语的传教士发现这是不可能的。因为皮拉罕人不说葡萄牙语，也没有文字，并且他们的每个词在西方人听来都一样。SIL 曾在 1967 年派了一对夫妇去学习这门语言，他们最后除了将部分《圣经》翻译成皮拉罕语外，再无其他进展。在费尽心力学习这门语言十余年后，他们被这项任务逼得快疯了，想要离开。听到这些后，埃弗雷特欣然接受了这项挑战。他和妻子决心成为第一批破解皮拉罕密码的人。

1977 年 12 月，他和家人到达皮拉罕村。在那儿的最初几天，埃弗雷特用尽了他学过的所有办法去和当地村民交流——例如，拿着木棍问他们它叫什么，然后丢掉木棍问他们这个动作用当地话怎么说。在接下来的几个月里，他在学习皮拉罕语的基本词汇方面取得了可喜的进展。因为他在 SIL 学到的方法非常好用，他自己也工作得非常刻苦。他每听到一个新词，就会把它写在 3×5 的小卡片上。他在这些卡片的一角都打上孔，把它们几十张一起地系在裤腰上，反复与村民们练习。他试着在不同的语境下使用这些词语和短语，有时弄得皮拉罕人大笑不已。每当他感到沮丧时，他就会看看那些毫不费力就掌握了这门语言的皮拉罕孩子。如果小孩都可以学会它，他也可以，他不断地这样告诉自己。但每当他感到自己好像学会了更多短语时，他又会觉得自己毫无进展。他开始能理解之前那对夫妇的挫败感了。

例如，他经常听到一个词，这个词似乎可以翻译为"刚才"，如"那个人刚才离开了"。但后来，他又在其他的语境中听到了这个词，他这才意识到这个词实际上指的是某物（一个人、一个声音，或任何事物）出现或消失的确切时刻。他认为，这个词实际上是关于这种短暂时刻的经历，这样解释，很多皮拉罕语似乎都能理解了。"刚才"无法涵盖它的丰富含义。他以为自己之前已经理解的所有词汇都开始出现这个问题。他还开始发现他们的语言中缺少某些部分，这与他学过的所有语言学理论都是相悖的：他们的语言中没有表示数字的词语，没有"左右"的概念，也没有指代颜色的简单词语。这意味着什么呢？

一天，在皮拉罕村生活了 1 年多后，他陪同一些皮拉罕人进入丛林深处。他惊讶地发现了这些村民生活和语言的另一面。他们做的事和说的话都不同以往了：他们使用了一种不同的沟通方式——用精心制作的口哨代替口语来互相沟通，这使得他们在狩猎时更加不易被察觉。他们在这种危险的环境中穿行的能力真是令人钦佩。

突然，埃弗雷特明白了一件事：他将自己局限在乡村生活中并只学习他们的语言的这个决定，就是他所碰到的问题的根源。他们的语言离不开他们的狩猎方式、他们的文化和他们的日常习惯。他在不知不觉中对这些人和他们的生活方式带有一种优越感——就像研究蚂蚁的科学家一样生活在他们当中。然而，他无法破解他们语言的秘密，这显示出了他方法的不足。如果他想像孩子那样学习皮拉罕语，他必须变得像皮拉罕孩子一样——依赖这些人生存、参与他们的日常活动、进入他们的社交圈、真正认识到自身的不足并寻求他们的支持。（抛弃所有的优越感导致了他后来的个人危机，他对自己传教士的身份失去了信心并永远离开了教会。）

他开始全方位地实施这一策略，进入了一个他之前没有发现的皮拉罕人生活的领域。很快，他对他们奇特的语言产生了各种各样的想

法。皮拉罕语的奇特反映出了他们在长期与世隔绝的生活中所形成的
独特文化。埃弗雷特像当地的孩子一样参与到他们的生活中，而这门
语言也从内而外变得生动起来，他开始在皮拉罕语的学习上取得之前
所有人所没有的进步。

　　丹尼尔·埃弗雷特在亚马孙丛林的学徒生涯为他日后成为一名开
创性的语言学家奠定了基础。在这段时期，他发现了一个应用范围远
超他研究领域的真理。阻碍人们学习的，即便是学习像皮拉罕语这样
难的语言，不是要学习的东西本身——人类的大脑有无限的潜力——
而是随着我们长大而在我们的脑海里滋生出的某些学习障碍。这些障
碍包括，每当我们遇到陌生事物时所表现出的洋洋得意与优越感，以
及关于什么是真实的或正确的固执看法（这常常是学校教育或家庭教
育灌输给我们的）。如果我们觉得自己好像知道点什么，我们的大脑
就会关闭其他的可能性，我们看到的也只会是我们假定好的真相。这
种优越感常常是无意识的，源于我们对不同事物和未知事物的恐惧。
我们很少会意识到这一点，并且常常把自己想象为公正的典范。

　　孩子们通常没有这些障碍。他们依赖成年人生存，自然会认识到
自身的不足。这种对自身的不足的认识使得他们有一种学习的渴望。
通过学习，他们可以缩小自己与成年人的差距，减轻无助感。他们的
思想是完全开放的，他们更加专注。这就是孩子们可以学得又快又深
的原因。与其他动物不同，我们人类在成年后仍然保持着所谓的"幼
态"，即精神上和身体上的不成熟特征。我们有回到孩子般的精神的

非凡能力，尤其是在我们必须学习某些东西的时候。即使到了50岁或更老的时候，我们还可以重拾儿时的那种对世界充满好奇的感觉，重现青春和学徒阶段的活力。

要明白，当你进入一个新的环境，你的任务是尽可能多地学习和吸收。为了达到这个目的，你必须试着像孩子一样认识到自身的不足——别人比你知道得更多，你需要依赖他们进行学习和安全地度过学徒阶段。你要抛弃你对一个环境或领域的全部先入之见和任何自命不凡的感觉。你要无所畏惧。你要和人们互动起来并尽可能深入地参与到他们的文化中。你要充满好奇心。认识到自身的不足，你的思维就会打开，你就会渴望去学习。当然，这种情况只是暂时的。你正在恢复一种依赖感，这样在5—10年内你就可以学到足以让你独立的技能，并进入完全的成人期。

策略四：信任自然学习过程

塞萨尔·罗德里格斯的父亲是美国陆军的一名终身军官。但塞萨尔（1959— ）选择就读于塞特多大学（The Citadel）——一所位于南卡罗来纳州的军事学院，并不是因为他决心追随父亲的脚步。他当时打算成为一名商人，但他认为自己的生活需要一些纪律，而没有哪一所大学比塞特多大学对学生的要求更严格的了。

1978年的一个早晨，在他上大学的第二年，塞萨尔的室友告诉他自己要去参加美国陆军、海军和空军的航空兵考试。塞萨尔为了好玩，决定跟室友一起去参加。出乎他意料的是，几天后，他接到了他被美国空军的飞行员培训项目录取的通知。他还在塞特多大学时，初级培训就开始了——学开塞斯纳飞机。他认为这会很好玩，于是加入了这个项目，但并不完全确定自己会坚持多久。他相当轻松地通过了培训测试。他享受这种精神上的挑战，以及飞行时全神贯注的状态。他想，或许继续下去会很有意思。因此，1981 年从塞特多大学毕业后，他接受了去俄克拉荷马州的万斯空军基地参加为期 10 个月的飞行员训练的委派。

然而在万斯，他突然发现自己力不从心。在这里，他们学开的是亚音速喷气式飞机 T-37。他必须戴着 10 磅重的头盔，背着 40 磅重的降落伞。驾驶舱又小又热，让人不堪忍受。教练坐在他旁边的座位上观察着他的一举一动，距离近得让人难受。执行任务时的紧张感、高温以及高速飞行对身体产生的压力让他汗如雨下，不住地颤抖。他感觉在自己飞行的时候，飞机好像对他又捶又打。除此之外，驾驶喷气式飞机还有很多的变数需要留意。

在模拟机上练习时，他还可以相对自信地飞行，感觉好像一切都在他的掌控之中。然而一旦进入真正的飞机，他就会难以抑制地感到恐惧和不确定——他的思维赶不上必须要处理的所有信息，并且很难排出任务的先后顺序。更让他很沮丧的是，几个月训练下来，他连续两次飞行成绩不及格，因此被罚禁飞 1 周。

他从未在任何事情上失败过。他征服了迄今为止出现在他生活中的一切困难和挑战，这是件令人自豪的事情。而现在，他面临着一种可能会摧毁他的可能性。70 名学员来万斯参加飞行员训练，但是几乎每周都会有 1 名学员被淘汰。这是一个残酷的过程。看起来他似乎会成为下一个被淘汰的人，而淘汰意味着结束。就算他被允许重新回到飞机上，他也只有少数几个可以证明自己的机会。他已经尽了自己最大的努力。他哪里做错了呢？或许不自觉地，他已经被吓倒，变得害怕飞行。现在，他更害怕失败。

他回想起自己在高中的日子。尽管那时他的个子相对较矮，但还是成功地成了他们高中橄榄球队的四分卫。那时候，他也经历了一些质疑甚至恐慌。然而，他发现通过严格的训练——精神上和身体上——他可以克服恐惧和技术上的几乎任何不足。在橄榄球训练中，将自己置于不确定的环境，帮助他熟悉了球场上的形势，因而变得不再那么害怕了。相信这一过程和训练会带来的结果，这是很有必要的。这就是他在当前的处境下必须要走的路。

他把在模拟机上练习的时间增至以往的 3 倍，这使得他的大脑能够适应大量刺激的感觉。在自己休息的时间里，他会不断在脑海中重复自己在驾驶舱里最不擅长的动作。并且一旦被允许回到飞机上，他就会变得比以往更加专注，因为他知道自己必须充分利用每次宝贵的真机训练机会。每当有机会多获得一些飞行时间，例如同组另一名学员病了，他都会努力抓住机会。渐渐地，日复一日，他找到了让自己在驾驶座位上平静下来的方法，并且能够更好地应对所有的复杂操作。在被允许重新回到飞机上的两周后，他成功地保住了自己的学员资格，之后他在的组内排名又升到了中游位置。

在这次飞行员训练项目还剩 10 周时，塞萨尔评估了一下自己的情况。他离成功还有很远的距离。他享受挑战、热爱飞行，并且此时他最大的理想就是成为一名战斗机飞行员。这意味着他必须以最拔尖的成绩从这个项目中毕业。但是在他的小组里，有几个“黄金男孩”——拥有飞行天赋的年轻人。他们不仅能应对巨大的压力，还能从中吸取养分。而他与黄金男孩正相反，但这就是他的人生。他以前曾凭借着自己的决心成功过，现在也能如此。于是在最后的几周里，他决定用超音速飞机 T-38 进行训练，并请求自己的新教练威勒斯·惠勒（Wheels Wheeler）往死里训练自己——他必须提升自己的排名并做好了不惜一切代价的准备。

惠勒答应了他的请求，同样的动作，他会让塞萨尔比黄金男孩们多重复 10 遍，直到塞萨尔身体承受不了了为止。他把注意力集中在塞萨尔所有的飞行弱点上，让塞萨尔在自己最讨厌的地方不断练习，错了就毫不留情地批评塞萨尔。突然有一天，塞萨尔在驾驶 T-38 时产生了一种陌生而奇妙的感觉——他仿佛可以感受到飞机就在他指尖的边缘。这一定就是那些黄金男孩们的感受，他想，只是对他而言却需要近 10 个月的高强度训练才能拥有。他不再纠结所有这些细节。虽然很模糊，但是他可以感觉到一种更高层次的思维方式的可能性——从编队的角度宏观地看待飞行，同时在驾驶舱内指挥复杂的操作。这种感觉虽然时有时无、变化不定，但是它让塞萨尔所有的付出都变得有价值。

最后，塞萨尔以全班第三名的成绩毕业，并晋升为战斗机长机飞行员。同样的过程现在要在竞争更加激烈的环境中重演。他必须通过练习和坚定的决心胜过那些黄金男孩们。就这样，他的军衔一路慢慢上升，成了美国空军的一名上校。20 世纪 90 年代，他在服役期间发动的 3 次空对空袭击让他成为越南战争后最接近王牌称号的美国飞行员，并最终为他赢得了"最后的美国王牌"的称号。

将大师和普通人区分开来的原因往往出乎意料地简单。每当我们学习一项技能时,. 我们经常会遇到挫折——我们正在学习的东西似乎超出了我们的能力范围。屈服于这些感觉,我们就会在真正放弃前不知不觉放弃了自己。塞萨尔班里许多未能成功晋级的飞行员几乎都有着和他一样的天赋水平。他们与塞萨尔的不同之处不单单是决心的问题,更多的是信任和信念的问题。许多在生活中取得成功的人在年轻时都有掌握某种技能的经验——一项运动或游戏、一种乐器、一门外语,等等。埋藏在他们头脑里的是克服挫折并进入加速回报的循环的感觉。在产生疑虑的瞬间,关于过去的经验的记忆就会浮到表面。由于对这个过程充满信心,他们能够挣扎着成功度过那些别人停滞不前、心灰意懒的时刻。

当谈到掌握一项技能时,时间总是神奇的要素。假设你以某个稳步的水平进行练习,经过几天或几周,你就能掌握这项技能的某些要素。慢慢地,整个技能都会被内化,成为你神经系统的一部分。你将不再纠结于细节当中,而是能看到更广阔的图景。这是一种不可思议的感觉,无论你的天赋有多高,训练都能将你带到这种状态。真正的阻碍只有你自己和你的情绪——无聊、恐慌、沮丧、不安全感。你不能压抑这些的情绪,它们在这个过程中出现是正常的,并且包括大师们在内,每个人都经历过。你能做的就是相信这个过程。一旦你进入加速回报的循环,厌倦的感觉就会一扫而空。反复接触之后,恐惧也会消失。挫折是进步的标志,是你的大脑正在处理复杂事物并需要更多练习的信号。这些不安全感在你达到精通之后都会转变成安全感。相信这一切都会发生,你就会让自然学习过程向前发展,而其他的一切也会步入正轨。

策略五：拥抱阻碍和痛苦

故事 A

比尔·布拉德利（Bill Bradley，1943— ）在大约 10 岁时就爱上了篮球运动。他与同龄人相比有一项优势——就他的年龄而言，他个子很高。但除了这点，他在这项运动上并没有什么天赋。他的动作缓慢而笨拙，跳得也不是很高。这项运动没有哪个方面对他来说是容易的。他必须通过大量的训练来弥补自己所有的不足。因此，他为自己制订了运动史上最严格、最有效的训练计划。

设法拿到高中体育馆的钥匙后，他为自己制订了一份训练时间表：每天放学后和每周日训练 3.5 小时，每周六训练 8 小时，夏天每天训练 3 小时。多年来，他一直严格地坚持着这份时间表。在体育馆训练时，他会在自己的鞋里加入 10 磅重的东西来加强腿部力量，从而增强他的弹跳力。他认为自己最大的弱点是控球不好和行动迟缓。他必须克服这些并把自己变成一个优秀的传球手，以弥补他在速度上的不足。

为了达到这个目的，他想出了各种各样的练习方法。比如，他会戴上底部黏着硬纸板的眼镜架，这样当他在练习运球的时候就看不到篮球了。这可以训练他养成在运球时环顾四周而不是盯着球看的习惯，这是传球中一项关键的技能。又比如，他会在球场上摆一些椅子充当对手，然后绕着它们来回运球，一练就是好几个小时，直到他能轻松绕过椅子、迅速调转方向为止。他在这两项练习上花了大量时间，并经受了各种厌倦或痛苦的感觉。

走在家乡密苏里州的大街上，他会一直目视着前方，并试着在不转头的情况下观察街道两边商店橱窗里的商品。他不断地做着这样的练习，以锻炼自己的周边视觉，这样他就能在球场上看到更多的信息。在家中自己的房间里，他常常会练习持球转身和假动作直到深夜——这些技巧也可以帮他弥补速度上的不足。

布拉德利把自己所有的创作精力都用在了想出新奇有效的练习方法上。有一次，他和家人乘坐一艘横渡大西洋的轮船去欧洲旅行。终于，他们想，他可以暂停一下他的训练计划了——轮船上真的没有练习的地方。但是在甲板下有两条长度和船身相等的走廊，900英尺长，而且非常狭窄——只够两名乘客并排而行。这是练习如何在全速带球时保持完美控球的最佳场地。为了加大训练难度，他还戴上了那副让视野变窄的特殊眼镜。每天几小时，他在两条走廊上来回练习着运球，直到航行结束。

就这样练习多年后，布拉德利慢慢地把自己变成了一个篮球巨星：先是在普林斯顿大学（Princeton University）赢得了"全美球员"的称号，随后成了纽约尼克斯队的职业球员。球迷们非常敬佩他那令人震惊的传球能力，仿佛他脑袋的后面和两侧都长了眼睛一样，更不用说他那超凡的控球能力、惊人的假动作和持球转身的策应能力，以及他在球场上的矫健身姿了。但是鲜有人知道，这种表面的从容是他多年来长时间、高强度训练的结果。

故事 B

在约翰·济慈（1795—1821）8岁时，他的父亲死于一场骑马事故。他的母亲因为一直未能完全从悲痛中走出来，7年后也去世了。

这让济慈和他的两个弟弟、一个妹妹变成了孤儿，在伦敦无家可归。济慈因为是家中最年长的孩子而被指定为遗产的受托人和监护人。他从学校退了学，去了一名外科医生和药剂师那儿当学徒——他必须尽快赚钱，而这似乎是最好的谋生职业。

在学校的最后几个学期里，济慈爱上了文学和阅读。为了继续学业，他会在非工作时间回到学校图书馆尽情阅读。一段时间后，他萌生了自己动笔写诗的念头，但是由于没有导师的指导，也无法经常接触到文学圈，对他来说唯一可行的自学方法就是，阅读 17 世纪和 18 世纪所有最伟大的诗人们的作品。之后，他努力模仿一些作家的诗歌形式和风格，终于写出了自己的诗。他在模仿上有自己的诀窍，这使得他很快就能创作出许多不同风格的诗歌，然后他再结合自己的风格对这些诗歌稍作调整。

就这样过了几年后，济慈做出了一个重大决定——他要一生致力于写诗。写诗就是他的人生使命，他相信自己会找到以此谋生的方式。为了让自己继续接受严格的学徒训练，他决定写一首长达 4000 行的诗。这首诗将围绕古希腊神话中的恩底弥翁① 展开。"《恩底弥翁》，"他给一位朋友写道，"会是一次对我的想象力，尤其是创造力的考验……我必须围绕某个主题用我的想象力和创造力写出 4000 行诗。"他给自己设定了一个几乎不可能完成的最后期限——7 个月——和在完成初稿前每天写 50 行诗的任务。

当《恩底弥翁》写到四分之三时，他就彻底厌倦了自己正在写的这首诗。然而，他并没有放弃，而是决心按照自己的方式进行到底，

---

① 恩底弥翁（Endymion），古希腊神话中月之女神所爱的英俊牧童。——译者注

以在自己设定的最后期限内完成初稿。他不喜欢《恩底弥翁》的华丽辞藻和重复累赘。但是只有通过这样的练习，他才能发现对自己有用的东西。"写《恩底弥翁》时，"他后来写道，"我仿佛一头扎进了海里，因而比待在绿色的海岸……品茶和接受舒心的建议，对水深、流沙和礁石有着更深入的了解。"

完成了《恩底弥翁》这首他认为普通的诗作后，济慈总结了他在写作过程中学到的所有宝贵经验。他再也不会经历文思枯竭之苦了——他已经训练自己克服了所有写作障碍。此时的他已经养成了高度专注和快速写作的习惯——他能够在几个小时内全神贯注于自己的写作。并且，他还可以用相同的速度对自己的作品进行修改。他已经学会了如何批评自己和自己的浪漫主义倾向。他可以冷静地看待自己的作品。他认识到，最好的想法往往是在实际写诗的过程中产生的，他必须大胆地写下去，否则他就会错过那些灵感。最重要的是，他偶然发现了一种适合自己的风格：与《恩底弥翁》相反——语言要尽可能地简洁，要尽可能多地使用比喻，但不能有一句废话。

有了这些经验，在 1818—1819 年他病重之前，济慈用英语创作出了一些最令人难忘的诗歌，包括他所有最伟大的颂诗。这两年可能也是西方文学史上最多产的两年。而这所有的一切都是他通过的严格的自我训练达成的。

◆ ◆ ◆

我们人类本能地会在任何看起来可能会带来痛苦或过于艰难的事物面前退缩。我们会把这种本能带到任何一项技能的练习中去。一旦我们熟练了这一技能的某些方面，一般来说是我们比较容易掌握的方面，我们就会喜欢反复练习这个部分。我们的技能会因为我们避开自己的弱点而变得不平衡。因为在练习中我们没有被关注或展现自己的压力，所以我们很容易掉以轻心、放松警惕。我们在自己的日常练习中，也很容易变得比较保守，一般会遵循他人的做法去做，或者采用已经被他人接受的方法练习。

但这是业余爱好者的做法。为了达到精通，你必须采取我们称之为"阻抗训练"（Resistance Practice）的方法。这个方法的原则很简单——练习时朝着自己所有本能的反方向前进。首先，你要抵制住对自己好一点的诱惑。你要最严厉地批评自己，通过他人的眼睛来看待自己的工作。你要认清自己的弱点，准确地说是你不擅长的方面。这些是需要你在练习中优先考虑的方面。在摆脱这可能带来的痛苦时，你会感到一种反常的愉悦。其次，你要抵制住放松注意力的诱惑。你要训练自己在练习中以双倍的强度集中注意力。在制订自己的日常练习计划时，你要尽可能地变得有创造性。你要想一些对自己的弱点起作用的练习方法。你要给自己设定一些达到某些标准的最后期限，然后不断地突破自己的认知极限。用这种方式，你就能超越他人，实现自己的卓越。

最终，你高度专注于工作的 5 小时会相当于大多数人的 10 小时。很快，你就会看到这样练习的效果，而别人也会对你完成工作时所表现出来的轻松从容感到惊奇。

策略六：在失败中训练自己

1885 年的一天，当 23 岁的亨利·福特第一次见到汽油发动机时，就立刻爱上了它。福特曾是一名机械工学徒，操作过各种各样的设备，但是没有什么能像这种新型发动机一样让他着迷，汽油发动机是一种可以自己产生动力的发动机。他设想了一种全新的、不用马拉的车，这种车将会给交通工具带来革命性的变化。他把成为发明这种车的先驱作为自己的人生使命。

那时，他在爱迪生照明公司做工程师，上的是夜班，于是可以利用白天的时间捣鼓自己尚在研发中的新型内燃发动机。他还在自己家后面的小棚子里建了一个车间，用他从各处捡来的金属碎片在这里制造发动机。1896 年，在朋友们的帮助下，他造了一台车，这是他设计的第一台原型车①，他称之为"四轮车"，并开着它在底特律的街道上首次亮了相。

当时，还有很多人也在研发用汽油发动机驱动的汽车。在残酷的竞争中，每天都有新公司倒闭。福特的四轮车卖相不错，跑得也很好，但是它太小了，而且还没有完整到可以大规模量产的程度。因此，他开始设计第二台原型车，并提前考虑了最后的生产问题。1 年后，他完成了第二台原型车的设计，造就了设计史上的奇迹。这台原型车简单、小巧，不仅容易开，也容易保养。此时，他唯一需要的就是充足的资金支持，好让他可以大量生产他的新车。

在 19 世纪 90 年代后期，制造汽车是一项令人望而却步的冒险，因为制造汽车需要大量的零件，而这需要大量的资金和复杂的业务结构做支撑。幸运的是，福特很快就找到了完美的赞助人——威廉·H.墨菲（William H. Murphy），底特律最杰出的商人之一——投资他开

---

① 原型车（prototype），指在测试阶段，还有待改善的车，与"量产车"对应。——编者注

公司。新公司名叫底特律汽车公司，每个投资人都对它抱有很高的期望。但是问题很快就出现了：福特设计的原型车需要重新加工，但这些零件都来自不同的地方，其中一些零件不仅有缺陷，而且比他期望的重了很多。他不断地改进设计，让它更符合自己的设想。但由于花的时间太长了，墨菲和股东们开始感到不耐烦。1901 年，公司运营一年半后，董事会解散了公司，因为他们对福特失去了信心。

通过分析，福特得出结论：他这次之所以失败是因为他一直在尝试让自己设计的汽车满足太多用户的需求。他决定再试一次，这次他设计了一台轻便小巧的汽车，并说服了墨菲再给他一次机会，这在刚刚起步的汽车行业中是很难得的。墨菲仍然相信他的才华，所以同意了。他们一起成立了亨利·福特公司。为了避免遇到在第一家公司出现的问题，墨菲从一开始就对福特施压，让福特准备生产汽车。福特讨厌被不懂设计的人或不理解他努力建立的行业高标准的人干涉。

墨菲和他的手下找了一个不懂汽车的人来监督整个汽车制造过程。这是他俩关系决裂的开始——公司成立不到一年，福特就离开了，这次福特与墨菲彻底决裂了。此后，在汽车行业，没有人再看好亨利·福特了。他已经弄砸了两次机会，没有人会给他第三次机会，因为没有人愿意把那么多钱置于风险之中。但是在朋友和家人面前，福特看起来一点儿也不担心。他告诉大家，这些对他来说都是宝贵的教训——他记下了这个过程中的每次失败，就像对待手表或发动机一样，他在大脑中对这些失败进行了分析，终于找到了根本原因：没有人会给他足够的时间来解决设计中的漏洞。投资人总是会干涉制造和设计事务，他们会不可避免地用自己平庸的想法来妨碍这个过程。福特不认为他们投了钱就有了妄加干涉的权利，因为此时一项完美的设计才是最重要的。

解决这个问题的答案就是找到一种可以使他在投资人面前保持完全独立的方法。这不是在美国做生意的惯常做法，在美国做生意的方式已经变得越来越官僚了。他必须开创自己的组织形式和商业模式，以适应他的性情、满足他的需求——包括一个他可以信任的高效团队以及对每项决定最后拍板的权利。

由于他在汽车行业名声不佳，找到支持几乎是不可能的事情，但是经过几个月的寻找，他发现了一个理想的合伙人——亚历山大·马尔克森（Alexander Malcomson），一位靠煤炭生意发家的苏格兰移民。像福特一样，他也喜欢不走寻常路，而且敢于冒险。他同意为福特的新公司提供资金，而且不插手生产过程。福特建了一种新的装配车间，这种装配车间可以让他对自己想要设计的车有更多的控制权，这种车今天被称为 A 型车。在那之前，从没有哪种汽车比 A 型车更轻便，此外 A 型车还简单、耐用。这是他所有摸索和设计的巅峰之作。A 型车的装配采用的是流水式作业，所有的组装都在一条生产线上进行，这确保了生产速度。

在装配车间准备就绪后，福特就努力让工人团队每天生产 15 辆汽车——这在当时是非常高的产量。他亲自监督生产的各个方面，确保生产出来的汽车原原本本遵照了自己的想法。他甚至亲自在装配线上干活，讨工人们的喜爱。由于 A 型车制作精良，价格又不贵，订单不断蜂拥而入，以至到了 1904 年，福特汽车公司不得不扩大生产。很快，福特汽车公司就成为早期汽车行业少数几个幸存者之一，并向着制造业巨头的方向发展。

亨利·福特是那种天生对机械敏感的人。他拥有大多数伟大发明家的能力——将零件和它们如何协同工作视觉化的能力。如果要他描述一样东西的工作原理，他肯定会拿出一张餐巾纸并在上画出草图，而不是用语言描述。拥有这种才智，让他在机械方面的学徒训练变得轻松又高效。但当需要大量生产他发明的东西的时候，他就必须要面对自己缺乏必备知识的事实了。他需要额外的训练才能成为一名商人和企业家。幸运的是，对机械的研究培养了他的实践智慧、耐心和解决问题的能力，这些都可以应用到任何事情上。

当一台机器出现故障时，不要责怪自己，也不要沮丧。塞翁失马，焉知非福。这些故障通常会将机器内在的缺陷展现在你的面前，并告诉你改进的方法。你只需要不断地修补缺陷，直到机器恢复正常。这个道理同样适用于企业创业。错误和失败恰恰是教育你的方式。它们让你知道自己的不足。你很难从别人的口中听到这些，因为他们的表扬和批评往往很官方。你的失败还能让你看到自己想法的缺陷，这些缺陷只有在想法实施的时候才能发现。你还会了解你的用户真正想要的是什么，以及你的各个想法及其对公众的影响之间差异。你要密切关注你的团队结构——你的团队是如何组织的，你在多大程度上独立于资本。这些也是你在设计时需要考虑的要素，而且这些管理上的事务往往是隐藏的问题来源。

失败有两种。第一种失败源自你从未尝试过自己的想法，因为你害怕或总在等待一个完美的时机。从这种失败中，你永远学不到东西，而且这种胆怯会毁掉你。第二种失败源自一种大胆的冒险精神。

在这种失败中，你学到的东西远远多于你在声誉上的损失。反复的失败会让你的意志更坚强，让你清楚地知道该如何行事。事实上，初次尝试就一切顺利不见得是好事。这会让你忽视运气的成分，误以为自己有金手指。当你无法避免遭遇失败时，它会让你困惑并意志消沉，无法从中吸取教训。无论如何，要成为一名企业家，你必须尽早将自己的想法付诸实践，将它们暴露在公众面前。你的某部分甚至应该希望自己会失败，这样你才会有所收获。

策略七："将"如何"与"什么"结合起来

很小的时候，圣地亚哥·卡拉特拉瓦（1951— ）就爱上了绘画。不论走到哪里，他都会带着画笔。慢慢地，在绘画中他开始遇到一个困扰。在西班牙的瓦伦西亚，他长大的地方，刺眼的地中海阳光会让他喜欢画的事物——岩石、树木、楼房、人们——轮廓鲜明。当天色渐晚，它们的轮廓也会慢慢地柔和起来。他画的东西从来都不是静止的，一切都在变化和运动之中——这是生命的本质。他怎样才能在纸上，在一张完全静止的画作里，体现这种运动呢？

他在绘画课上学习了一些如何捕捉物体运动的瞬间的绘画技巧，但这远远不够。为了实现这个不可能的追求，他自学了一些数学方面的知识，比如画法几何学，这可以帮他理解如何在二维空间呈现他想要画的事物。他的绘画技巧提高了，他对这个学科的兴趣也加深了。他似乎注定要成为一名艺术家，所以在1969年，他进入了瓦伦西亚的艺术学校学习。

入学几个月后，他遇到了一件看似微不足道却改变了他的人生轨迹的小事：在一家文具店选购用品时，他的目光被一本设计精美的小册子吸引住了，这本小册子收集了伟大的建筑师勒·柯布西耶（Le Corbusier）的作品。不知为何，这位建筑师总能创作出与众不同的建筑。他甚至把楼梯这样简单的空间变成了一座充满活力的雕塑。他设计的建筑似乎能挑战地心引力，让它们在静止的形态中产生一种运动的感觉。研究这本小册子时，卡拉特拉瓦产生了一个新的困扰——这些建筑是如何建成的。为了了解这一点，他以最快的速度转学到了瓦伦西亚的一所建筑学校。

1973 年从建筑学校毕业时，卡拉特拉瓦已经在这个领域接受了扎实的教育训练。他已经学会了所有最重要的设计规则和原理。他的能力足以在某个建筑公司谋得一个职位并步步高升。但是他感觉自己的知识中缺少了一些基本的东西。在研究那些他最欣赏的伟大建筑作品时——罗马的万神殿、巴塞罗那的高迪建筑、罗伯特·马亚尔在瑞士设计的桥梁——他发现自己不太了解这些建筑的实际建造过程。他很了解它们的形式、美学，以及它们作为公共建筑如何发挥作用，但是他完全不知道他们是如何建起来的，各个部分是如何组合在一起的，以及勒·柯布西耶的建筑是如何创造出那种动感而有活力的印象的。

这就像知道如何画一只漂亮的鸟，但是不理解它是怎么飞起来的一样。与绘画一样，他想超越事物的表面，超越设计元素，触及它们的本质。他感到世界正在发生变化，空气中弥漫着某种东西。随着技术的进步和新材料的出现，建筑革新的可能性出现了，但是想要真正探索这种可能性，他必须学习一些工程学知识。这样一想，卡拉特拉瓦做了一项重大的决定——他要重新开始，去瑞士的苏黎世联邦工业大学（the Federal Institute of Technology in Zurich）攻读土木工程学位。这会是一个艰苦的过程，但是他可以把自己训练得能够像工程师那样思考和画图。了解建筑是如何建造的，解开了他的困扰，也让他知道了如何慢慢地突破界限，造出更多的东西。

在最初的几年里，他按照工程学的要求严格训练自己——学习这个领域所需的所有数学和物理学知识。但随着他的进步，他发现自己又遇到了童年时的那个困扰——如何表达运动和变化。建筑学的黄金法则是，建筑必须是稳定和静止的。卡拉特拉瓦渴望打破这种刻板惯例。他决定在博士论文中探索在建筑中引入实际运动的可能性。受到美国航空航天局（NASA）及其设计的太空飞行器、莱昂纳多·达·芬奇设计的折叠翼的启发，卡拉特拉瓦选择了结构的可折叠性——建筑如何通过先进的工程结构实现移动和变形——作为自己论文的主题。

他在 1981 年完成博士论文后，终于进入了工作领域，此时他已经在艺术、建筑和工程方面接受了 14 年的大学学习。在接下来的几年中，他尝试设计了新型可折叠的门、窗和屋顶，这些门、窗和屋顶可以用一种新的方式移动和打开，并改变建筑物的形状。他在布宜诺斯艾利斯设计了一座可以横向移动而不是上下移动的桥①。1996 年，他在密尔沃基艺术博物馆扩建部分的设计和建造中，将自己的设计和建筑理念又向前推进了一步。这次他设计了一个长长的、由玻璃和钢材建造的、天花板有 80 英尺高的接待大厅，大厅的顶部是一块可移动的巨大遮阳板。遮阳板上有两块肋板，可以像一只史前巨鸟的翅膀一样打开和合上，让整座建筑充满了动感，给人感觉这是一座可以腾空而起的建筑。

---

① 这座桥可以旋转 90 度让船只通过，据一些当地人说，这座桥因其像一个跳探戈的女人而被命名为女人桥。——编者注

我们人类生活在两个世界中。一个是关于表象的外部世界——迷住我们双眼的各种事物形态。但是隐藏在我们视线之外的是另一个世界——这些事物实际上是如何运作的、它们的构造或组成是怎样的、各个部分是如何协作并形成整体的。第二个世界乍看之下并不吸引人。它也更难被理解。眼睛看不到它，只有能领会真相的头脑才可以看见它。但是一旦我们理解了事物是如何运转的，它就会充满诗意——包含着生命的秘密，以及事物是如何运动和变化的秘密。

　　这种对"如何"以及"什么"之间的区分几乎被应用到了我们周围的一切事物上——我们能看见机器，却看不见它是如何工作的；我们能看见一群人生产东西做生意，却看不见这群人的组织结构或产品的制造和分销方式。（类似的情形，我们往往更容易被人们的外表所迷惑，而不是他们说话或做事背后的心理。）卡拉特拉瓦发现，在克服这种区分并将建筑的"如何"与"什么"结合在一起的过程中，他收获了有关这个领域更深入、更全面的知识。他掌握了更多建造房屋所需要了解的实际情况。这使他可以创造出无比诗意的东西，将边界不断延伸，打破建筑业自身的惯例。

　　要明白，我们从大约 500 年前就开始生活在一个艺术和科学相分离的可悲世界中。科学家和技术人员生活在他们自己的世界中，主要关注事物是"如何"运转的。一般人则生活在表象的世界中，使用一些自己并不真正理解其原理的东西。正好在这种分离出现之前，文艺复兴发生了，其理想是将这两种形式的知识结合在一起。这就是莱昂纳多·达·芬奇的作品至今还能让我们着迷，以及文艺复兴依然是一个传奇的原因。这种更全面的知识事实上就是我们的未来之路，尤其是在我们能够接触到这么多信息的今天。就像卡拉特拉瓦凭直觉感受到的那样，这应该成为我们学徒训练的一部分。我们必须尽可能深入地研究自己所使用的技术、我们所工作的团队的运行方式、我们所从事领域的经济情况和命脉。我们必须时常问这些问题——这些事物是如何运作的？这些决定是如何做出的？这些团队的成员之间是如何互动的？这样做会让我们的知识更全面，会让我们对现实产生更深刻的感受，并增强我们改变它的力量。

策略八：在试错中进步

保罗·格雷厄姆（1964— ）在美国宾夕法尼亚州匹兹堡市的郊区长大。20世纪70年代早期，他就开始对电视和电影里描绘的电脑十分着迷。它们就像能力无限的电子大脑一样。在不久的将来，或者看起来似乎是这样，你可以和自己的电脑对话，并且它能完成你的一切要求。

初中时，他被一个为天才学生而设的项目录取了。这个项目给他们提供了研究自选创意课题的机会。格雷厄姆决定重点研究学校的电脑，一台用于打印成绩表和课程表的 IBM 大型计算机。这是他第一次接触电脑，尽管它很简陋，而且需要用穿孔卡片来编程，但那时它就是一个神奇的存在，仿佛一个通向未来的入口。

在接下来的几年里，他通过阅读该领域的书籍，并运用书中的知识尝试编写程序，自学了如何编程。他最主要是通过试错来学习的。就像在画布上画画一样，他可以立即看到他所做的事情产生的结果——而且如果他编写的程序能够运转，它就具有了某种美学上的正确性。从试错中学习的过程是极其令人满意的。他可以走自己的道路，而不必遵从别人设定的老路。（这是"黑客"的本质。）他在编程方面做得越好，他能做的就越多。

他决定进一步深造，于是选择进入当时拥有全美最好的计算机科学系之一的哈佛大学。在这里，他终于受到了有关编程基础原理的指导，改掉了许多自己养成的黑客习惯。他开始对当时刚刚发展起来的人工智能领域产生兴趣——人工智能是设计他小时候梦想的各种电脑的关键。为了了解这一新领域的前沿知识，他申请了哈佛大学计算机科学研究生院，并被录取。

在哈佛大学，格雷厄姆终于不得不去面对自身的一些问题了——他不适合做学术。他讨厌写研究论文。大学的编程方式毫无乐趣可言，因为没有通过试错去发现的过程。他本质上还是一个黑客，喜欢自己解决问题。他在哈佛大学找到了一位名为罗伯特·莫里斯（Robert Morris）的黑客同伴。他们开始一起探索复杂的 LISP 编程语言。它似乎是最具潜力和最流畅的编程语言。理解 LISP 能让你理解编程的一些本质。它是一种适合高级黑客的语言，一种专为调查和发现而设计的语言。

对哈佛大学的计算机科学系丢掉幻想之后，格雷厄姆决定设计自己的研究生课程：他要去上各种各样的课，来发现自己最感兴趣的东西。让他惊讶的是，他发现自己对艺术——绘画和艺术史——很感兴趣。这对他来说意味着，他需要遵从自己的兴趣，看看它会将自己引向哪里。在哈佛大学取得计算机科学博士学位后，他先是进入罗德岛设计学院（Rhode Island School of Design）学习，随后参加了意大利佛罗伦萨美术学院（Accademia in Florence）的绘画课程。他回到美国时已身无分文，但他仍然决定尝试画画。之后，他就靠着断断续续地给别人提供编程方面的咨询工作来支撑自己的生活。

随着年岁的增长，他偶尔会回顾自己的人生历程。文艺复兴时期的艺术家们都经历了一个明确的学徒阶段，他自己是否有过学徒阶段呢？他的人生似乎没有明确的计划或方向，就像他在高中时做"二流黑客"一样，他会把事情拼凑在一起，通过不断的试错去解决问题，通过实践去找到有效的办法。在用这种随意的方式打造自己人生的过程中，他知道了自己要避免什么——学术、为大公司工作、所有的政治环境。他喜欢制造东西的过程。对他来说真正重要的是拥有各种可能性——可以朝着这个方向走，也可以朝着那个方向走，这取决于生活呈现给他的是什么。如果说他在这些年里曾经历过学徒阶段，那几乎是在不知不觉间完成的。

1995年的一个下午，他在广播里听到了一个关于美国网景公司①的故事——这个公司正在畅想自己的未来，想象在网景公司的带领下，未来的某一天，大多数公司都可以在互联网上销售自己的产品。由于他的银行存款再次慢慢见底，他又不愿重新从事咨询工作，于是邀请自己的黑客老友罗伯特·莫里斯帮自己开发了一个经营在线业务的程序。格雷厄姆的想法是设计一个可以直接在网络服务器上运行、不需要下载的程序。从没人有过这样的想法。他们决定用 LISP 语言

---

① 美国网景公司（Netscape），曾是美国的一家计算机服务公司，以其生产的同名网页浏览器 Netscape Navigator 而闻名，1998 年 11 月被美国在线公司（AOL）收购。

来编写这个程序，因为这有利于他们对其进行更新迭代。他们将自己的公司命名为 Viaweb，这是此类公司中的第一家，是线上贸易的先锋。仅仅 3 年后，他们就以近 5000 万美元的价格成功将它卖给了雅虎。

在接下来的几年里，格雷厄姆继续沿着他 20 多岁时设定的道路前行，前往自己的兴趣和技能相结合的地方，能让他看到可能性的地方。2005 年，他在哈佛大学做了一次演讲，介绍自己创办 Viaweb 的经历。因他的建议而激动的学生们恳请他创办一家咨询公司。他对这个想法很感兴趣，于是创建了 Y Combinator①这一面向年轻科技创业者的学徒训练系统，这个公司会在每个成功的创业公司中参股。多年来，他不断改善这个系统，边做边学。最后，Y Combinator 成了他"黑客"人生的终极代表作——偶然想到的一个主意，并在试错的过程中不断改进。到 2012 年，这家公司的估值已近 5 亿美元。

每个时代都趋向于创建一种适用于当时流行的生产体系的学徒训练模式。在中世纪，现代资本主义和质量控制的需求产生时，第一个有着严格定义的学徒训练模式应运而生。随着工业革命的到来，这种学徒训练模式在很大程度上已经过时了，但是它背后的理念仍然以自我训练的形式——在一个特定的领域发展自己，就像达

① Y Combinator，美国著名创业孵化器，它的核心能力和业务是扶持创业公司并为其提供创业指南。——译者注

尔文在生物学领域所做的那样——继续存在。这符合当时日益盛行的个人主义精神。我们现在身处计算机时代，电脑几乎主宰着商业生活的方方面面。尽管存在着很多可能会影响学徒训练概念的方面，但像黑客编程那样的自我训练模式可能是这个新时代最理想的成长路径。

这个模式是这样的：你想尽可能多地学习各种技能，遵循环境指引你的方向，但前提是这些技能要与你最大的兴趣密切相关。你要像一名黑客那样，重视自我发现的过程，并做出最高质量的东西。你要避开遵循一条设定好的职业道路的陷阱。虽然你不确定这么做最终会将你引到哪里，但是你充分利用了信息的开放性，并且关于各种技能的所有知识都在你的掌握中。你会知道自己适合什么样的工作，以及要尽力避免什么样的工作。你在试错的过程中不断前进。这就是你度过自己 20 多岁的方式。你要在个人兴趣的宽松约束下，做自己学徒阶段的设计者。

你不是因为害怕承诺而一直徘徊不定，而是因为你要扩展自己的技能库和可能性。在某一刻，当你准备好要做些什么时，想法和机会自然会出现在你面前。到那时，你积累的所有技能都会被证明是无价的。你将会成为通过独特的、适合自己个性的方式将它们结合起来的大师。你可能会连续几年停留在某一个地方或想法上，并在这个过程中积累更多的技能，然后当时机成熟时，再转到一个略有不同的方向。在这个新时代，那些年轻时遵循僵化且单一的道路的人往往会在 40 多岁时走入职业生涯的死胡同，或对自己的工作感到深深的厌倦。

人生逆转

人们可能会认为，历史上的某些人——那些有天赋的人，那些天才——不是以某种方式绕过了学徒阶段，就是因为他们天生的才华而大大缩短了这个阶段。为了证明这个说法，人们会举出莫扎特和爱因斯坦的经典例子，他们两人似乎突然就以天才的形象出现了。

然而，在莫扎特的例子中，古典音乐评论家普遍认为，他是作了10 年曲后才写出原创的重要曲目的。事实上，一项对大约 70 位伟大作曲家的研究表明，除了 3 位作曲家之外，其余所有作曲家都需要至少 10 年时间才能创作出他们的第一首重要作品，而这 3 位作曲家不知道何故也用了 9 年时间才创作出自己的重要作品。

爱因斯坦在 16 岁时开始进行严肃的思想实验。10 年后，他才提出有关相对论的第一个革命性理论。要算出那 10 年里他花在磨炼自己的理论技能上的具体时间是不可能的，但假使他每天在这个问题上思考 3 小时，不难算出那 10 年里他花在这个问题上的时间总量肯定超过了 1 万小时。其实，将莫扎特和爱因斯坦与其他人区别开来的是，他们在年纪很小的时候就开始了自己的学徒阶段，并且因为他们对自己所从事的领域全身心地热爱，他们的训练强度也很大。通常情况下，在年轻时，我们学东西会学得更快，理解得更深入，并保持一种创造热情——这种创造热情往往会随着我们年纪的增长而消退。

世上没有可以绕过学徒阶段的捷径或方法。人类大脑注定要花如此漫长的时间去接触一个领域，才能牢牢记住这个领域复杂的技能，并将大脑解放出来，进行真正的创造性活动。正是想要找到捷径的渴望让你无法在任何一个领域达到精通。这一过程不存在逆转的可能。

就像砍倒一棵极粗的大树一样，你不可能挥一下斧头就把树砍倒了。不过，如果你不停地砍下去，最终不论它是否情愿，它都会轰然倒下。到那时，即使你召集你能找到的所有人，付钱请他们把树扶起来，他们也做不到，这棵树仍然会倒向地面……但是如果樵夫砍了一两下后就停下来问张三："这树为什么不倒呢？"然后砍了三四下后又停下来问李四："这树为什么不倒呢？"那他永远也砍不倒这棵树。修行之道亦如是。

——白隐禅师

第 3 章
汲取大师的力量：与导师的互动

　　生命短暂，你用于学习和创造的时间有限。如果没有任何引导，你可能会将宝贵的年华浪费在努力从各个渠道获取知识以及实践上。其实，你应该以古往今来的大师们为榜样，并找到适合自己的导师。导师-学徒关系是最有效的学习形式。适合自己的导师知道应该将你的注意力引到哪里，以及如何激发你的潜力。他们会将自己的知识和经验传授给你。他们会对你的表现提供直接且真实的反馈，所以你可以进步得更快。通过密切的一对一互动，你会学到一种包含着巨大能量并可以契合你个人精神的思维方式。因此，你要选择最适合你的需求，并且和你的人生使命联系得最紧密的导师。一旦你内化了他们的知识，你就必须继续前进，永远不要停留在他们的影响中。你的目标永远都是要在精通程度和成就方面超越你的导师。

知识的炼金术

在伦敦的穷人区长大的迈克尔·法拉第（1791—1867），似乎一出生，他的命运就差不多注定了——他要么子承父业，成为一名铁匠；要么从事其他手工业。他的选择极大地受周围环境所限。他的父母有 10 个孩子要养。父亲因为疾病只能偶尔工作，家里还需要额外的收入来维持。父母焦急地等待着小法拉第满 12 岁的那一天，因为在那一天之后，他就可以工作或开始做学徒了。

然而，他有一个与众不同的品质，可能也是个潜在的麻烦——他拥有一个极度活跃的头脑，这或许让他不适合从事主要需要体力劳动的工作。他精神上的不安分部分是因为受到了家庭信仰的独特宗教的影响——他们信仰的是基督教的桑德曼教派。桑德曼教派的信徒相信上帝存在于一切生物和自然现象中。通过每天与上帝交流以及内心尽可能地靠近上帝，他们可以在世界上所有地方看到和感受到上帝的存在。

年轻的法拉第沉浸在这种宗教哲学中。每当他没有为母亲做杂事和家务时，他就会在伦敦市中心的街道上闲逛，以极大的热情观察周围的世界。似乎对他来说，大自然充满了他想要思考和解开的谜题。因为他接受的教导是，神是无处不在的，所以所有的一切都让他感兴趣，并且他还有着无限的好奇心。他会向父母或任何他能找到的人提出各种各样的问题，内容涉及植物、矿物或任何看起来似乎无法解释的自然现象。他对知识如饥似渴，常常因为缺少获得知识的途径而感到沮丧。

一天，他逛进附近一家装订和售卖书籍的商店。书架上琳琅满目的书籍令他大为震惊。他接受的学校教育微乎其微，生活中他真正知道的书只有一本，那就是《圣经》。桑德曼教派的信徒认为，《圣经》是主的意志的生动体现，并在某种程度上彰显了主的存在。对法拉第来说，这意味着《圣经》中的印刷文字有种魔力。他想象着这家店里的每一本书都可以开启一个不同的知识世界，这本身是一种魔法。

书店的老板乔治·里鲍（George Riebau）立刻就被这位年轻人对这些书的虔诚所吸引了。他从未遇到过在这个年纪就对书如此热爱的人。他鼓励他再来。很快，法拉第就开始常常到这家书店去。为了帮助法拉第的家人，里鲍给了法拉第一份送货员的工作。法拉第的工作态度给里鲍留下了深刻的印象，于是里鲍邀请法拉第在书店做一名装订工学徒。法拉第开心地接受了这个邀请，并在1805年开始了自己为期7年的学徒生涯。

在从事这份工作的最初几个月里，被这么多书包围着，这个年轻人几乎不敢相信自己有这么好的运气——新书在当时是稀有商品，是富人才可以享有的奢侈品。有些书甚至公共图书馆都没有，而里鲍的店里有。里鲍鼓励法拉第在休息时间想读什么就读什么，法拉第也要求自己不放过经他手的每一书。一天晚上，他在百科全书上读到一篇有关电力学最新发现的文章。他突然感到自己好像找到了人生使命。这个发现关乎一个肉眼看不到的现象，但是这个现象可以通过实验对其进行揭示和测量。这种通过实验解开自然谜题的过程令他着迷。似乎对他来说，科学是一项可以揭开创世奥秘的伟大探索。不知怎的，他想把自己变为一名科学家。

这对他来说不是一个切合实际的目标，而且他也清楚这一点。在当时的英国，只有那些受过大学教育的人才能进实验室，从事科学工作，这意味着科学工作是属于上流社会的人的特权。一个装订工学徒怎么敢幻想克服这种不平等呢？即便他有精力和渴望进行尝试，可是他没有老师，缺乏指导，更遑论研究框架和研究方法了。后来，在1809 年，店里进了一本书，终于带给了他一些希望。这本书名叫《思维的进步》（*Improvement of the Mind*），是牧师艾萨克·沃茨（Isaac Watts）写的一本自助指导手册，于 1741 年首次出版。这本书教给了读者一个在生活中学习和提升的方法，不论读者来自哪个社会阶层。书中还介绍了一些任何人都可以照做的行动步骤，并许诺有效果。法拉第把这本书读了一遍又一遍，无论走到哪里都带着它。

他严格遵照这本书的建议。沃茨认为，学习必须是一个主动的过程。他建议人们不仅要阅读科学发现的内容，还要实际地去重做导致这些发现的实验。因此，在里鲍的允许下，法拉第在书店的后屋开始进行了一系列电力和化学方面的基础实验。沃茨也强调老师的重要性，建议读者不要只从书本上学习。法拉第就开始勤勤恳恳地参加许多伦敦当时很受欢迎的科学讲座。沃茨还提倡，讲座不仅要听，还要记详细的笔记，然后重新整理这些笔记，这样才能将知识更深地刻在大脑里。法拉第做的甚至比沃茨提倡的更进一步。

法拉第每周都会去参加大众科学家约翰·塔特姆（John Tatum）关于不同主题的讲座，他会记下最重要的词语和概念，快速地勾画出塔特姆使用的各种仪器，并画出实验图。在接下来的几天里，他会把笔记中的词语和概念扩充为句子，然后再扩充为关于该主题的完整章节，并配上自己精心绘制的实验图和详细的叙述。经过 1 年时间的累积，这些笔记变成了一本他自己编写的厚厚的科学百科全书。他的科学知识突飞猛进，并形成了一种以他的笔记为蓝本的结构。

一天，里鲍先生把这本令人印象相当深刻的笔记合集给一位名叫威廉·丹斯（William Dance）的顾客看。威廉·丹斯是久负盛名的英国皇家科学研究所（Royal Institution）的一位成员。该研究所致力于促进科学的最新成果的诞生。翻阅法拉第的笔记时，丹斯对法拉第可以如此清晰和简明地对复杂的论题进行总结的能力感到震惊。他决定邀请这位年轻人参加著名化学家汉弗莱·戴维（Humphry Davy）在英国皇家科学研究所的一系列讲座。戴维是该研究所化学实验室的主管，最近刚刚受爵。

讲座的票很早就销售一空，这次机会对法拉第这样背景的年轻人来说是一种鲜有的特权，但是对法拉第本人来说，这次机会的意义比享受特权重大得多。戴维是当时非常卓越的化学家，他有很多发现，并推动了电化学这个新领域的不断发展。他的实验会用到各种气体和化学品，因此高度危险，并且已经引发了很多事故。但这些只会增加他作为一名无所畏惧的科学战士的名声。他的讲座堪称盛宴——他有戏剧天分，能够在观众面前进行巧妙的实验，把他们弄得眼花缭乱。他虽然出身卑微，却能攀登上科学的高峰，获得一些权威导师的注意。对法拉第来说，戴维是当时世上唯一一个他可以模仿的科学家，因为戴维也没有任何扎实的正规教育背景。

法拉第每次很早就到达讲座现场，然后找一个离戴维最近的座位坐下。他尽情吸收着戴维讲座的全部内容，并把笔记做得尽可能详细。比起他参加过的其他讲座，戴维的讲座对他产生了非同寻常的影响。他从中受到了鼓舞，可是又不禁感到有点儿沮丧。经过这么多年的自学，他已经扩充了自己在科学和自然世界方面的知识储备。但是科学不是由信息累积而成的。它是一种思考和解决问题的方式。科学精神是创造性的——法拉第可以从戴维的讲座中感受到它。作为一名从外部观察这个领域的业余科学爱好者，他的知识是一维的，不会结出什么果实。他需要进入这个领域内部，亲自动手做实验，成为这个团体的一员，并学习如何像一名科学家一样思考。为了离这种科学精神更近一点并吸收到它的精髓，他需要一名导师。

这似乎是一个不可能的追求，但是随着他的装订工学徒生涯逐渐接近尾声，想到自己以后一辈子都要当一名装订工，法拉第陷入了绝望。他给英国皇家科学研究所的主席写了不少信，申请一份任何实验室里哪怕最卑微的工作。他一直写，然而几个月过去了，还是杳无音信。突然有一天，他收到了来自汉弗莱·戴维办公室的消息。这位化学家在英国皇家科学研究所被自己实验室的又一起爆炸弄得眼睛暂时失明，并且这种状况可能要持续几天。在这期间，他需要一位私人助手来帮他记笔记和整理材料。戴维的好朋友丹斯先生推荐了年轻的法拉第来做这份工作。

这件事似乎有些命中注定的意味，甚至有些神奇。法拉第必须充分利用它，竭尽所能地给这位伟大的化学家留下深刻的印象。法拉第对能够待在戴维身边做助手这个机会非常珍惜，不仅非常认真地听从戴维的每一项指令，而且做得比戴维要求的更多、更好。然而，当戴维的视力恢复后，他虽然感谢法拉第的付出，但是明确表示他在英国皇家科学研究所的实验室已经有一位助手了，也没有办法在任何层级的职位上给法拉第安排一份工作。

法拉第虽然很沮丧，但是他没有打算放弃，他不会让事情就这样结束。在戴维身边的短短几天时间让法拉第看到了很多学习的可能性。戴维喜欢谈论自己的想法，并从周围的人那里获得反馈。他会与法拉第讨论自己正在计划的一个实验，这让这位年轻人瞥见了他的思维方式。这种思维方式非常吸引人。戴维就是他的终极导师，法拉第决定一定要让这个梦想实现。他重新看了看自己在戴维的讲座中做的笔记，并把它们悉心整理成了一本小册子。这本小册子字迹工整，并画满了各种示意图和图表。他把这本小册子寄给戴维做礼物。几周后，他又写信给戴维，提醒戴维他之前提到过但可能已经忘记了的实验——戴维是出了名的健忘。法拉第没有收到任何回复。但是后来在1813 年 2 月的一天，他突然被叫到英国皇家科学研究所。

那天早上，研究所的实验室助手因为不服从指令被解雇了。他们需要立刻换掉他，戴维推荐了年轻的法拉第。这份工作主要的内容包括清洗瓶子和设备、扫地和更换照明设备。工资很低，比他当一名装订工人要低很多，但是法拉第对自己的好运难以置信，当场就接受了。

他的学习进展速度惊人，这和他自学时取得的进步不可同日而语。在戴维的指导下，他学会了如何准备化学混合物，包括一些容易爆炸的品种。他在也许是当时最伟大的化学实践者那里接受化学分析入门教导。他的工作任务开始增多，并且获准进入实验室做自己的实验。他夜以继日地做自己的实验，还能及时恢复实验室和陈列架所需的秩序。渐渐地，他们的关系加深了——显然，戴维把法拉第看成了年轻时的自己。

有一年夏天，戴维准备去欧洲大陆的科学机构进行一次长时间的访问，并邀请法拉第作为他的实验室助手和贴身男仆随行。尽管法拉第不喜欢做私人仆从，但是有机会见到一些欧洲大陆最卓越的科学家，并且可以和戴维如此近距离地一起做实验（戴维访问时带着一个便携式实验室），这样的机会实在让人难以拒绝。再也没有比尽可能多地待在戴维身边、吸收他的知识和思维方式更好的学习机会了。

在旅行中，法拉第协助戴维做的一个特别的实验，给法拉第留下了难以磨灭的印象。钻石的确切化学成分一直以来都没有定论。有人认为它们是由碳元素构成的。但是这么美的东西怎么会由和木炭完全一样的物质构成呢？它的化学成分一定不止这些，但是目前还没有可以把钻石分解成它的组成元素的方法。这是一个困扰了很多科学家的问题。戴维长期以来一直持有一种激进的观点，即决定事物属性的不是元素本身。或许木炭和钻石拥有完全相同的化学成分，但是它们内在分子结构的不同造成了它们外在形态的不同。这是一种更具动态性的自然观，但是戴维没有办法证明这一点，直到他经过法国时，突然想出了一个完美的实验。

经人提醒得知当时最高倍的透镜之一就在佛罗伦萨的西芒托科学院（Accademia del Cimento），戴维决定绕路去那里。获得使用透镜的许可后，戴维把一颗钻石放到一个装有纯氧的小玻璃球里，然后用透镜将强烈的阳光聚焦到玻璃球上，直到钻石完全蒸发。戴维发现，钻石蒸发后玻璃球里只剩下气态二氧化碳，这证明钻石确实纯粹是由碳元素构成的。因此，让碳元素变成木炭或是钻石的一定是其内在的分子结构，除此之外没有别的原因可以解释他的实验结果。这个实验让法拉第印象深刻的是戴维得出这个结论的思考过程。戴维从一个简单的推测找到了一个实验方法。这个实验通过排除所有其他可能的解释，用物理的方式证明了他的推测。这是一种很有创造性的思维方式，也是戴维作为一名化学家的力量之源。

回到英国皇家科学研究所后，法拉第加了薪，还获得了一个新的头衔——仪器和矿物收藏助手和管事。很快，法拉第和戴维之间形成了一种新的工作模式。戴维喜欢把大部分时间花在游历访学上。他相信法拉第逐渐增长的各项技能，会把各种矿物标本寄回去给法拉第进行分析。戴维对法拉第这个助手的依赖渐渐增加。在很多写给法拉第的信中，戴维都称赞法拉第是自己知道的最好的分析化学家之一——他把法拉第训练得很好。但是到了1821年，法拉第不得不面对一个不愉快的现实：戴维一直控制着他。经过8年高强度的学徒训练，法拉第那时已经凭借自己的努力成了一名成熟的化学家，并且拥有其他领域的科学知识。法拉第已经能独立进行研究了，但是戴维还是把他当作助手来使唤，让法拉第一次次为自己送做鱼饵的死苍蝇，或者给法拉第分派其他琐碎的工作。

是戴维把法拉第从图书装订的苦差事中解救出来的，法拉第感激戴维。但是现在法拉第已经30岁了，如果戴维不尽快允许法拉第宣布独立，法拉第最具创造力的年华就会被浪费在实验室助手的职位上。然而，如果跟戴维不欢而散又会毁掉法拉第在科学界的名声，尤其是在法拉第还没有什么名声的情况下。后来，法拉第终于找到了一个可以和自己专制的导师分开的机会，法拉第将这个机会利用到了极致。

当时，全欧洲的科学家都在忙着探索电和磁之间的关系。有科学家发现，它们之间的相互作用有些奇怪——不是一种线性和直接的运动，而是一种圆周运动。自然界里没有类似这样的事情。如何在实验里准确地揭示这种作用或运动的形式风靡一时，很快戴维也加入其中。他和一位名叫威廉·海德·沃拉斯顿（William Hyde Wollaston）的科学家合作，一起提出了一个观点，即电磁运动更像是螺旋式的。

他们让法拉第加入他们的实验，共同设计了一种可以将电磁运动分解为小到可以测量的增量的方法。当他们将所有增量都加起来时，结果显示，电磁运动是一种螺旋式运动。

几乎同时，法拉第受到一位好友的邀请，为一本著名的杂志写一篇关于电磁学的综述，因此他开始对这一领域进行深入的学习。他像导师那样思考，推测一定存在一种可以重复用物理的方式证明这种电磁运动的方法，这样就不会有人再来质疑实验结果了。1821年9月的一个晚上，他想到了这样一种实验方法，并将其付诸了实施。法拉第将一根磁铁棒垂直固定在一个装有液体水银（一种导电金属）的杯子里，并在水银上方悬置了一根一端与一个浮在水银面上的软木塞相连的导线。当导线通电时，软木塞就以一种圆形路径绕着磁铁棒运动。如果将导线固定在水银中，磁铁棒也会围绕着导线做同样的运动。

这是历史上第一次有人用电来产生持续的运动，这也是所有电动机的前身。这个实验很简单，然而只有法拉第清晰地想到了它。它揭示了一种思维方式，这种思维方式在很大程度上得益于戴维的指导。法拉第预感到自己终于可以卸下多年来贫困、落空的期待以及戴维的使唤给他带来的负担了，他高兴得在实验室里手舞足蹈。这一发现最终将解放他，让他获得自由。他为自己所做的实验感到兴奋，迫不及待地想发表他的实验结果。

然而，法拉第因为急于发表他的研究报告而忘了在其中提及沃拉斯顿和戴维所做的研究。很快，就有传言说是法拉第窃取了他们的研究成果。法拉第意识到了自己的错误，便约沃拉斯顿见面，向他演示了自己是如何独立得到这个结果的。沃拉斯顿看完法拉第的演示就同意不再提及此事了。但谣言并未就此停止，不过很快事情就弄清楚了，原来戴维就是散布谣言的源头。他拒绝接受法拉第的解释，没人确切地知道这是为什么。当法拉第因为自己的发现被提名为英国皇家科学研究所的成员时，作为主席的戴维却设法阻止这一提名。1年后，当法拉第又有一项重要发现时，戴维却将其中部分功劳据为己有。戴维似乎认为是自己从无到有成就了法拉第，所以法拉第所做的一切都应有他的功劳。

法拉第受够了——他们的关系本质上已经结束了。法拉第决定以后再也不与戴维通信或见面了。那时，法拉第在科学界已经有了一定的权威，他可以随心做自己想做的事情。他接下来做的实验也很快为电能领域所有最重要的进展，以及引起20世纪科学巨变的电磁场理论铺平了道路。他后来成了历史上最伟大的实验科学践行者之一，声望远远超过了与他同时代的导师。

精通力的关键

在餐桌上，女士们都在对一幅年轻画家画的肖像称赞不已。"最令人惊讶的是，"她们补充道，"一切都是他自学的。"这一点可以从画中的双手上明显看出来，因为这双手画得既不正确又缺乏艺术性。"我们看到，"歌德却说道，"这个年轻人很有天分。然而，你不应该表扬他，而应该责备他，因为他居然一切都靠自学。一个有天分的人不应该自生自灭，而应该献身于艺术和能把他调教成材的好导师。"

——约翰·彼得·埃克曼（Johann Peter Eckermann），

《歌德谈话录》（*Conversations with Goethe*）

在过去，有权势的人自带一种绝对的权威气质。这种气质一部分来自他们的成就，一部分来自他们的地位——作为贵族阶层或宗教精英的一员。这种气质有其确切的作用，并且能够被感受到，它吸引人们去尊敬和崇拜那些拥有它的人。然而几个世纪以来，缓慢的民主化进程已经磨去了这种权威气质的所有伪装，到今天几乎已经不存在了。

我们理所当然地认为，没有人应该仅仅因为他们的地位而被钦佩或崇拜，尤其是当这地位源自关系和特权背景时。但是，这种态度同样适用于那些主要通过自身成就而获得地位的人。我们生活在这样一种文化中——喜欢批评和拆穿任何形式的权威，喜欢指出有权势的人的弱点。如果我们能感受到任何权威气质，那它也应该来自名人和他们有魅力的个性。有些对权威的怀疑精神是健康的，尤其当它涉及政治方面时；但是当它涉及学习和学徒阶段时，就会带来问题。

学习需要谦逊的态度。我们必须承认，有些人比我们更深入地了解我们所处的领域。他们的优势不是天赋或特权带来的，而是时间和经历带来的。他们在某一领域的权威地位靠的不是政治或权术。这是非常真实的。但是如果我们对这个事实感到不舒服，如果我们不信任任何一种权威，我们就会屈服于这样一种信念，即我们可以靠自己轻易地学到一些东西，自学更可靠。我们可能会认为这种态度是我们独立的标志；但是实际上，它源于最基本的不安全感。我们可能会有意或无意地认为，向大师们学习并服从于他们的权威，在某种程度上是对我们自身天赋的不满。即便我们的生活中有老师，我们也往往不会完全听从他们的建议，我们常常更喜欢按照自己的方式做事情。事实上，我们开始认为，对大师和老师的质疑在某种程度上是我们聪明的表现，而做一名听话的学生是软弱的表现。

要明白，在你的职业生涯早期，困扰你的应该只是如何尽可能以最高效的方式获取实用的知识。为了达到这个目的，在学徒阶段，你需要一些你认可他们的权威并愿意服从于他们的导师。承认自己有这种需求，并不是对自己的否定，它只反映你暂时还有弱点，而你的导师会帮助你克服它。

你需要一个导师的理由很简单：生命短暂，你的时间和精力都有限。你最具创造力的年纪一般是在 20 岁末到 40 岁初。你可以从书本、自己的实践和他人偶尔的建议中学到自己需要的东西，但是这个过程有些碰运气的成分。书上的知识不是为你的环境和个性量身定制的，而且往往有点抽象。当你还年轻并且对这个世界没有什么经验时，你很难将这种抽象的知识付诸实践。你可以从自己的经历中学习，但是你常常需要很多年才能完全理解所发生的事情的意义。你也可以自己练习，但是你不会收到足够有针对性的反馈。你可以在很多领域获得自我指导的学徒训练机会，但是这可能会花掉你 10 年时间，甚至更久。

导师不会给你指一条捷径，但是他们会让你少走弯路。他们一定也有自己的导师，帮助他们对自己的领域有更全面和更深入的认识。他们随后多年的经历带给了他们宝贵的教训和学习策略。他们的知识和经验变成了你的；他们可以引导你避开不必要的岔路或错误。他们会在工作中观察你并给你提供实时反馈，这会让你的练习更省时、更高效。他们会根据你的情况和需要给你提供建议。密切地和他们一起工作，吸收他们创造精神的精髓，然后按照自己的方式加以调整。原本靠自己需要用 10 年时间才能做到的事情，在导师恰当的指导下，也许用 5 年时间就能完成。

这样做的好处不只是节省了时间。当我们用一种全神贯注的方式来学东西时，我们往往还能得到一些额外的回报。我们会更少分心。由于我们高度专注、勤奋练习，我们学到的东西会被我们更彻底地内化。我们自己的思想和发展会在这段浓缩了的时间里更加蓬勃。有一个高效的学徒阶段，我们就可以充分利用我们的青春活力和创造潜力。

导师–学徒关系之所以对学习如此有效是因为这段关系的情感品质。从本质上讲，是因为导师对你的教育投入了情感。这可能有几个原因：或许是因为他们喜欢你或者在你身上看到了年轻时的自己，他们可以通过你再次体验自己的青春；或许是因为他们在你身上看到了特殊的天赋，培养你可以带给他们快乐；或许是因为你可以给他们提供一些重要的东西，主要是你的年轻活力和努力工作的意愿。久而久之，你对他们的用处会让你与他们建立一种强大的情感联系。而你自己也会感到在情感上慢慢靠近他们——你会钦佩他们的成就、渴望以他们为榜样，等等。导师们对此也很受用。

有了这种双向的情感联系，你们双方都会向对方敞开心扉，并且是以一种超出普通师生关系的方式。当你钦佩某些人时，你会更容易学习和模仿他们的一举一动。你会对他们投入更多的关注。你的镜像神经元会变得更加活跃，这不仅可以让你学到一些表面的知识，还可以让你学到强大的思维方式和方法。此外，由于你们之间的这种情感联系，导师们往往会向你透露自己更多的秘密。你千万不要害怕关系中的这种情感成分。它恰恰是让你的学习更深入和更高效的东西。

你可以这样认为：这种学习的过程类似于中世纪时对炼金术的实际操练。炼金时，我们的目的是找到一种把劣质金属或石头变成金子的方法。为了达到这个目的，炼金术士找到了一种被称为是点金石的东西——一种可以让沉寂的石头或金属活跃起来，并将它们的化学成分巧妙地变成金子的化学成分的物质。尽管点金石从未被发现过，但它作为一个隐喻有着深刻的现实意义。帮助你成为某一领域的大师所需要的知识就存在于这个世上——这些知识就像一块劣质金属或沉寂的石头，需要被加热并被你运用起来，你要把它们变成积极的、和你的环境相关联的东西。导师就像是点金石，通过与导师这样有经验的人直接互动，你可以快速且高效地让这些知识升温，使它们生动起来，然后变成金子般的东西。

迈克尔·法拉第的故事就是这种炼金过程的最好例证。他的生命经历看似神奇——获得了那份可以读书、了解科学的工作；笔记又恰巧给合适的人留下了深刻的印象，这使得他有机会与终极导师汉弗莱·戴维建立联系。但是，所有这些表面的神奇和好运的背后都存在一个逻辑。年轻的法拉第拥有充沛的精力和旺盛的求知欲。一个内心的雷达将他引到了他家附近的那家书店。尽管看到《思维的进步》这本书纯粹是运气，但也只有他这种专注的人才能立即看到它的价值并充分利用它。在沃茨的指导下，他将自己的知识变得更加实用。但是将他指向这家书店和这本书的雷达，此时却将他指向了其他地方。他所掌握的知识仍然太分散、太不系统。他凭直觉感到，唯一把它转换成有用的东西的办法就是找一位导师。

他一认定戴维就是自己的终极导师，就开始像之前专注于其他事情一样，专注于这段关系。在戴维手下工作，让法拉第学到了这位大师毕生收集的所有与化学和电学有关的秘密。他在实验室里实践了这些想法——为戴维混合化学品，做自己的实验。在这个过程中，他吸收了戴维的思维方式、进行化学分析和实验的方法。他的知识变得越来越有生命力。

8 年后，他与导师戴维的这种互动状态催生了最伟大的科学发现之一——对电磁学秘密的揭示。法拉第自己的研究和他从戴维那里学到的东西转变成了一种黄金般的创造能力。如果他当年因为恐惧或不安全感而一直走在自学的道路上，他可能永远只是个装订工人——痛苦且没有成就感。通过导师严格的指导，他把自己变成了历史上最具创造力的科学家之一。

当然，宗教在法拉第的教育中也发挥了重要作用。因为他相信，由于上帝的存在，宇宙万物都有生命，所以他容易将自己遇到的一切都变得有生气，包括他读的书和电流现象。由于他将这些东西都看作有生命的，他会从更深的层面来研究它们，从而加深了学习的过程。这种看待世界的方式超越了宗教，而且对身处学徒阶段的所有人来说都蕴含着巨大的力量。我们也应该看到，我们研究的对象具有一种至关重要的生命力，我们必须与之相互影响，并从内而外地理解它。像法拉第一样，这种态度会加强我们对自身所学内容的了解程度。

最初，为了吸引适合你的大师来做你的导师，你需要满足他们一些重要的个人利益。除了你的青春和活力之外，你还要提供给他们一些实实在在的东西。在戴维第一次见法拉第之前，戴维就已经感觉到了法拉第的工作态度和组织能力。仅这两样就能让法拉第成为一个理想的助手。因此，在你掌握某种能用来引起导师兴趣的基本技能和素质之前，最好不要贸然去寻找导师。

几乎所有大师和有权势的人都深受一种困扰，即他们没有足够的时间去处理太多的信息。如果你可以证明自己能够比别人更好地帮他们处理好时间不够与信息太多这对矛盾，你就更容易得到他们的关注并让他们有兴趣跟你建立关系。不要羞于做任何琐碎或秘书性质的工作。你需要的是与他们建立一对一的关系，无论用哪种方式做到这一点都可以。并且一旦你与他们建立起一种关系，你就要找到满足他们的个人利益的方法以持续吸引他们。尽量从他们的视角来看待这个世界，并问问自己下面这个简单的问题：他们最需要的是什么。满足他们的个人利益将会增强他们对你的情感联系。

如果你先努力提升自己，像法拉第所做的那样，让自己具备可靠的工作态度和组织能力，适合你的导师终将出现在你的生活中。你的高效和渴望学习的口碑将会通过适当的途径传播开来，机会也将出现在你身边。不管怎样，你都不应该害怕接近大师，无论他们的地位多高。如果你是那个合适的人选并且有东西可以提供给他们，你往往会惊讶于他们有多愿意做你的导师。有能力把自己的经验和知识传授给年轻人常常会给他们带来极大的愉悦，这类似父母对子女的养育。

最好的导师常常是那些知识面广、经验丰富且在自己的领域又不过于专业的人——他们可以训练你从更高的层面进行思考，并在不同形式的知识之间建立起联系。这方面最典型的就是亚里士多德（Aristotle）与亚历山大大帝（Alexander the Great）的关系。亚历山大的父亲菲利普二世（Philip II）是马其顿的国王，他选择亚里士多德来教导自己 13 岁的儿子，因为这位哲学家涉猎并精通很多不同领域的知识。因此，他可以帮亚历山大培养一种对学习的全面热爱，并教会亚历山大如何在各种情形下进行思考和推理——这是所有技能中最重要的一项。最终的结果很完美。亚历山大能够将从亚里士多德那里学到的推理技巧有效地运用到政治和战争中。直到生命的尽头，亚历山大依然对所有领域的知识都保有巨大的好奇心，并且在他的身边总聚集着一些能教给他东西的专家。亚里士多德给亚历山大传授了一种智慧，这种智慧在亚历山大的成功中起到了关键作用。

你会想要尽可能多地与导师进行个人互动。虚拟的关系永远是不够的。有一些线索和微妙的东西你只能通过个人间的互动才能获得——例如一种从大量经验中形成的行为模式。这些行为模式很难用语言来描述，只能通过大量的个人接触才能被吸收。在手工艺和体育运动中，这一点尤其明显。例如，网球教练只能通过在学生面前进行演示来传授自己的许多技能秘诀。教练们可能实际上并不完全清楚是什么让他们的反手击球如此有效，但是通过观察他们的动作，球员们可以利用镜像神经元的力量学会反手击球的动作和要领。这种吸收过程同样适用于非体力技能的学习。正是通过不断接触戴维的思考过程，法拉第才领会到找到决定性实验来证明一个想法的力量，他后来的巨大成功也是得益于此。

随着关系的发展，你可以让这种吸收的过程更有意识和更直接，你可以去询问他们做事的基本原则。如果你够聪明，你可以充当一个类似助产士的角色，让他们向你剖析自己的创造力，你可以在这个过程中挖掘出各种各样的想法。他们通常会感谢有机会可以解释自己的内在力量是如何运作的，尤其是对那些不被他们视作威胁的人。

尽管一次一个导师最好，但并不总是能找到完美的那一个。在这种情况下，你也可以在你当时所处的环境里同时找几个导师，每个导师分别填补你在某方面知识和经验的空白。拥有多个导师还有其他好处，他们会成为你以后可以依靠的关系和重要盟友。同样，如果你的环境限制了你跟他人的联系，书籍可以充当你的临时导师，就像《思维的进步》对法拉第一样。在这种情况下，你要尽可能将这些书籍及其作者变成你生活中的导师。你要将他们的观点为你所用，与书中的内容对话，并在书的空白处记下笔记或写下自己的感想。你要分析他们写下的内容，并尽量活学活用——他们作品所传达的精神而不只是他们写下的文字。

从更宽泛的意义上来讲，古往今来的知名人物都可以充当你的榜样，成为你效仿的对象。你可以通过大量的研究和一些你的想象力，把他们变成一种生动的存在。你要问问自己：他们在这样或那样的情况下会做什么？无数将军都是这样把拿破仑·波拿巴当作榜样的。

每个导师都有自己的强项和弱点。好的导师会允许你发展自己的风格，并在合适的时机离开他们。这种导师可以成为你一生的朋友和盟友。但是现实生活中通常会出现相反的情况。导师会渐渐依赖你的帮助，并想用契约关系继续约束你。他们嫉妒你的年轻，并会无意识地打压你，或变得对你吹毛求疵。你必须警惕这种情况的发展。你的目标是尽可能多地从他们身上学到东西，但是如果你在他们身边待得太久并让他们破坏了你的自信，在某个时刻你可能会为此付出代价。你绝不能无条件地服从于他们的权威，事实上，你从始至终的目标都是最终能找到自己的独立之路，将他们的智慧内化成自己的东西并为己所用。

在这方面，与导师的互动常常会重现我们童年时的情景。尽管导师可以是男人也可以是女人，但他们通常以父亲的形象出现——他们会指导和帮助我们，但他们有时会试图控制太多，并替我们规划人生。他们可能会将任何企图独立的尝试都当作对其权威的挑战，即便是在这段关系的后期。当你需要坚持自己的时候，你绝不能感到任何的愧疚。相反，你应该像法拉第那样，对导师阻碍你前进的意图感到不满甚至愤怒，并利用这种情绪帮助自己离开他。通常，最好早些采取行动，以便你能够在情感上做好准备。随着关系的发展，你可以开始一点一点地疏远导师，这一点或许可以通过留意一些他的弱点或性格缺陷，甚至挑剔他最珍视的信念来做到。确立与导师的不同是你自我发展的重要组成部分，不论他扮演的是好的还是不好的父母角色。

西班牙语里的"al maestro cuchillada"的意思是"向师傅刺去"。这是一个剑术用语，指的是年轻敏捷的徒弟熟练到可以刺伤自己的师傅的时刻。这也暗示了大多数导师的命运，他们会不可避免地经历自己徒弟的反抗，这种反抗就像剑刺的伤口一样。在我们的文化里，我们往往会崇敬那些看起来难以驯服或至少摆出这种样子的人。但是，如果没有实实在在的东西作为反抗的筹码，这种反抗就没有一点意义或力量。导师或父亲一样的人给你的正是这样一种标准，你可以偏离它去确立自己的身份。你将他们的知识里重要的、与你相关的部分内化成自己的东西，并切除那些与你生活不相关的部分。江山代有才人出，有时候需要将父亲的角色消灭掉，这样才能给儿女发现自己的空间。

无论如何，你的生活里都需要几个导师，他们就像垫脚石一样铺在你通往精通的路上。在人生的每个阶段，你都必须找到适合自己的老师，从他们身上得到你想要的东西，不断前进，并且不要为此感到羞愧。这可能正是你导师自己走过的路，也是这个世界运行的方式。

促进与导师的互动的策略

> 一个人如果一直只是一个学生，那么他将难以回报他的老师。
>
> ——弗里德里希·尼采

尽管为了最大限度地学习和吸收导师的力量，你必须服从导师的权威，但是这并不意味着你要在这个过程中保持被动。在一些关键时刻，你可以根据自己的目的，决定和调整你们之间的关系。下面的四项策略旨在帮你充分利用导师-学徒关系，并把你获得的知识转变为创造能力。

策略一：根据自己的需求和天生倾向选择导师

1888 年，20 岁的弗兰克·劳埃德·赖特（Frank Lloyd Wright）还是著名的约瑟夫·莱曼·席尔斯比（Joseph Lyman Silsbee）在芝加哥的公司的一名绘图学徒。他已经在那儿工作了 1 年，学到了很多业务知识，但是他渐渐不满足于此。在他的脑海里，他已经可以设想出一种全新的建筑风格，它将彻底改变这一领域，但是他缺乏实践自己设想的经验。席尔斯比是一个精明的商人，他明白自己的财富离不开受客户欢迎的维多利亚风格的设计。赖特对自己被要求画的东西感到不情不愿，他正在学习的那些过时的设计原则也让他感到恼火。

后来，他偶然间听说芝加哥杰出的建筑师路易斯·沙利文（Louis Sullivan）正在找一位绘图员来帮忙完成一个特别的建筑的绘制。工作这么短的时间就离开席尔斯比是十分有风险的，而且会切断自己的后路，但是为沙利文工作会极大地推动他的建筑师生涯向前迈进。沙利文的公司在设计摩天大楼方面走在最前沿，他们会使用最新的材料和技术。

赖特为得到这个职位发动了一场魅力攻势。他设法得到了一次沙利文亲自面试的机会。在面试过程中，他向沙利文展示了自己独立完成的一些有趣的绘图；他了解到沙利文的审美偏好后，又设法和沙利文谈论艺术和哲学。最终，沙利文聘用了他来做这项工作，并且几个月后让他在自己的公司当一名绘图学徒。赖特和沙利文建立了私人关系，热切地扮演着沙利文从未有过的儿子的角色。由于自己的才华和沙利文的提携，赖特很快升为公司的首席绘图员。正如赖特自己所说，他扮演着"沙利文手中的画笔"。1893 年，沙利文因为赖特接私活而解雇了他，但是那时的赖特已经学会了他所能学到的一切，早已准备好自立门户。沙利文在那 5 年里给他提供了其他人无法提供的现代建筑方面的教育。

1906 年，31 岁的卡尔·荣格（Carl Jung）是一个前途光明的精神病学家。他因为自己在实验心理学方面的工作而闻名，并在苏黎世著名的博格尔兹力精神病医院（Burghölzli Psychiatric Hospital）身居要职。但是尽管在人生中已经取得了明显的成就，他依然感到不安。他认为自己对神秘且奇怪的心理现象的兴趣是一个需要克服的弱点。他因为自己对病人的治疗常常无效而感到沮丧。他担心自己的工作缺乏合理性，他担心自己不够严谨。他开始与精神分析领域的创始人——当时已经 51 岁的西格蒙德·弗洛伊德（Sigmund Freud）通信。荣格对弗洛伊德的感情很矛盾——弗洛伊德作为精神分析领域的先驱，荣格钦佩甚至崇拜他，但是荣格不认同弗洛伊德所强调的"性是神经症的决定因素"的观点。或许他对弗洛伊德心理学这一方面的厌恶源自自己的偏见或无知，他需要通过倾诉来克服这种厌恶。在他们的通信中，他们很快就发展出了一种良性的沟通模式，荣格也可以就他没有完全理解的心理学问题向弗洛伊德这位大师提问。

1 年后，他们终于在维也纳见面了，并且连续交谈了 13 个小时。这位年轻人深深地吸引住了弗洛伊德——荣格比自己的其他助手更有创造力，荣格可以成为自己在精神分析领域的继承者。对荣格来说，弗洛伊德可能是他迫切需要的父亲一样的人和导师，能够实实在在地影响他。他们一起去美国旅行，经常互相拜访，并且不停地通信。但是这种关系维持了 5 年后，荣格最初的矛盾情绪又回来了。他开始发现弗洛伊德相当专制。他对必须遵循弗洛伊德教条的想法感到很恼火。此时，他终于清楚地明白了为什么自己当初不认同把性作为所有神经症的根源的观点。

到了 1913 年，他们彻底决裂了，荣格被弗洛伊德的核心圈子永久驱除了。但是通过这段关系，荣格解决了自己所有的疑惑，并且形成了自己对人类心理学的某些核心观点。最后，这场斗争强化了他的自我认同感。如果没有这段师徒关系，他永远不会有这样坚定的决心，也没有能力开创自己的精神分析学派。

1960 年末的某个时间，马德拉斯一所大学的一名医学生维莱亚努尔·苏布拉马尼安·拉马钱德兰偶然看到一本名为《眼睛和大脑》的书，这本书的作者是著名的神经心理学教授理查德·格雷戈里。（更多关于拉马钱德兰早期生活的内容，请参阅第 19—21 页。）这本书的写作风格以及书中的奇闻逸事和引人思考的实验都令他兴奋不已。受这本书的启发，拉马钱德兰自己做了光学实验，并很快意识到这个领域比医学更适合他。1974 年，他被剑桥大学录取，攻读视觉知觉博士学位。

拉马钱德兰是听着 19 世纪伟大的英国科学家们的故事长大的，科学对他来说似乎代表着对真理近乎浪漫的追求。他很重视推测在像法拉第和达尔文这样的人的伟大理论或发现中起到的作用。他原以为剑桥大学也会重视这一点，但是令他惊讶的是，这里的学生和教授们倾向于把科学看作一份朝九晚五的工作；这是一个竞争激烈、残酷、类似企业的环境。他开始在异国他乡感到沮丧和孤独。

后来有一天，布里斯托大学（Bristol University）的教授理查德·格雷戈里来剑桥大学做讲座。拉马钱德兰被讲座内容深深地吸引住了，就像法拉第被汉弗莱·戴维的讲座吸引住了一样。格雷戈里在讲台上对自己的观点进行了发人深思的阐述；他有戏剧天分而且非常幽默。这才是科学应有的样子，拉马钱德兰想。讲座结束后，拉马钱德兰走到格雷戈里跟前进行了自我介绍。他们对彼此都有一种相见恨晚的感觉。拉马钱德兰跟格雷戈里提到了自己正在苦思冥想的一个光学实验，这引起了这位教授的兴趣。格雷戈里邀请拉马钱德兰去布里斯托并住在自己的家里，这样他们就可以一起尝试拉马钱德兰的想法。拉马钱德兰接受了这一邀请，并且在他看到格雷戈里的房子的那一刻起，他就明白自己找到了导师——这座房子像夏洛克·福尔摩斯（Sherlock Holmes）的家一样，放满了维多利亚时代的仪器、化石和骨骼。格雷戈里就是拉马钱德兰所认同的那种怪人。很快，他就定期去布里斯托做实验。他已经找到了一位可以启发和指导他的终生导师，并且在多年之后适应了格雷戈里的推测和实验风格。

出生于20世纪70年代晚期的日本，松冈容子感觉自己就像是个局外人。正如第1章所提到的（详见第21—23页），在日本这样一个尊崇社会凝聚力和从众性的国家，她更喜欢按照自己的方式做事情。她11岁决定认真学习网球时，就把约翰·麦肯罗（John McEnroe）和安德烈·阿加西（Andre Agassi）这两个运动员作为自己的榜样，他们是网球这种温雅运动的完美叛逆者。之后，她移居美国开始上大学，也这样按照自己的方式去做所有事情。如果发现一个从未被人研究过的领域，她就会感到兴奋。凭着这种直觉，她进入了当时深奥难懂的机器人领域，并被麻省理工学院的研究生院录取。

在那里，她人生第一次遇到了和自己气质一样的人——罗德尼·布鲁克斯，麻省理工学院的机器人学教授，也是系里的"坏小子"。他很大胆，敢于与系里的高层进行较量，并反对人工智能领域里某些最根深蒂固的观点。他发明了一种全新的研究机器人学的方法。一个教授竟然如此不按常理出牌，这一点让她感到兴奋。她开始尽可能地待在他身边，吸收他的思维方式，把他变成了她实际意义上的导师。他不是那种会告诉你该做什么的老师，他会让你去寻找自己的方式，哪怕是犯错误，但是他会在你需要时给予你支持。这种风格适合她对独立的需求。直到后来她才意识到他的想法有多少进入了她的心里。不知不觉中，跟着他的引导，她最终找到了自己研究机器人学的方法并开创了一个全新的领域——神经机器人学。

　　选择合适的导师可能比你想象的要重要得多。因为他对你的未来产生的影响比你意识到的要更深，错误的选择只会给你通往精通的道路带来负面影响——你会从他那儿学到不适合你的方法和风格，这将在未来给你造成困惑。如果他太专制了，你可能最后只会成为这位导师的模仿者，而不是自成一派的大师。人们经常会在这个过程中犯错，选择那些看起来最有知识、最有魅力或在所在领域地位最高的人——所有这些都是基于表面的理由。不要简单地选择你遇到的第一个导师，而是要在这个事情上尽可能地深思熟虑。

　　选择导师时，你需要牢记你的天生倾向和人生使命，以及你对自己未来的设想。你选择的导师应该在大的方向上与此一致。如果你想选择一个更具革命性的方向，你就需要一个开放、思想先进、不专制的导师。如果你的理想与众不同，你就需要一个能让你欣然接受自己的独特之处的导师，并且他能帮你把自己的独特之处转变成精通力，而不是试图压制它们。如果你像荣格一样，对自己的方向有点困惑和矛盾，可能有用的做法是选择一位可以帮你清楚地了解自己想要什么、在你所在领域内很重要但可能不完全符合你的品位的导师。有时候，导师教给我们的某些东西是我们想要避免或积极反抗的。在后一种情况下，你可能一开始就要与导师保持比通常建议的多一点的情感距离，尤其是当你的导师属于那种专制类型的时候。随着时间的推移，你就会知道，该吸收什么和拒绝什么。

请记住，你与导师的互动某种程度上是你与父母或父亲式人物互动的重现。人们常说，你没有选择原生家庭的机会，但是你可以快乐自由地选择你的导师。在这种情况下，正确的选择或许可以提供父母没有给你的东西——支持、信心、方向以及独立发现事物的空间。你要去寻找能做到这些的导师，并警惕落入相反的陷阱——选择像你父母中的某一个、有他所有负面特质的导师，这样只会让你重复遇到最初阻碍你的东西。

策略二：以导师为镜

白隐禅师（1685—1769）出生于日本原町附近的一个村庄，他的父系家族源自武士阶层的一个有名的分支。小时候，白隐有着无限的精力，这似乎标志着他要将一生奉献给武术。但是在大约 11 岁的时候，他听到一位法师 ① 在说法时谈到，那些做事不认真的人死后都会遭受地狱之苦。这番话给这个小男孩造成了难以磨灭的巨大痛苦。然后，他就将自己所有的顽强精力都用在了关于自身价值的疑问上。到 14 岁时，他发现唯一能平息自己焦虑的办法就是，走上宗教之路并成为一名禅师。他尤其迷恋禅宗佛教，这是因为他读过很多关于中国

---

① 在佛教中，所有的出家人都被称为"僧人"，其中受过"十戒"而没有受过"具足戒"的僧人被称为"沙弥（尼）"，受过"具足戒"的僧人被称为"比丘（尼）"。在比丘中，长于修禅的被称为"禅师"，长于说法的被称为"法师"。在英语中，"priest"和"monk"都可以指僧人，但有一定职级上的区别，因此在本书中，为了便于区分和理解，会根据语境的不同，将"priest"一词翻译成"法师、禅师"，将"monk"一次翻译成"比丘"。——编者注

和日本的禅宗大师们的故事，他们都克服了重重困难，经历了种种考验，最终得以开悟。禅宗大师们都会经历一段苦难的生活这一点，解开了他内心最深处关于自己的疑惑。

18 岁时，他被送到一个禅修中心，学着怎么做一名禅师。然而，这里的教学方式令他很失望。他原本以为，他要在这里接受每天 24 小时的冥想训练以及其他严酷的考验。然而事实是，他不得不去学习各种中文和日文的经文。他从讲师那里读到的或听到的东西对他一点用都没有。这些只是智识性知识，与他的日常生活没有一点联系，只会加重他的焦虑。于是，他离开了这个禅修中心，开始云游四方，寻找能够给他指导的导师。

他去了一个又一个禅修中心，走遍了日本的每一个角落，这让他对日本当时的禅宗教育有了一个清晰的认识。日本那时主要是通过让比丘们做一些简单的打坐冥想来传授禅宗的，在这中间几乎不会有人对比丘们进行任何指导，直到禅修结束的钟声响起，比丘们才能匆忙赶去吃饭或睡觉。在空闲时间，比丘们会唱诵幸福与和平。禅宗变成了一种让比丘们进入放松和昏睡状态的大型催眠活动。只要有人给比丘们进行指导，就会被认为是对他们的过度干涉和控制。比丘们应当靠自己找到开悟的方法。不出意料地，当他们有了这种充分的自由时，他们就会选择一条最好走的路——什么都不做。这种趋势风靡当时整个日本，各个地方的比丘们都认为，禅宗很简单、很容易，并且他们觉得什么是对的，什么就是对的。

偶尔，白隐听说某个禅修中心或法师在某个地方引起了轰动，他就会自己去看一看。1708 年，他花了几周时间赶到一个海边小镇的寺庙。在那里，一位舌灿莲花的法师正在说法。但是听了几句之后，白隐就又一次感到了深深的厌倦和失望——这位法师不断地引经据典，就是为了掩饰他所讲内容的惨白无力。白隐开始思考，如果真正的开悟根本就不存在的话，他是否应该放弃禅修之路。在寺庙里，他还遇到了另一个年轻的比丘，同样对法师讲的内容很失望。他们成了朋友。一天，这个比丘提到他曾在一位名为正受老人（ShojuRojin）的大师手下学习过几天。这位大师很奇怪，一直深居简出，与他遇到过的所有老师都不一样；他住在一个偏僻的村庄里，只收了几个徒弟，而且对徒弟的要求极严。这正是白隐当时正在追寻的，于是他请这个年轻的比丘立即带他去找正受老人。

当白隐见到正受老人时，他从这位大师的眼睛里看到了某种不同于其他禅师或老师的东西。正受老人浑身散发着力量和自律的气息，你可以从他的表情里读到他为达到今天这样的状态而经历的痛苦。这是一个饱尝过生活痛苦的人。当听到正受老人答应收他为徒时，白隐高兴极了，但是他的兴奋很快就变成了恐惧。在他们的第一次一对一面谈中，正受老人问白隐："你从'狗有无佛性'这则公案（一种用于教导禅宗学徒的禅宗故事）中学到了什么？""不能伸手打狗或用脚踢狗。"白隐回答道。正当他为自己的回答窃窃自喜时，正受老人伸手捏住了他的鼻子，用力地拧了一下，并对着他的脸大声道："那你现在觉得我的这只手怎么样啊！"正受老人这样紧紧地捏了白隐的鼻子好几分钟，捏得白隐的鼻子都丧失了知觉。

在接下来的几天里，白隐遭受了越来越多这样的凌辱。正受老人让他觉得自己之前所有的学习和游历没有一点用。他说不对一句话，做不对一件事。正受老人时常会无缘无故地打他一顿或往他脸上吐唾沫。他开始怀疑自己以前所知道的每一件事，并对正受老人下一步会对他做什么提心吊胆。

正受老人给了白隐很多对他来说十分难理解的公案，让他去思考和论述。然而，白隐对这些公案毫无头绪。他沮丧和低落到了极点，但是他明白坚持的重要性，所以日复一日地坚持着。很快，他就对正受老人产生了怀疑，并有了在不久的将来离开正受老人的想法。

一天，白隐特别焦虑不安，于是溜达到了附近的一个村庄里。不知不觉中，他开始思考起正受老人给他的一则最难理解的公案。陷入沉思的他误入了一处私宅的花园。住在那里的女人冲他叫喊，让他离开，但是白隐似乎浑然未觉。那女人以为白隐是个疯子或强盗，就用棒子袭击他，把他狠狠地打晕在地。几分钟后，当他苏醒过来时，他突然有了一种不同的感觉——他终于参透了正受老人给他的这则公案的本质！他彻底地理解了它！这则公案在他心里活了起来！一切都清楚了，他确信自己终于开悟了，整个世界开始以一种全新的样貌出现在他面前。他拍着手，高兴地大笑着。第一次，他感到自己卸下了所有的焦虑。

他一路跑回去找正受老人，正受老人立即就明白了自己徒弟的身上发生了什么。这一次，这位大师对他很温柔，用扇子轻拍着白隐的后背。正受老人终于向自己的徒弟吐露了自己的想法——从他们第一次见面起，他就从白隐身上看到了学习所需的真正素质。白隐对开悟这件事狂热、坚定而渴望。正受老人告诉白隐，他其他所有徒弟的共同问题是：他们到了某个阶段后，就会故步自封。他们听到一个想法就会紧紧抓住它，直到走进死胡同；他们自命不凡，以为自己已经学到了真理。但是真正的禅宗从不曾停止过发展，所以永远也不会变成一个永恒的真理。这就是正受老人不断地把每个徒弟推入深渊、不断地让他们重新开始、反复地让他们感受自己作为一名禅宗学徒彻底的无价值感的原因。不经历苦难和怀疑，我们的心就会停留在那些陈腔滥调上，直到精神也跟着消亡，更别谈开悟了。你必须不断地重新开始，不断地挑战自己。

正受老人相信白隐会继续这一过程，因为白隐顽强坚韧。禅宗正在日本消亡。正受老人想让白隐留在他身边，成为他的继任者。他相信这个年轻人有朝一日会肩负起复兴禅宗的重担。然而，白隐始终无法驯服自己内心的躁动，8个月后，离开了正受老人。离开时，白隐以为自己肯定能尽快回到正受老人身边。但是几年之后，他再一次陷入了新的怀疑和焦虑之中。于是，他又开始从一个寺庙游历到另一个寺庙，不断地在高潮与低谷之间徘徊。

41岁时，白隐终于到达大彻大悟之境，这种心境也陪伴了他之后的整个余生。此时，他回想起正受老人所有的思想和教导，仿如昨日一般，历历在耳。他这才意识到，正受老人是他认识的唯一一位真正的大师。他想回去感谢正受老人，但是这位大师大约5年前已经圆寂了。他决定，自己也做一名老师，把正受老人的教导永远地传承下去，因此来报答他。最终，正如正受老人所预言的那样，是白隐拯救了日本日渐式微的禅宗教育。

达到精通需要一些韧性和与现实的持续联系。作为一名学徒，我们很难用恰当的方式挑战自己，并清楚地认识到自己的弱点。今天我们生活的这个时代让这一切变得更难了。在充满挑战的环境中培养自律，在通往精通的过程中经历磨难，已经不再是我们的文化所推崇的价值观了。人们越来越不愿意告诉他人自己对他们的真实评价了——他们的弱点、不足以及工作中的缺陷。甚至连那些旨在引导我们的自助书籍也变得温柔讨好，只告诉我们一些我们想听的话——我们大体上还不错，只要按照某几个简单的步骤去做就能得到我们想要的东西。向人们提出严厉、实事求是的批评，给人们设定一些能让他意识到自身差距的任务，似乎是在虐待他们或伤害他们的自尊。事实上，这种纵容和害怕伤害别人感情的行为从长远来看更有害。它会让人们很难看清楚自己的处境，也不利于自律性的培养。它会让人们无法适应通往精通之路上的严酷考验。它会削弱人们的意志。

　　大师们往往是那些天生就愿意为到达他们如今的位置而承受苦难的人。他们经历了无数对他们的工作的批评、对他们进步的怀疑和通往精通之路上的挫折。他们深深知道，自己需要什么才能进入积极创造阶段，甚至更高阶段。只有导师了解我们进步的潜力、性格中的弱点，以及我们为了前进必须经历的严酷考验。在今天这个时代，你必须尽可能地从你的导师那里获取最客观真实的反馈。你必须去寻找它并接受它。如果可能的话，选择一个以严厉而闻名的导师。如果导师不愿意给你真实的反馈，那就逼着他们举起能反映最真实的你的那面镜子。不论多么艰难，你都要让他们给你一些能反映出你的强项和弱点的适当挑战，使你可以获得尽可能多的反馈。要让自己习惯被批评。自信很重要，但是如果它不是建立在你对自己的真实评估之上，那就只是自大浮夸、自视甚高。从导师的真实反馈中，你终会建立起更加坚实和值得拥有的自信。

策略三：把导师的想法发扬光大

1943 年，著名的钢琴家阿尔贝托·格雷罗（Alberto Guerrero）收了一个新学生，一个名叫格伦·古尔德的 11 岁天才。这名学生和他以往遇到的任何学生都不同。古尔德从 4 岁就开始弹钢琴了，由他的母亲亲自教导，因为她自己就是一位优秀的钢琴演奏家。经过母亲几年的指导，古尔德很多方面的技能已经超过了母亲。他开始能对母亲提出疑问并纠正她了。他需要更有挑战性的任务。格雷罗在加拿大多伦多很有名，古尔德一家就住在多伦多。据说，格雷罗很有耐心，但要求也很高——这些特质都使得他很适合当年少的古尔德的老师，这也是古尔德的父母选择格雷罗的原因。从第一次见面起，格雷罗就在这位少年身上感受到了他对钢琴不同寻常的认真和热爱。古尔德常常会全神贯注地听着格雷罗的教导，并且以一种格雷罗从未在其他学生身上见到过的方式吸收格雷罗的演奏风格。古尔德是一个完美的模仿者。

然而很快，格雷罗就发现了这位学生身上的一些奇怪特质。有一次，格雷罗决定扩大古尔德的曲目，于是向古尔德介绍阿诺尔德·勋伯格（Arnold Schoenberg）的音乐——一位伟大的、格雷罗非常推崇的无调音乐①作曲家。他本以为自己的学生会对这种新奇的音乐感到兴奋，然而却意外看到了古尔德厌恶的表情。古尔德虽然把乐谱带回了家，但是显然他从没有练习过这些曲子，格雷罗只好作罢。几周后，古尔德与自己的老师分享了一些自己最新创作的曲子——这些曲

---

① 无调音乐（atonal music），又称"无调性音乐"，是现代音乐的一种重要流派与表现形式之一。其特点是没有调性音乐具有的调式、和声指向性，也没有协和弦与不协和弦的差异，是对传统音乐的一种反叛。无调音乐的代表作品有勋伯格的《管弦乐曲五首》、韦伯恩《大管弦乐队乐曲六首》、斯特拉文斯基《春之祭》、贝尔格《沃采克》等。——编者注

子显然受到了勋伯格的影响，很有意思。在那之后不久，古尔德又带来了自己想要和格雷罗一起练习的乐谱——全是各种不同作曲家的无调音乐，包括勋伯格的作品，但不是格雷罗最初给他的那些。显然，他一直在独自研究这种音乐，并喜欢上了它。

格雷罗很难判断古尔德会对自己的想法做何反应。例如，他建议自己的学生先通过在纸上研究乐谱来学习和记忆一首曲子，然后再去尝试演奏它。因为通过这种方式，这首曲子就会在他们的脑海里生动起来，他们就能够将曲子想象成一个整体，而不仅仅是弹奏的那些音符。古尔德在学习巴赫的一首特别的作品时，老老实实地遵从了这个建议。但是，当他们讨论这首作品背后的结构和创作理念时，这位年轻人有着自己的理解，古尔德的理解与格雷罗的理解非常不同，甚至截然相反。格雷罗觉得古尔德的理解浪漫而新奇。又有一次，格雷罗告诉古尔德，在演奏巴赫的钢琴曲时如果想象自己正在用的是大键琴，效果往往是最好的。古尔德当下对格雷罗的这个想法表示了赞成，然而几个月后，他却说自己更喜欢想象自己用另一种不同的乐器演奏巴赫的作品。

格雷罗最重要的思想是关于弹钢琴时要如何使用自己的身体的。他已经研究人体生理学多年，尤其是与手和手指相关的方面。他研究这些的目的是能够向他的学生传授一种轻松但有力的、运用自己的身体的方式。通过这种方式，他们就可以用有着闪电般速度的手指完全掌控键盘。他花了几个小时向古尔德传授自己的方法，教他自己所提倡的独特姿势——俯身或弓背倾在键盘上，所有的动作都由腰背部和双手来完成，肩膀和手臂完全不动。他不断地向自己的学生演示这项技术。他让古尔德做他发明的各种不同寻常的练习，以增强古尔德手指的力量。古尔德看起来似乎对这些练习很有兴趣，但是格雷罗心知肚明，古尔德很快就会把他的教导抛诸脑后，用自己的方式练习，就像他对格雷罗的其他教导一样。

随着时间的流逝，古尔德开始越来越多地质疑他的老师。他发现格雷罗对音乐的想法和方法都太过拉丁化，太过陷于另一个时代的泥潭里了。终于，在 19 岁的时候，古尔德宣布他要自己独立前行。他不再需要导师了，格雷罗也欣然接受了这一事实。很明显，这位年轻人此时需要的是理清自己对音乐和表演的想法。

然而多年后，当古尔德逐渐成了有史以来最伟大的钢琴家之一时，格雷罗开始意识到，他这位以前的学生受他的所有想法的影响有多深。他会阅读评论家们对古尔德表演的评论，其中有一位评论家发现，古尔德在演奏巴赫的钢琴曲时像是在用大键琴一样用钢琴，这很快引起了其他人的共鸣。古尔德演奏时的姿势——他俯身在钢琴上的姿势，让他看起来俨然就是年轻时的格雷罗；他演奏时手指异乎寻常地有力，显然这么多年他一直在用格雷罗教他的方法练习。在采访中，古尔德会谈及演奏前先在纸上学习乐谱的重要性，但是他说得好像这完全是他自己的想法似的。最惊奇的是，古尔德在演奏某些音乐作品时，会像格雷罗那样先在脑海中想象一遍，但是他演奏出来的效果有着格雷罗难以比拟的气魄和风格。格雷罗这位以前的学生仿佛已经内化了他风格的真髓，并把它发扬光大了。

在格伦·古尔德还是个孩子时，就凭直觉感知到了自己面临着巨大的两难处境。他对音乐有不可思议的鉴赏力。他对音乐可以敏感到，只要听一次别的钢琴演奏者的演奏，就能察觉出当中的细微之处，然后自己再现出来。同时，他知道自己是一个有着独特品位的年轻人。他立志要成为一名钢琴演奏大师。如果他过于听取老师们和其他演奏家的建议，全盘吸收他们的想法和风格，他就会在这个过程中失去自我认同感。但是他也需要知识和指导。这种两难处境，在他与他魅力非凡的老师阿尔贝特·格雷罗相处时，变得尤为突出。在一个如此才华横溢、技艺高超的导师手下学习往往不是一件好事——你的自信心会在你挣扎着追随他们的所有伟大想法时被压碎。许多钢琴家都迷失在了自己杰出的导师的阴影之下，最终一无所成。

由于自己的野心，古尔德找到了真正化解这种两难处境的唯一方法。他会听取格雷罗对音乐的全部想法，并逐一去尝试。在演奏的过程中，他会巧妙地将这些想法变得适合自己的喜好。这会让他感到，他有自己的想法。随着岁月的流逝，他让自己和导师之间的区别变得越来越明显。因为他对音乐太过敏感了，在学徒训练的过程中，他会无意识地内化导师的所有重要思想，并通过自己的积极实践，使得它们更加符合自己的个性。这样一来，他就可以在跟导师学习的同时，仍然培养出一种创造精神。这种精神有助于他在离开格雷罗后，保持自己的独特性。

作为学徒，我们都面临过这样的两难处境。如果我们要想向导师学习，我们就必须保持开放的心态，完全接受他们的想法。我们必须拜倒在他们的魅力之下。但是如果我们太过听从导师的想法，就会受他们的影响太深，从而失去培养和形成我们自己的想法的内心空间，这会让我们的一生都被这些不属于我们自己的想法所束缚。正如古尔德所找到的方法那样，我们可以很巧妙地化解这种两难处境：我们在聆听并吸收导师的想法的同时，必须渐渐地与他们拉开一些距离。我们可以先根据我们的具体情况稍稍调整他们的想法，让它们适应我们自己的风格和倾向。随着我们的进步，我们可以变得更大胆一些，甚至可以试着去发现他们想法中的缺陷和不足。我们要慢慢地将他们的知识塑造成我们自己的形状。随着信心的增长，我们可以开始考虑从导师那儿独立出来，我们甚至可以与自己曾经崇拜的导师一较高下。就像莱昂纳多·达·芬奇所说的："不能超越自己老师的学生是可怜的。"

策略四：建立一种双向的互动关系

1978 年，前途光明的轻量级拳击手弗莱迪·罗奇和父亲一起来到拉斯维加斯，想找一位能将他的拳击水平提升到更高级别的教练。很快，罗奇和他的父亲就选定了埃迪·福奇——拳击领域最传奇的教练之一。

福奇有着辉煌的履历。年轻时，他曾和乔·路易斯（Joe Louis）对战过。由于心脏有杂音，他无法成为一名职业拳击手。于是他成了一名教练，后来培养出了一些最出色的重量级拳击手，包括乔·弗雷泽（Joe Frazier）。福奇是一个安静且有耐心的人，知道如何给拳击手们提供精确的指导，在提升拳击手技术方面是个高手。在福奇的指导下，罗奇进步飞快，并赢得了他的第一个十回合胜利。

然而不久后，罗奇开始注意到一个问题：在训练时，只要他专心听福奇的指导，就能比较容易地将福奇教给他的东西付诸实践；但是在实际比赛中，只要他和对手对打起来，他就会突然将所有学过的技巧都抛诸脑后，纯粹依靠情绪出击。这种方法偶尔会奏效，但更多的情况是，让他吃了很多苦头，他的事业开始走下坡路。使他吃惊的是，训练了几年，福奇似乎都没有真正注意到他的这个问题。福奇有那么多拳击手要指导，他总是与他们保持着距离，不会给他们很多个别化的关注。

终于在 1986 年，罗奇决定退役。他依然住在拉斯维加斯，不停地换着糟糕的工作。休息时，他开始经常到自己曾经训练时待过的体育馆去。很快，他就开始给那里的拳击手们提建议，并帮他们摆脱困境。虽然没有薪水，但他实际上就是福奇的助手，甚至亲自训练了几个拳击手。他很熟悉福奇的训练方法，并掌握了许多福奇的训练技巧。他还在给拳击手的训练中加入了自己的想法。他将手套对练——教练在擂台上戴着带垫子的大手套帮助拳击手练习各种拳法和组合拳——提升到了一个新的水平，并想出了一种耗时更长、更灵活的练习赛。这让罗奇有机会更多地观察拳击手们的动作，发现一些他忽略了的东西。几年后，他意识到自己很擅长训练拳击手，于是离开福奇，开始了自己的教练生涯。

在罗奇看来，这项运动正在发生变化。拳击手们的动作更快了，但是像福奇这样的教练仍然在提倡一种相对静态的拳击风格，而没有利用好这些变化。慢慢地，罗奇开始在训练过程中进行试验。他让手套对练发挥了更大的作用，即模拟实时对战。这拉近了他与拳击手们之间的距离，让他可以真切地感受他们经过一段时间的训练之后的拳击风格，并看清他们是如何在擂台上移动的。他开始研究对手们的录像，寻找他们拳击风格的规律和弱点。他会针对对手的弱点专门设计对应的策略，并在训练时和拳击手们一起讨论。和拳击手们如此密切的互动，让他与拳击手们培养出了一种不同于他与福奇之间的关系——更加发自内心、更紧密。但不论是与哪个拳击手，他们之间的关系都会有曲终人散的时候。随着自己的进步，拳击手们会开始不听他的，因为他们感觉自己好像已经知道得足够多了。他们的自我成了他们的阻碍，使他们停止了学习。

之后，在2001年，一个完全不同类型的拳击手走进了罗奇位于加利福尼亚州的好莱坞的外卡拳击俱乐部。他的名字是曼尼·帕奎奥（Manny Pacquiao），一个重122磅、惯用左手的次轻量级拳击手。他在自己的家乡菲律宾已经取得了一些成功，但想在美国寻找一位能将他的比赛提升到另一个水平的教练。很多教练都不看好帕奎奥，他们观看了帕奎奥的训练和比赛，认为帕奎奥的拳击水平确实令人印象深刻，但是从如此轻量级的拳击手身上是很难赚到钱的。

然而，罗奇与这些教练不同——他与帕奎奥一见面就对练过，并从帕奎奥出的第一拳就看出了这位拳击手的与众不同。这一拳出得极快，爆发力和力道十足，与其他拳击手的出拳有很大的不同。其他教练只是看了看帕奎奥的训练，所以体验不到他现在的感受。对练了一个回合，罗奇就确信自己找到了一直以来想要训练的拳击手，这样的拳击手可以帮助他在拳击运动中实现自己希望引入的新风格。同样，帕奎奥对罗奇也印象深刻。

在罗奇看来，帕奎奥有潜力成为一名无敌的拳击手，但是他的技能有点单一：他的左手力量很强大，但其他方面都不是很突出。帕奎奥一直在寻找给对手致命一击的机会，因而对其他一切都置之不理。罗奇的目标是将帕奎奥打造成擂台上的多面手。他开始和帕奎奥进行大量的手套对练，试图让帕奎奥的右手变得更加有力量，脚下动作更灵活。帕奎奥对他给的指导的接受程度和掌握速度，一下子震惊了他。帕奎奥的可塑性很强，所以他的进步比罗奇以往训练的任何一位拳击手都要快。帕奎奥似乎永远不会对训练感到厌烦，或担心训练得太多。罗奇一直在等待那个不可避免的、拳击手开始不听他的话的时刻的到来，但是这一刻一直没有到来。帕奎奥是那种越练越努力的拳击手。很快，帕奎奥的右拳就练得极具杀伤力，他的脚下动作也可以跟得上他双手的速度了。他开始赢下一场又一场的拳击比赛，令人印象深刻。

时光流逝，罗奇与帕奎奥之间的这种关系进一步向前发展。在他们的手套对练中，帕奎奥开始会调整或改进罗奇为他下一场比赛而设计的动作。他也开始对罗奇制定的策略提出自己的意见，偶尔还会做一些调整。帕奎奥已经对罗奇的打算有了第六感，并可以把罗奇的想法向前推进。一次，罗奇看到帕奎奥明明已经被困在擂台的围绳上了，还能巧妙地躲开，并从正面改为侧面攻击对手。罗奇知道，这只是帕奎奥即时反应下的一个动作，他想把这个动作发展成一种全新的拳击风格。他这时从帕奎奥身上学到的东西几乎与帕奎奥从他这儿学到的东西一样多。他们之间的关系也从之前的教练与拳击手的单向教学关系变成了现在这种相互促进、有生命力的关系。罗奇认为，这样一来，拳击手们就可以越过对他们来说似乎不可避免的停滞期——一个所有的一切都变得陈旧乏味、对手们也对他们的弱点了如指掌的时期。

用这种方式训练帕奎奥，罗奇将这位技能单一、名不见经传的拳击手打造成了可能是他那个时代最伟大的拳击手之一。

◆ ◆ ◆

从理论上讲，我们应该能从经验丰富的导师身上学到无限的东西。但实际上，这是极少数的情况。原因有几个：其一，我们与导师之间的关系可能会在某个时刻变得平淡，这使得我们很难对导师的教导保持和刚开始一样的关注；其二，我们可能会开始对导师的权威有点不满，尤其是当我们技能提升了、和导师之间的差距缩小了的时候；其三，导师与我们来自不同的时代，各自有着不同的世界观，在某些时候，他们看重的一些原则在我们看来似乎有点脱离现实或无关紧要，因而会被我们不知不觉地忽略掉。唯一的解决办法就是与导师发展出一种更能相互促进的关系。如果导师能接纳你的一些想法，这种关系就会变得更有生命力。如果你能感受到他们对你的意见越来越包容，你就会对他们少一点不满。你跟他们交流你自己的经验和想法，或许会使他们放松下来，这样他们的原则就不至于僵化成教条。

这种相互促进型的关系更加适合我们的民主时代，并且在某种程度上可以说是一种理想的导师-学徒关系。但是这不意味着徒弟可以反抗或不尊敬导师。本章前面所描述的导师-学徒关系依然保持不变。就像帕奎奥一样，你要对你的导师表示你最大的敬意和全部的关注。你要对他们的指导虚己以听。你要通过证明自己是可教之才来赢得他们对你的尊重，让他们多少可以听听你的意见，就像罗奇会听取帕奎奥的意见一样。通过高度集中注意力，你的技能水平会提高，这会让你有能力更多地去表达自己和自己的需求。你要对导师的指导给予反馈，甚至可以对他们的某些想法做一些调整。这必须从你开始，因为渴望学习的基调要由你来定下。只要你与导师之间建立了一种双向互动的关系，这段关系就有了让你可以从导师那儿学习和吸收力量的无限潜力。

人生逆转

在生活中，如果你故意在没有导师指导的情况下做一些事，这很不明智。因为你会将宝贵的时间浪费在寻找和明确那些你需要知道的事情上。但有时候，你别无选择。你的身边就是没有可以担任这一角色的人，你只能依靠你自己。在这种情况下，你必须心甘情愿地做一些非做不可的事。这就是历史上也许最伟大的人物——托马斯·阿尔瓦·爱迪生（1847—1931）通往精通的过程中独自走的一条道路。

由于生活所迫，在很小的时候，爱迪生就习惯了自己为自己做事。他的家庭很穷，到 12 岁时，他就必须帮父母挣钱。他曾在火车上卖过报纸，因此有机会随车去到家乡密歇根州的各个地方，他对自己所看到的一切都产生了强烈的好奇心。他想知道机器、小工具以及任何带有活动部件的东西是如何运转的。他的生活中没有学校和老师，于是他就求助于书籍，尤其是他能找到的所有关于科学的书籍。他开始在家里的地下室自己做实验，并自学如何拆卸和维修各种手表。在 15 岁时，他成了一名报务员学徒。在之后的几年时间里，他因工作关系在全美奔波。他没有接受正规教育的机会，人生路上遇到的人也都没有当他的老师或导师的资格。因此为了弥补这一点，他会经常去自己停留过的每一座城市的公共图书馆。

迈克尔·法拉第的两卷本书籍《电学实验研究》(*Experimental Researches in Electricity*)对他的一生起了决定性的作用。这本书对爱迪生的意义就像《思维的进步》对法拉第的意义一样。它给爱迪生提供了一种系统的科学方法，以及一个如何自学电学这个令他着迷的领域的知识的计划。他可以跟着这本书尝试做法拉第这个电学领域的伟大大师设计的实验，也可以将法拉第对科学的哲学方法吸收成为自己的。从此以后，法拉第成了他的榜样。

爱迪生通过读书、做实验，以及从不同工作中积累实际经验来充实自己，这样坚持了约 10 年之久，直到他成为一个发明家。使他成功的是他对学习的不尽渴望，还有他的自律。他养成了通过坚定的决心和顽强的毅力来弥补他在学校教育方面的缺失的习惯。他比其他任何人都更努力。因为他完全是一张白纸，他的头脑没有被灌输任何学派的思想，所以他解决问题时会有新的视角。他将自己缺乏正规教育的劣势变成了一项优势。

如果你的身边也没有可以当你导师的人，你一定要以爱迪生为榜样，完全依靠自己。在这种情况下，你要成为自己的老师和导师。你要强迫自己通过一切可能的途径来学习。你要比那些接受正规教育的人读更多的书，并把它变成终生习惯。你要设法尽可能多地在尝试或实践中运用自己的知识。你可以从能作为榜样的公众人物中为自己找一些间接导师。通过阅读并思考他们的经验，你可以获得一些指导。你要试着将他们的想法变成现实，将他们的声音内化。自学可以让你一直保持着一种崭新的视角，这种视角完全是从你自身的经验中提炼升华出来的，能带给你与众不同的力量，指给你通往精通的道路。

　　向榜样学习就是服从权威。你跟随你的导师是因为你相信他做事情的方式，即使是在你不能真正理解和说明其效果的时候。通过观察导师和模仿他的努力……学徒就能在不知不觉中习得技艺的法则，包括那些导师自己都不太清楚的法则。

——迈克尔·波兰尼（Michael Polanyi）

第 4 章
如实看待他人：社交智慧

    追求精通的最大障碍常常是我们在应对周围人的抗拒和控制时所经历的情绪负担。稍不注意，我们的思绪就会沉溺于权谋诡计和斗争中。在社交舞台上我们面对的首要问题是，我们将自己当下的情感需求和欲望投射到别人身上的幼稚倾向。因此，我们很容易误解别人的意图，并用会引起误会和冲突的方式来应对。社交智慧是一种用尽可能实事求是的眼光看待他人的能力。通过克服我们身上通常会有的以自我为中心的毛病，我们可以学着更关注他人，读懂他们当下的行为，理解他们的动机，预判他们可能的行动倾向。在社交环境中游刃有余，我们就能把更多的时间和精力放到学习和掌握技能上。缺乏这一智慧所达到的精通不是真正的精通，并且不会长久。

代入思考

1718 年，本杰明·富兰克林（1706—1790）到他哥哥詹姆斯在波士顿的印刷厂当学徒。他的梦想是成为一名伟大的作家。在印刷厂，他不仅能学习如何操作机器，还能学习如何编辑稿件。在众多书籍和报纸的包围下，他可以研究和学习很多好的写作例子。这对他来说是一个完美的工作。

慢慢地，在学徒阶段，他为自己设想的文学教育实现了，而且他的写作技能也得到了极大的提高。随后，在 1722 年，他似乎终于有了一个证明自己是一名作家的绝佳机会——他哥哥准备发行自己的大型报纸，《新英格兰报》（*The New-England Courant*）。富兰克林带着几个有趣的、他能驾驭的故事创意找到詹姆斯，但令他非常失望的是，他的哥哥对他为新报纸提出的想法并不感兴趣。在哥哥看来，这是一次严肃的冒险，而富兰克林的作品对《新英格兰报》来说太不成熟了。

富兰克林清楚和詹姆斯争论没有用，詹姆斯是一个非常固执的人。但当富兰克林思考目前的处境时，他突然产生了一个想法：如果他虚构一个人物给《新英格兰报》投稿会怎么样呢？如果他写得足够好，詹姆斯就不会怀疑是他写的，并会将他的稿子印刷出来。这样，他就能得偿所愿了。经过一番深思熟虑之后，富兰克林虚构出一个完美的人物：一个自称"无名好汉"（Silence Dogood）的年轻寡妇，她对波士顿的生活有许多自己的见解，其中不少见解相当荒诞。为了让这个人物可信，富兰克林花了很长时间为她构想了详细的过往。他为这个人物考虑得如此深入，以至于她开始在他内心活了起来。他能看到她是如何思考的，并且很快，他就能以一种完全属于她的、现实主义的写作风格来写作了。

他给《新英格兰报》寄出了自己的第一篇稿子——这是一篇篇幅相当长的稿子，并且饶有兴趣地看着他的哥哥不仅刊登了这篇稿子，还在报纸留言请她寄更多的稿子来。詹姆斯可能猜测这是城里某个有名的作家用笔名写的文章，因为这篇文章既诙谐又讽刺，完全不知道这是富兰克林写的。詹姆斯之后又刊登了很多富兰克林的稿子，它们很快就成了这份报纸最受读者欢迎的部分。

富兰克林在印刷厂的职责日渐增加，而且他也证明了自己是一位相当熟练的报纸编辑。富兰克林对自己这么年轻就取得了这些成就感到很得意。一天，他没忍住告诉了詹姆斯"无名好汉"就是自己的笔名。他满心期待会因此而受到哥哥的称赞，却没想到被詹姆斯数落了一顿——他的哥哥不喜欢被欺骗。更糟糕的是，在接下来的几个月里，詹姆斯对富兰克林越来越冷漠，甚至辱骂他。很快，富兰克林就发现自己没法继续为詹姆斯工作了。1723年秋天，绝望的富兰克林决定逃离波士顿，离开自己的兄弟和家人。

经过几周的游荡，他最终来到了费城，并决定在那里定居。这时，他只有17岁，几乎没有钱也没有认识的人，但他的心中莫名地充满了希望。在为哥哥工作的5年里，他学到的有关印刷生意知识比年龄是他两倍的人都多。他严于律己，雄心勃勃。此外，他还是一名才华横溢的成功作家。再也没有人限制他的自由了，整个费城都等待着他去征服。经过几天的观察，他的信心有增无减。当时费城的两家印刷厂的水平在各个方面都远低于波士顿，而且当地报纸的文章都写得很糟糕。这意味着这里有数不尽的、等着他来填补空白并成就自己的机会。

果然，几周之内，他就在城里的两家印刷厂中的一家得到了一个职位，这个印刷厂的老板叫塞缪尔·凯默（Samuel Keimer）。当时的费城还比较小和守旧，富兰克林的到来和他的文学才华迅速就在城里传播开来。

宾夕法尼亚殖民地的长官威廉·基思（William Keith）雄心勃勃地想把费城打造成一个文化中心，但他对费城现有的两家印刷厂并不满意。基思听说了本杰明·富兰克林和他的写作才华，就把他找了来。基思对这位年轻人的印象极好，催促富兰克林赶快创立自己的印刷厂，并承诺借给富兰克林做生意需要的启动资金。因为印刷机器和材料需要从伦敦进口，基思就建议富兰克林亲自去一趟，监督采购。基思告诉富兰克林，他在那儿有熟人，并且可以给富兰克林提供资金支持。

富兰克林简直不敢相信自己的好运气。就在几个月前，他还只是哥哥厂里一个卑微的学徒。现在，因为这位慷慨且有魄力的长官，他很快将拥有自己的印刷厂，并通过它创办一份报纸，成为这座城市的发声者，而这一切都将在他 20 岁前实现。在富兰克林计划伦敦之行时，基思承诺的那笔资金迟迟未到。几次去信之后，长官办公室终于回复说："不用担心，你一到英国，信用证就会在那儿等着你。"因此，富兰克林什么都没有向凯默解释，就辞职踏上了去往大西洋彼岸的旅程。

当他到达英国时，并没有信用证在等着他。富兰克林感到其中一定有什么误会，就疯狂地在伦敦寻找长官的熟人，想向他解释自己和长官之间的协议。在找人的过程中，富兰克林遇到了一位来自费城的有钱商人。听了富兰克林的故事后，这位商人向他道出了真相——基思长官是一个臭名昭著的空谈家。他总是给各种人做各种承诺，试图用自己的权力给人们留下深刻的印象。他对一项计划的热情很少持续超过一周。他没钱借给别人，而且他的人品和他的承诺一样不值钱。

当富兰克林接受了这所有的一切，并思考自己目前的窘境时，让他心烦意乱的不是他发现自己身处一种危险的境地——孤身一人，身无分文，远离家乡。对一个年轻人来说，没有比伦敦更令人兴奋的地方了，他可以想办法去那里。让他烦恼的是，自己是多么离谱地错看了基思，以及自己是多么的天真。

幸运的是，伦敦到处都是大型印刷厂。在到达伦敦后的几周内，他就在其中一家印刷厂找到了工作。为了忘掉自己在基思那儿遭遇的失败，他将自己全身心地投入到工作中，很快他就因为能够熟练操作各种机器和娴熟的编辑技巧给雇主留下了深刻的印象。他和同事们也相处得很愉快，但是很快他就遇到了一个奇怪的英国习俗：他的印刷工同事每天要休息 5 次，每次休息就要喝 1 品脱啤酒。他们说，这样能让他们的工作更高效。每周富兰克林都被要求出一份啤酒份子钱，自己也要陪他们喝啤酒，他拒绝这样做——他不喜欢在工作时间喝酒，而且一想到他要放弃自己辛辛苦苦赚来的一部分工资给别人去毁掉他们的健康，他就很生气。他坦诚地说出了自己的原则，他们也礼貌地接受了他的决定。

然而，在接下来的几周里，奇怪的事情开始发生：他已经校阅过的文稿里不断出现错误，并且几乎每天他都会因为一些新错误而受到责备。他开始觉得自己要疯了，因为再这样下去，他就会被解雇。显然，是有人在蓄意破坏他的工作。当他向印刷工同事抱怨时，他们都说这是房间里经常出没的一个幽灵在恶作剧。终于，富兰克林明白了这是为什么，于是放弃了自己的原则，并出了啤酒份子钱，这些错误也一下子随着幽灵一起消失了。

在伦敦，经过这次事件以及其他几次轻率之举后，富兰克林开始严肃地反省自己。他似乎无可救药地天真，不断地误解周围人的意图。想到这一点，他开始被一个显而易见的、自相矛盾的情况所困扰：当涉及工作时，他是极其理性和务实的，并且总是在想着如何提升自己。例如，在写作中，他能清楚地看到自己的弱点，并刻苦练习从而克服它们；但是当涉及人时，情况完全相反，他会不可避免地被卷入到自己的情绪中，并且失去了与现实的所有联系。对他哥哥，他想通过告诉哥哥自己就是"无名好汉"来给哥哥留下好印象，完全没有意识到这会引起哥哥的嫉妒和恶意；对基思，他太过沉浸于自己的梦想，以至于根本没有注意到这位长官只是说说而已；对印刷工同事，他的愤怒让他看不到他们对他打破惯例的行为非常怨恨。更糟糕的是，他似乎无力改变自己这种以自我为中心的状态。

富兰克林决心打破这种模式，改变自己与人相处的方式。他认为只有一个解决办法：在未来所有他和别人的交往中，他要强迫自己先后退一步，不要情绪化。这样他就能更加客观，也可以完全专注于自己正在交往的人，切断自己的不安全感和想要获得同等对待的渴望。后来，每当与人交往时，他都用这种方式锻炼自己的头脑，渐渐地，它就变成了一种习惯。在想象如何这样做时，他还会产生一种奇怪的感觉。这使他想起了自己用"无名好汉"创作时的过程——代入自己创造的人物中进行思考，进入她的世界，并且让她在自己的脑海里活起来。其实，他也可以把这种文学技巧应用到日常生活中。从他人的角度看待问题，他就可以知道如何消解他们的抗拒或挫败他们的恶意企图。

为了让这个过程万无一失，他认为自己还必须采用一种新的社交哲学：完全且彻底地接受人性。人们拥有一些根深蒂固的品质和性格。有些人像基思那样轻率，有些人像他哥哥那样心胸狭隘，有些人像那些印刷工同事那样死板。到处都有这样的人，自文明之初就是如此。为此心烦意乱或试图改变他们都是徒劳的，这只会让他们仇视和怨恨你。最好是像接受玫瑰花上的刺一样去接受这样的人。最好去观察和积累关于人性的知识，就像积累科学知识一样。如果他可以在生活中顺着这条新的道路走下去，他就会让自己摆脱那无可救药的天真，给自己的社交带来一些理性。

在伦敦工作了一年半多之后，富兰克林终于攒够了回费城的钱。1727年，他回到费城，重新开始找工作。在找工作的过程中，让他惊喜的是前雇主塞缪尔·凯默给他提供了一个不错的印刷厂职位——员工主管，主要负责培训凯默聘用的新人，以帮助凯默拓展业务。因此，这个职位的年薪不错。富兰克林接受了，但是几乎从一开始，他就感到有哪里不对劲。他按照自己之前反省的那样，后退了一步，并冷静地梳理了一遍事情。

富兰克林只需要训练5个人，一旦他完成这项任务，他将无事可做。凯默自己的表现也很反常——他比之前更加友善了，但他原本是一个没有安全感且易怒的人，这种友好并不符合他的性格。富兰克林从凯默的角度想了想当时的情形，他可以感受到，凯默一定很憎恨自己的突然离开，陷他于困境之中。凯默一定把富兰克林看成了一个傲慢的年轻人，需要受到惩罚。凯默不是那种会和任何人讨论这些的人，而是会在心里给富兰克林记上一笔，然后暗自想着怎么报复回去。这样一想，富兰克林就清楚了凯默的意图：凯默打算让富兰克林把他在这个行业的广博知识传授给新员工，然后解雇他。这就是凯默的报复。

富兰克林确定自己想得没错，于是决定悄悄地扭转局面。他利用自己新的管理职位与客户培养关系，并与这些成功的当地商人建立了联系。他试验了一些自己在英国学到的新的制造方法。当凯默不在车间时，他就自学新的技能，例如刻版和制墨。他密切关注自己的徒弟，并悉心地把其中一个人培养成了一个一流的助手。他一察觉到凯默准备解雇他，就离开凯默并创办了自己的印刷厂——带着雄厚的资金支持、对行业更充分的了解、无论他到何处都会追随他的忠实客户，以及他亲自培养出来的一流助手。在这个过程中，富兰克林发现自己一点儿也没有觉得心酸或生凯默的气。这不过是棋盘上的演习罢了，而且通过代入凯默进行思考，他能够带着清醒且冷静的头脑制订出完美的计划。

在随后的几年里，富兰克林的印刷生意做得风生水起。他成了一个非常成功的新闻出版商、一个畅销书作家、一个因电学实验而闻名的科学家、一个发明了富兰克林炉的发明家（他后来又发明了避雷针、双光眼镜，等等）。作为费城越来越显要的一员，1736 年，他决定让自己更上一层楼——进入政治领域，成为宾夕法尼亚殖民地立法会的一位委员。几个月内，他就被同僚们一致推选为该立法会的书记员，这是一个有一定影响力的职位。但是到了重新任命的时候，立法会的一个新成员艾萨克·诺里斯（Isaac Norris）突然强烈反对，并转而支持另一位候选人。经过激烈的讨论，富兰克林虽然赢得了选举，但是在思考自己目前的处境时，他嗅到了一丝危险的气息。

诺里斯是一位富有的、受过良好教育的、有魅力的商人。他也野心勃勃，而且肯定会步步高升。如果富兰克林像这次书记员职位重新任命结束后大家所认为的那样与他为敌，他就坐实了诺里斯对他的负面评价，并彻底把诺里斯变成死敌。而如果富兰克林忽视诺里斯，诺里斯又会把这理解成富兰克林傲慢的证明，并因此而更加讨厌他。对一些人来说，可能进攻和还击是强大和有男子气概的表现，因为这可以证明自己不是好惹的。但是，出乎诺里斯的意料并巧妙地把他转变为一位坚定的盟友，不是更强大的表现吗？

这样一想，富兰克林还是像往常一样去上班。在立法会里，他密切地关注着诺里斯，从了解诺里斯的人那里打听诺里斯的事情，并让自己代入诺里斯进行思考。他发现，诺里斯是一个骄傲且有点情绪化的年轻人，还有着些许的不安；他似乎迫不及待地想获得别人的关注、喜爱和赞赏，或许他还嫉妒富兰克林的声望和成就。通过了解诺里斯的人，富兰克林知道了诺里斯有一个怪癖——诺里斯有一个藏书广泛的私人图书馆，里面收集了很多珍本书籍（其中有一本极为稀有，是他最为珍视的），这些书似乎能让诺里斯感到自己的与众不同和高尚无暇。

了解到这些，富兰克林决定采取以下行动：他给诺里斯写了一张非常礼貌的便条。在这张便条里，富兰克林表达了自己对诺里斯能收藏到那些珍本书籍的羡慕之情，并且他自己也是一个非常爱书的人，听说诺里斯收藏的书里有一本特别珍贵，如果诺里斯能让他在空闲时间拜读一下，他将无比激动，如果诺里斯可以把书借给他几天，他一定会小心保管，并及时归还。

　　显然，这张便条取悦了诺里斯，他立即把书给富兰克林送了过去，而富兰克林也如期把书归还给了诺里斯，并附上了另一张便条，表达自己对诺里斯这一帮助的感谢之情。在立法会的下一次会议上，诺里斯走到富兰克林跟前，并和富兰克林进行了一次愉快的谈话，这是以前从未有过的。正如富兰克林所预料的那样，他已经动摇了自己在诺里斯心目中的形象。诺里斯对他的怀疑非但没有得到证实；相反，诺里斯发现富兰克林就像是一位真正的绅士，和自己一样对珍本书籍感兴趣，而且信守诺言。诺里斯怎么能不去反思自己以及思考自己为什么要送书给富兰克林，而继续对富兰克林抱着敌意呢？利用诺里斯的性情，富兰克林把诺里斯对他的感觉从敌对变成了友好。他们成了好朋友，并且直到各自的职业生涯结束都是坚定的政治盟友。（富兰克林后来也在许多政治对手身上施展了相似的魔法。）

　　在费城，本杰明·富兰克林被认为是值得信赖的商人和公民的典范。像他的同乡一样，他穿着朴素。他是他们知道的工作最努力的人；他从不去酒吧和赌场；他待人和气乃至谦逊。他几乎受到了所有人的欢迎。但是，在他人生的最后一个公开阶段，他一反常态，像是失去了自己往日的平易近人。

　　1776 年，美国独立战争爆发 1 年后，本杰明·富兰克林——此时已经是一位著名的政治人物——作为特使被派往法国争取武器、资金和联盟。很快，他和各种法国名媛和交际花之间的风流韵事，以及他参加奢华派对和晚宴的故事就传遍了殖民地——其中大部分事情是真的。著名的政治家们，像约翰·亚当斯（John Adams），纷纷指控他被巴黎人腐化了。他在美国人中的声望一落千丈。但是不为批评家们和公众所知晓的是，无论他走到哪里，他都会入乡随俗，模仿当地人的穿着、外在道德和行为，从而更好地达到自己的目的。因为极其渴望赢得法国人对美国人的支持，以及相当了解法国人的本性，他把自己变成了他们想在他身上看到的样子——美国版的法国精神和生活方式。他是在迎合他们的自恋心理。

这一切都取得了完美的效果——富兰克林成了法国人喜爱的人物，而且是一个对他们的政府有影响力的人。最后，富兰克林促成了一项重要的军事联盟，并从吝啬的法国国王那里获得了别人无法获得的资金支持。他人生中的最后一次公开表现不是一种反常现象，而是他对自己社交智慧的终极运用。

精通力的关键

你必须认可所有人按照自己特性存在的权利，无论结果是什么样的；而你应该努力做的就是，以一种顺应本性的方式去利用这种特性，而不是希望它有任何改变，或因它本来的面目而谴责它。这就是"自己活，也让别人活"这句格言的真正含义……对人们的行为感到愤愤不平，就像因为一块石头滚到了自己的路上而生气一样愚蠢。对很多人来说，他们能做的最明智的事情就是，下定决心利用那些他们无法改变的人。

——亚瑟·叔本华（Arthur Schopenhauer）

　　我们人类是出类拔萃的群居动物。数十万年前，我们的原始祖先形成了复杂的社会群体。为了适应这一点，他们进化出了比其他灵长类动物更精细和敏感的镜像神经元（详见前言第 X 页）。这意味着，他们不仅可以借助这些镜像神经元模仿周围的人，还可以想象他人的想法和感受是怎样的，所有这一切都处于一种语前水平。这种移情能力使得一种更高程度的合作成为可能。

　　随着语言的发明和随之而来的推理能力，我们的祖先的移情能力进一步发展——观察人们的行为模式并推断他们的动机。经过很多年的进化，这些推理技能变得更加强大和精准。从理论上来讲，今天我们所有人都拥有这些天然工具——移情能力、理性思维，这使得我们能够对自己的人类同伴有着最高的理解。然而事实上，这些工具多半未被开发出来，这可能是因为我们人类童年的特殊性和漫长的依赖期。

　　与其他动物相比，我们人类刚来到这个世界时非常虚弱和无助。在我们可以真正独立之前，我们有很多年都处在一个相对弱小的状态。这个漫长的不成熟期，会持续大约 12—18 年，并且起到了非常宝贵的作用：它给了我们一个专注发展大脑——迄今为止人类武器库里最重要的武器——的机会。但是这种旷日持久的童年也是需要付出代价的。在这段弱小的、依赖他人的时期，我们会把父母理想化。因为我们自身的生存依靠他们的力量和可靠性。一想到他们也有自己的弱点，我们就会感到难以忍受的焦虑。因此，我们会不可避免地认为他们比现实中更强大、更有能力、更无私。我们会透过自身需求的滤镜来看待他们的行为，于是他们就成了我们自己的延伸。

　　在这个漫长的不成熟期，我们也常常会把这种理想化和扭曲的滤镜转移到老师和朋友们身上，在他们那儿投射我们想要和需要看到的东西。我们对人们的看法开始掺杂着各种情绪——崇拜、钦佩、爱、需要、愤怒。然后不可避免地，通常是在青春期，我们会开始看到许多人（包括我们的父母）不那么高尚的一面，于是我们不禁会对想象与现实之间的差距感到失望。当我们失望时，我们往往会夸大他人的负面特质，就像我们曾经夸大他们的正面特质一样。如果在生活中，我们被迫早些独立，现实的需求就会主导我们的思维，我们会变得更加客观和实事求是。但实际上，多年来，透过我们的情感需求滤镜来看待他人，已经变成了我们难以控制的一种习惯。

让我们称之为"**天真视角**"（the Naïve Perspective）。尽管由于我们童年的特殊性，我们很自然会形成这种视角，但是它很危险。因为它将我们包裹在对人的幼稚幻想中，扭曲了我们对他人的看法。如果我们带着这样的视角进入成年人的世界，进入学徒阶段，那我们在工作环境中的风险就会急剧增加。因为在成年人的世界里，人们不再是为了好的成绩或社会赞许而奋斗，而是为了生存。在这样的压力下，人们会暴露出一些自己通常想藏起来的特质。他们会去操纵别人、去和别人对抗、去把自己放在第一位。这时候，如果我们还把自己困在天真视角里不出来，我们就会对他人的这种行为毫无防备，并且我们的情绪与之前相比，会被搅动得更厉害。

天真视角会让我们变得敏感和脆弱。如果我们站在自己的角度去理解他人言语和行为的意图，我们就会不断误解他们。我们把自己的感情投射到他人身上。我们没有真正地去了解他们在想什么，或者他们的动机是什么。对于在工作环境中的同事们，我们看不到他们嫉妒的根源，或他们操纵别人的原因；如果我们试图影响他们，就要明白，他们想要的东西和我们想要的东西是一样的。对于导师和老板，我们会把童年幻想投射到他们身上，从而变得过于崇拜或惧怕他们的权威，并在与他相处的过程中把关系变得紧张和脆弱。我们自以为了解他人，但其实我们是透过一个失真的滤镜在看待他们。在这种情况下，我们所有的移情能力都会失效。

当我们犯下不可避免的错误时，我们就会被卷入斗争和戏剧性事件中，它们会消耗我们的理智，分散我们学习的注意力。我们对优先级的判断会变得反常——我们会把过多的心思放在社交和争权夺利上，因为我们没有处理好它们。一不小心，我们就会将这种模式带到下一个人生阶段——积极创造阶段。在这个阶段，我们处于一种更加公开的位置。在这个阶段，社交上的笨拙尤为令我们尴尬，甚至会对我们的事业造成致命的影响。保持幼稚态度的人鲜少能抓住自己通过才华取得的成功。

社交智慧会帮助我们摒弃天真视角，并变得更加实事求是。它包括要将我们的注意力从自身内部转移到外部以及磨炼我们天生具备的观察能力和移情能力两个方面。这意味着我们要放下那些将别人理想化和妖魔化的习惯，去理解和接受他们本来的样子。这是一种需要在学徒阶段尽早培养的思维方式，但是在我们开始学习这种智慧之前，我们必须先了解什么是天真视角。

让我们再来看看本杰明·富兰克林的例子，这是社交智慧的极致体现以及社交智慧在通往精通之路上扮演的角色最清晰的例子。作为家里倒数第二小的孩子，他从小就学会了如何通过自身魅力来达到目的。随着年龄的增长，他开始像许多年轻人一样相信，与他人相处需要表现得有魅力，并以友好的方式赢得他们的好感。但是当他跟真实世界接触时，他开始发现自己的魅力正是问题的来源。保持魅力是他为了满足童年时的需求而发展出的一项策略；这反映了他的自恋，以及他对自己的文字和才智的钟爱。这和其他人以及他们的需求没有关系，所以不能阻止他们来利用或攻击他。要想真正有魅力、真正在社交中受欢迎，你必须理解人们；而要理解他们，你必须跳出自我，并把自己代入他人的世界中进行思考。

只有当富兰克林意识到自己曾经多么天真时，他才开始采取必要的措施来度过这个天真的阶段。他开始专注于获得社交智慧，是他事业的拐点——这使他变成了一位卓越的人性观察者，一个拥有看穿人心的神奇能力的人。这也让他成了完美的社交对象——由于他能为了适应他人而调节自己，各个地方的男人们和女人们都为之倾倒。有了稳定的、富有成效的社交关系，他就可以将更多的时间和精力放在写作、科研以及无尽的发明上——放在追求精通上。

从本杰明·富兰克林的故事中，我们或许会得出这样的推论：社交智慧需要我们以一种超然的、不带感情的方式与人交往，在这个过程中，生活会变得相当无趣，但情况并非如此。富兰克林自己就是一个天生就非常情绪化的人。他并没有压抑这种天性，而是把自己的情绪转移到了相反的方向。他将自己代入别人，思考他们是如何体验这个世界的、他们有什么样的感受和缺失，而不是执着于自己的需求和别人没有给他的东西。看见他人内心的情绪，会让我们对他人产生移情，并深入理解他人的行为方式。对富兰克林来说，这种向外的关注给了他一种轻松自在的愉悦感；他的生活并没有变得乏味，只是减少了很多无谓的争斗。

要明白，在获得社交智慧的路上你会不断地遇到问题，直到你意识到自己是从天真视角来看待人们的。你可以以富兰克林为榜样，通过回顾自己的过去来培养这种意识，你要格外留意社交上的所有争斗、错误、关系的张力或失望。如果你透过天真视角的滤镜来看待这些事件，你就只会关注其他人对你做了什么——你遭受的苛待、你感受到的轻视或伤害。因此，你必须先自己调转方向——你如何在他人身上看到他们没有的品质，或者你如何忽视他们本性中的阴暗面的迹象。这样做，你将能清楚地看到你对他人的想象和他们本来的样子之间的差异，以及你在制造这种差异中所扮演的角色。如果你观察得足够仔细，你常常能在自己与老板或上级的关系中看到你童年时家庭关系的影子——习惯性地将他人理想化或妖魔化。

通过让自己意识到天真视角是如何歪曲你对事实的理解的，你自然会开始慢慢对它感到警惕。你会意识到，自己正在黑暗中生活，对人们的动机和目的一无所知，容易犯跟过去相同的错误，或走上过去的老路。你会感到自己与他人之间缺乏真正的联系。想要改变这种状态的渴望自然会从你的内心浮现——你会开始去关注外部世界，而不是只关注自己的情绪，先观察再行动。

这种对自身视角的澄清还应当包括你对自身的态度的调整。你必须避免愤世嫉俗的方式，以免对自己先前的天真过度反应。最有效的态度是，最大限度地接纳自己。世人的脾气秉性各有不同。我们都有阴暗的一面，有操纵别人的倾向以及侵略的欲望。最危险的是那些压抑自己的欲望或否认它们存在的人，他们最终常常会以最卑劣的方式将自己的欲望表现出来。有些人的阴暗品质尤为显著。你无法改变这种人的本质，但一定要避免被他们伤害到。你要以看人间喜剧的方式观察他人，尽可能地包容他人，从而更好地理解人们，并在必要时影响他们的行为。

当具备这种新的认识和态度时，你的社交智慧就开始增长了。这种社交智慧由两个部分构成，并且这两者对你达到精通同样重要。首先，你得具备关于人性的具体认识——读懂他人、感受他人是如何看待这个世界的，以及了解他们的个性。其次，你得具备关于人性的普遍认识，意思是你要不断增强超越个体的、对人类行为的普遍模式的理解，包括一些我们常常忽视的更阴暗的品质。由于我们所有人都是人这个物种的普遍品质和自身个性的混合体，只有具备了这两部分的知识，你才能更全面地看待周围的人。实践这两种知识，它们会帮助你掌握在追求精通的过程中必不可少的珍贵技能。

具体认识——读懂他人

我们大多数人都曾在生命中的某个时刻体验过与另一个人之间的神秘联结。在这样的时刻，我们对他人会产生一种难以用语言描述的理解，我们甚至感觉自己可以预料到对方的想法。这样的交流通常发生在我们与亲密的朋友和伴侣，以及我们信任并在许多方面和我们步调一致的人相处的过程中。因为我们信任他们，所以我们愿意接受他们的影响，反之亦然。在正常的状态下，我们一般是紧张、有戒心和只顾自己的，并且我们的心思都在自己身上。但是在这些与他人有联结感的时刻，我们内心的独角戏停止了，我们能够从对方那里获得比平时多的线索和信号。

这意味着，当我们不再把注意力放在自己身上，而是更深入地关注另一个人时，我们就有机会学到一些沟通方式。这些沟通方式中的大部分在本质上是非语言形式的，并且以它们自己的方式发挥着相当重要的作用。我们可以想象，我们的原始祖先在还没有发明出语言来表达自己时，就已经有了进行高水平合作的需要，因此他们对群体中其他人的情绪和感觉有一种令人难以置信的强大敏感性，这种敏感性近乎心灵感应。这和其他群居动物拥有的能力相似，但是在人类的例子中，这种敏感性会通过我们的祖先的、将自己代入他人进行思考的能力而进一步增强。

我们体验到的与亲近之人的这种强烈的非语言联结不适合工作环境，但是在某种程度上，只要我们打开自我，把自己的注意力转移到他人身上，我们就可以获得一部分我们的祖先拥有的敏感性，从而能更好地读懂他人。

要开始这个过程，你需要训练自己去少关注人们说的话，多注意他们的声调、眼神、肢体语言——所有没有用语言表达出来的、可能显示他们的紧张或兴奋的信号。如果你能触动人们的情绪，他们会透露更多。停止你自己的内心独角戏，集中注意力，你会从他们身上获得线索——这些线索会让你产生某些情绪或感觉。相信这些感觉——它们会告诉你一些由于很难用语言来表达而常常容易被忽略的东西。之后，你可以设法找到这些信号出现的规律并尝试分析它们的含义。

在这种非语言的层面上，观察人们在有权势的人的身边的行为是一件很有意思的事情。他们很容易流露出一种焦虑、愤恨或谄媚的虚伪，这暴露了他们的心理构成中的一些基本要素，一些童年发生的并且可以从他们的肢体语言中解读出来的事情。

当你卸下自己的防御机制，把注意力放在他人身上时，你需要放松警惕，接受他们的影响。只要你的情绪和移情是向外的，你就能在必要时超脱自己，分析你所收集到的信息。抵制住将他人的言行解释为对自己的含沙射影的诱惑——这会导致你把心思转向自己的内心，立即切断你与他人的联结。

你可以做这样一项练习，在你认识一个人一段时间之后，试着想象自己正在从他的角度体验这个世界，并把自己放入他的环境中，感受他的感受。寻找你们之间任何共同的情绪体验——例如，你曾经经历过的并且在某种程度上与他此刻正在经历的相似的创伤或困难。重温那种情绪的一部分可以帮助你开始识别的过程。我们的目标不是像字面上所说的住到别人的脑袋里，那是不可能的，而是训练你的移情能力并对他人的世界观有一个更加客观的评价。能够将自己置身于他人的思维模式中，无论在任何程度上，都是放松自己思维过程的绝佳方式，因为这可以避免将自己局限在某些特定的看待事情的方式上。你对他人产生移情的能力与你凭感觉进入研究主题的创造性过程相关。

这种直觉式的读人术你用得越多，它就越有效、越准确，但最好把它和其他更有意识的读人术结合起来用。例如，你应该去特别注意人们的行为和决定，弄清楚它们背后的动机。这些动机往往与权力有关。人们会给自己的动机和意图找各种各样的说辞，他们习惯了用语言进行粉饰。然而，他们的行为更能说明他们的性格，更能说明藏在事情表面之下的本质。如果他们表面上装出一副无害的样子，但在某些场合表现得咄咄逼人，那么就要认识到，比起温柔无害，咄咄逼人才更接近他们的本质。同样地，你应该去特别注意人们是如何应对压力环境的——他们在公开场合戴的面具常常会在这种焦灼的时刻掉下来。

在寻找要观察的线索时，你应该对他们的任何极端表现都保持敏感——例如，狂暴的外表、过于友好的态度、对开玩笑的爱好。这样，你会发现，这些就像是他们戴着的面具，用来掩饰他们性格中相反的一面，好让人们看不清他们。他们外表狂暴是因为他们内心非常缺乏安全感；他们过于友好是因为他们暗藏野心、强势霸道；他们爱开玩笑是因为想用这种方式掩饰自己心胸的狭隘。

总之，你要识别和破译每一个可能的信号——包括他们穿的衣服以及他们工作区的整洁程度。他们对配偶和伴侣的选择也意味深长，尤其是与他们试图投射出的性格略有出入时。在这种选择中，你可以看到他们童年未被满足的需求、对权力和控制的渴望、低自我价值感，以及其他他们通常力图掩盖的品质。那些看起来似乎很小的问题——习惯性的迟到、不注意细节、不懂得回报——都是他们更深层次的性格的表现。这些都是你必须要注意的方面。任何小事都值得关注。

你必须避免人们常犯的一个错误，即根据你对别人的第一印象来判断一个人。第一印象有时候能告诉你一些事情，但更多的时候会误导你。这有几个原因。首先，初次见面时，你往往会紧张、没那么放得开，表现得比平时更内向。其次，初次见面时你不会真的留意他人。最后，人们会训练自己在公共场合表现出特定的样子，也就是使用所谓的人设，这些人设就像第二层皮肤一样保护着他们。除非你有惊人的洞察力，否则你很容易错把他们的面具当成他们真正的样子。例如，某个你认为很强大、很自信的男人可能只是在掩饰自己的恐惧，他可能远没有你最初想象的那么强大。往往是那些安静的人，那些第一眼不显山不露水的人，隐藏得更深，暗地里掌握着更大的权力。

你需要用时间去了解一个人的性格，这样你才能对他们的真实性格有一个比第一印象准确得多的了解。因此，请克制自己立刻做判断的自然倾向。当你越来越擅长读人时，时间会揭开人们更多的本来面目。

你的终极目标是，识别并深入了解是什么让人们独一无二，理解他们的核心性格和价值观。你对人们的过去和他们的思维方式了解得越彻底，你就越能进入他们的精神世界。这样，你就能理解他们的动机、预见他们的行为，以及想出争取他们的支持的最佳方式。你就再也不会一无所知地应对一切了。

你在生活中会遇到成千上万的人，如实看待他人的能力将在这个过程中被证明是无价的。然而，请记住，人们处在不断的变化之中。你不能把自己对他人的看法僵化成一个固定印象。你要不断地观察他们，并时刻更新你对他们的看法。

普遍认识——七个致命现实

纵观人类历史，我们可以发现一些超越文化和时间限制的人类行为模式，这些人类行为模式显示了某些属于我们这一物种的普遍特质。这些特质中有一些非常正面，例如我们在群体中与另一个人合作的能力；有一些则是负面的，甚至是可能有破坏性的。我们中的大多数人都有这些负面特质——**嫉妒、从众、刻板、自恋、懒惰、反复无常和消极反抗**——每个人都多少有一点。但是在群体环境中，总会有人身上的一个或多个这种特质比较突出，从而造成破坏性的影响。我们将这些负面特质称为"七个致命现实"。

我们面临的问题是，人们不喜欢在公开场合表现这些特质，因为它们被视为是丑陋的和不受欢迎的。人们倾向于隐藏这些特质，不让别人看出来，最后因为某些让我们猝不及防的、伤害我们的行为，我们才察觉到他们的真面目。那时，处于震惊中的我们容易情绪失控，从而加重对自身的伤害，其影响可能会伴随我们接下来的人生。通过学习和观察，我们必须了解这七个致命现实的本质，以便及时察觉它们的存在，从而避免在第一时间触发它们。请将以下内容看作获取社交智慧的基本知识。

嫉　妒

不断把自己与他人进行比较是我们的天性——金钱、外貌、冷静程度、智慧、受欢迎程度或其他任何方面。如果我们因为某个我们认识的人比我们更成功而心生沮丧，我们就会产生嫉妒的感觉，但往往我们会想办法来减轻这种感觉，因为这是一种不愉快的情绪。我们告诉自己，他人的成功是靠运气或关系得来的，或者他人的成功不会持久。但是对有些人来说，这种感觉更强烈，这通常是因为他们自身缺乏安全感。他们妒火中烧，唯一能释放它的方法就是，设法阻碍或摧毁引起这种情绪的人。如果他们这样做了，他们永远不会承认这是因为嫉妒，而是会借由一些其他社会所认可的理由。他们甚至不会向自己承认他们的嫉妒。这使得嫉妒成为人们身上难以识别的一个特质。然而，嫉妒也并非无迹可寻。过分称赞你或在刚认识你的时候就对你过分友好的人，往往是嫉妒你的人，他们接近你的目的就是伤害你。你要警惕这种行为。此外，如果你在一个人身上察觉到了程度非同一般的不安全感，他或她肯定会更容易嫉妒你。

然而，一般而言，嫉妒很难被察觉，最谨慎的做法就是，确保你自己的行为不会无意间触发别人的嫉妒。如果你对某项技能很有天赋，你应该特别注意偶尔在另一领域表现出一些弱点，避免因显得太完美、太有才华所带来的巨大危险。如果你和没有安全感的人打交道，你可以对他们的工作表现出强烈的兴趣，甚至可以去征询他们的建议。你必须小心，不要吹嘘自己的任何成功，而且如果必要的话，要在他们面前将自身的成功归结为好运气。最好时不时地透露一些自己的不安全感，这会让他们眼中的你显得更有人味。自嘲式幽默也有奇效。你必须尤为小心的是，永远不要让别人在你面前感到自己很愚蠢。才智是最容易引起别人的嫉妒的。总之，如果你太过突出，就会引发别人的这一丑陋情绪，所以最好保持一种对别人没有威胁性的外表，并积极地融入集体中。至少在你非常成功之前，这很重要。

从 众

无论人们形成什么样的群体，都会不可避免地产生一种组织思维模式。尽管这个群体的成员会吹嘘他们对人们差异的包容与欢迎，但事实是，那些明显与众不同的人会让他们感到不舒服和没有安全感，使主流文化价值观受到质疑。这种文化有不成文的关于正确的标准，并且这种标准会随着我们所处的时代而改变。在某些环境中，外表很重要。但通常，正确的精神比这重要得多。经常无意识地遵照领导的指示，会让群体成员对道德或政治抱有一样的价值标准。你可以通过观察人们对表达符合标准的某些观点或想法的需要程度，来了解这个群体的精神。群体中总会有几个人充当着正义的卫道士，他们可能是十分危险的。

如果你天生叛逆、与众不同——那些追求精通的人往往就是这样，你必须注意不要太过公开地表现你的不同，尤其在学徒阶段的时候。你可以巧妙地在你的工作中展示你的个性，但是当涉及政治、道德和价值观时，你要表现得你很拥护你所处环境的公认标准。把工作场所想象成一个戏院，在这里你得一直戴着面具。（把你最有趣、最丰富多彩的想法留给你的朋友，以及那些你在工作之外可以相信的人。）你说话要小心——因为口无遮拦而给自己招来麻烦是不值当的。如果你违背"从众"这一致命现实，人们是不会承认自己对你不满的原因的，因为他们不愿意认为自己是盲目从众的人。他们会找出其他理由来排挤或摧毁你。不要授人以柄。当你达到了精通以后，你就会有足够的机会来表现自己的个性，以及表达你对他们所认为的正确的藐视。

刻　板

这个世界在很多方面都变得越来越复杂，而每当我们人类面对一个看似复杂的处境时，我们的反应都是，求助于一种人为的简单以及培养一种可以给我们控制感的习惯和惯例。我们更喜欢熟悉的事物——想法、面孔、规则——因为它们让人感到安慰。这适用于整个人类。人们遵守某些规则却不真正明白为什么要这么做，仅仅是因为这些规则可能在过去起过作用。并且，如果他们的做法受到质疑，他们就会变得高度防备。他们执迷于某一个想法，并对其紧抓不放，即使这个想法已经被屡次证明是错误的。回顾一下科学发展史，我们会发现：每当出现一个新的想法或一种新的世界观时，尽管其背后有无数的依据，那些固守旧想法或旧观念的人们仍然会拼死维护它们。考虑用不同的方式思考或做事通常有悖于人类的天性，尤其是当我们岁数变大时。

人们不会大肆宣扬自己的刻板。你只会在你试图引入一个新的想法或规则时遇到它。群体中的一些人——那些高度刻板的人——会变得易怒，他们甚至一想到发生任何变化，就会感觉到恐慌。如果你用逻辑和理性来坚持你的观点，就会让那些人变得防御性更强、更抵触你。如果你是一个爱冒险、思想开放的人，你的这种精神会让他们感到混乱和不安。如果你没有意识到他们的这种对新事物的恐惧有多么危险，你就会惹来各种潜在的敌人，他们会想尽一切办法来维持旧秩序。与人们的刻板方式抗争或反驳他们的非理性观念是没有用的。这样做只会浪费你的时间，并让你在这个过程中也变得刻板。最好的策略就是接受他人的刻板，表面上表现出对他们对秩序的需求的尊重。然后暗地里，自己努力保持开放精神，放弃坏习惯，并有意识地培养新思想。

自　恋

在工作环境中，我们几乎必然会首先考虑自己。这个世界是一个残酷和竞争激烈的地方，我们必须关心自己的利益。即使当我们为了更崇高的利益而行动时，我们也往往是因为自己不自觉地想要受到他人的喜欢并在这个过程中提升自身的形象。这并不丢人。但是，由于自私不会让我们感到或显得自己很高尚，许多人就会费尽心思掩盖自己的自私。往往那些最自私的人会给自己的行为套上一个道德或圣洁的光环，或者表现出支持所有正义事业的样子。当到了请这些人帮忙的时候，被这些表面现象迷惑的你，常常期望他们会因为你对他们的感恩之心、他们看似仁慈的本性或他们友好的态度而对你施以援手。随后，当他们礼貌地拒绝帮助你或拖延到你自己放弃时，你就会为此而感到沮丧和失望。当然，他们从不会承认他们这种行为的真正原因——这对他们自身没有任何好处。

与其把自己置于这种境地，不如理解和接受"自恋"这一致命现实。当需要请求帮助时，你必须首先想到用某种方式满足别人的个人利益。（你应该把这一点用到所有人身上，不论他们的自恋程度如何。）你必须透过他们的眼睛看世界，感受他们的需求。你必须给他们一些有价值的东西作为帮助你的交换——一个可以节省他们时间的回报、一个他们需要的联系方式，等等。有时，通过帮你一个忙或支持你的一项事业会让他们脸上有光这样的理由就足够了，但通常最好还是要提供给他们比这更充分的理由——一些他们能预见到的、未来可以从你身上获得的具体好处。总之，在你和他人的交往中，要找到一种围绕他们及其利益而展开的谈话方式，所有这些都将大大有助于你赢得他们的支持。

懒　惰

我们都喜欢用最快、最简单的方式来达成目标，但是我们都需要设法控制自己的急躁。我们懂得"一分耕耘，一分收获"的重要性。然而，对有些人来说，那种根深蒂固的懒惰习惯太强大了。一想到要花数月或数年时间才能有所成就，他们就灰心气馁，所以他们会不断地去寻找捷径。他们的懒惰可能会有许多阴险的表现形式。例如，如果你不小心透露太多，他们就会偷走你最好的创意，把它们变成自己的，省得他们自己再去动脑筋想。他们会在你的项目进行到一半时乘虚而入，并要求加上自己的名字，分走你一部分的成果。他们名义上和你"合作"，但实际上是你承担了大部分的苦差事，而他们却要求和你平分奖励。

对付他们最好的防御措施就是你的审慎。你要对自己的想法进行保密或多隐瞒一些细节，这样才能让别人无法窃用。如果你为上级工作，做好他们把功劳全部据为己有的准备（这是所有人在学徒阶段都会经历的一部分，你只能接受），但不要让同事也有这样对你的机会。要在你们的合作协议中事先明确你在这当中的功劳。如果有人想以"合作"的名义让你为他们工作，一定要掂量清楚这样的工作是否能提升你的技能，并去了解他们的过去以评估他们的职业道德的强度。总之，对那些想要跟你合作的人保持警惕——他们往往是想找人为他们做苦力。

反复无常

我们喜欢表现出自己的决定是多么的理性，但事实是，我们在很大程度上会受到自身情绪的支配，我们的情绪无时无刻不在影响着我们的认知。这意味着，你周围的人也会不断受到自身情绪的拉扯，他们的想法会根据他们自身的情绪每天甚至每个小时地变化。你千万不要把人们一时说的话或做的事当作他们对自身永久愿望的表达。昨天他们还很喜欢你的想法，今天他们可能就会对你的想法有些不冷不热。这会让你感到困惑，而且如果你不小心的话，你可能就会浪费自己宝贵的精力去试图弄清楚他们的真实感受、当下的心情以及捉摸不定的动机。

最好与他人不断变化的情绪保持距离和一定程度的冷漠，这样你就不会被卷入这个过程。关注他人的行为而不是言语，因为行为通常更一致。不要把他人的许诺或他们想帮你的热情太当真。如果他们信守诺言自然最好，但是也要做好人心多变的准备。靠自己把事情做好，你就不会失望。

消极反抗

所有消极反抗的根源都是人类对直接对抗的恐惧——被冲突翻搅起来的情绪以及随之而来的失控。也正是由于这种恐惧，一些人开始寻求达成自己目的的间接手段，好让自己的攻击显得微不可察，从而让别人很难弄清楚发生了什么，同时让自己掌握关系的控制权。我们所有人多少都会消极反抗。拖延项目进程、迟到、随意发表故意让人不高兴的评论，这些都是低水平的消极反抗的常见形式。当面对他人身上各种低水平的消极反抗时，你可以通过提醒他们的行为，让他们意识到这一点，这样做通常会有效。或者，如果他们的消极反抗无伤大雅，那么就忽视它。但是，有些人会因为不安全感而焦躁不安，他们是名副其实的消极反抗战士，可能会彻底毁掉你的生活。

对此，你最好的防御措施是，在被卷入这场消极反抗的战争之前，认出这类人，并像躲避瘟疫一样避开他们。他们过往的记录——他们的名声、你听说的关于他们的往日小冲突，等等——都是你最明显的线索。观察一下他们周围的人，比如他们的助手，是否在他们的面前行事格外小心紧张？有时你会感到困惑，因为你虽然疑心他们是在蓄意破坏或阻碍你，但是他们又表现得友好而亲切。抛开他们外在的表现，只关注他们的行为，你就会对他们有一个更清晰的认识。如果他们逃避你，拖延一项对你来说很重要的必要行动，或让你在不知道原因的情况下感到内疚，或他们做了伤害你的事却做出一副不小心的样子，你很可能正在受到他们的消极反抗。这时，你有两个选项：要么抽身离开；要么以同样间接的方式还击，用某种微妙的方式向他们表明，招惹你是要付出代价的。这常常会使他们泄气，转而去寻找下一个受害者。你要不惜一切代价，避免让自己的情绪卷入他们的闹剧和争斗中。他们是掌握关系的控制权的大师，而你不是他们的对手。

培养社交智慧不仅会帮你管理自己与他人的关系，还能对你的思维方式和创造力带来极大的益处。让我们再来看看本杰明·富兰克林的例子。在与人相处的过程中，他培养出了专注于他人身上的独特细节并将它们与他人的经历和动机联系起来的能力。他建立起了对人性微妙之处的高度敏感性，使自己避免了"所有人都是一样的"的常见倾向。他让自己变得极其有耐心，并且在和来自不同文化背景的人打交道时能保持开放的心态。他把这种社交智慧也完全融入了他的智力劳动中——他对科学研究中细节的敏锐眼光、他灵活的思维方式和应对问题的耐心，以及他不同寻常的代入自己笔下的各种人物进行思考的能力。

要明白，人类的大脑是一个内部互联的器官，它也和我们的身体互相联系着。我们的大脑随着我们作为社会灵长类动物不断增长的能力而发展。为了更好地与他人交流，我们的镜像神经元不断进化，我们其他方面的进化同样源于此。深入事物和现象内部进行思考的能力是科学创造力不可或缺的组成部分，从法拉第对电的感觉，到爱因斯坦的思想实验，都可以证明这一点。

总之，历史上最伟大的大师们——达·芬奇、莫扎特、达尔文等——都表现出了一种灵活、敏锐的思维方式，这种思维方式是随着他们社交智慧的增长而发展起来的。那些极度聪明和内向的人在自己的领域里可以走得很远，但是他们的工作最终往往会变得缺乏创造力、开放性和对细节的敏感性，并且这一点会随着时间的推移而变得越发明显。最后，代入思考的能力与大师们获得的关于自身研究领域的直觉力没有什么不同。以牺牲社交为代价来发展你的智力，会阻碍你在通往精通之路上的进步，并全面限制你的创造力。

获得社交智慧的策略

然而，我们必须承认……即使一个人拥有所有高尚的品质，他对最卑微的人心怀怜悯，他不仅对人而且对最微小的生物都抱有仁慈之心，他以神一样的智慧洞悉太阳系的运动和构成——他具备所有这些崇高的品质——他的身上仍然带着人类那不可磨灭的、起源于低级物种的烙印。

——查尔斯·达尔文

与人打交道时，你常常会遇到一些特别的问题，这些问题容易让你情绪激动并将你困于天真视角之中。这些问题包括意想不到的政治斗争、基于外表对你的性格做出的肤浅判断，或对你工作的狭隘批评。以下四种由古往今来的大师们发展出来的基本策略，将帮助你应对这些必然的挑战，并保持社交智慧所必需的理性心态。

策略一：用工作证明自己

故事 A

1846 年，一个名为艾格纳兹·塞麦尔维斯（Ignaz Semmelweis）的 28 岁匈牙利医生开始在维也纳大学（University of Vienna）的妇产科当助手。几乎从一开始他就是一个固执的人。当时困扰欧洲产科病房最厉害的疾病是产褥热。在年轻的塞麦尔维斯工作的医院里，每 6 个母亲就有 1 个会在分娩后不久死于这种疾病。医生们在每具被解剖的遗体中都发现了恶臭的白色脓液和大量的腐肉。塞麦尔维斯几乎每天都会目睹这种疾病带来的恶果，满脑子想的都是它。他想花时间解开它的起源之谜。

在当时，对产褥热病因最常见的解释围绕着这样一种观点，即是吸入肺部的空气粒子引发的高烧。但塞麦尔维斯认为这完全说不通。产褥热的流行似乎和天气、大气情况或空气中的任何东西都无关。他和少数几个人注意到，由医生接生的产妇发病率远高于由助产士接生的产妇。没人能解释这种差异产生的原因，而且似乎也没人为此心忧。

在对相关文献进行了大量的思考和研究后，塞麦尔维斯得出了一个惊人的结论：正是医生的手直接接触病人引发了这种疾病——这是一个在当时颇具革命性的观点。在他得出这一推论的时候，发生了一件似乎可以证明他观点的事情：产科一位领头医生在解剖产褥热患者的遗体时不小心被刀划破了手指，几天后就死于严重的感染。当他们解剖他的尸体时，发现了和产褥热死者一样的白色脓液和腐肉。

对塞麦尔维斯来说，现在事实似乎已经很清楚了：医生的手在解剖室被感染，并在为产妇做检查和接生时，将疾病通过各种开放性伤口传播到了产妇的血液中。事实上，是医生们将产褥热传染给了病人们。如果是这个原因的话，那么很好解决——医生们只要在接触病人前对自己的双手进行清洗和消毒就好了，但在当时没有任何一家医院这样做。于是，他在自己的病房里最先开始了这种做法。在这之后，他病房里的死亡率骤然减半。

塞麦尔维斯已经濒临可能是重大科学发现——细菌和接触型传染病之间的关系——的边缘，似乎即将步入自己辉煌的职业生涯。但有一个问题：产科负责人约翰·克莱因（Johann Klein）是一个非常保守的人，他希望自己手下的医生恪守前人建立的正统做法；他认为塞麦尔维斯是一个缺乏经验且激进的医生，一心想推翻权威，并借此出名。

塞麦尔维斯不断同克莱因争论关于产褥热的问题，当这位年轻人最后发表自己的理论时，克莱因愤怒到了极点。因为这意味着，正是包括克莱因在内的医生们一直在谋杀自己的病人，这太让人难以接受了。（克莱因把塞麦尔维斯病房中死亡率的降低归功于安装了新的通风系统。）到了 1849 年塞麦尔维斯的助手职位合约快到期时，克莱因拒绝跟他续约，这其实相当于让这个年轻人失业了。

　　然而，那时的塞麦尔维斯已经在医学部，尤其是年轻医生中，收获了几位重要的盟友。他们敦促他做一些对照实验来强化他的理论，并把他的发现写成一本书，以便把他的理论传遍整个欧洲。然而，塞麦尔维斯无法将自己的注意力从与克莱因的斗争上转移开。他的愤怒与日俱增。克莱因如此坚持这种关于产褥热的、荒谬且已被证明是错误的理论是在犯罪。这种对真相的无视让他怒不可遏。一个人怎么能在自己的领域滥用权力到这种程度呢？在真相已经如此明显的情况下，为什么自己还要花那么多时间来做实验和写书呢？于是，他决定就产褥热的起因问题开展一系列的讲座，这样他还可以借机表达他对行业里许多封闭思想的蔑视。

　　来自欧洲各地的医生们听了塞麦尔维斯的讲座。尽管有些人仍然对他的理论持怀疑态度，但是他赢得了更多人对他的理论的支持。他在大学里的盟友们劝说他多做些研究，并把自己的理论写成书，以保持这种势头。但是在讲座开展了数月后，出于无人能理解的原因，塞麦尔维斯突然离开了维也纳，回到家乡布达佩斯[①]。在那里，他找到了一个自己在维也纳无法得到的大学里的从事医疗工作的职位。他似乎再也无法忍受和克莱因待在同一座城市了，并且他需要完全按照自己的方式工作的自由——尽管布达佩斯的医疗水平在当时有些落后。他的朋友们感觉到了彻底的背叛。他们押上自己的名声来支持他，现在塞麦尔维斯却弃他们于困境中而不顾。

　　在他工作的布达佩斯医院里，塞麦尔维斯制定了极其严格且强硬

---

① 布达佩斯（Budapest），现为匈牙利首都，历史上曾为奥地利帝国（1804—1918，领土包括今天的奥地利、匈牙利、捷克、斯洛伐克、斯洛文尼亚、克罗地亚，以及北意大利、罗马尼亚的特兰西瓦尼亚和波兰的加利西亚等国家和地区，首都是维也纳）的主要城市。——编者注

的消毒制度，虽然减少了死亡率，但得罪了几乎所有与他一起工作的医生和护士。越来越多的人开始反对他。他强迫所有人接受他关于消毒的新观念，但是由于缺乏书籍或正规实验的支持，他似乎只是在推销自己，或沉迷于自己创造的某些稀奇想法中无法自拔。他对真相的强烈坚持，只会让人更注意到它在严谨的学术支持上的欠缺。医生们猜测，他能成功降低产褥热的发病率很可能是因为其他原因。

终于在 1860 年，在同事们的再次施压下，他决定写一本书来全面阐释自己的理论。当他写完这本书时，本应精简的书却膨胀成了一本长达 600 页的谩骂和指责，令人读不下去。书中有大量的重复内容，而且读起来也很费解。他的论述变成了论战，因为他在书中列举了反对他的医生，并称他们是杀人犯。他在书中描写的场景简直就像世界末日。

这时，他的对手们纷纷跳出来。他努力写作，却写得一塌糊涂，以至于对手们可以轻易从他的论述中找出漏洞。仅他在这本书中所表现出来的暴躁腔调，就足够毁了他自己。昔日的盟友不再挺身而出支持他。他们开始讨厌他。他的行为变得越来越荒唐和古怪，最终医院不得不解雇他。身无分文又遭到几乎所有人抛弃的他在 1865 年因病去世，享年 47 岁。

故事 B

1602 年，还是意大利帕多瓦大学（University of Padua）的一名医学生的英国人威廉·哈维（William Harvey，1578—1657）就开始对关于心脏及其作为器官的功能的整体概念产生了怀疑。学校教授给大家的内容是以 2 世纪希腊医生盖伦（Galen）的理论为基础的。盖伦认为，一部分血液是由肝脏制造的，一部分血液是由心脏制造的，然后通过静脉流通并被身体吸收，为身体提供营养。根据这一理论，血液从肝脏和心脏以极其缓慢的速度流到各个需要它的身体部位，但不会回流到肝脏和心脏——它只是被消耗掉了。让哈维困惑的是，这样的话身体里到底有多少血液。身体怎么可能制造并消耗掉如此多的血液呢？

在随后的几年里，他的事业蒸蒸日上，最终成为国王詹姆斯一世（King James I）的宫廷医生。在这些年里，他继续思考着有关血液和心脏功能的问题。1618 年，他得出了一个理论：血液流过全身的速度并非缓慢的，而是快速的，心脏在这个过程中像泵一样发挥着作用。血液不是先被制造然后再被消耗掉的，而是一直在体内循环。

这个理论的问题在于，他没有直接的方法来证实它。在当时，打开一个人的心脏进行研究会使人当场死亡。唯一可行的研究办法是解剖动物活体和解剖人类尸体。但是，动物的心脏一旦被打开，它的心跳就会变得不规律，而且过快。心脏的运作机制很复杂，而且哈维认为，这些机制只能通过对照试验才能被推断出来——例如，在人体静脉上使用精心设计的止血带——而永远无法用双眼直接观察到。

经过许多类似的对照试验后，哈维确定自己是正确的，但是他知道自己必须小心地计划下一步。他的理论在当时很激进，将会颠覆几个世纪以来被公认为事实的许多解剖学概念。他明白，当下发表自己的研究结果只会激起敌意，给自己招惹许多敌人。因此，深谙人们不愿接受新观点的天性的他决定采取以下行动：推迟发表他的研究结果，一直等到自己的理论足够成熟并积累到更多证据。与此同时，他邀请自己的同事们参与到进一步的实验和解剖工作中来，并常常去征询他们的意见。越来越多的同事被打动，开始支持他的新理论。渐渐地，他赢得了大多数人的支持，于 1627 年被任命担任内科医学院的最高职务，这实际上确保了他后半生的职业生涯，使他不必再担心自己的理论会断送自己的生计。

从詹姆斯一世到 1625 年继位的查尔斯一世（Charles I），作为宫廷医生的哈维一直勤勤恳恳地工作，受到了皇室的青睐。他在宫廷里处事圆滑机敏，不与任何派系结盟或参与任何阴谋活动。他为人谦虚，喜欢自嘲。他很早就向国王透露了自己的发现，以获得国王的信任和支持。那时乡下正好有一位青年胸膛左侧的肋骨严重断裂，留下了一个能看到和摸到心脏的空腔。他就把这个青年带到国王的宫廷，借此向查尔斯一世展示心脏收缩和舒张的本质，以及心脏是如何将血液泵出去的。

终于在 1628 年，他发表了自己多年的研究成果。一翻开这本书，就能看到他写给查尔斯一世的巧妙献词："最尊贵的国王！动物的心脏是其生命的基础，是其最重要的组成部分，是其小宇宙的太阳；它全部的活力都仰赖于心脏，所有的生命力和力量都源自心脏。同样，国王也是王国的根基，是他小宇宙的太阳，是国家的心脏；所有的力量和恩典都源自国王。"

这本书自然引起了轰动，尤其是在哈维没什么名气的欧洲大陆。反对意见主要来自年长的医生，他们无法接受一个彻底推翻自己解剖观念的理论。无数质疑他观点的出版物涌现出来，哈维几乎都默不作声。偶尔受到一些知名医生的抨击，他就会写一封私人信件，礼貌但又坚决地反驳他们的观点。

正如他所预见的那样，凭借他在医学界和宫廷的地位，以及这么多年积攒的大量证据（他在书中进行了清晰的概述），他的理论慢慢获得了认可。到 1657 年哈维去世之前，他的理论成果已经成为医学理论和实践公认的一部分。正如他的朋友托马斯·霍布斯（Thomas Hobbes）所写："（哈维是）我所知道的唯一一个征服了嫉妒，并在自己的有生之年建立了新学说的人。"

对塞麦尔维斯和哈维两人共同的历史记录表明，我们很容易忽视社交智慧在各个领域的关键作用，包括科学领域。例如，大多数版本的关于塞麦尔维斯的故事强调，是克莱因这样可悲短视的人将这位高尚的匈牙利年轻人推到了悬崖边上。而对于哈维，他们则将他的理论才华作为导致他成功的唯一原因来强调。但在两个例子中，社交智慧都起到了关键作用。塞麦尔维斯完全忽视了它的必要性；这方面的考虑令他厌烦；他关心的只有真相。但是在满腔热情之余，他完全没必要与克莱因为敌。克莱因也曾和其他学生产生过分歧，但从来没有到如此地步。在不断争论的过程中，塞麦尔维斯把克莱因推到了一个不得不解雇他的境地，也因此失去了一个可以在大学里传播自己观点的重要职位。他在与克莱因的争斗中消耗了自己的人生，没能用清晰、理性的方式表达自己的理论，无视说服他人的重要性。如果他专注于把时间花在写书阐述自己的理论上，从长远来看，他能挽救更多的生命。

反观哈维，他的成功很大程度上要归功于他在社交上的灵活机敏。他明白即使是科学家也必须要扮演好朝臣的角色。他让其他人参与到自己的工作中，使他们对自己的理论产生感情。他把自己的成果通过一本深思熟虑、论述详尽、容易阅读的书表达出来。然后，他就静静地让这本书为自己说话。因为他知道在他的研究成果发表后，他再发声维护自己，只会把别人的注意力都引到自己这个人而非自己的成果上来。他不参与任何争斗，也避免让他人显得愚蠢，最后所有对其理论的反对却都自行消失了。

要明白，你的工作是任由你表达自己的社交智慧的最强大的手段。通过工作中表现出来的高效和对细节的关注，你可以表明自己正在为整个群体着想并推进其事业。通过让自己的表达清晰易懂，你可以表现出自己对观众或公众的充分关心。通过让其他人参与到你的项目中并优雅地接受他们的反馈，你可以显示出自己在群体关系中的自在。扎实的工作还能保护你免受他人的政治暗算和迫害——因为你的成果无可辩驳。如果你正在经历群体内部政治操弄的压力，不要丧失理智而被琐碎小事耗尽自己。通过保持专注，让工作表现为自己说话，你不仅能继续提升自己的技能水平，还能从所有光说不练的人中脱颖而出。

策略二：打造合适的人设

从很小的时候起，特瑞西塔·费尔南德斯（1968—　）就感觉自己是在隔着一段距离观察周围的世界，像个偷窥狂一样。她在佛罗里达州的迈阿密长大。小时候，她会观察周围的成年人，偷听他们的谈话，试图破解他们奇怪世界里的秘密。长大了一些后，她就把自己的观察技能用在同学身上。在高中，同学们都会加入某个小团体。她清楚地知道这些小团体的规则和惯例，也知道怎么做能得到认可。但是她觉得自己与所有这些团体都格格不入，所以她一直没有加入。

她和迈阿密这座城市的关系也让她有类似的感觉。尽管作为第一代古巴裔美国人，古巴文化是她自身背景的一部分，这让她对古巴文化有着深厚的感情，但她还是无法认同那里盛行的快乐海滩的生活方式。她的精神中有一些忧郁不安的东西。所有这些都强化了她作为一名局外人的感觉——一个不适合任何地方的漂泊者。学校里也有其他的漂泊者，他们通常会去剧院或艺术场所——那些可以安全地特立独行的地方。特瑞西塔一直很喜欢做手工，因此她开始上艺术课。但是她在高中时创作的艺术作品似乎没有表现出她性格中坚韧的一面。这些创作来得太容易了，因此这些作品显得太过肤浅，似乎少了点什么。

1986 年，依然不确定自己人生方向的她进入了位于迈阿密的佛罗里达国际大学（Florida International University）。顺着她高中时的兴趣，她选修了雕塑课。但是使用又软又容易塑形的黏土带给她的感觉，跟她在高中时做那些只有造作美感的东西给她的感觉一样。后来有一天，她在雕塑馆里打发时间时，看到有一些艺术家会用金属来制作大型作品。这些钢板对她的内心产生了一种深刻的影响，这是其他任何艺术作品都不曾做到的。她在某种程度上觉得，这才是她一直以来想要的材料。它灰暗、厚重、耐腐蚀，需要花很大工夫才能把它塑造成型。尽管她身材娇小，但钢铁的属性却与她内心一直感受到的、也一直想表达的韧性和力量相契合。

因此，她开始狂热地投身到自己发现的新材料的创作中。用金属进行创作需要烧铸炉并使用乙炔焊炬。迈阿密的热带高温天气使得白天开展这项工作非常难受，所以她开始专门在晚上制作自己的雕塑。

这让她的工作时间与众不同——从晚上 9 点一直工作到凌晨 2 点或 3 点，然后白天的大部分时间都用来睡觉。除了凉爽的空气，夜里工作还有其他好处——周围很少有人，工作室非常安静，这有助于她认真工作。她可以更加专注，可以毫无顾忌地尝试创作新作品，出了错也没人看见。她可以大胆地冒险。

渐渐地，费尔南德斯开始掌握这种材料的特性，并且在制作自己雕塑的过程中，产生了一种像是在锻造和改造自己的感觉。她立志要创作出引人注目的大型作品，但是要完成这样的作品，她必须想出自己的方法。她决定先在纸上打样，把她想要完成的大型作品拆解成自己能独立完成的小块。然后，再在自己安静的工作室里把它们组装成一个完整的雕塑。很快，她的作品开始在系里和校园里展出。

几乎所有人都对她的作品印象深刻。她创作的巨大钢制雕塑矗立在迈阿密耀眼的阳光里，传递着她内心一直感受到的那种力量。但是有一个对她作品的反馈出乎她的意料。因为鲜有人看过她是怎么工作的，所以大家以为这些雕塑似乎她毫不费力就能完成——仿佛她天赋异禀。这引起了人们对她的个性的关注。雕塑是男人主导的领域，容易吸引最有男子气概的男性艺术家。由于她是少数几个用厚重的钢材进行创作的女性艺术家，人们自然会将各种偏见和幻想投射到她身上。她纤弱娇小的女性化外表与她宏大壮观的作品之间形成了巨大的反差，人们想知道她是如何完成这样的作品的，以及她到底是怎样的一个人。被她的性格所吸引，同时也被她那些像是凭空冒出来的精美雕塑所吸引，人们把她看作一个诱人的谜团、一个刚柔并济的混合体、一个奇人、一位金属魔术师。

在所有这些审视之下，费尔南德斯突然意识到，她不再是一个隔着距离观察别人的偷窥者了，而是大家关注的焦点。她感觉艺术世界很适合她。人生第一次，她有了融入的感觉，她想要保持住他人对自己作品的兴趣。那时，她已被推到了一个更公开的位置，对她来说谈论自己和自己的经历是一件十分自然而然的事情。但是直觉告诉她，突然告诉大家她花了多少小时制作这些雕塑以及它们是高强度的劳动和自律的成果，会削弱她的作品对人们产生的强烈冲击力，这样做将会是一个错误。她认为，有时候，不告诉人们的东西才更加意味深长、更有力量。她决定配合人们对她和她的作品的印象，为自己营造一种神秘感，绝不谈论创作过程，隐藏自己的生活细节，任由别人将自己的幻想投射到她身上。

然而，随着事业的进步，她在大学时为自己打造的人设不再合适她了。她注意到自己的公众形象中有一个可能会对她不利的因素——她稍有不慎，人们就会基于她的外貌对她做出评价。他们会把她当作一位有吸引力的年轻女性，而不是一位严肃的艺术家。她对自己的事情闭口不谈可能看起来像是对自己缺乏智慧的掩饰，仿佛她只会用自己的方式感受事物，不能和这个领域内的显要人物相提并论。这是所有女性艺术家们不得不应对的偏见。当她谈论自己的作品时，任何空洞无聊或一时语塞的痕迹都会有助长他人对她的偏见的危险，让人以为她很肤浅，对艺术只是简单涉猎而已。因此，她慢慢形成了一种适合她的新风格——她会坚定而自信地用权威的口吻谈论自己的作品，同时继续让自己的创作过程保持神秘。这样的她并不软弱，也不脆弱，反而表现出了对自己所从事的领域的驾轻就熟。如果说男性艺术家们需要显得严肃且善于表达，那么作为女性艺术家的她则必须表现得更加严肃且善于表达。她坚定的语调总是让她显得庄重而恭敬，同时表明了她不是无足轻重的人。

多年后，特瑞西塔·费尔南德斯成了一位世界闻名的概念艺术家，能使用各种材料进行创作。她不断地调整自己的形象，以使它适应自己变化的环境。人们对艺术家的刻板印象是，他们缺乏条理，并且只对艺术世界发生的事感兴趣。她要打破人们的这些刻板印象。她把自己变身为一位口才极好的演说家，充分地把她的工作和想法展现在公众面前。观众们会去琢磨她迷人、沉稳的外表和她演讲中令人费解、有挑战性的内容之间的差异，并为之着迷。除艺术领域之外，她还精通许多其他领域的知识，并能将对这些领域的兴趣融入自己的作品中，以及自己接触艺术世界之外的各色人等的过程中。她学会了如何像画廊经纪人一样融洽地与那些为她的作品开采石墨的工人们相处——一种如朝臣般的灵活性，这让她的艺术生活更轻松，也让她的形象无法被轻易定型。从本质上来说，她的公众形象成了另一种形式的艺术——一种她可以根据自己的需求和心意铸造和改造的材料。

虽然一般不被承认或讨论，但是我们向世界展现出的个性对我们的成功或我们在精通之路上的前进起到了重要作用。让我们回到特瑞西塔·费尔南德斯的例子。如果她一直独来独往，只关注自己的作品，她会发现自己会被他人以一种阻碍她进步的方式定义。如果在最初的成功后，她大肆吹嘘自己在雕塑金属的工作上花的大量时间，人们只会把她看作一个从事体力劳动的工匠。他们会不可避免地认定她是一个用金属作为噱头来推销自己和获取关注的女性艺术家。他们会发现她性格中的弱点并加以利用。不论是艺术还是其他领域的公共舞台，都很残酷无情。费尔南德斯能够以一种超然的眼光来看待自己和艺术世界，她凭直觉知道，通过有意识地打造自己的人设并控制自己外在表现的变化能带给她力量。

要明白，人们往往会根据你的外表来对你进行判断。如果你不小心单纯地认为做自己就好，他们就会开始把各种与你无关但符合他们对你的想象的特质归结到你的身上。所有这些都会令你困惑，让你不安，并消耗你的注意力。如果你把他们的判断放在心上，你会发现自己很难集中精力工作。你唯一的防卫方法就是，通过有意识地营造这种外在表现、创造适合自己的形象以及控制人们的判断来扭转这种局面。有些时候，你会发现后退一步给自己制造一些神秘感，反而会提升自己的存在感。另一些时候，你会想要直接一点，呈现出一种更为专业的样子。总之，不要固定在一个形象上，或让人们能够完全看透你。你要总是领先公众一步。

你必须把打造人设看作社交智慧中的关键要素，而非邪魔外道。我们在社交场上都戴着面具，扮演着不同的角色，以适应我们经历的不同场合。你只是变得对这个过程越来越有意识。把社交想象成演戏。通过打造一个神秘、迷人且专业的人设，向公众展示，让他们见证一些令人信服且愉快的东西。你要允许他们将自己的幻想投射到你身上，或将他们的注意力引到其他你刻意营造的特质上。在私下的生活里，你可以摘掉面具。在这个多元文化的世界里，你最好学会如何融入各种各样的环境，给自己最大的灵活度。你必须乐于去打造自己的人设——它会让你在公共舞台上成为更好的表演者。

策略三：像他人看你一样看自己

自小患有自闭症的坦普·葛兰汀（详见第 1 章）在生活中需要克服很多困难，但是在高中生活结束前，她就已经凭借着强烈的愿望和自律意识，成功地把自己转变为一名在科学方面有着光明前途的天才学生。她明白自己最大的弱点是在社交方面。对于动物的情绪和需求，她有着近乎心灵感应般的能力，她能读懂它们，但却很难读懂人类。对她来说，人太难以捉摸了，人们似乎常常会通过微妙的、非语言的方式相互交流——例如，如果一群人突然哈哈大笑，她就不能理解是什么样的人际互动节奏引发了这种笑声。她感觉自己像个外星人一样在看着这些陌生的生物进行互动。

她似乎对自己与人相处时的笨拙无能为力。但是对于自己的工作，她可以做到游刃有余。因此，她决心无论什么工作都尽力做出成效，好让她的社交缺陷显得不再重要。然而，当她从大学毕业，获得动物行为学学位，并作为饲养场和牛群处理设备的设计顾问开始工作时，她通过一系列自己犯下的错误意识到，这完全是不现实的。

有一次，一个工厂经理聘请坦普全面改进工厂的设计。她做得很出色，但很快她就开始注意到，机器会时不时地发生故障，仿佛是她设计的问题。但她知道，这些故障不可能是由于自己设计方面的缺陷引起的。随着进一步的调查，她发现这些故障只有在某个人在场时才会出现。唯一可能的解释就是这个人故意破坏设备，让她难堪。这让她很难理解——为什么他要处心积虑地损害雇佣自己的公司的利益呢？这不是一个她可以用智力解决的设计问题。于是，她不得不放弃这份工作。

又一次，一个工厂的工程师聘请她解决一个特殊的问题，但是工作几周后她就发现，工厂其他部分的设计也很糟糕，这显然很危险。于是，她写信给公司总裁指出了这一点。她在信中的口吻有些粗暴，因为她为人们对这种设计问题视而不见而感到愤怒。几天后，她被解雇了。尽管没有任何理由，但很明显，她写给总裁的信就是原因。

当她仔细地回顾这些事件以及其他伤害到自己事业的类似事件时，她发觉自己才是问题的根源。其实，几年前她就知道自己常常会做一些惹人不快的事情，而人们也都因此躲着她。过去，她努力过自己的日子，忽视这一令人痛苦的现实，但现在她的社交缺陷已经威胁到了她谋生的能力。

从还是个孩子起，坦普就有一种从外部观察自己的特殊能力，就像在看另一个人一样。但那时，她的这种能力更多还停留在感觉层面，飘忽不定，长大后的她意识到自己可以将这种天赋用于实践，像观察另一个人一样去检视自己过去犯下的错误。

例如，在那个某个人蓄意破坏机器的例子中，她清晰地记得自己与他和其他工程师之间的互动是多么的少，也清晰地记得自己是如何坚持凡事都要靠自己的，还清晰地记得在那些会议上自己是如何用严密的逻辑展示自己的设计却没有给他们讨论的机会的。在给总裁写信的例子里，她可以回忆起自己是如何毫不客气地当众批评他人并且从不尝试与雇主交流的。清楚地看到这些，她终于明白了问题所在——她让自己的同事们感到不安、无用和自卑了。她伤害了他们的男性自尊，并为此付出了代价。

她能意识到自己的错误，并不是出于她对其他人的同理心——对她来说，这是一种智力练习，就像解决一个谜题或设计难题一样。但是因为她没有在这个过程中投入过多的情感，所以她更容易渡过这个难关并做出必要的改正。她决定以后要多和工程师们讨论自己的想法，尽可能地让他们参与到自己的工作中来，并且决不会因为任何事情直接批评他人。她在接下来的所有工作中都践行着这一点，直到它成为自己的第二天性。

渐渐地，坦普用自己的方式获得了社交智慧，克服了很多自己在社交上的笨拙，她的事业也蒸蒸日上。20 世纪 90 年代，随着她的名气越来越大，越来越多的人邀请她开讲座——最初是分享她克服自闭症并成为专业人才的经历，后来是作为动物行为学专家开展一些讲座。

在开这些讲座时，她本以为一切会进行得很顺利。她的讲座不仅内容充实，而且还生动有趣，因为她在讲座中用了很多幻灯片来阐释自己的观点。但几场类似的讲座后，她收到的来自观众的评价令她感到很震惊。观众们抱怨她跟他们没有眼神接触，只是机械地对着自己的稿子在那儿念，没有让观众参与进来，这种行为在他们看来近乎无礼。观众们对她的讲座的印象是，她只是一遍又一遍地重复相同的内容，使用相同的幻灯片，仿佛跟一台机器一样。

说来奇怪，这些都没有使坦普感到困扰。事实上，观众的这些评价反而令她兴奋不已。他们给她反馈了一个清晰、真实的自我形象，这正是别人眼中的她，是她在自我改正的过程中所需要的。她怀着极大的热情继续这个过程，决心把自己变成一个熟练的演说家。每当收到足够多的评价时，她就会开始仔细地研究它们，在其中寻找有用的模式和批评。根据这些反馈，她学会了在讲座中穿插一些奇闻逸事甚至笑话，从而让自己的幻灯片看起来不那么逻辑严密和紧凑。她缩短了讲座的时长，训练自己脱稿演讲，并在讲座结束后留出时间来回答观众问的所有问题。

这让那些曾看过她最初的表现又听过她几年后的演讲的人们很难相信这是同一个人。现在的她是一位有趣又迷人的演说家，并且比绝大多数人都更能抓住观众的注意力。他们难以想象她是如何做到这一点的，这让她的转变看起来更加不可思议。

我们所有人几乎都有某种社交缺陷，有的社交缺陷相对无害，有的则可能陷我们于困境之中。这些社交缺陷也许是唠叨多嘴，也许是批评人时太诚实，也许是当别人没有积极回应我们的想法时太容易介怀。如果我们经常重复这些行为，我们就容易冒犯别人而不自知。造成我们经常重复这些行为的有两个原因：首先，我们能很快觉察别人的错误和缺点，但是当涉及自己时，我们常常因为太过情绪化和没有安全感而无法诚实地看待自己；其次，别人很少会如实地指出我们的错误，因为他们担心会引发冲突或被认为心胸狭窄。因此，我们很难认识到自己的缺点，更别说改正它们了。

我们有时会有这样的经历，即自认为工作做得很出色，当收到他人完全相反的评价后，就会感到相当震惊。在这种时刻，我们会意识到我们对自己工作情绪化、主观化的认识与他人的反馈之间的差异。他人是从相对客观的立场来看待我们的工作的，因而能够指出我们自己无法看到的缺陷。然而，同样的差异也会出现在社交方面。人们会从外部观察我们的行为，他们对我们的看法从来都不是我们想象的那样。拥有透过他人的眼睛来看待我们自己的能力，将会对我们的社交智慧大有裨益，这会让我们开始改正自己犯的错误，看到自己在制造不良关系中所扮演的角色，并更客观地评价我们自己。

要想客观地看待自己，我们必须以坦普·葛兰汀为榜样。我们可以通过回顾过去的负面事件来开始这一过程——有人破坏我们的工作、老板无故开除我们、与同事恶意争斗。最好从已经过去几个月以上的事件着手，这样就不会引起我们太多的情绪。在仔细审视这些事件时，我们必须把焦点放在自己做了什么才引发了这种互动或使它恶化。这样回顾几个类似的事件之后，我们就可能会开始发现自己的行为模式，一个可以反映出我们性格中的某个缺点的行为模式。从其他参与者的角度来看待这些事件，可以解开我们的情绪对自我形象的执着，帮助我们理解自己在错误中所扮演的角色。我们还可以听听我们信任的人是如何看待我们的行为的，在这之前一定要让他们相信，我们需要他们的评价。通过这种方式，我们就可以慢慢地变得越来越能从他人的角度看待自己，这将让我们获得另一半社交智慧——如实看待我们自己的能力。

策略四：耐着性子与蠢人周旋

1775 年，26 岁的德国诗人和小说家约翰·沃尔夫冈·歌德应 18 岁的公爵卡尔·奥古斯特（Karl August）的邀请到魏玛宫廷待上一段时间。公爵一家一直试图要把偏远的、籍籍无名的魏玛公国打造成一个文学中心，而歌德的加入将会极大地促成这件事。歌德到达魏玛宫廷后不久，公爵就让歌德在他的内阁中担任重要职务兼自己的私人顾问，因此歌德决定留下来。这位诗人认为这是一种丰富自身阅历的方式，或许他还可以将一些开明的想法应用于魏玛政府。

歌德出身于普通的中产阶级，没有与贵族相处的经验。此时，作为公爵宫廷里尊贵的一员，他即将开始贵族礼仪方面的学习。然而，仅仅几个月之后，他对宫廷生活忍无可忍了。大臣们不是玩纸牌游戏、搞狩猎聚会，就是没完没了地谈论八卦。X 先生随口说的一句话，或 Y 夫人没能出席一场聚会，都会被放大成非常重要的事情，大臣们极尽曲意解读之能事。看完戏剧演出后，他们会没完没了地聊谁和谁一起来的，或对新出场的女演员的长相品头论足，却从不讨论戏剧本身。

在交谈中，但凡歌德胆敢谈论自己正在思考的某项改革，就会有大臣突然跳出来反驳说，这可能会对某位部长造成什么影响，或者这可能会如何危害那位部长在宫廷中的地位，然后他们就会开始激烈地讨论其他事情，把歌德的想法抛诸脑后。虽然歌德是当时最著名的小说《少年维特的烦恼》（*The Sorrows of Young Werther*）的作者，但是似乎没有人对他的观点特别感兴趣。他们更热衷于把自己的想法告诉这位有名望的小说家，然后看看他有什么反应。最终，他们的谈话兴趣似乎还是离不开小小的宫廷和里面的勾心斗角。

歌德感到自己被困住了——他虽然接受了公爵授予的职位，并非常认真地对待这个职位，但是他发现自己难以忍受自己所唾弃的社交生活。然而，作为生活中一名坚定的现实主义者，他发现抱怨自己改变不了的事情是没有意义的。因此，在接下来的几年里，歌德试着把同僚当成自己的伙伴，并想出了一套应对他们策略——他称之为"必要的美德"：少开口说话，几乎不对任何事情发表自己的意见；让对方不停地说这说那，自己则在倾听时表现出一副很愉悦的样子，同时在心里偷偷观察他们，就像观察舞台剧中的角色一样；在他们向他透露自己的秘密、小把戏和愚蠢的想法时，他就一直保持微笑，并且总是站在他们一边。

这些大臣不知道的是，他们正在给他提供无尽的素材——可以写进他未来的戏剧和小说中的人物、对话碎片和荒诞故事。用这种方式，他把自己在社交上的挫折转变成了富有成效的有趣游戏。

杰出的奥地利裔美国电影导演约瑟夫·冯·斯坦伯格（Josef von Sternberg，1894—1969）在 20 世纪 20—30 年代，从电影公司里的跟班小弟一跃而成好莱坞最成功的导演之一。他一路走来发展出了一套独特的哲学，这套哲学让他在 20 世纪 50 年代之前的导演生涯都受益匪浅：对导演来说，最重要的是最终呈现的作品。他的职责是，采取一切必要措施让剧组所有人达成共识，并按照他的构想来指导电影的制作，得到自己想要的结果。而实现他的构想的最大阻碍不可避免地来自演员。演员首先考虑的是自己的事业，对他们来说，电影的整体性比不上他们的戏份所获得的关注。这使得他们想方设法要出风头，从而影响到电影的品质。对于这样的演员，冯·斯坦伯格只好想办法哄骗或诱骗他们按照自己所说的去做。

1930 年，冯·斯坦伯格受邀到柏林执导电影《蓝色天使》（The Blue Angel），这部电影后来成了他最著名的一部作品，由世界著名演员埃米尔·强宁斯（Emil Jannings）主演。在为这部电影寻找女主角时，冯·斯坦伯格发现了一位那时还不怎么出名的德国女演员玛琳·黛德丽（Marlene Dietrich）——他后来又执导了 7 部由她主演的故事片，一手将她打造成一个明星。冯·斯坦伯格和强宁斯之前有过合作，知道这位男演员是一个无可救药的蠢货。强宁斯尽其所能地破坏这部电影的制作进程。他把导演对他进行指导的所有尝试都看作对他个人的侮辱。他的全部伎俩不过是，刺激导演进入无意义的争斗，以此耗尽导演的精力，让导演放下自己的坚持，允许他为所欲为。

冯·斯坦伯格对这一切早已做好了准备，也知道怎么应付强宁斯。他在强宁斯的幼稚把戏面前不动声色。强宁斯要求导演每天早上都要出现在他的化妆间里，向强宁斯表达对他的工作的永恒之爱与赞美——冯·斯坦伯格毫无怨言地照做了。强宁斯要求导演每天带他出去吃午饭，听他对电影的想法——冯·斯坦伯格也满足了他的要求，耐心地听强宁斯发表他的糟糕建议。如果冯·斯坦伯格表现出了对其他演员的关注，强宁斯就会嫉妒得大发雷霆；此时，冯·斯坦伯格就不得不像出轨的配偶一样向他忏悔。冯·斯坦伯格允许强宁斯在这些无关紧要的小事上为所欲为，这消解了强宁斯大半的破坏力。而一旦到了片场，冯·斯坦伯格决不会让自己卷入任何争斗；但是有时候因为时间紧迫，他也不可避免地要哄骗强宁斯照他想要的去做。

当强宁斯出于某种未知的原因拒绝从门道进入某个拍摄场地时，每次只要强宁斯一站在门道口，冯·斯坦伯格就把门道里的灯光调到最热，炙热的灯光照在强宁斯的后脖颈上，逼得他不得不从门道进到拍摄场地里去。在强宁斯的第一场戏中，当强宁斯用极其夸张的德语在那儿高声朗诵台词时，冯·斯坦伯格就夸他语调优美，并且说他将会是电影里唯一一个这样讲话的人，这会让他在整部电影中显得很突兀且丢脸，但是就这样吧。强宁斯很快就改掉了这种傲慢的腔调。每当强宁斯耍脾气待在自己的房间不出来时，冯·斯坦伯格就会让人传话给他，导演正在向玛琳·黛德丽献殷勤，这会立即让这位嫉妒心强的男演员赶回片场争抢风头。一场戏接着一场戏，冯·斯坦伯格就这样把强宁斯调教成了自己想要的样子，成功地让强宁斯展现了可能是他演艺生涯中最好的表演。

如同第 2 章所讨论的（详见第 77 页），丹尼尔·埃弗雷特和他的家人在 1977 年搬到了亚马孙腹地，和当地的皮拉罕人生活在一起。埃弗雷特和他的妻子都是传教士，他们在那里的任务是学习皮拉罕语——这在当时被认为是世界上最难破译的语言——并把《圣经》翻译成皮拉罕语。慢慢地，凭借各种在语言学训练中学到的方法，埃弗雷特取得了一些进展。

他曾深入研究过麻省理工学院杰出的语言学家诺姆·乔姆斯基（Noam Chomsky）的著作。乔姆斯基主张，所有语言在本质上都是相通的，因为语法本身与人类大脑是紧密相连的，是我们遗传密码的一部分。这意味着所有语言天生都具有某些相同的特征。埃弗雷特深信乔姆斯基是正确的，他努力在皮拉罕语中寻找这些普遍特征。然而，经过多年的研究，他开始发现许多乔姆斯基理论的例外情况，这让他感到很困扰。

经过一番深思熟虑之后，埃弗雷特得出一个结论，皮拉罕语反映了当地人许多丛林生活的特点。例如，他认为，他们的文化极其重视"即时经验"——凡是不在他们眼前的事物就不存在，因此他们的语言中几乎没有用来形容即时经验之外的事物的词语或概念。在阐释"即时经验"这一概念时，他提出这样一个理论，即所有语言的基本特征并非单纯来自遗传因素，也不是共通的，每种语言都有反映其自身文化独特性的元素。文化在我们的思考和交流中扮演的角色比我们想象得更重要。

2005 年，他终于准备好了公开这一切。他在一份人类学期刊上发表了一篇文章，表达了这些革命性的观点。他期盼着自己的发现能引发一些热烈的讨论，但是随之而来的一切完全出乎他的意料。

麻省理工学院的语言学家及其研究生们联合乔姆斯基开始围攻埃弗雷特。当埃弗雷特在剑桥大学的一个重要研讨会上做演讲介绍自己的发现时，一些语言学家们也飞过去参加了。他们不断地向埃弗雷特提问，意图找出他观点中的漏洞并公开让他难堪。对此毫无防备的埃弗雷特左支右绌，没能很好地应对。这种情况也继续出现在他随后的演讲中。他们瞄准埃弗雷特演讲或文章中的任何一点矛盾之处，并利用这些矛盾来质疑他的整个观点。他们对他的一些攻击甚至变成了人身攻击——公开称埃弗雷特为骗子，并质疑他的动机。连乔姆斯基也暗示埃弗雷特是在追求名利。

当埃弗雷特出版了他的第一本书《别睡，这里有蛇》（*Don't Sleep, There are Snakes*）时，一些语言学家写信给准备对这本书进行评论的评论家们，试图劝阻他们连讨论埃弗雷特的材料都不要——这些语言学家们声称，埃弗雷特这本书的水平远远低于学术标准。他们甚至给美国公共广播电台施压，导致一个原本准备详细介绍埃弗雷特的节目被取消了。

一开始，埃弗雷特还会因为他们的恶意攻击而控制不住自己的情绪。后来，他意识到他们的诋毁并不能动摇他的理论，只是揭示了他理论中的一些可能存在的不足而已；他们似乎对真理没有兴趣，一心只想要让他出丑。所以很快，他就度过了这一情绪化的阶段，开始能将这些攻击为己所用——他们迫使他确保自己写下的所有内容都是无懈可击的，他们使他反思并加强了自己的观点。他将他们的合理批评铭记于心，并在随后的文章中逐一回应。这让他成了一个更厉害的作家和思想家，而他们引发的论战也只是增加了《别睡，这里有蛇》这本书的销量，并帮他在这个过程中争取到了更多人对他的观点的支持。最后，他开始喜欢上了这些对手们的攻击，因为他们大大改进了他的工作，并使他变得强大了。

在你的一生中，你会不断遇到傻瓜。数量多到你躲都躲不过来。我们可以按照以下标准来判断一个人是不是傻瓜：当涉及实际生活时，重要的是追求长远的结果，并用尽量高效和有创造性的方式去达成它。这应当成为引导人们行为的最高价值。但是傻瓜们有着不同的价值观，他们更注重短期的事物——抓住眼前的利益，获得公众或媒体的关注，并且要看起来很风光。他们被自我和不安所支配。他们往往喜欢为了一己之私而挑起事端或玩弄政治阴谋。当他们对别人提出批评时，总是强调与整体情况或观点无关的事情。比起真理，他们对自己的事业和地位更感兴趣。你可以通过他们完成的事情有多少，或他们有多能阻碍别人取得成功来认出他们。他们缺乏某种常识，常常会为不重要的事情忙忙碌碌，而忽略了长远来看会给他们招致灾祸的问题。

与傻瓜打交道时，我们往往很容易把自己拉低到与他们相同的水平，被他们惹恼，激怒，甚至被拉进战斗。在这个过程中，你会感到烦恼和困惑，并感觉不到什么对你来说才是真正重要的。你不可能赢得争论，或让他们理解你的立场，或改变他们的行为，因为理性和结果对他们来说不重要。你只是在浪费自己宝贵的时间和情绪能量而已。

在和傻瓜打交道时，你必须采用如下哲学：他们只是你生活中的一部分，就像石头或家具一样。我们所有人都有愚蠢的一面，都会有失去理智、自我和短视的时候。这就是人性。看到自己身上的愚蠢，你就可以接受他人的愚蠢。这会让你对他人的愚蠢言行一笑置之，像容忍傻孩子一样容忍他们的存在，并避免试图改变他们的疯狂举动。这全都是人间喜剧的一部分，没什么值得苦恼或失眠的。这种心态——耐着性子与蠢人周旋——应该在你的学徒阶段养成，因为在这个阶段你几乎一定会遇上这种人。如果他们找你麻烦，你必须通过专注于自己的目标和重要的事情并尽可能地无视他们来化解他们给你造成的伤害。然而，最智慧的做法是更进一步，利用他们的愚蠢——把他们作为你工作的素材，作为你的反面教材，或想办法让他们的行为有利于你。如此一来，他们的愚蠢就会在你的手中发挥作用，帮你取得他们似乎不屑一顾的实际成果。

人生逆转

当保罗·格雷厄姆在哈佛大学攻读计算机博士学位时，他对自己有了新的认识：他对任何形式的权术斗争或社交手腕都深恶痛绝。

（更多关于格雷厄姆的内容，请参阅第 98—101 页。）他不擅长这些，而且一旦被卷入他人的操控中，他就会非常恼怒。他在系里与权术斗争的短暂经历，让他确信自己不是做学术的料。这个教训在几年后被进一步固化。当时，他在一家软件公司上班。他们所做的一切几乎都是不合理的——解雇了原本的技术人员、让销售人员当公司的负责人、隔很久才发布一次新产品。所有这些错误的选择之所以会出现，是因为在团队中，权术和自我往往会压倒明智的决策。

他无法忍受这些，于是想出了自己的解决办法：尽可能地回避任何涉及权术斗争的环境。这意味着他只能进行最小规模的创业——这一限制使他变得更自律和更有创造力。后来，他创立了为科技创业公司提供学徒训练系统的 Y Combinator。因为 Y Combinator 太成功了，他只能眼睁睁看着公司规模一步步扩大。于是，他从两个方面着手解决这个问题：一方面，他让自己的妻子兼公司合伙人杰西卡·利文斯通（Jessica Livingston）应对所有棘手的社交场合，因为她拥有高超的社交智慧；另一方面，他让公司保持着一种非常松散的、非官僚化的结构。

像格雷厄姆一样，如果你实在缺乏耐心去应付和掌控人性中更微妙、更阴暗的一面，那么你最好让自己尽可能地远离那些是非。这样你最好不要在超过一定人数的组织里工作——超过一定人数，就不可避免地会有权术斗争。这意味着你要自己创业或在非常小的创业公司工作。

即便如此，设法获得一些基本的社交智慧通常是明智的——能读懂和认出骗子，也能搞定难相处的人，卸下他们的防备。因为，无论你多么努力地去避免需要用到这些知识的情况，这个世界都是一个巨大的权谋场，它必然会将你卷入其中。如果你刻意选择脱离这一系统，这将会阻碍你在社交智慧方面的学习，并让你因为无可救药的天真而受到伤害，各种灾难都有可能随之而来。

希望别人能与我们和谐一致未免太愚蠢了，我从来不抱这种希望。我总是将每个人看作一个独立的个体，我努力理解他的所有特殊之处，但我从不渴求能从他们那里获得更多的同情。这样，我就能和每个人交谈，而且仅凭这一点，我就能了解各种不同的性格并获得待人处事所必需的灵活性。

——约翰·沃尔夫冈·冯·歌德

第5章
唤醒多维思维：创造性活动

当你积累了越来越多的技能，并将主宰自己领域的规则不断内化，你会希望你的思维变得更加活跃，力图用更符合你的天生倾向的方式来使用这些知识。阻碍这种自然的创造力蓬勃发展的不是天赋的缺乏，而是你的态度。感到焦虑和不安的你容易在自己的知识上变得保守，更喜欢融入群体，并坚持自己学过的做事方式。你必须强迫自己朝相反的方向发展。当你结束学徒阶段，你必须变得越来越大胆。不要对自己知道的东西感到自满，你必须扩大自己在相关领域的知识，为大脑在不同观点之间建立新的联系提供养料。你必须尝试从所有可能的角度看待问题。当你的想法变得越来越灵活时，你的思维也会变得越来越多维，能看到越来越多的现实层面。最后，你会质疑那些已被自己内化了的规则，并通过塑造和改造它们让它们更适合你的心灵。这样的独创性会将你带到权力的顶峰。

第二次转变

自出生起，沃尔夫冈·阿玛多伊斯·莫扎特（1756—1791）就被音乐包围着。他的父亲利奥波德是奥地利萨尔茨堡宫廷的小提琴手、作曲家，同时也是一名音乐教师。白天，莫扎特总能听到利奥波德和他的学生们在家里练琴的声音。1759 年，他 7 岁的姐姐玛丽亚·安娜（Maria Anna）开始在父亲的教导下学习钢琴。她在钢琴方面显示出了过人的天赋，而且练琴也很勤奋。有时莫扎特被她弹奏的简单旋律迷住后会不自觉地随着音乐哼唱，有时他会坐在家里的大键琴前试着模仿姐姐弹奏的曲子。利奥波德很快就从自己儿子身上发现了一些不同寻常的东西。对一个 3 岁的孩子来说，他对旋律有着非凡的记忆力，他还有着完美的节奏感，而所有这些都是在莫扎特还没有接受过任何指导的情况下就拥有的。

尽管利奥波德还没有试过教这么小的孩子，但是他决定莫扎特一到 4 岁，就开始教他弹钢琴。才教了几次，利奥波德就意识到这个孩子还有一些其他宝贵的特质。莫扎特比其他学生听得更专注，他的身心完全沉浸在音乐里。由于如此专注，他学得比其他孩子快得多。他 5 岁时曾偷偷拿了对玛丽亚·安娜来说都相当复杂的曲子练习，并在 30 分钟内就轻松地拿了下来。因为他听过玛丽亚·安娜练这首曲子，并且记得很清楚，所以他一看到乐谱上的音符就能迅速地把曲子弹出来。

莫扎特这种非凡的专注力源自利奥波德从一开始就发现的一点——这个孩子对音乐本身有着强烈的热爱。当利奥波德拿出一个有挑战性的新曲子让他去攻克时，他的眼睛就会兴奋得发亮。如果新曲子很难，他就会凭着他的韧性没日没夜地练习它。很快，这首曲子就会成为他的保留曲目。到了晚上，莫扎特的父母甚至不得不强迫他停止练习，逼他上床睡觉。并且他这种对练习的热爱似乎还随着他年龄的增长与日俱增。即使与其他孩子一起玩时，他也会想办法把简单的游戏变成与音乐有关的活动。然而，他最喜欢的还是即兴演奏自己那段时间一直在练习的曲子，在即兴演奏的过程中他会赋予这首曲子迷人又别出心裁的个人特色。

从很小的时候起，莫扎特就格外情绪化和敏感。他的情绪波动极大——可能这一刻还对你很暴躁，下一刻又对你很亲热。他的脸上永远有一种焦虑的神色，而只有当他坐在钢琴前时，这种神色才会消失，随后他便得其所哉，开始沉浸在音乐中。

1762 年的一天，在听到自己的两个孩子用两架钢琴合奏时，利奥波德产生了一个想法。他的女儿玛丽亚·安娜本身在钢琴演奏方面就很有天赋，而儿子莫扎特更是天赋异禀。他们的合奏就像是天籁之音。他们有一种天生的魅力，而且莫扎特也有成为表演者的天资。虽然只是宫廷乐师的利奥波德收入相当有限，但是他看到了通过自己的孩子赚钱的潜力。因此，经过一番深思熟虑之后，他决定带着自己的家人去欧洲各个首都城市进行一次盛大的巡演——在皇家宫廷和公众面前进行有偿表演。为了使演出更精彩，他给孩子们打扮了一番——玛丽亚·安娜扮作公主，而莫扎特扮作宫廷大臣，头戴假发，身穿精致的马甲，腰带上挂着一把宝剑。

他们的巡演从维也纳开始。在那里，孩子们迷住了奥地利的皇帝和皇后。随后他们在巴黎逗留了数月，为那儿的皇家宫廷演奏。路易斯十五世（King Louis XV）高兴得把莫扎特放在膝头颠着玩。他们后来又在伦敦待了 1 年，为各种观众演奏。两个孩子身穿戏服的样子已经足够吸引观众了，莫扎特的演奏更是令他们震惊。在父亲的精心训练下，莫扎特已经学会了很多小把戏。他可以蒙上眼只用一根手指弹小步舞曲。他可以流畅地视奏[①] 著名作曲家的最新作品。他可以演奏自己的作品——听一个 7 岁的孩子演奏自己写的奏鸣曲，无论多么简单都令人印象深刻。最了不起的是，莫扎特可以用一种令人难以置信的速度弹钢琴，这时他小小的手指像是在键盘上飞舞。

随着巡演的继续，一种有趣的现象开始出现。每次当全家人受邀游览观光乡村风景或出席晚宴时，莫扎特都会找借口留下来——装病或者喊累——然后把时间都花在音乐上。然而在这些时候，他最常用的计策还是拿他们所在宫廷最著名的作曲家做挡箭牌。例如在伦敦，他成功地吸引了伟大的作曲家约翰·克里斯蒂安·巴赫（Johann Christian Bach）——约翰·塞巴斯蒂安·巴赫[②] 的儿子。当全家人受邀外出游玩时，莫扎特就用完美的借口拒绝同行——他已经请巴赫教他作曲了。

用这种方式，莫扎特从自己所遇到的所有作曲家那里得到的指点，远远超过其他任何孩子希望得到的指点。尽管有人认为这么小就这样一心一意地扑在钢琴上是对童年的浪费，但是莫扎特深爱音乐以及它带来的挑战，他从自己的爱好中获得的愉悦远多于任何消遣或游

---

① 视奏，指拿到一个从没见过的谱子，看着乐谱就能直接将其弹奏出来。——编者注
② 约翰·塞巴斯蒂安·巴赫（Johann Sebastian Bach）就是我们大多数人所知道的那个巴赫，被称为"西方音乐之父"，他一生结过两次婚，拥有 20 个孩子，其中约翰·克里斯蒂安·巴赫是他的第 18 个孩子和第 11 个（最小的）儿子。约翰·克里斯蒂安·巴赫被称为"英国巴赫"或"伦敦巴赫"，对莫扎特音乐风格的形成影响极深。——编者注

戏能带给他的。

这次巡演虽然赚了不少钱，最后却几乎以悲剧收场。1766年，在荷兰，当全家人准备启程返乡时，莫扎特因高烧病倒了。他迅速消瘦下去，不时陷入昏迷，甚至一度差点没命。虽然他的烧后来奇迹般地退了，并且经过几个月的时间，他慢慢康复了。但是，这次经历改变了他。从那时起，他一直有一种忧思——觉得自己活不长。

莫扎特一家越来越依赖孩子们在巡演中赚来的钱生活，但是时间一久，邀约越来越少。因为人们的新鲜感逐渐消失了，孩子们的表演也随着他们年纪的增长而不再显得那么稀奇了。极度渴望赚钱的利奥波德想出了另外一个赚钱方法：他的儿子即将成为一个有能力谱写不同类型的曲子的职业作曲家，自己需要做的就是为儿子谋一份宫廷作曲家的稳定工作，来赚取创作协奏曲和交响曲的佣金。带着这个目的，1770年，这对父子开始了一系列在意大利的巡演，当时意大利是欧洲所有音乐的中心。

巡演进行得很顺利。莫扎特在意大利所有的主要宫廷展示了自己精湛的钢琴技艺。他的交响曲和协奏曲赢得了很多称赞——一个青少年能写出这样的曲子实在令人印象深刻。他又有了和当时最有名望的作曲家们进行交流的机会，这巩固了他在之前的欧洲巡演中学到的音乐知识。此外，他还重新找到了自己在音乐中的最大热情——歌剧。在莫扎特还是个孩子时，他就总是有一种感觉——自己一定会创作出伟大的歌剧。在意大利，他看到了最优秀的作品，并找到了自己对歌剧入迷的根源——转化成纯音乐形式的戏剧，能展示出人类嗓音在表达所有情绪方面的无限潜力，以及整个现场震撼的效果。他几乎本能地会被所有形式的戏剧所吸引。但是，尽管受到了很多关注和鼓励，在辗转意大利的各个宫廷差不多 3 年后，莫扎特依然没有获得一个与自己的才华相匹配的职位或佣金。因此在 1773 年，莫扎特和父亲一起返回萨尔茨堡。

经过与萨尔茨堡大主教的艰难谈判后，利奥波德终于成功地为自己的儿子谋得了一个工资较高的职位——宫廷乐师和作曲家。从各个方面来看，这个安排都很好：利奥波德既不用担心钱的问题，莫扎特也有充足的时间可以作曲。但是几乎从一开始，莫扎特就对此感到不甘心。莫扎特几乎一半的青少年时光都在欧洲巡演，与音乐界的领袖人物待在一起，欣赏最著名的管弦乐；但是现在，他沦落到了回到偏僻的萨尔茨堡生活的境地，这里与欧洲的音乐中心相隔甚远，是一个没有任何戏剧或歌剧传统的城市。

然而更令人担忧的是，作为一名作曲家，莫扎特感受到了与日俱增的挫败感。从他记事起，他的脑海里就一直塞满了音乐，但那些都是别人的音乐。他知道自己的作品不过是对其他作曲家的巧妙模仿和改编。他就像一株幼苗，根据自己学过的和掌握的不同风格被动地从环境中吸收养分。但是他能感觉到一些更有生命力的东西在自己的内心深处搅动着，那就是表达自己的音乐和停止模仿的欲望。现在土壤已经足够肥沃了。尚在青春期的他被各种强烈而矛盾的情绪——得意、沮丧、对异性的欲望——困扰着。他最大的愿望是将这些情绪融入自己的作品里。

其实在还没有意识到这一点时，莫扎特就开始了这方面的试验。他为各种弦乐四重奏写了一系列慢板乐章，这些乐章很长，混杂着各种奇怪的情绪，充满了用大幅度的渐强音表现的焦虑。当莫扎特把这些作品给父亲看时，利奥波德感到很惊骇。他们家的收入靠的是莫扎特为宫廷演奏那些能取悦人的优美乐曲。如果宫廷里的人或大主教听到这些新作品，他们会认为莫扎特疯了。而且，这些曲子对萨尔茨堡的宫廷乐师们来说过于复杂，他们很难演奏出来。利奥波德恳求自己的儿子不要再沉迷于这种奇怪的音乐，或者至少等到他在别处找到了工作再说。

莫扎特勉强同意了，但是随着时间的推移，他愈发沮丧。他迫于生计创作的音乐十分呆板和传统，和他内心的东西一点关系都没有。渐渐地，他的创作越来越少，演出也越来越少了。人生第一次，他失去了对音乐本身的热爱。感到被禁锢住了的他变得越来越急躁。每当他听到公开演出的歌剧咏叹调时，就会想起自己原本也是可以创作这种音乐的，于是就会陷入恐慌之中。他开始不停地与父亲争吵，从一开始的愤怒到后来乞求父亲原谅自己的不听话。慢慢地，他向命运屈服了：他将在萨尔茨堡英年早逝，世上不会有人听到存在于他内心的音乐了。

1781 年，萨尔兹堡大主教邀请莫扎特陪同自己去维也纳，他打算在那里让自己的宫廷乐师们一显身手。在维也纳，莫扎特宫廷乐师的身份突然变得清晰起来。大主教使唤莫扎特就像莫扎特只是自己的一个侍从、一个私仆一样。此时，莫扎特在过去 7 年里积累的所有怨恨开始沸腾并浮出水面。他 25 岁了，已经浪费了大量宝贵的年华。他的父亲和大主教一直在竭力地阻止他。他爱自己的父亲，也依赖家人的情感支持，但是他再也忍受不了自己的处境了。当要返回萨尔茨堡的时候，他做了一件不可思议的事情——拒绝离开。他请求解除自己的职务。大主教极力羞辱他，但最后还是心软下来。他的父亲和大主教站在一边，命令儿子跟他们一起回去，并答应他既往不咎。但是莫扎特已经下定了决心：他要待在维也纳。结果，这一待就再也没有离开。

　　尽管与父亲的彻底决裂令莫扎特极其痛苦，但是因为感到自己时日不多了，而他还有太多东西想要表达，所以他把自己的热情投入到了高强度的音乐创作中，甚至比他童年练琴时表现出来的还要强烈。仿佛因为他所有的想法都被禁锢得太久了，他迸发出了音乐史上空前的创造力。

　　过去 20 年的学徒训练让他为这一刻做好了准备。他已经锻炼出了惊人的记忆力——他可以在脑海中把多年来吸收的所有和声和旋律都融合在一起，把它们变成整段的音乐（而不是零散的音符或和弦），并以最快的速度把在自己的脑海中听到的音乐写下来。他当时的作曲速度让所有见过的人都大为惊异。例如，歌剧《唐璜》（*Don Giovanni*）在布拉格首演的前一晚，莫扎特出去喝酒，听到朋友们提醒他《唐璜》的序曲还没写，他才匆忙赶回家。他的太太在一旁唱歌为他提神，几个小时后，他就写出了自己最受欢迎、构想最为精妙的序曲之一。

　　更重要的是，他曾花了很多年时间学习如何创作所有能想象得到的音乐类型的曲子，这使得他可以用这些音乐类型来表达新的东西，拓展音乐的边界，甚至用自己的创造力彻底地改变音乐。内心感到混乱的莫扎特找到了一种能让音乐变得强大而有表现力的方式，而不仅仅是把音乐作为一种装饰存在。

　　在莫扎特那个时代，钢琴协奏曲和交响曲已经变成了相当容易和肤浅的音乐类型，往往会使用一些简短的乐章、小型管弦乐队，以及过多的旋律。莫扎特从内部彻底改造了这些形式。他为更大的管弦乐队作曲，尤其增加了曲子中小提琴演奏的部分。这种管弦乐队可以演奏出之前闻所未闻的强有力的音乐。他还把交响乐乐章的长度加长，远远超出了常规长度。在开场乐章中，他会建立起一种紧张、不和谐的情绪，并在随后舒缓的第二乐章中继续推进这种情绪，然后在最终乐章中以一种壮阔和戏剧化的决心将它消解殆尽。他赋予自己的作品表达各种情绪的力量，如恐惧、悲伤、不祥的预感、愤怒、兴奋和狂喜。听众们沉迷在这种突然间有了如此多新维度的、气势磅礴的新的音乐中。在这些创新之后，作曲家们几乎不可能再回过头去创作之前那种流行、轻快、空洞的宫廷音乐了。欧洲音乐被彻底地改变了。

这些创新并非因为莫扎特想要挑战或反抗什么。莫扎特的创新精神仿佛完全是天生的一般，不受他的控制。莫扎特只是凭借着自己出众的乐感，情不自禁地把每种音乐类型都赋予了自己的个人风格。

1786 年，他偶然看到了一版令他兴奋的、关于唐璜的传说。他立即就对这个风流浪子的故事感同身受了。他和唐璜一样为女人心醉神迷，一样对权威人物不屑一顾。但更重要的是，莫扎特觉得作为一名作曲家，他拥有吸引听众的最高能力，而且音乐本身可以呈现出终极的诱惑，具有击中我们情绪的不可抗拒的力量。将这个故事改编为歌剧，他就能传达出他所有这些想法。于是第二年，他就开始进行歌剧《唐璜》的早期创作。为了让这个故事按照自己想象的方式鲜活起来，他又一次用到了自己的创新能力——这一次他创新的对象是歌剧。

当时的歌剧往往是相当静态和程式化的，一般由宣叙调（以大键琴为伴奏的念白，用以交代故事和情节）、咏叹调（歌唱者对宣叙调中的信息进行回应的演唱部分）和合唱（一大群人一起唱）构成。莫扎特把自己的歌剧创造成了一个连续流畅的整体。他不仅通过语言，还通过音乐来塑造唐璜这个人物。这位浪子出场时的伴奏是小提琴持续的颤音，这是为了表现他紧张、感性的情绪。莫扎特还给这部作品设定了一种加速的、近乎狂乱的节奏，这是人们在剧院中从未见到过的。为了进一步提升音乐的表现力，莫扎特还发明了小合唱——在激动人心的高潮时刻，几个角色对唱或者和唱，这赋予了歌剧一种梦幻般的感觉和连贯性。

从头到尾，歌剧《唐璜》将这位大浪子的恶劣表现得淋漓尽致。尽管歌剧中的所有其他角色都谴责他，但是很难让人不佩服唐璜，因为他即使到最后还执迷不悟，一路笑着走向地狱，拒绝服从权威。《唐璜》无论是在故事上还是在音乐上，都是让人耳目一新的，或许是因为它太过超前于它的时代了，许多人抱怨它故事太难看，音乐太难听，节奏太狂乱，并且道德感模糊到令人不安。

此后，莫扎特继续以疯狂的节奏进行创作，终于耗尽了自己，于 1791 年去世，享年 35 岁。此时，他最后一部歌剧《魔笛》（*The Magic Flute*）的首演刚过去两个月。他逝世几年后，观众们才开始懂得欣赏他在《唐璜》等作品中的激进声音，这部作品很快就成为历史上演出频率最高的 5 部歌剧之一。

精通力的关键

……几件事情在我的脑海里相吻合，我突然想到，是什么品质让一个人卓有成就，尤其是在莎士比亚极其成功的文学领域——我指的是一种消极感受力，即一个人虽身处不确定、神秘、疑惑之中，却不会急躁地去探究真相和原因的能力……

——约翰·济慈

如果我们好好回忆一下自己的童年，不只回忆往事，还回顾当时的感受，我们就会意识到当时我们体验世界的方式跟现在比是多么的不同。那时我们的思想完全是开放的，能接受各种惊奇、新颖的想法。我们现在认为理所当然的事情、简单如夜空或镜子里的自己的事情，都会引发那时的我们的好奇。那时的我们脑袋里装满了对周围世界的疑问。由于还没有掌握好语言，那时的我们是用语前的方式进行思考的——用图像和感觉思考；当我们观看马戏表演、运动比赛或电影时，我们的眼睛和耳朵会最大限度地吸收场景中的信息；颜色对那时的我们来说，似乎也更加鲜艳生动。那时的我们有一种强烈的愿望，想要把周围的一切都变成一场游戏，跟环境做游戏。

我们称这种品质为"初心思维"（Original Mind）。初心思维看待世界的方式更为直接——不是通过语言和接收的想法。它对新信息更加灵活和包容。当我们保持着初心时，我们就会怀念过去自己对这个世界的热情。随着岁月的流逝，我们对这个世界的热情会不可避免地消退。我们开始通过屏幕上的文字和观点来了解世界。我们往日的经验，为我们看到的一切染上颜色，影响着我们对现在的经历的看法。我们不再看到事物本来的样子，不再关注它们的细节，也不再好奇它们为什么会存在。我们的思维渐渐固化。我们开始维护眼前这个习以为常的世界，一旦我们的信念或想法遭到攻击，我们就会心烦意乱。

我们称这种思维方式为"惯性思维"（Conventional Mind）。在谋生和适应社会的压力下，我们的思维被迫变得越来越狭隘。我们可能会想方设法保留孩童般的精神，跟环境做游戏或参加能将我们从惯性思维中解脱出来的各种娱乐活动。有时当我们去到一个不同的国家时，因为在那里无法依赖熟悉的一切，我们就会又变回小时候那样，容易被我们所看到的新奇景象所震撼。但是由于时间短暂，我们的心思并没有完全融入其中，所以它们不会对我们产生深远的影响。它们没有创造力。

大师和那些展现出高水平创造力的人，只不过是那些在成年生活的压力与要求下，依然能够保有很大一部分孩童般精神的人。这种精神体现在他们的工作和思维方式上。孩子们天生具有创造力。他们积极地改造自己周围的一切，尝试各种想法和环境；他们新奇的言行常常让我们惊奇。但是孩子们天生的创造力是有限的，并且它无法带来发现、发明或实质的艺术作品。

大师们不仅保持了自己的初心，而且还经过了多年的学徒训练，具备深度聚焦问题或想法的能力。这给他们带来了高水平的创造力。尽管他们具备某一领域的深厚知识，他们依然对看待和解决问题的其他方式持开放态度。他们会问一些被大部分人忽略掉的简单问题，并且会严格要求自己对这些问题一究到底。他们对自己所在的领域保持着一种孩童般的兴奋感和玩乐的心态，这让艰苦的工作变得充满活力和乐趣。像孩子一样，他们能够用语言以外的方式进行思考——视觉的、空间的、直觉的——并且更容易进行语前的和无意识的思维活动，所有这些都可以解释他们为什么拥有令人惊异的想法和创造力。

有些人虽然有着孩童般的精神和天性，但是他们的创造力被各种事物分散了，而且他们从来都没有耐心和自律性去忍受长期的学徒训练。另一些人虽然可以做到自律，积累大量的知识并成为他们所在领域的专家，但是他们缺少变通精神，他们的想法从来不会偏离常规，因而他们也从来不会有真正的创造力。大师们成功地把两者——自律性和孩童般的精神——结合在了一起，形成了我们所说的"多维思维"（Dimensional Mind）。这种思维方式不会受限于我们有限的经验或习惯。它可以向各个方向延伸并和现实产生深刻的联系。它可以探索世界的更多维度。惯性思维是被动的——它以熟悉的方式消耗和处理信息。多维思维是主动的，它能将消化的所有信息转化为新的、原创的东西，这是一种创造而非消耗。

很难确切地回答为什么大师们可以在积累事实和知识的同时保持自己孩童般的精神，这对很多人来说即使不是毫无可能的，也是很难办到的。或许是因为他们很难割舍童年；又或许是因为在某一刻他们直觉地认为，保留孩童般的精神并将其用于工作中，自己就可以获得力量。无论如何，养成多维思维绝非易事。通常，大师们的孩童般的精神在学徒阶段处于休眠状态，因为那时他们要耐心地吸收自身领域的所有细节信息。当他们获得主动使用这些知识的自由和机会时，这种精神就会又回到他们的身上。这常常是一场斗争，每当别人要求他们按惯例行事时，大师们都要经历一场危机。在这样的压力下，他们可能会设法压抑自己的创造精神，但这种精神往往会在不久后以双倍的强度卷土重来。

要明白，我们所有人都拥有一种与生俱来的创造力，我们都想要自己的思维变得更活跃。这是我们的初心思维带给我们的礼物，它有着极大的潜力。人类的大脑天生就具有创造力，它会不断地寻找各种事物和想法之间的联系。它想要探索，想要发现这个世界的新方面，想要发明创造新事物。表达这种创造力是我们最大的渴望，而扼杀这种创造力是我们痛苦的源头。扼杀创造力的不是年龄或天赋的缺乏，而是我们自己的精神、我们自己的态度。我们对自己在学徒训练中获得的知识太过于自满。我们越来越害怕接受新的想法和这需要付出的努力。更加灵活地思考要承担一定的风险——我们可能会失败和被嘲笑。我们更愿意生活在熟悉的想法和思维习惯中，但是我们需要为此付出巨大的代价：我们的思维会因为缺乏挑战和新奇事物的刺激而变得僵化；我们会在自身的领域里遇到瓶颈，并因为可以随时被替代而失去对自身命运的掌控。

但是这也意味着，无论我们年纪多大，都同样具备重新激发这种天生创造力的潜力。经历这种创造力的回归，对我们的精神和事业都有巨大的治疗作用。通过理解多维思维是如何发挥作用的以及什么可以助其成长，我们可以有意识地恢复自己的心理弹性，并逆转思维僵化的过程。多维思维可以带来的力量几乎是没有限制的，并且几乎我们每个人都能获得这种思维。

让我们再来看看沃尔夫冈·阿玛多伊斯·莫扎特的例子。大家普遍认为他是典型的神童、不可思议的天才、天生的怪才。不然，我们要如何解释他小小年纪就有不可思议的能力，以及他是如何在人生的最后 10 年里爆发出惊人的创造力，创作了如此众多既有革命性又受大众喜爱的作品，从而达到人生巅峰的？事实上，他的天赋和创造力是显而易见的，但这一点也无损于他的成就。

从人生一开始，他就沉浸和陶醉在音乐中。他最初学琴时就极度专注和用功。一个 4 岁孩子的思维甚至比年长他几岁的孩子都更加开放和更具可塑性。这种强大的专注力在很大程度上源自他对音乐的热爱。因此，练习弹钢琴对他来说并不是某种苦差事或责任，而是扩充知识和探索更多音乐可能性的机会。到 6 岁时，他累计练琴的时间已经与年龄是他两倍的孩子相当。巡回演出的那些年，他见识了他那个时代所有的音乐潮流和新形式。他的脑子里装满了各种有关音乐形式和风格的知识。

在青春期，莫扎特经历了一场典型的创作危机，这种危机往往会毁掉那些不够坚定的人或让他们偏离正轨。在将近 8 年的时间里，莫扎特承受着来自父亲、大主教和萨尔茨堡宫廷的压力，担负着养家的重任，因而不得不抑制自己强烈的创作冲动。在这个关键时刻，他本可以屈服于这种对自己精神的压制，继续为宫廷创作一些相对平庸的曲子，然后将自己淹没在 18 世纪众多作曲家中，庸碌一生。但是，他并没有这么做，而是起身反抗这种对他精神的压制，并与自己孩童般的精神重新建立起了联系——那种将音乐转变为自己的声音、在歌剧中实现自己的戏剧追求的最初渴望。积蓄的精力，长期的学徒训练以及深厚的知识，让他一脱离自己的家庭，就自然而然地爆发出创造力。他之所以可以快速创作出那些杰出的作品并不是因为神的恩赐，而是因为他的大脑有极强的用音乐的方式进行思考的能力，他可以轻而易举地把脑中的音符转化到纸上。他虽然不是一个怪才，但是他拥有我们所有人天生能拥有的最高创造潜力。

多维思维有两个基本要求：一、具备某一领域或学科的高水平知识；二、具备用新颖、原创的方式使用这些知识的开放性和灵活性。为创造性活动奠定基础的知识主要源自严格的学徒阶段，正是在那时我们掌握了所有的基础知识。一旦头脑从对这些基础知识的学习中解放出来，就可以专注于更高级的、更有创造性的事情。我们所有人面临的共同问题是，我们在学徒阶段获得的知识——包括数不尽的规则和程序——可能会慢慢变成禁锢我们思维的枷锁。它将我们锁在某种一维的思维方法和思维形式中。我们的思维必须从保守的立场中挣脱出来，变得活跃和有探索性。

唤醒多维思维并完成创造过程需要三个基本步骤：首先，选择合适的创造性任务，即那种能最大限度地提升我们的技能和知识的活动；其次，通过某些创造性的策略放松心态、打开思维；最后，营造最适合形成突破和洞见的精神状态。此外，在整个过程中，我们必须留意各种情绪陷阱——自满、厌倦、自大等——因为它们会不断威胁和阻碍我们的进步。如果我们能在经历这三个步骤的同时避免这些陷阱，我们就能成功地释放出内心强大的创造力。

第一步：创造性的任务

你必须从转变自己对创造力的理解并试着从一个新的角度去理解它做起。在大多数情况下，人们会将创造力和某些智力因素、某种特定的思维方式联系在一起。事实上，创造性活动是涉及整个自我的活动——包括我们的情绪、能量水平、性格和思维。想要有所发现，想要发明与人们相关的东西，想要创造一件有意义的艺术品，不可避免地需要我们花费时间和精力。这往往需要经历多年的试验、各种挫折和失败，还需要保持高度的专注。你必须有耐心和信心，相信自己正在做的事情会产生重要的结果。你可能拥有最聪明的大脑，你可能充满了知识和想法，但是如果你选择了错误的主题或问题去攻克，你的精力和兴趣很快就会被耗尽。在这种情况下，你将空有一身聪明才智。

你选择从事的工作一定要具备让你着迷的部分。就像人生使命，它必须和你内心深处的某些东西相联系。（对莫扎特来说，令他着迷的不单单是音乐，还有歌剧。）你必须像赫尔曼·梅尔维尔（Herman Melville）的小说《白鲸》（Moby-Dick）中的主人公亚哈船长（Captain Ahab）一样，痴迷于猎捕大白鲸。有了这样一种深厚的兴趣，你就能经受住任何创造性活动中都必不可少的挫折和失败、单调沉闷的时光，以及艰苦的工作；你就能忽视那些质疑和批评你的人。然后，你将会感受到自己解决问题的决心，并且不达目的，决不罢休。

要明白，正是对创造力方向的选择成就了大师。当托马斯·爱迪生第一次演示电弧灯时，他就知道自己找到了能发挥自己创造力的终极挑战和完美目标。弄清楚如何让电灯不只是一个噱头，而是成为一种能最终取代煤气灯的东西，需要多年高强度的工作，但是这会给世界带来前所未有的改变。这对他来说是一个有待解决的完美谜题。他遇到了和自己的创造力相匹配的挑战。对画家伦勃朗（Rembrandt）来说，直到他发现了吸引他的特定题材——来自《圣经》和其他能传达更黑暗和更悲剧的生活面的戏剧性场景——他才有机会想出一种全新的绘画和捕捉光线的方法。作家马赛尔·普鲁斯特有很多年一直在苦苦寻找小说题材，当他意识到自己的生活和屡次对写出伟大作品的失败尝试正是自己在寻找的题材时，他文思泉涌，写出了世界上最伟大的小说之一《追忆似水年华》（In Search of Lost Time）。

这是你必须铭记在心、永不能忘的创造力的首要法则：你对你正在做的事情投入的感情会直接反映在你的工作成果上。如果你只用一半的心思去对待工作，不仅你的工作结果会很糟糕，而且你也很难到达你想要的终点。如果你为了钱去做某件事情，并没有在其中真正投入感情，那么它就会变成一件没有灵魂、也和你没什么关系的事情。你可能看不到这一点，但人们一定感受得到，他们也会以同样淡漠的态度对待你以这种态度创造出来的作品。如果你很兴奋并且痴迷于对自己所做事情的探索，它就会反映在你的作品细节中。如果你发自内心地喜欢你的工作，它也会在你的作品中表现出来。这个法则不只适用于艺术领域，科学和商业领域也同样适用。你的创造性任务可能无法像爱迪生的那样令你痴迷，但是它必须有一定的迷人之处，否则你就是在白费工夫。如果指望靠自己的才华就能坚持到底，那么你千万不要随意地在自己的领域开始任何创造性的尝试。相反，你必须根据自己的精力水平和天生倾向做出正确的、完美的选择。

为了促成这个结果，选择让你感到不同寻常的、可以唤醒你潜在叛逆情绪的事业通常是明智的。或许你想发明或发现的东西正在被他人忽视或轻视。或许你想做的工作可能会引起争议或激怒一些人。选择一项对自己有深刻个人吸引力的事业，你自然会朝着一个非传统的方向前进。试着将你的选择与自己颠覆传统、离经叛道的欲望结合起来。拥有敌人或怀疑者的感觉可以作为一种强大的刺激，让你充满更多的创造力，让你更加专注。

有两件事你要记住。首先，你选择的任务必须切合实际。你已经具备的知识和技能必须非常适合完成这项任务。为了达成你的目标，你可能需要学一些新东西，但是你必须已经掌握了基础知识，并对这一领域有扎实、充分的把握，这样你的心思才可以专注于更高层次的问题。也就是说，最好选择一项略高于自身水平的任务，一项在你看来野心勃勃的任务。这是创造力法则的必然结果——目标越高，你将从内心深处唤醒越多的能量。你会因为别无选择而接受挑战，并且会在自己身上发现从未察觉到的创造力。

其次，你必须放下对舒适和安全感的需求。创造性的尝试本质上充满了不确定性。你可能清楚自己的任务，但是你永远不会确切地知道自己的努力会带来什么样的结果。如果你希望生活里的一切都是简单和安全的，那么这项任务的不确定性就会让你充满焦虑。如果你在意他人的看法，担心自己在群体里的地位被危及，那么你就永远不会真正地创造出任何东西。你会不自觉地把自己的思想禁锢在某些惯例中，并且你的想法会变得陈腐和乏味。如果你担心失败或经历精神上和经济上的不稳定，那么你就会违背创造力的首要法则，而你的担忧也会影响你的工作结果。把自己想象成一个探险家吧。如果你不愿离开海岸，你就不可能有新的发现。

第二步：创造性的策略

不妨把思维想象成肌肉，如果你不去有意识地锻炼它，时间久了，它自然就会萎缩。导致思维僵化的原因有二。首先，我们通常更愿意保持相同的想法和思维方式，因为它们能给我们一种一致感和熟悉感。坚守同样的方法也会为我们节省大量的精力。我们是讲求习惯的生物。其次，每当我们努力钻研一个问题或想法时，我们的思维就会因为紧张和努力而自然地缩小关注范围。这意味着我们的创造性任务进行得愈深入，我们愈不容易考虑其他的可能性或观点。

这种僵化的过程让我们所有人都感到很苦恼，你不妨承认自己也有这样的问题。唯一的解决办法就是制定一些策略以解放思维，并将其他思维方式也纳入考虑之中。这不仅是创造过程所必要的，而且对我们的精神也有极大的治疗作用。以下五项培养这种灵活性的策略是从古今最具创造力的大师的教训和故事中提炼出来的。明智的做法是在某个时刻将这些策略全部运用起来，全方位地伸展并解放思维。

A. 培养消极感受力

1817 年，22 岁的诗人约翰·济慈写信给自己的兄弟，解释自己在创作过程中产生的最新想法。他写道："我们周围世界的复杂程度远超我们的想象。"由于我们的感觉和意识有限，我们只能瞥见一小部分的现实。而且，宇宙中的一切都处于不断变化的状态中。简单的言语和想法无法捕捉这种变化或复杂性。对一个已经开悟的人来说，唯一的解决办法是，让大脑吸收其所经历的一切，而不去判断那些经历意味着什么。大脑必须能尽可能长时间地感受怀疑和不确定。当大脑停留在这种状态并深入探索宇宙的奥秘时，所产生的想法会比我们之前仓促得出的结论和形成的判断要更加多维和真实。

他指出要做到这一点，我们必须能够放下自我。我们人类天生是充满恐惧和不安的生物。我们不喜欢不熟悉或未知的东西。为了弥补这一点，我们会用一些让我们看起来强大和有把握的观点和想法来维护自己。其中许多观点并非源自我们自己的深刻反思，而是基于他人的想法。而且，一旦我们持有这些想法，承认它们是错的就是在伤害我们的自尊心和虚荣心。真正有创造力的人——无论来自哪个领域——会暂时放下自我，单纯地、尽可能长时间地体会自己所看到的东西，不做任何评价和判断。他们对发现自己最坚信的观点与现实不符这一点早已做好了充分的准备。这种容忍甚至拥抱神秘感和不确定性的能力就是济慈所谓的**消极感受力**。

所有的大师都具备这种消极感受力，而这正是他们创造力的来源。这种特质使得他们可以接受更广泛的想法并去验证它们，这反过来又会让他们的工作成果更加丰富和有创造性。在莫扎特的整个音乐生涯中，他从未固守过任何有关音乐的想法。相反，他吸收了自己听到的所有音乐类型并将其融入自己的作品中。在他的音乐生涯后期，他才第一次接触约翰·塞巴斯蒂安·巴赫的音乐——一种完全区别于他自己的音乐而且在某些方面比自己的音乐更复杂的音乐类型。大多数艺术家在这种情况下会对挑战自己原则的东西产生抵触或不屑一顾。莫扎特正相反，他敞开心胸接受新的可能性，用了将近1年的时间学习约翰·塞巴斯蒂安·巴赫对复调的使用并将其融入自己的音乐中。这给他的音乐增添了一种令人惊喜的新特性。

年少的时候，阿尔伯特·爱因斯坦就发现自己对"两个人观察同一束光"这一明显的悖论十分着迷——一个人在宇宙中以光速追逐这束光，另一个人在地球上静止不动——他们看到的光怎么会是相同的呢。他没有用现成的理论来掩盖或解释这一悖论，而是发挥他的消极感受力，用了10年时间来思考这一悖论。通过这种方式，他把几乎所有可能的答案都想了一遍，直到他发现那个导致他提出相对论的答案。（更多详情，请参阅第6章，第365—366页。）

这看起来可能像是某种诗意的幻想，但实际上，培养消极感受力将是你作为一个有创造力的思考者取得成功的唯一最重要的因素。在科学领域，你往往会接受那些符合你自己的先入之见并且你自己愿意相信的观点。这会在不知不觉中影响你对验证它们的方式的选择，我们称这种现象为**"确认偏向"**（confirmation bias）。带着这种偏向，你会去寻找那些能证实你之前判断的实验和数据。毕竟，事先不知道答案的这种不确定性对大多数科学家来说都难以承受。在艺术和文学方面，你的想法会围绕着你的政治信条或你预设的看待世界的方式固化下来，这会导致你经常只表达某种观点而非对现实的真实观察。在济慈看来，威廉·莎士比亚就是自己最好的榜样，因为莎士比亚从不评判自己笔下的人物，而是以一种开放的心态进入他们的世界；即使是那些公认的坏人，他也会如实地加以呈现。对确定性的需求是思维面临的最大问题。

为了将培养消极感受力付诸实践，你必须养成一种不去评判自己遇到的一切事物的习惯。你要考虑，甚至暂时接纳和自身想法相反的观点，体会它们带给你的感受。你要将对一个人或一件事的观察持续一段时间，并有意识地阻止自己形成对其的看法。你要去寻找不熟悉的东西——例如，阅读那些你不熟悉的、与你所从事的领域不相关的或来自不同思想流派的作家的书籍。你要用尽一切方法打破自己常态的思维模式和你自以为已经知道了真相的感觉。

为了放下自我，你必须对知识抱有一种谦逊的态度。伟大的科学家迈克尔·法拉第用这句话表达了自己的这种态度：科学知识是不断进步的。当今最伟大的理论最终都会在未来的某个时刻被推翻或被改变。人类的大脑实在是太微不足道了，无法对现实有一个清晰且完美的认识。你此刻正在形成的想法或理论，虽然看起来新鲜、生动又真实，但几乎一定会在数十年或数百年后被推翻或被嘲笑。（我们经常会嘲笑那些在 20 世纪之前不相信进化论、认为世界只有 6000 年历史的人。想象一下，未来的人们又会如何嘲笑我们这些 21 世纪的人类的天真想法呢！）因此最好牢牢记住这一点，并且不要太沉浸于自己的想法，也不要认为自己一定是正确的。

消极感受力不应是思维的永久状态。为了完成各种工作，我们必须设定思考的范围；我们必须把自己的想法组织成相对连贯的东西，并最终得出结论。最后，我们必须做出一定的判断。消极感受力是我们在这个过程中用来暂时解放思维以接受更多可能性的一种工具。一旦这种思维方式引导我们进入创造性思维，我们的想法就会变得更加清晰，然后我们就可以稍微把消极感受力放在一边；当我们再次陷入思维僵化或停滞时，我们再去找回消极感受力。

B. 允许美丽的意外

大脑是一个为了建立事物之间的联系而发展出来的工具。它像一个双处理系统在运作着，进入大脑的每条信息同时也在与其他信息进行着比对。大脑会不断地在它要处理的信息之间寻找相似性、差异性，以及它们之间的关系。你的任务就是满足大脑的这种自然倾向，为它在各种观点和经验之间建立新的、原创性的联系创造最理想的条件。而要做到这一点的最佳方法之一就是，放下有意识的控制，拥抱各种可能性。

原因很简单。当我们全身心投入一个项目时，我们的注意力往往会变得很狭窄，因为我们实在是太专注了。我们会变得紧张起来。在这种状态下，我们的大脑做出的反应是，试图减少我们必须处理的刺激量。我们会把自己封闭在世界之外，以便能专注于必要的事情。这可能会在无意之中让我们更难看到其他可能性，更难有开放的心态和创造性的想法。当我们处于一种更加放松的状态时，我们的注意力自然会开阔起来，从而让我们可以接收更多的刺激。

许多最有趣和最意义深远的科学发现都不是在思考者直接专注于问题本身时出现的，而是在他们快睡着时、坐在公交车上时或听到某个笑话时——这些都是他们注意力放松的时刻，这时一些意想不到的事情会进入精神层面并触发一种新的、丰富的联系。我们称这种偶然的联系和发现为**"美丽的意外"**（serendipity）——发生在我们意料之外的事情——尽管从本质上来讲，你无法强求它们的发生，但是你可以通过两个简单的步骤，让美丽的意外出现在你的创造过程中。

第一步是尽可能地拓宽你的探索范围。在项目的研究阶段，你考察的东西要比一般要求的多。你要将自己的探索范围扩展到别的领域，阅读和吸收任何相关信息。如果你对某个现象有一套特定的理论或假设，你要尽可能多地去检查各种正例和潜在的反例。这可能看起来既累人又没效率，但是你必须要经历这一过程。随后，你的大脑会变得越来越兴奋，并受到各种各样的信息的刺激。正如威廉·詹姆斯（William James）所说，大脑"从一个想法转到另一个想法……最前所未闻的元素的组合，最巧妙的类比联想；总之，我们似乎突然被抛入了一口思想沸腾的大锅，一切都在一种混乱而活跃的状态中翻腾"。此时，我们的大脑会产生一种思维动力，在这种思维动力的影响下，最微小的偶然事件也会给我们带来丰富的想法。

第二步是保持一种开放和放松的精神状态。在高度紧张的探索时刻，你要允许自己放松片刻。你可以去散散步，参加一些工作之外的活动（比如，爱因斯坦会去拉小提琴），或想一些其他的事情，不管这些事情多么琐碎。当某个新的、意料之外的想法进入你的大脑，你不要因为它的不合常理或不符合你前期工作的狭窄框架而忽视它。相反，你要给予它足够的重视并看看它会把你引向何方。

或许有关这一点的最好例证就是路易·巴斯德（Louis Pasteur）的免疫学发现，以及他的关于如何通过接种预防传染性疾病的发现。巴斯德用多年时间证明了，很多疾病都是由微生物或细菌引起的，这在当时是一个十分新奇的观念。在发展自己的细菌理论的过程中，他将自己的知识拓展到了医学领域和化学领域的各个不同的分支。1879年，他那时正在研究鸡霍乱。他准备培养这种鸡霍乱细菌，但是他研究鸡霍乱的工作被其他项目打断了，使得他一连好几个月都没有碰鸡霍乱细菌的培养液。当他回来继续这项研究，将鸡霍乱细菌培养液注射到鸡的体内后，惊讶地发现这些鸡很快就从鸡霍乱中康复了。考虑到这些鸡霍乱细菌培养液可能因为放置时间久了，已经丧失了毒性，于是他又重新配制了一些新的鸡霍乱细菌培养液，并将新的培养液立即注射到同一批鸡体内，同时也给其他几只鸡注射了这种新的鸡霍乱细菌培养液。几只只注射了新的鸡霍乱细菌培养液的鸡，如他所料全死了，但是原来那一批鸡全部活了下来。

过去也有许多医生见过相似的现象，但他们都没有去注意它或思考它背后的意义。巴斯德在这一领域有着渊博而深厚的知识，那批活下来的鸡立刻引起了他的注意。在深入思考这批鸡为什么能活下来时，他意识到自己偶然发现了一种全新的治疗方法——通过注射小剂量的真正病菌来为身体接种对抗这种疾病的疫苗。是他的广泛探索和开放精神使他建立起了这种联系，并有了这个"偶然"发现。正如巴斯德自己所说的那样："机会只青睐有准备的头脑。"

这些偶然发现在科学领域和技术发明中是极为常见的，数以百计，包括：威廉·伦琴（Wilhelm Röntgen）发现的 X 射线、亚历山大·弗莱明（Alexander Fleming）发现的青霉素，以及约翰尼斯·谷登堡（Johannes Gutenberg）发明的印刷机。或许在所有这些例子中，最具启发性的莫过于伟大的发明家托马斯·爱迪生的例子。他花了很长时间在改进纸张在电报机中滚动和记录点划的方式上。这项工作进展得并不顺利，尤其困扰他的是纸张通过机器时发出的声音——"它会发出一种轻微的、像音乐一样的、有节奏的声音，这种声音类似于人隐隐约约的交谈声。"

　　他想要设法去除这种声音，但是努力了几个月，这种呼呼的噪声仍然困扰着他，于是他只得放弃。一天，当这种声音再次回荡在他的脑海里时，一个惊人的想法突然产生了——他可能在无意间发现了记录声音和人声的方法。在接下来的几个月里，他沉浸在对声音的研究中，这导致他在第一次尝试发明可以记录人声的留声机时，用的就是与电报机非常相似的技术。

　　这个发现向我们揭示了创造性思维的本质。在这种思维中，每一个进入大脑的刺激都会经过加工、反复考虑和重新评估。没有什么东西的价值是可以根据它的外表判断出来的。呼呼的噪声绝不会没有任何意义，它不仅仅是一种声音，还是一种等待有人去解读的东西，一种可能性，一个信号。许多这样的可能性看似没有意义，但是对一个开放、灵活的头脑来说，它们不仅值得被考虑，而且研究它们也能带来持续的乐趣。感知本身变成了思考中的一项刺激性练习。

　　美丽的意外在各种发现和发明中起到如此重要的作用的一个原因是，我们的思维有局限性。我们无法去探索所有的道路和想到每一种可能性。在爱迪生那个时代，没有人能够仅通过理性想象纸张在电报机中的滚动是如何记录声音的就发明出留声机。偶然的外部刺激会让我们产生凭我们自己无法产生的联想。像飘浮在太空中的种子一样，这些偶然的外部刺激需要一个准备充分的、开放的头脑作为扎根的土壤，这样我们才能萌生出有意义的想法。

"允许美丽的意外"这个策略即使在艺术领域，也不失为一种有趣的方法。例如，作家安东尼·伯吉斯（Anthony Burgess）为了将自己的思想从老套陈腐的想法中解放出来，曾多次根据他从一本参考书里随机选择的词语的顺序和它们之间的关联来指导自己小说情节的发展。每当他用这种完全随机的方式选择好词语，他就会运用自己有意识的智慧将这些词语编写成结构精巧的小说。超现实主义艺术家马克斯·恩斯特（Max Ernst）也做过类似的事情，受到因洗刷过太多次的木地板上出现的深槽的启发，他创作了一系列画作。他将涂有石墨的纸张以奇怪的角度在地板上摩擦，然后那些凹槽就拓印在纸上了。然后，他再在这些拓印痕迹的基础上，进行超现实和魔幻主义的绘画创作。在这些例子中，大师们用偶然得来的想法来强迫自己的大脑建立新的联系，释放创作的激情。将这种完全的偶然和有意识的加工结合起来，往往会产生新奇的和激动人心的效果。

为了帮自己培养意外发现新事物的能力，你应该随身携带一个笔记本。只要产生任何想法或有任何发现，就立即把它们记录下来。你也可以把笔记本放在床边，用心地记录下你在意识迷离的时候——入睡前或刚醒来——产生的想法。在这个笔记本里，你可以记录任何思想碎片，包括图示、你从其他书中摘录的话等任何内容。这样，你就可以自由地尝试最荒谬的想法。因为，如此多随机的碎片摆在一起，足够引发各种联想。

总之，你必须更多地运用类比的思维方式，更好地利用大脑的联想能力。运用类比和比喻的方式进行思考对创造过程极为有益。例如，16—17 世纪的人们用来证明地球没有绕太阳公转的一个论据是，一块石头从塔上掉下来就会落在塔底。他们认为如果地球在移动，石头就会落在别处。而习惯用类比的方式进行思考的伽利略（Galileo）认为，地球就像在太空中航行的一艘帆船。正如他对质疑地球公转运动的人们所解释的那样，一块从航行的船上的桅杆上掉下的石头仍然会落在船的底部。

这些类比可以是严密的、合乎逻辑的，例如艾萨克·牛顿（Isaac Newton）将从花园里的树上落下的苹果和在太空中绕地球转动的月球进行类比。这些类比也可以是不严谨的、不合逻辑的，例如爵士乐艺术家约翰·柯川认为自己的作品就像是自己正在建造的声音大教堂。无论如何，你务必要训练自己去不断地寻找这种类比，以便重塑和拓展自己的想法。

C. 在"思流"中改变思维

1832 年，查尔斯·达尔文沿南美洲海岸线航行并深入南美洲腹地旅行，他开始注意到几个奇怪的现象——灭绝很久的动物骨骼、靠近秘鲁山顶的海洋化石，以及岛屿上的动物与大陆上的动物相似却又很不相同。在笔记本里，他开始思索这一切可能意味着什么。显然，地球似乎比《圣经》所描述的古老得多，他越来越难以想象所有的生命都是同时被创造出来的。基于这些不断的思索，他开始更密切地留意自己正在观察的动物和植物。在这个过程中，他注意到了更多自然界中的异常现象，并试着寻找其中的规律。在航行快结束时，他参观了加拉帕戈斯群岛，在那里他亲眼见证了如此丰富多样的生命是如何存在于如此小的一个岛屿上的，这让他最终找到了其中的规律——这就是进化论。

在接下来的 20 年里，达尔文继续拓展自己年轻时开始的研究过程。他思索物种内部的各种差异是如何发生的，并开始饲养和繁殖不同种类的鸽子来检验自己的想法。他一直在研究的进化论基于这样一个事实，即植物和动物会在全球范围内迁移。对我们来说，动物的迁移比植物的迁移更容易想象——例如，这个年轻的火山岛上是如何出现如此丰富的植物的？大多数人认为这是上帝创造的。对此，达尔文开始了一系列的实验，他将各种各样的种子浸泡在盐水里，看它们在这种环境下能存活多久，是否还能发芽。结果证明，它们可以存活的时间比他想象的更久。再考虑到洋流的速度，他最终计算出，许多种类的种子可以在大约 40 天里漂流 1000 多英里，并且仍能发芽。

当他的想法开始确定的时候，他决定用 8 年时间研究甲壳类动物——藤壶的许多子类——来加强自己的研究，以证明或推翻自己的推测。这项研究最终证实了他的想法，也给他增加了一些新的皱纹。他确信，经过所有这些工作，他已经发现了一些有意义的东西，他最后将自己有关进化过程的研究成果以"自然选择"的概念发表了。

查尔斯·达尔文提出的进化论代表了人类创造性思维中最惊人的成就之一，这是思维力量的证明。进化不是用双眼能看到的东西。这取决于对想象力的强大运用——想象在数百万年的时间里，地球上可能发生了什么，这段时间长到我们无法对其有一个确切的概念。进化论的形成还得益于达尔文能够将这一过程想象成一个自发的、没有神力引导的过程。达尔文的理论只能通过查验证据并在脑海里建立关于他的发现可能意味着什么的联系才能推导出。他用这种方式得出的进化论经受住了时间的考验，对几乎各种形式的科学都产生了深远的影响。通过一种我们称之为"思流"的思维过程，查尔斯·达尔文让我们所有人都看到了人类肉眼完全看不到的东西。

思流就像是一个思维的电荷，通过不断地变换来获得能量。我们观察世界上冲击我们注意力的事物并好奇它可能意味着什么。通过思考这个问题，我们会得出几个可能的解释。当我们再次看到这种现象时，由于我们已经逐一查验了自己想象的各种可能的解释，我们会对它产生不同的看法。或许我们会通过实验来验证或改变我们的推测。几周或几个月后，当我们再次看到这种现象时，我们可以看到事物越来越多的隐藏本质。

如果我们未能推测出我们之前观察的东西有何意义，那么我们所观察的东西就不会给我们带来任何结果。如果我们在没有继续观察和验证的情况下进行推测，那么我们只会有一些随机的想法浮现在脑海里。但是通过不断地在推测和观察/实验之间轮转，我们就能够越来越深入地认识事物的本质，就像钻头通过钻动穿透木板一样。思流是我们的想法与事物的本质之间的不断对话。如果我们足够深入这一过程，我们就能发现可以解释远超我们有限感官能力的事物的理论。

思流只不过是被强化了的人类意识最基本的能力。我们最原始的祖先发现不寻常或不相称的事物之后——折断的树枝、被咀嚼过的树叶、蹄印或爪印，经过想象，他们推断可能有一只动物曾经过这里。这个事实可以通过追踪脚印来验证。经过思流过程，原本眼睛不能直接看到的事物（一只曾经过此地的动物）变得可见。自那以后，这种能力不断发展到越来越高水平的抽象提炼层次，直到能够理解自然界隐藏的规律——如进化论和相对论。

在我们的文化中，我们经常能看到缩减思流过程的人。他们看到某种能让他们的情绪起变化的文化现象或自然现象，便肆意推测，从不花时间考虑那些可以通过进一步观察来证实的可能解释。他们断开自己与现实的联系，这样他们就可以想象他们想要的任何东西。我们还看到许多人，尤其是学术界或科学界的人，他们在研究和统计中积累了如山的信息和数据，但是从不敢从更高层面对这些信息进行推测或将它们联系成一个理论。他们害怕推测，因为推测看起来不科学而且很主观。他们不明白推测是人类理性的核心和灵魂，是我们与现实建立联系和看到隐藏信息的方式。对他们来说，最好是要坚持事实和研究，保持微观视角，而不是用一个可能错误的推测让自己丢脸。

有时这种对推测的恐惧会伪装成怀疑。我们可以在喜欢驳斥那些还未成立的理论或解释的人们身上看到这一点。他们试图用怀疑充当高智商的标志，但事实上，他们走的就是捷径——找论据反对一个观点，并从旁观者的角度将其驳倒，这很简单。因此，你必须要朝相反的方向走，走所有有创造力的思考者走的那条路。你不仅要推测，而且要大胆无畏地提出自己的观点，这一切会迫使你努力证实或推翻自己的理论，并在这个过程中更深入地认识事物的本质。正如伟大的物理学家马克斯·普朗克（Max Planck）说的那样，科学家们"必须有生动的直觉想象力，因为新的想法并非由演绎推理而产生，而是通过富有艺术性的创造性想象产生的"。

对思流的运用远不止科学领域。伟大的发明家巴克敏斯特·富勒总是能不断地为可能的发明和新形式的技术提出自己的想法。在他的职业生涯早期，富勒发现其实许多人都有很棒的想法，但他们害怕将这些想法付诸任何形式的行动。他们更愿意参与讨论或评论，写下他们的幻想，却从不试图去现实世界中实现它们。为了让自己不成为空想家，他制定了一个打造他称之为"产品"的策略。他会先厘清自己的想法，排除掉那些过于不切实际的，然后把自己想象的东西制成模型，如果这些想法看起来完全可行，他再进一步根据它们去做原型机。通过真正将自己的想法转变成有形的东西，他就可以感觉出这些想法是有潜在价值的还是荒谬可笑的。这样，他那些看起来古怪的想法就不再是空洞的推测，而是实实在在的东西了。然后，他会进一步改进原型机，将它提升到"产品"层次，并制造出来，看看公众会如何反应。

流线型汽车是富勒研发的众多产品中的一个，于 1933 年向公众发布。它比现有的任何车辆都更高效、更容易操作、更符合空气动力理论，它的特点是只有 3 个轮子、车型是不常见的泪滴形；此外，它需要的组装时间更少，成本更低。在准备对外发布这个产品时，他发现了它在设计上的一些缺陷并进行了改进。尽管改进的结果不如人意，尤其是在汽车行业在他面前筑起了一道道障碍的情况下，流线型汽车最终还是影响了后来的设计师们，并让许多人开始怀疑以往单一的汽车设计方法。富勒将他的"产品"策略也运用到了自己的其他构想中，包括他最著名的一个构想——圆顶建筑结构。

富勒打造产品的过程是商业和贸易中所有新发明或新想法的绝佳典范。比如说你有一个关于新产品的想法。你可以先把它设计出来，然后将其投放市场。这时，你往往会发现公众对你的新产品的反应非常冷淡，远不及你自己对它的兴奋。这是因为你没有参与到与事物的本质的对话中，而这正是思流过程的精髓。所以，你最好要根据自己的想法做一个原型机——这也是推测的方式之一——看看人们对它的反应如何。然后你可以基于你获得的反馈，对原型机进行改进并重新投放市场，这样循环往复几次，直到你做出完美的产品。公众的反应会让你更深入地思考自己正在研发的产品。这种反馈有利于让通常情况下肉眼看不见的东西——有关你工作的客观现实及其缺点——变得可见，因为它们会通过许多人的眼睛反映出来。不断地在想法和产品之间轮转会帮助你创造出一些既有吸引力又有用的东西。

D. 转变你的视角

将思考看作一种视觉的延伸，这能让我们看到更大的世界，而创造力则是一种超越传统视觉界限的能力。

当我们感知一个物体时，我们的眼睛只能看到它的一部分或大致轮廓，剩下的要靠我们的大脑去补充，以此让我们对所看到的东西做出快速且相对准确的评估。我们的眼睛不会去仔细观察所有的细节，但是会去留心其中的规律。我们的思维过程会模仿视觉感知的过程，用一种与视觉感知相似的速成法。当一件事发生时或我们新认识一个人时，我们不会停下来思考所有的方面或细节，而是会看到一个符合我们预期和过去经验的轮廓或模式。我们会对这些事或这些人进行分类。与视觉一样，如果我们必须深入思考每一件新出现的事物或新感知到的物体，我们的大脑就会不堪重负。不幸的是，我们却将这种思维速成法运用到了几乎所有的事情上——这是惯性思维的主要特征。我们可能认为自己在解决一个问题或实现一个想法时，是高度理性和周密的，但就像我们的眼睛一样，我们没有意识到自己的想法已经深深地落入了窠臼之中，只是在照搬以前的经验而已。

有创造力的人是那些有能力抵抗这种速成法的人。他们可以从几个不同的视角去看待同一个现象，会注意到一些我们忽略的信息，因为我们不会转变自己的视角去看待事物。有时，当他们公布自己的一个发现或发明时，我们会惊讶于它看起来多么平淡无奇，并好奇为什么之前从未有人想到过。这是因为有创造力的人实际上就是在寻找隐藏在平淡外表之下的东西，他们不会急着去总结和归类。这种能力是天生的还是后天习得的并不重要：思维可以通过训练得到解放，跳出窠臼。要做到这一点，你必须清楚自己会经常陷入什么样的思维模式以及如何打破这些模式，并通过有意识的努力转变自己的视角。一旦你进入这个过程，你就会惊讶于它所释放出来的想法和创造力。以下是几种最常见的思维模式或思维速成法，以及如何打破它们的策略。

着眼于"什么"，而不是"如何"

比如说，一个什么项目出了点问题。我们惯常的做法是，找一个单一的原因或一个简单的解释，用以告诉我们如何解决这个问题。如果我们写书遇到了瓶颈，我们就会以为是自己没有灵感或写书的方向错了。如果我们工作的公司业绩不好，我们就会从自己设计和营销的产品上找原因。尽管我们认为自己这样思考的时候很理性，但很多时候这些问题比我们以为的更加复杂和多面。因为大脑总是会去寻找速成法，从而把问题简单化。

着眼于"如何"而非"什么"意味着，我们会去关注事物的结构——部分是如何与整体相关联的。在写书的例子中，写书遇到瓶颈可能是因为谋篇布局没有做好，这可能反映了作者有些东西还没想清楚。如果我们的思维处于混乱状态，它就会从我们的作品中反映出来。因此，我们必须更深入地去了解部分以及它们是如何与整体相关联的，通过优化作品结构来改善作品。在公司业绩不好的例子中，我们应该更深入地审视公司本身的结构——员工之间的沟通是否良好，信息的传递是否快速、通畅。如果员工之间不沟通，如果他们不能达成一致，无论我们在产品和营销上做多少改变，公司业绩都不会提升。

自然界的一切事物都有其结构。结构是各部分之间相互关联的方式，它通常是变化的，不容易固定成一个样子。我们的大脑天生喜欢对事物进行分类，天生喜欢静态思考而非动态思考。总之，你需要更关注事物之间的联系，因为这样会让你对整体有更好的把握。正是在研究电与磁之间的关系及其效应之间的关联性时，科学家们才掀起了一场科学思维的全面变革，从迈克尔·法拉第到阿尔伯特·爱因斯坦及其对场论①的详细阐述。这是一场在我们的日常思维中随时等待发生的变革。

急于概括，而忽略细节

我们的大脑总是急于去概括事物，并且这种概括常常以最少量的信息为基础。我们会快速形成一个与我们之前的观点一致的观点，我们不太会去注意细节。为了不要陷入这种模式，我们必须时不时地把自己的关注点从宏观转移到微观——给予细节更多的关注，从小处着手。达尔文为了证明自己的理论是正确的，用了 8 年时间专门研究藤壶。当他看到藤壶这一极微小的自然生物时，他觉得这就是对自己的宏观理论的完美确证。

---

① 场论，研究各种物理场（引力场、电场、磁场、核力场、温度场、密度场等）的运动规律及其相互作用的理论。——编者注

当莱昂纳多·达·芬奇想开创一种全新的绘画风格，一种更逼真、更有感染力的风格时，他将自己沉浸在了对细节的疯狂研究中。他花了无数时间尝试将各种灯光打在各种几何物体上，以了解光线对物体外观的改变。他在笔记本上用了几百页来探索每一种可能的组合中的阴影的层次变化。他也这样去关注长袍的褶皱、头发的样式、人脸上表情的各种细微变化。当我们欣赏他的作品时，我们虽然不知道他在这方面付出了多少努力，但是我们能感受到他的画是多么生动和真实，仿佛是真的一样。

总之，让我们尝试用更加开放的思维来处理问题或想法。让我们以对细节的研究来引导我们的思维，形成我们的理论。让我们将自然界中或世界上的一切看作一种全息影像——即使是最微小的部分也能反映出整体的本质。让我们将自己沉浸在细节中，这样就可以让我们的大脑免于陷入急于概括的倾向，并让自己更接近事物的本质。然而，一定不要让自己迷失在细节中，从而忽略它们是如何反映整体的本质以及符合更大的观点的。这是同一个问题的另一种表现形式。

确认范式，而忽略异常现象

任何领域都不可避免地有范式的存在——公认的解释现实的方式。这是有必要的，因为没有这样的范式，我们就不能理解这个世界。但有时候，这些范式最终会主导我们的思维方式。我们常常在这个世界上寻找一些可以证明我们已经相信的范式的事情。不符合我们所相信的范式的事情——异常现象——往往会被我们忽略掉或合理地排除掉。实际上，异常现象本身包含着十分丰富的信息。它们通常会向我们揭示我们所相信的范式的缺陷，并为我们打开看待世界的新视角。你必须把自己变成一个侦探，留心去观察和发现那些容易被人们忽视的异常现象。

在 19 世纪晚期，几位科学家注意到一个奇怪的现象，像铀这样的稀有金属在没有任何光照的情况下也会发出一种性质未知的冷光射线。但是没有人特别去关注这一点。人们认为，对这种现象的合理解释迟早会出现，而且这种解释会符合一般的物质理论。但对科学家玛丽·居里来说，这种异常现象恰恰是需要研究的对象。她凭直觉认为这有望拓展我们对物质的认识。在长达 4 年的时间里，玛丽在丈夫皮埃尔（Pierre）的帮助下全身心地研究这一现象，最终将它命名为"放射现象"。最后，她的发现彻底颠覆了科学家们对物质的认识。在此之前，人们认为物质包含的元素是稳定不变，但是现在人们发现，物质没有我们以为的那么稳定，而且更加复杂。

当谷歌的创始人拉里·佩奇（Larry Page）和谢尔盖·布林（Sergey Brin）研究 20 世纪 90 年代中期的搜索引擎时，他们将唯一的关注点放在了搜索系统中看似不重要的小缺陷——异常现象（如远景公司的系统缺陷）上。这些搜索引擎是当时最热门的创业公司研发的，它们通常是根据搜索关键词在一篇给定的文章中被提及的次数来给搜索结果进行排序的。尽管这一方法有时会产生无用或不相关的结果，但是人们普遍认为这只不过是系统中的一个奇怪之处罢了，最终不是被消除就是被接受。通过关注这一异常现象，佩奇和布林发现了这个方法中的一处明显的缺陷，并开发出了一种迥然不同的排序算法——根据一篇文章被链接的次数——这彻底改变了搜索引擎的有效性和用途。

对查尔斯·达尔文来说，他的进化论的关键在于对突变现象的考察。往往正是自然界中奇怪而随机的变异，将一个物种引向了新的进化方向。我们不妨将突变看作这些异常现象的一种创造性形式。异常现象常常代表着未来，尽管现在在我们看来它们很奇怪。通过研究它们，你可以比其他人更早看到这个未来。

专注于存在的东西，忽略不存在的东西

在阿瑟·柯南·道尔（Arthur Conan Doyle）的故事《银色马》（*Silver Blaze*）中，夏洛克·福尔摩斯（Sherlock Holmes）通过关注未发生的事情而成功破案——家里养的狗没有叫，这意味着凶手一定是狗熟悉的人。这个故事说明了一般人通常不会留意我们所谓的"反证线索"，即本应发生却未发生的事情。我们天然倾向于关注已经发生的事情，只注意自己看到和听到的内容。只有像福尔摩斯这样有创造力的人才具备开阔且严谨的思维，才能将事件中缺失的信息也考虑进去，并轻松地想象出未发生的事情的样子，就像亲眼看到一样。

曾经有长达几个世纪的时间，医生们认为身体外部的攻击——感染性细菌、冷空气、有毒的烟雾等——是其出现疾病的唯一原因。疾病治疗的关键在于找到某种可以抵抗环境中这些致病因素的有害影响的药物。然后，在 20 世纪早期，生物化学家弗雷德里克·高兰·霍普金斯（Frederick Gowland Hopkins）在研究坏血病的影响时产生了一个颠覆这种观点的想法。他推测，引发某种疾病的不是身体外部的攻击，而是身体本身缺少某种东西——在坏血病的例子中，身体缺少的就是后来被我们称之为"维生素 C"的东西。他创造性地不去关注已有的东西，而是去关注不存在的东西，这恰好帮他解决了问题，使得他率先发现了维生素，并彻底改变了我们的健康观念。

在商业中，我们的天然倾向是，了解市场上已经有什么产品并思考要如何改进产品或降低成本。但商业成功的真正窍门——相当于找到反证线索——是把我们的注意力聚焦在人们当前还未被满足的需求上，聚焦在人们缺少的东西上。这需要我们进行更多的思考，并且这种思考很难有一个结论，但是如果我们碰巧发现了这种未被满足的需求，回报将是巨大的。开启这样一个思考过程的一个有趣方法是，看看这个世界上可用的新技术，并想象如何用一种完全不同的方式来应用它，以满足一个我们能感觉到却又不十分明显的需求。如果某个需求太显而易见了，那么其他人一定已经着手在做了。

最后，改变自身观点的能力是我们想象力的一个功能。我们必须学会如何想象比我们通常认为的更多的可能性，并尽可能放松和彻底地去进行这个过程。这既适用于艺术家，也适用于发明家和商人。让我们来看看亨利·福特的例子，福特本身就是一个极具创造力的思考者。在汽车制造业的早期阶段，福特想出了一种与当时完全不同的商业模式。他想实现汽车的量产，因为这有助于创造他认为即将到来的消费文化。但是他工厂的工人平均需要花大约 12 个半小时才能生产出一辆汽车，这对实现他的目标来说实在是太慢了。

一天，福特正在努力地思考给生产提速的方法，他看到工人们以最快的速度在工厂里四处奔忙着组装一辆固定在台子上的汽车。福特没有想着如何改进工具，或是如何让工人们动作更快，或是要不要雇佣更多的工人——这些小变化不足以带来可以量产的改变；他想的是完全不同的东西。他突然在自己的脑海中看到了这样的画面：汽车从一个位置移动到另一个位置，而工人们站着不动，每位工人只需负责汽车组装中的一小部分工作。他在几天后尝试了这个想法，并意识到自己这么做意味着什么。到 1914 年工厂的生产线完全布置好之时，福特工厂能在 90 分钟内就生产出一辆车。并且这种生产速度在之后的许多年里不断提高，奇迹般地为福特节约了很多时间。

当你努力解放自己的思想，赋予它转变视角的力量时，请记住：我们在任何时候体验到的情绪都会对我们如何感知这个世界产生超乎我们预料的影响。如果我们感到害怕，我们往往会在同一个行为中看到更多的潜在危险。如果我们特别大胆，什么也不怕，我们就容易忽略潜在的危险。因此，你必须要做的不仅仅是转变自己的思维视角，还要转变自己的情绪视角。例如，如果你在工作中遇到了许多阻力和挫折，试着把这看作非常正面和有用的事情。这些困难会让你变得更坚强，并且更能意识到自己需要改正的缺点。在体能训练中，阻力训练能让身体更强壮，这对思维训练来说同样适用。身处顺境的时候转变一下视角，你就能看到这里面可能潜藏着你会变软弱、变得喜欢寻求关注等这样的危险。这样转变视角可以释放你的想象力，让你看到更多的可能性，并影响到你的行为。如果你将挫折视为机会，你就更有希望将它变为现实。

E. 回归智力的原始形式

我们最原始的祖先在语言发明之前就已经发展出了各种各样的智慧，帮助他们在严酷的斗争中生存了下来。他们主要用视觉图像来进行思考，而且非常擅长发现规律和辨识环境中的重要细节。由于他们活动的空间很广阔，他们发展出了空间思维能力，并学会了如何在不同的环境中借助地标和太阳的位置辨别方向。他们能够以机械的方式来进行思考，并且很善于通过手眼的协调来制作东西。

随着语言的发明，我们祖先的智力水平得到了极大的提高。用语言进行思考，他们就可以想象出周遭世界更多的可能性，然后他们就可以交流并采取行动。人类大脑就这样沿着这些进化道路发展成了一个多功能的、极其灵活的工具，它能够在不同层面进行思考，并将各种智力形式和所有的感觉结合起来。但是人类大脑在发展的过程中出现了一个问题：我们渐渐失去了之前的灵活性，而且变得更多地依靠语言来进行思考。在这个过程中，我们失去了与各种感觉——视觉、嗅觉、触觉——的联系，而这些感觉都曾对我们的智力起到了至关重要的作用。语言是一套主要用于社交的系统。它以所有人公认的惯例为基础。它在某种程度上是严格和稳定的，以便让我们沟通时可能产生的摩擦降到最小。但是当涉及生命不可思议的复杂性和流动性时，它常常会让我们失望。

语言的语法把我们限制在某种逻辑形式和思维方式中。正如作家悉尼·胡克（Sidney Hook）说的那样："当亚里士多德在写《范畴篇》（Categories）的初稿时，他实际上是在将希腊语的语法投射到宇宙中。"语言学家们已经列举了大量无法用特定英语单词来描述的概念。如果某些概念没有相应的词语来表达，我们就容易忽视它们。因此，与我们天生拥有的多重智力相比，语言是一种过于严格和受限的工具。

在过去的几百年里，随着科学、技术和艺术的飞速发展，我们人类不得不用自己的大脑来解决越来越复杂的问题，而且那些真正有创造力的人已经发展出了超越语言进行思考、进入意识的更深处并重新使用我们用了数百万年的原始智力形式的能力。

据伟大的数学家雅克·阿达马（Jacques Hadamard）所说，大多数数学家都是用图像来进行思考的，他们会为自己正在尝试寻找的定理创造一个视觉等价物。迈克尔·法拉第就是一位强大的视觉思考者。当他提出预见到了 20 世纪场论的电磁力线的概念时，他先是在脑海中清晰地看到了它们，然后再把它们写下了来。元素周期表的结构曾出现在化学家德米特里·门捷列夫（Dmitry Mendeleyev）的梦里，他在梦中真切地看到了这些元素以一种视觉的形式呈现在他的眼前。依靠图像进行思考的伟大思考者非常多，其中最著名的或许就是阿尔伯特·爱因斯坦，他曾写道："无论是书面的还是口头的语言文字，似乎都没有对我的思维机制起到任何作用。在我的思考中起作用的思维实体似乎是某些可以被自由地重现和组合的符号和图像，这些符号和图像或多或少在某种程度上是清晰的。"

像托马斯·爱迪生和亨利·福特这样的发明家不仅用视觉进行思考，还具备三维立体思维。据说伟大的电气和机械工程师尼古拉·特斯拉（Nikola Tesla）可以想象出一台机器的所有微小细节和它的全部零件，然后他会按照自己的想象将它发明出来。

回归到用视觉进行思考的原因很简单。人类的记忆容量是有限的。我们同时只能记住几条信息。而借助图像，我们看一眼便可以立刻同时记住许多东西。与冰冷、死板的语言相反，视觉化需要我们发挥自己的创造力，能满足我们当下独有的需求，并可以用比简单的语言更流畅、更真实的方式来表达一个想法。使用图像来理解这个世界或许是我们最原始的智慧形式，它可以帮我们想出一些想法，然后我们再用语言将这些想法表达出来。语言也很抽象，而图像或模型能让我们的想法一下子变得更具体，并满足我们用感官去看事物和感受事物的需求。

即使你还不能熟练地运用这种思维方式，用图表和模型来帮助你推进创作过程也会极具成效。查尔斯·达尔文平常不太用视觉进行思考，但是在他的早期研究中，他也想了一个图像来帮他把进化论概念化——一棵分叉不规则的树。这个图像表明所有的生命都始于一粒种子，一些树枝停止生长了，另一些树枝仍在生长，并分出新的枝丫。他后来在笔记本上画了这样一棵树。事实证明，这幅画非常有用，他会一次又一次地把这幅画拿出来看看。分子生物学家詹姆斯·杜威·沃森（James Dewey Watson）和弗朗西斯·克里克（Francis Crick）建了一个大型的 DNA 分子三维模型，用来方便他们对 DNA 进行研究；这个模型在他们发现和描述 DNA 的过程中发挥了重要作用。

这种对图像、图表和图形的使用，有助于揭示出你的思考过程和你可以考虑的新方向，而这些仅凭语言是难以想象的。当你的想法通过相对简单的图表或模型变得具体化之后，你可以看到自己的整个概念会被立刻呈现出来，这有助于你组织大量的信息，并为自己的概念添加新的维度。

这种概念图像或模型可能是努力思考的结果，沃森和克里克就是这样设计出他们的 DNA 三维模型的；也可能是在意识迷离时产生的——源自梦境或白日梦。在第二种情况中，这种视觉化过程需要你在一定程度上保持放松。如果你思考得太用力，你想出的东西就会过于平淡。让你的注意力四处游荡，在你的概念边界玩耍，放松你对意识的控制，让图像出现在你的眼前。

迈克尔·法拉第在其职业生涯早期曾学过绘画。他之所以学习绘画是为了让自己可以重现他在各种讲座中看到的实验。但是他发现绘画在许多方面都有助于他思考。手脑连接是我们人类身上很深度的一种连接；当我们尝试描画某样东西时，我们必须仔细观察它，通过我们的手指来感受如何把它生动地呈现出来。这种练习可以帮助你用视觉进行思考，并把你的思想从持续不断的语言表达中解放出来。对莱昂纳多·达·芬奇来说，绘画和思考就是一回事。

一天，作家和博学家约翰·沃尔夫冈·冯·歌德对他的朋友——优秀的德国作家弗里德里希·席勒（Friedrich Schiller）——的创作过程有了一个奇怪的发现。有一次，他到席勒家拜访，被告知席勒不在家，但是马上就回来了。歌德决定等席勒回来，便坐在席勒的写字台前。他开始感到一种奇怪的眩晕感，渐渐觉得头晕目眩起来。但是他一走到窗前，这种感觉就会消失。突然间，他发现有一股奇怪、恶心的气味从书桌的一个抽屉里散发出来。他打开抽屉一看，吓了一跳，里面全是烂苹果，有些已经烂得不成样子了。席勒的妻子来到房间时，歌德就问她这些又烂又臭的苹果是怎么回事。她告诉歌德，她会定期往这些抽屉里放满苹果——她的丈夫席勒很喜欢这种气味，因为席勒发现自己最有创造力的工作都是在闻着这些烂苹果味儿时完成的。

别的艺术家和思想家也想出了类似的独特方法来帮助自己创作。阿尔伯特·爱因斯坦在对相对论进行最深入的思考时，喜欢抓着一个橡皮球，时不时地捏一捏。作家塞缪尔·约翰逊（Samuel Johnson）工作时会放一只猫（他要时不时地摸一下猫，让它发出喵喵声）和一片橙子在桌上。据说，只有这些不同的感官信号才能真正地刺激他的工作。

这些例子全都与通感现象——对一种感官的刺激会引起另一种感官的感觉——有关。例如，我们听到某种声音之后会想起某种颜色。

研究表明，通感现象在艺术家和高水平思考者当中更为常见。有人推测，这是因为通感代表大脑内部的高度连接，而这对智力来说非常重要。有创造力的人不单单用语言进行思考，还会在思考过程中动用所有的感觉和整个身体。他们会在许多方面寻找刺激他们思想的感官信号——或者是某种强烈的气味，或者是橡胶球带来的触感。这意味着，他们更愿意采用不同的方式来思考、创造和感知这个世界。他们会为自己寻求更广泛的感官体验。你也必须将自己对思考和创造的理解拓展到语言和理智的界限之外。全方位地刺激你的大脑和感觉，这将有助于你解锁自己的天生创造力，并让你的初心思维苏醒过来。

第三步：创造性突破——紧张感和洞察力

在几乎所有大师的创作生涯中，我们都听说过以下规律：他们凭借自己最初的直觉和对自身潜在成功的兴奋开始一项工作。他们的工作与一些个人的、原始的东西深深地联系在一起，并且能让他们变得非常有活力。

他们最初的神经兴奋会激励他们选择某个方向，然后他们开始将自己的概念具体化，减少其可能性，并将精力引到某个越来越清晰的想法上。他们进入注意力高度集中的阶段。但是大师们都拥有另一种让工作过程复杂化的品质：他们不会轻易对自己正在做的事情感到满意。在感到兴奋的同时，他们也会对自己工作的价值产生怀疑。他们内心的标准很高。随着他们的进步，他们开始发现一些自己在最初的想法中未曾预见到的缺陷和困难。

随着这个过程开始变得越来越有意识，越来越出自直觉，他们心中曾经很鲜活的想法开始变得有些呆板和陈旧了。这是一种让人难以忍受的感觉，因此他们工作得更加努力，试图强迫自己找到解决办法。他们越努力，心里就会产生越多的紧张感和挫败感。陈腐的感觉愈发强烈。最初，他们的脑子里充满了丰富的联想；现在，它似乎被限定在一条狭窄的思维轨道上，无法产生最初那样丰富的联想。在这个过程中的某些时刻，少部分人会干脆放弃或满足于现状——平庸、比上不足比下有余的状态。但是大师们更坚强。他们之前经历过这些，无意之中就明白了，自己必须破浪前进，所有的挫折和困难都有其存在的意义。

在特别紧张的时刻，他们会暂时放手：停止手头的工作去睡觉，或是休息一下，或是暂时忙些别的事情。在这样的时刻，他们几乎总是能发现完成工作的绝妙方法。

经过对广义相对论这个问题 10 年不间断的思考之后，有天晚上阿尔伯特·爱因斯坦决定直接放弃。他已经受够了。它超出了他的能力范围。那天晚上，他早早上床睡觉，当他醒来时，问题的答案突然出现在他脑海里。作曲家理查德·瓦格纳（Richard Wagner）在创作他的歌剧《莱茵的黄金》（Das Rheingold）时太过努力，以至于自己完全卡壳了。沮丧之下，他在树林里散了很长时间的步，还在里面躺着睡了一觉。半梦半醒之间，他感到自己似乎在湍急的水流中下沉，水流的哗哗声仿佛音乐和弦。他被溺水的感觉惊醒，连忙赶回家记下了梦中的和弦，它们听起来可以使人真切地想起湍急的水声。这些和弦后来成了《莱茵的黄金》的序曲以及贯穿整部歌剧的主旋律，也是他创作的最令人惊叹的作品之一。

这些故事在表明大脑的一些本质以及它是如何达到创造力的巅峰

的这一点上极其一致。我们可以这样来解释这种现象：如果我们一直和项目开始时一样兴奋，一直保持着点燃这一切的直觉，我们就永远无法拉开必要的距离去客观地看待自己的工作并改进它。最初的热情的退却，会让我们重新思考自己的想法，让我们不要过早定下一个简单的解决方案。因为一心一意研究某个问题或想法所带来的越来越多的挫败感和紧绷感总会到达一个极限。在那一刻，我们会意识到自己毫无进展。这样的时刻是大脑释放出的放手信号，需要放手多久就放手多久，而大多数有创造力的人都能有意或无意地接受这一点。

当我们放手时，我们并没有意识到，在意识的表面之下，我们那些已经构建起来的想法和关联仍在继续发酵和酝酿。随着紧张感的消失，大脑可以立刻找回最初的兴奋和活力，并且那时这些感觉已经被我们所有的努力大大增强了。大脑那时可以对工作进行恰当的合成，而之前因为我们把自己逼得太紧而无法做到这点。或许在瓦格纳绞尽脑汁地为《莱茵的黄金》寻找合适的序曲时，水声这个想法曾在他的大脑里以不同的形式出现过。只有当他放弃寻找，在树林里睡着后，他才能进入自己的潜意识，让其中酝酿许久的想法通过梦境的方式浮现出来。

关键就在于要意识到这个过程，知道自己将要面对的挫折和创造阻力都有其价值和意义，鼓励自己通过不断的质疑、改进和付出，尽可能地向前迈进。你要把自己当作自己的禅师。禅师们会经常打击自己的徒弟，并有意将他们引到自我怀疑和内心紧张的极限状态，因为禅师们知道要想开悟，这些都是必须要经历的。

在无数关于伟大见解和发现的故事中，最不同寻常的可能要数埃瓦里斯特·伽罗瓦（Evariste Galois）的故事了。他曾是法国数学专业很有前途的一位学生，青少年时就显示出了他在代数方面的过人天资。1831 年，20 岁的伽罗瓦为了一个女人卷入一场争吵，导致对方找他决斗。决斗前一晚，确信自己会死于决斗的伽罗瓦坐下来试着总结这几年来一直困扰他的所有关于代数方程的想法。突然间，这些想法流动起来了，甚至产生了新的想法。他极度兴奋地写了一整晚。第二天，如他所料，他在决斗中死去。但在随后的几年里，他的笔记被广泛传阅和出版，掀起了高等代数学领域一场彻底的革命。他匆匆留下的笔记指出了远远超前于他所处时代的数学方向，我们现在很难知道这些想法源自何处。

这是个有点极端的例子，但是这个故事揭示了紧张感的必要性。我们觉得自己有无限的时间来完成工作，这种感觉对我们的思维有着潜在的不利影响，会让我们的注意力和心思变得分散。如果我们缺乏紧张感，我们的大脑就很难到达高速运转的状态，各种想法之间也不会产生联系。为了增加紧张感，你必须让你的工作有一个最后期限，不论实际要求如此，还是你自己去添加。当到达终点的最后期限到来之时，你的思维会上升到一个你需要的水平。你的想法会一个接一个地冒出来。你不会有时间去沮丧。每一天对你来说都是一场高强度的挑战，每天早上你都会带着原创的想法和联想醒来，这会不断推着你前行。

如果你没有这样的最后期限，那就自己为自己设置一个吧。发明家托马斯·爱迪生深知自己在压力之下的工作效果要好得多。所以，他会故意在一个想法还没成型之前就向媒体透露。这会让公众因为可能产生的发明而兴奋，并自行帮他宣传。如果他放弃这个想法或迟迟没有结果，他的声誉就会受损。为了不让自己的声誉受损，他的大脑就会高速运转起来，最终实现他的想法。在这种情况下，你的大脑就像是被逼到海边或山上的军队，无路可退。当大脑感受到死亡的逼近时，它就会比任何时候都更努力地战斗。

情绪陷阱

当我们的事业达到积极创造阶段时，我们会面临新的挑战，这些挑战将不仅仅是精神上或智力上的。我们的工作要求会变得更高，我们面临的风险也会更高，而且我们只能靠自己。我们的工作会受到更多人的关注和审视。我们可能会拥有最聪明的想法和能够应对最难智力挑战的头脑，但是如果我们稍不小心，我们就会跌入情绪陷阱。我们会变得没有安全感，过度担心别人的看法，或者过分自信。或者我们会感到无聊，失去对一些很有必要但很艰苦的工作的兴趣。一旦我们落入这些陷阱，我们就很难将自己解脱出来；我们会失去发现自己到底哪里出错了的必要视角。我们最好去提前了解这些陷阱，并且永远不要陷入其中。以下就是威胁我们的最常见的六种陷阱。

自 满

童年时，这个世界仿佛是一个被施了魔法的地方。我们遇到的每一件事情都有魔力，并能激发我们的好奇心。以我们现在成熟的眼光来看，这种好奇是天真的，而天真是一种随着我们长大成熟和对现实世界的经历不断丰富而逐渐缺失的独特品质。长大后，我们会对像"魔法"或"奇迹"这样的词嗤之以鼻。但是仔细一想，真实情况正好相反。生命在几十亿年前就已经出现了，地球上能够有像人类这样有意识的物种产生并进化到如今的模样，我们能够访问月球并了解重要的物理学法则，等等——所有这些事实都应该让我们始终心存敬畏。我们的怀疑、我们的愤世嫉俗，实际上会将我们和许多有趣的问题以及现实本身隔绝开。

当我们经过严格的学徒阶段后，开始展示自己的创造力时，我们会不由自主地对自己所学到的东西和获得的进步感到满足。我们会开始自然而然地认为，自己所学到的东西和产生的想法是理所当然的。渐渐地，我们不会再去追问早期困扰我们的那些问题，因为我们已经知道了答案。我们会产生强烈的优越感。我们所不知道的是，随着自满情绪蔓延到我们的灵魂中，我们的思维会慢慢变得狭隘和紧绷。尽管我们可能因为自己之前的成果而获得了公众的称赞，但是我们扼杀了自己的创造力，并且永远也找不回来了。你要通过继续保持主动的好奇来尽力抵抗这种下坡趋势。你要不断地提醒自己：你真正知道的是多么的少，而世界又是多么的神秘。

保　守

如果你的工作在这个阶段获得某种关注或成功，你就会面临保守主义蔓延的巨大危险。这种危险会以几种不同的形式出现。其一，你会开始喜欢用那些过去对你起过作用的想法和策略。为什么要在中途冒险改变自己的风格，或者去适应一种新的工作方法呢？最好还是坚持已经试过的正确做法。其二，你会开始爱惜自己的名声——最好什么都不要说，什么也不要做，以免招惹是非。其三，你会变得沉溺于自己已经获得的物质享受，并且会在不知不觉间坚持自己以为是自己真心相信的但实际上却是为了取悦观众、赞助商或其他相关人员的想法。

创造力本质上是一种大胆和叛逆的行为。你没有去接受现状或传统智慧，而是灵活运用你学到的规则，测试它们的边界在哪里。这个世界亟需更大胆的想法和那些不怕思索和钻研的人。保守情绪的蔓延会缩小你的研究范围，将你困在舒适区里，导致恶性循环——当创造力的火花离你而去时，你会发现自己会更加用力地抱住那些过时的想法、过去的成功以及维持现状的需求。将创造力而不是舒适作为自己的目标，你一定会在未来获得更多的成功。

依 赖

在学徒阶段，你依靠导师和上级为你提供你所在领域里的必要评判标准。但是如果你稍不小心，你就会将这种对认可的需求带到下一个阶段。这时，你虽然不再依赖大师对你的工作的评价了，却又开始依赖公众对你的看法，因为你对自己的工作以及如何评价它没有信心。这并不是说你必须无视他人的评价，而是说你必须首先努力建立起自己的内心标准，并培养出自己高度的独立性。你要有拉开一些距离看待自己的工作的能力；当公众对你的工作做出反应时，你要能区分哪些值得关注，哪些需要无视。你最终的目标是内化大师的声音，这样你既能成为老师也能成为学生。如果你做不到这一点，你就会因为缺少对自己工作价值的内心标准而被他人的看法所左右，永远找不到自己。

急 躁

这可能是所有陷阱里最危险的一个。这种情绪会不断困扰着你，无论你认为自己多么地能控制自己。你会让自己相信，自己的工作已经基本上完成了，而且做得还不错，但实际上是你的急躁歪曲了你的判断。因为当你还年轻或者比较急切时，你容易失去自己拥有的能量，并在不知不觉中走向重复——重复同样的想法和过程，走一条捷径。然而，创造过程需要持续的强度和活力。每一个任务、问题或项目都是不同的。如果我们一路上都匆匆忙忙，或者不断地炒冷饭，那么结果一定会很平庸。

莱昂纳多·达·芬奇就很明白急躁的危险。他将"固执的严谨"作为自己的座右铭。他每参加一个项目——他一生参加过的项目数以千计——都会反复告诉自己这一点，这样他就能以相同的精力和毅力去完成每个项目。消除我们天生的急躁的最好办法是，苦中作乐——你要像运动员一样享受严酷的训练，突破自身的极限，并拒绝走轻松的道路。

自　大

有时，成功和赞扬带来的危险要大于批评。如果我们学会了如何处理好批评，它就能让我们变得更强大，并帮助我们意识到自己工作中的缺点。赞扬通常会带来危害。它会慢慢地让我们将重点从创造过程中的愉悦转移到对关注的渴望，并让我们的自我不断膨胀。我们会在不知不觉中改变或调整自己的工作以吸引我们渴望的赞扬。我们不理解成功往往还有运气的成分——我们之所以会成功，很多时候是因为我们在对的时间出现在了对的地点。相反，我们开始认为，是自己的才华给我们带来了成功和关注，就仿佛真的是命中注定一般。一旦我们的自我开始膨胀，那就只有经过惨烈的失败，我们才能重新认清现实，这同样会给我们带来伤害。为了避免这种命运，你必须打开你的视野。总会有比你更有天赋的人存在。运气必然发挥了作用，你的导师和其他开路的先驱的成功也离不开运气的帮助。但最终激励你不断前进的还是工作本身及其过程。公众的关注实际上是一种麻烦和干扰。怀着这样的态度是防止我们跌进自负的陷阱的唯一方法。

顽　固

富有创造力涉及某些悖论。你必须从内而外地了解自己所从事的领域，还要有能力去质疑它最根深蒂固的假设。你必须带点天真地接纳某些问题的存在，并乐观地相信自己会解决好手边的问题；同时，你必须经常去怀疑自己是否达成了目标，并对自己的工作进行严厉的自我批评。所有这些都需要你具备很大的灵活性，这意味着你不能一直固守着某一种思维模式不放。你必须顺应时势，并采取最适合当下的态度。

灵活性不是一种天生的品质，也不容易培养。一旦你对某个想法感到兴奋并满怀希望一段时间，你就会发现自己很难再转换到一个更客观的立场。一旦你带着紧张和怀疑看待自己的工作，你就会失去你的乐观和你对事业的热爱。要想避免这些问题，我们不仅需要练习，往往还需要一些经验——当你曾经扛住过一次怀疑，你会发现下一次会更容易。在任何情况下，你都必须避免极端情绪，并找到一种能让你既感到乐观又保持怀疑的方法——这是一种难以用语言描述的感觉，但是所有的大师都曾经历过。

◆◆◆

我们都在寻求与现实多些联系——与他人、与我们生活的时代、与自然界、与我们的性格和自己的独特之处。我们的文化越来越倾向于用各种方法将我们同这些现实分开。我们沉溺于毒品或酒精，或者从事危险的运动或冒险行为，只是为了让自己从日常生活的沉睡中醒过来，加强与现实的联系感。然而最终，能让人感受到这种联系的、最令人满意和最有效的方法是从事创造性活动。在创造的过程中，我们会感到比以往更有活力，因为我们是在制造东西，而不仅仅是在消耗东西，我们是自己创造的小小现实的主人。这样做，我们实际上是在创造我们自己。

虽然这会非常痛苦，但是创造的整个过程所带来的快乐也很强烈，让我们想要重复它。这就是为什么有创造力的人会一次又一次地回到努力的状态中，尽管在这个过程中会出现焦虑与怀疑。这是大自然回报我们努力的方式；如果我们没有得到这样的回报，我们就不会去参与创造性的活动，人类将会遭受无法挽回的损失。这种快乐也会成为对你的奖励，无论你追求这一过程到何种程度。

积极创造阶段的策略

不要想你为什么要去怀疑，不要停止怀疑就对了。不要担心自己回答不出来的问题，也不要试图去解释自己不知道的事情。好奇心有它自己的原因。当你沉思那些关于永恒、生命以及现实背后神奇的结构的谜题时，你难道不会充满敬畏吗？这就是人类思维的奇迹——用它的建构、概念和公式作为解释人类的所见、所感和所触的工具。试着每天都多理解一点点。保持神圣的好奇心。

——阿尔伯特·爱因斯坦

当未来的大师们结束他们的学徒阶段时，他们全都面临着同样的困境：没有人真正指导过他们的创造过程，也没有合适的书或老师可以求助。他们凭借自己获得的知识，努力让自己变得更积极和更有想象力，并找到了自己的道路——一条适合他们的性情和所从事的领域的道路。在这些创造力的进化过程中，我们能够发现一些适用于所有人的基本模式和教训。以下几位大师的故事揭示了实现这一目标的九种不同策略。他们采用的策略可以用在任何领域，因为它们与我们所有人都有的大脑创造力有关。试着学会下面的每一种策略，丰富你的关于精通过程的知识，增加你的创造力武器。

策略一：真实的声音

约翰·柯川自小在北卡罗来纳州长大，音乐是他的一个爱好。他是一个容易焦虑的小孩，他需要为自己被压抑的能量找一个发泄的出口。他起先学的是中音号，后来改学单簧管，最后才选定中音萨克斯。他是学校乐队的，对那些听过他演奏的人来说，那时候的他完全是乐队里无关紧要的一员。

1943 年，他和家人搬到费城。搬家后不久的一个晚上，柯川碰巧看到了杰出的比波普①萨克斯演奏家查理·帕克的演出，他立刻就被

---

① 比波普（bebop）：爵士乐的一种。——译者注

深深地吸引了（详见第 17 页）。他从未听过这样的演奏，从未想象过音乐有这样的可能性。帕克能够用萨克斯轻快地吟唱，仿佛这件乐器和他自己的声音融合在了一起，而且你似乎可以通过听他的演奏体会他的感受。从那一刻起，约翰·柯川就像着了魔一样，而用自己的方式追随帕克的脚步，成了他的人生使命。

柯川不知道自己要如何才能达到这样的高度，但是他知道帕克曾认真学习过各种音乐，并且比任何人都更加用功地练习演奏这些乐器。这恰好契合了柯川本人的天性——总是有点独来独往，只喜欢学习和拓展自己的知识。他开始在当地一所音乐学校学习理论课，并没日没夜地练习，刻苦到他萨克斯上的哨片都被血染红了。在练习的间隙，他会去公共图书馆听听古典音乐，如饥似渴地吸收所有他想象得到的和声可能性。他着了魔一样地不停地练习音阶，快把家里人都逼疯了。他用为钢琴设计的音阶练习来练习萨克斯，并将西方音乐的所有音都在萨克斯键上过了一遍。他开始获得在费城的一些乐队中进行演出的机会，并在迪兹·吉莱斯皮[①]的管弦乐队中获得了他的第一次真正的突破。吉莱斯皮让他改为演奏次中音萨克斯，以更接近查理·帕克的声音，只用了几个月，柯川就掌握了这个新乐器——通过无休止的练习。

在接下来的 5 年里，柯川从一个乐队跳槽到另一个乐队，每个乐队都有其不同的风格和擅长的曲目。这种漂泊的生活方式很适合他——他觉得自己似乎需要内化所有可能的音乐风格。但这也给他带来了一些问题。每当到了他单独演奏的时候，他就显得非常笨拙和犹豫。他对节奏有着不同寻常的感觉，他独特的、活泼跳跃的风格并不

---

① 迪兹·吉莱斯皮（Dizzy Gillespie）：美国爵士小号演奏家。——译者注

是很适合自己所效力的乐队。虽然感到为难，但是到了独奏的时候，他就会模仿别人演奏的方式。每隔几个月，他就会试验一种自己听到的新声音。在一些人看来，年轻的柯川似乎已经迷失在了自己的学习和游荡中。

1955 年，迈尔斯·戴维斯（Miles Davis）——当时最有名的爵士四重奏乐队的领队——决定冒险邀请柯川加入自己的乐队。和其他人一样，戴维斯知道这位年轻人是当时技术最好的杰出乐手，这是柯川用长时间的练习换来的结果。但是他在柯川的演奏中还发现了一些奇怪的东西，一种呼之欲出的新声音。他鼓励柯川走自己的路，永远不要回头。在接下来的几个月中，戴维斯偶尔会有些后悔——柯川身上有一些难以融入自己乐队的东西。柯川习惯在最奇怪的地方起和弦。他会在长调之间进行快速转换，给人留下萨克斯同时发出几种声音的印象。从来没有人听过这样的声音。他吹出的调子也同样的奇特；他用自己的方式咬紧哨嘴，听起来仿佛是他自己低沉的声音通过乐器冒出来一样。他的演奏中有一股焦虑和进攻的暗流，这让他的音乐有一种紧迫感。

尽管很多人不喜欢这种奇怪的新声音，但是一些评论家开始发现其中令人兴奋的东西。一位作家将柯川的萨克斯发出的声音形容为"一片片的声音"，仿佛柯川同时演奏了几组音符，并用自己的音乐把听众席卷而去。尽管他那时已经获得了认可和关注，但柯川依然感到不安和犹疑。在他这么多年的练习和演奏中，他一直在寻找一种自己难以用语言来表达的东西。他想将自己演奏出来的音乐个性化到极致，使它成为自身感受的完美化身——这通常是一种精神上的超然情绪，所以难以用语言表达。他的演奏有时候很有活力，但有时他又感受不到自己的声音。或许他所有的知识实际上都在束缚和限制着他。1959 年，他离开迈尔斯·戴维斯，并组建了自己的四重奏乐队。自此以后，他做了各种各样的试验和尝试，直到他找到了自己一直在寻找的声音。

他的首张专辑《巨人的脚步》（ *Giant Steps* ）里的同名歌曲，就是对非传统音乐的一次尝试。这首曲子使用了独特的三度和弦音程，同时音调和和弦也在不断变化，使得音乐疯狂地向前推进。（其中的三度和弦音程就是大家所熟知的"柯川矩阵"，至今仍是乐手们在爵士即兴演奏时的范本。）这张专辑取得了巨大的成功；其中的几首曲子后来还成了爵士乐的标杆，但是这次尝试让柯川冷静了下来。他想重新回到旋律中去，回到一种更自由、更有表现力的音乐中去。他发现自己又回到了童年时代的音乐——黑人圣歌中。1960 年，他创作了自己首支广受欢迎的流行乐曲——《我最喜欢的东西》（ *My Favorite Things* ）的加长版，出自轰动一时的百老汇音乐剧《音乐之声》（ *Sound of Music* ）。他用高音萨克斯以一种近乎东印度的风格来演奏，同时加入了淡淡的黑人圣歌的风格，完全符合他对和弦变化和急速音阶的特殊喜好。这是实验音乐与流行音乐的奇怪融合，之前从未有人这样做过。

这时的柯川就像一名炼金术士，投身于一项几乎不可能有结果的追寻，去发现音乐自身的本质，从而让音乐能更深刻、更直接地表达他的情绪，并和无意识联系起来。慢慢地，他似乎离自己的目标越来越近了。他的民谣《亚拉巴马》（ *Alabama* ）是为了回应 1963 年 3K 党[①]轰炸亚拉巴马州伯明翰市的一座教堂而创作的，它似乎捕捉到了

---

① 3K 党（ Ku Klux Klan ），美国南部的白人秘密组织，通过暴力反对社会变革和为黑人争取平等权利。——译者注

那一刻的本质和当时的情绪。它仿佛是悲痛和绝望的化身。1 年后，他的专辑《至高无上的爱》（*A Love Supreme*）问世。这张专辑只用 1 天就录制完成了。做音乐对他来说就像是一种宗教体验。它拥有他想要的一切——尽情地将音乐加长，只要感觉自然就可以（这在爵士乐中是很新奇的），营造一种让听众忘我出神的氛围；同时包含了他出了名的硬派的声音和精湛的技法。这张专辑表达了他无法用语言表达的精神元素。它引起了轰动，吸引了一批完全不同的新乐迷。

在这个时期看过他的现场表演的人都说那种体验很独特。就像萨克斯演奏家乔·麦克菲（Joe McPhee）所描述的那样："我觉得我要死在这种情绪中了……我觉得自己马上就要当场爆炸了，能量水平不断提升，我想着，全能的上帝啊，我受不了了。"听众们为之疯狂，有些人会在乐声强烈时尖叫。仿佛柯川的萨克斯吹奏出的音乐能直接传达他的情绪或感受，仿佛他可以随心所欲地用音乐将听众推向任何他想要的方向。没有其他爵士乐艺术家能对观众产生这样的影响。

作为柯川现象的一部分，他引入爵士乐的每一个变化都迅速变成最新的潮流——加长的歌曲、更大型的乐队、铃鼓和铃铛、东方的声音等。这个花了 10 年时间吸收各种音乐和爵士乐风格的人此时已经成了引领潮流的人。然而，柯川辉煌的事业却在 1967 年戛然而止，那一年年仅 40 岁的他因肝癌去世。

◆◆◆

在柯川那个时代，爵士乐已经成为一种对个性的颂扬。查理·帕克让爵士乐独奏成为所有作品的核心。在独奏中，乐手们会倾吐出自己独一无二的声音。但是，这些大师的作品真正想要传递的声音是什么呢？这不是我们能用语言准确表达出来的东西。音乐家们是在表达自己的深刻本性、独特的心理状态，甚至是他们的潜意识。这些从他们的风格、独特的节奏和曲调中可以体现出来。但是这种声音并不仅仅通过做自己和释放自己就能表达出来。任何乐器的初学者如果急于用乐器表达自己，只会制造出噪声。爵士乐或任何其他形式的音乐都是一种语言，有它自己的惯例和词汇。如此便有了一个极端的悖论，即那些因自身个性令人印象深刻的人——约翰·柯川最具代表性——首先要将自己的个性完全融入漫长的学徒训练中。在柯川的例子中，这个过程被明显地分成两段——开始是超过 10 年的高强度的学徒阶段，随后的 10 年或许是他在现代音乐中最惊人的创造力爆发阶段，直至他去世。

通过花费很长的时间学习结构、磨炼技巧和吸收各种可能的演奏风格和方法，柯川积累了大量的知识。一旦这一切都刻入他的神经系统，他就有心力去思考更高级的东西了。他可以越来越快地把自己学过的所有技巧转化成更具个人特色的东西。由于他对探索和尝试新事物保持着一种开放的心态，他可以在偶然中发现那些适合自己的音乐理念。凭借自己学到的和掌握的一切，他可以把各种理念和风格以独特的方法结合在一起。通过耐心地遵循这个过程，他的个性化表达自然而然地就出现了。他在自己涉猎的所有音乐类型中都注入了自己的风格，从布鲁斯到百老汇歌舞剧，无一不然。他那真实的声音——带着焦虑、急迫的声调——反映了他天生的独特之处，是经过长期而有机的过程才得以形成的。通过表达最深刻的自己和最原始的情绪，他引起了听众深深的共鸣。

要明白，创造力的最大阻碍就是你的急躁，所有人几乎都不可避免地想要加快进程、表达自我和引起关注。缺乏耐心的后果就是你没有掌握基础知识，你没有真正可以任由自己使用的知识。你误以为自己有创造力和有特色的东西，实际上更多的是对他人风格的模仿，或是没有营养的夸夸其谈。然而，观众没那么好糊弄。他们能感受到你的作品不够严谨、是在模仿他人、想要寻求关注，于是他们转身离开，或给出几句不痛不痒的称赞，然后掉头就忘。最好的方法是追随柯川的脚步，去热爱学习这件事本身。任何人只要肯花 10 年工夫吸收其所在领域里的各种技巧和惯例，去尝试和掌握它们，去探索如何将个人风格融入其中，就一定会找到自己的真实声音，并创造出独一无二的、有表现力的作品。

策略二：高产的真相

自有记忆起，维莱亚努尔·苏布拉马尼安·拉马钱德兰就开始对自然界中各种奇怪的现象深深地着迷。如第 1 章所述（详见第 19 页），他很小就开始在位于马德拉斯的家附近的沙滩上收集贝壳。在研究贝壳的过程中，他的注意力常常会被最奇特的贝壳种类所吸引，例如食肉性贝壳——骨螺。很快，他就将这些不同寻常的标本加入了自己的收藏。随着他逐渐长大，他开始将兴趣转移到化学、天文学和人体解剖学中的异常现象上。或许直觉告诉他，这些异常现象在自然界中有其存在的意义，不符合规律的东西往往能告诉我们一些有意思的事情。或许他也感到自己有点异类——在其他男孩被运动或游戏所吸引时，他却对科学充满热情。无论如何，随着年龄的增长，他对奇异和异常现象的兴趣有增无减。

20 世纪 80 年代，在加利福尼亚大学圣地亚哥分校担任视觉心理学助理教授的拉马钱德兰偶然发现了一种最令他着迷的异常现象——所谓的幻肢综合征。有幻肢综合征的患者在接受了截肢手术后，仍然能感到已不复存在的肢体在持续作痛。在视觉心理学的研究中，拉马钱德兰专攻视错觉，即大脑会对眼睛看到的信息做出错误分析的现象。幻肢现象从广义上来讲就是一种视错觉现象，是因为大脑提供了实际上并不存在的感觉而产生的现象。为什么大脑会发出这样的信号呢？这种现象一般会告诉我们有关大脑的哪些信息呢？为什么很少有人对这种如此古怪的现象感兴趣呢？他对这些问题非常着迷，所以查阅了能找到的有关这一现象一切资料。

1991 年的一天，拉马钱德兰读到了美国国家卫生研究院（National-al Institute of Health）的蒂莫西·庞斯（Timothy Pons）博士进行的一项实验，这项实验可能的结果令他十分震惊。庞斯的实验以 20 世纪 50 年代加拿大神经外科医生怀尔德·彭菲尔德（Wilder Penfeld）的一项研究为基础。那时怀尔德已经能够画出控制身体各部位感觉的人类大脑神经反应分区图 ①，此图最终被证明同样适用于灵长类动物。

在庞斯的实验中，他研究了一群大脑到其中一只手臂的神经纤维被切断的猴子。在测试它们的大脑神经反应分区时，庞斯发现当他触碰猴子那只神经纤维被切断的手时，猴子大脑相应的神经反应区没有活动，这与他预料的一样。但是当他触碰猴子的脸时，不但猴子大脑中对应脸部的神经反应区活跃起来了，而且猴子大脑中对应那只神经

---

① 此图就是神经科学领域著名的"感觉侏儒图"。——编者注

纤维被切断的手臂的神经反应区也突然间活跃起来了。大脑中控制手部感觉的神经细胞不知怎的迁移到了脸部区域。虽然不能确定，但似乎这些猴子在脸部被触碰时感觉到了神经纤维被切断的那只手臂被触碰时的感觉。

受到这一发现的启发，拉马钱德兰决定进行一项非常简单的实验。他将一位刚遭遇车祸截肢的年轻人带到自己的办公室。这位年轻人的左臂被截肢到肘关节以上，并且正在经历明显的幻肢痛。拉马钱德兰用一支棉签先后触碰这位年轻人的腿和肚子，年轻人感觉完全正常。但是当拉马钱德兰用棉签擦拭他脸颊上的某个部位时，他的脸颊和幻肢的拇指都产生了感觉。拉马钱德兰继续用棉签在年轻人的脸颊上移动，接着找到了对应幻肢其他部位的神经反应区。拉马钱德兰的实验结果和庞斯的实验结果惊人地相似。

这一简单实验意义深远。在神经科学领域，人们普遍认为，大脑中的连接在出生时或年幼时就已经固定下来了，而且这种连接基本上是永久性的。拉马钱德兰的实验结果否定了这一假设，它表明，经过创伤事故后，大脑似乎会对自己进行巨大的改变，并在相对较短的时间里创建全新的连接网络。这意味着人类大脑可能比我们想象的更具可塑性。既然大脑可以以一种奇怪的、无法解释的方式改变自己，那么如果将这种自我改变的能力用于积极的治疗将会怎么样呢？

基于这个实验，拉马钱德兰决定改变自己的研究领域，于是转到加州大学圣地亚哥分校的神经科学系，致力于研究异常神经紊乱。他决定进一步进行幻肢研究。许多截肢患者都会经历一种奇怪的幻肢痛。他们能感觉到幻肢的存在，但是当他们想移动幻肢时，却不仅做不到，还会感受到抽筋一样的疼痛，有时这种疼痛甚至让人难以忍受。拉马钱德兰推测，在截肢前，大脑已经感受过了手臂或腿部的疼痛，即使截肢，大脑还是会继续产生这样的感觉。考虑到大脑具有极强的可塑性，拉马钱德兰想，有没有可能让大脑忘掉这种幻肢痛呢？因此，他想出了另一个非常简单的实验来检验自己的想法。

拉马钱德兰利用办公室里的一面镜子开始搭建自己的实验装置。他找来一个去掉盖子的硬纸盒，并在盒子正前方开了两个洞。随后，他将镜子从这两个洞中间竖着插进纸盒里，让患者把正常的手臂伸进其中一个洞，把被截肢的手臂伸进另一个洞。然后，他再让患者调整镜子的角度，直到患者能够在镜子里被截肢的手臂的位置看到正常手臂的影像。当患者移动正常手臂时，就会看到镜子里的幻肢也在移动，几乎立刻，这些患者的幻肢痛就得到了缓解。大多数把这个硬纸盒装置拿回家进行练习的患者都能摆脱这种幻肢痛，这让他们大大松了一口气。

这又是一次意义深远的发现。这个实验不仅说明大脑比我们想象的更具可塑性，而且说明各种感觉之间的联系也比我们以前想象的更紧密。大脑并不是由各种感觉模块拼接而成的，而是由它们交叠而成的。在这种情况下，纯粹的视觉刺激改变了我们的触觉和感觉。除此之外，这个实验还对疼痛的概念提出了质疑。看上去，疼痛是身体对自身的体验和健康状况的一种看法。但正如镜像实验所显示的那样，这种看法可能是身体被欺骗或被操纵的结果。

在进一步的实验中，拉马钱德兰做了一些调整，这次患者在被截肢的手臂的位置看到是一名学生的手臂而不是自己的正常手臂。患者不知道这一变化，当学生移动手臂时，患者依然感受到了幻肢痛的缓解。因此，仅仅是看到幻肢的移动就能造成这种效果。这使得疼痛感看起来越来越主观，越来越容易被改变。

在随后的几年里，拉马钱德兰将自己这种有创造力的研究风格打造成了一项完美的艺术，也使自己成了世界一流的神经科学家。他为这一策略制定了一些指导原则。他会在神经科学或其他相关领域寻找关于异常现象的所有证据，这些证据会引出可能挑战传统智慧的问题。他的标准是，他必须能证明这是一种真实的现象（像心灵感应之类的东西就不属于这个范畴），并且这种现象能用现有的科学进行解释，其产生的重要影响也能超越其自身领域的限制。如果其他人因为这种现象看起来太奇怪而忽视它，那就更好了，因为这样他就可以独霸这个研究领域了。

此外，拉马钱德兰还会去寻找通过简单实验就可以验证的想法——不需要笨重或昂贵的实验设备。他发现，那些获得大量资金（包括与之相关的所有技术设备）支持的研究者，会为了证明花在自己身上的钱是值得的而去玩弄政治手段。他们依靠的是技术而不是自己的思考。他们会变得保守，不想用自己的结论来打破现状。而拉马钱德兰更愿意用棉签和镜子这样简单的物品来做自己的研究，更愿意和自己的患者进行详细的交谈。

例如，他对一种名为恋残癖——完全健康的人想要截肢，并且他们中的很多人真的去做了截肢手术——的神经失调症产生了兴趣。有人推测这种奇怪的神经失调症或者是一种渴求关注的呐喊；或者源自某种性变态；又或者是因为患者童年时曾见过被截肢的人，而这种形象不知怎的成了他们心目中的理想形象。在所有这些推测中，人们似乎都在怀疑实际感受的真实性——所有一切不过是患者的想象，他们的推测给出了这样暗示。

在简单访谈几位恋残癖患者后，拉马钱德兰有了可以打消上述观点的发现。在所有恋残癖病例中，患者都想要截掉左腿，这一点十分奇怪。通过与恋残癖患者交谈，拉马钱德兰明白了，他们不是在寻求关注，也不是性变态，而是在经历一种因为某种非常真实的感觉而产生的非常真实的欲望。他们甚至可以用笔标出他们想要截肢的确切位置。

当拉马钱德兰给这些患者做简单的皮肤电反应①测试（记录轻微疼痛的测试）时，他发现患者一切反应正常，除了在刺激患者想要截肢的那截腿时患者的反应很激烈（几乎达到测试的最高值）外。仿佛是因为患者那部分肢体的感觉太真实、太强烈了，只有通过截肢才能消除这种过度活跃的感觉。

在随后的研究中，拉马钱德兰成功地找到了他们大脑中创造和控制身体意象感的部分出现的神经损伤。这种损伤在他们出生时或更早就发生了。这意味着大脑可以在一个完全健康的人身上创造出一种非常不合逻辑的身体意象。我们对自己的感受似乎比我们认为的更主观、更多变。如果我们对自己身体的体验是大脑内部创建的东西，并且可能不受我们的控制，那么或许我们对自己的感觉在某种程度上也是一种虚构或幻觉，一种我们为了满足自己的目的而创造出来的东西，一种可能会失灵的东西。这其中的含义超越了神经科学，进入了哲学的范畴。

---

① 皮肤电反应，又称"皮电反应""皮电属性"，是一项情绪生理指标。它代表机体受到刺激时皮肤电传导的变化，可以作为交感神经系统功能的直接指标，也可以作为脑唤醒、警觉水平的间接指标，但无法辨明情绪反应的性质和内容。——编者注

◆◆◆

动物可以被分为两类——专家和机会主义者。像隼和鹰这类的专家有一项赖以生存的主要技能，即当他们不捕猎的时候，就会进入一种完全放松的状态。而机会主义者没有特别的专长，他们依靠的不是自己的技能，而是发现并抓住环境中的所有机会；它们时刻处于紧张的状态中，他们需要持续不断的刺激。我们人类是动物世界里的终极机会主义者，是所有生物中最没有专长的。我们的整个大脑和神经系统就是为了寻找一切可乘之机而生的。我们最原始的祖先一开始并没有产生创造一种工具来帮自己采集或狩猎的想法。他们只是偶然看到了一块石头，也许是一块异常锋利或细长的石头（一个异常事物），并发现了其中的可能性。在捡起和处理这块石头的过程中，用它当工具的想法才萌生出来。人类大脑的这种投机取巧的倾向是我们创造力的源泉和基础，而且正是在顺应大脑的这种倾向的过程中，我们才实现了创造力的最大化。

然而当我们谈到创造性的尝试时，我们往往会发现人们在朝着错误的方向前行。这通常会误导那些年轻且没有经验的人，让他们从一个宏大的目标、一桩生意、一项发明或一个想要解决的问题出发。因为这些似乎有希望让他们名利双收。然后，他们会去寻找达成目标的方法。达成目标的方法可能有成千上万种，每种方法都有可能带来成功，但是他们往往会在中途就精疲力竭，永远也无法找到实现自己总体目标的关键。影响成功的因素太多了。像拉马钱德兰这样更有经验、更睿智的人，就是机会主义者。他们不是从某个宽泛的目标开始，而是去寻找高产的真相——一些奇怪的、不符合范式却很耐人寻味的经验性证据。这些证据很明显，很容易就能抓住他们的注意力，就像那块细长的石头一样。他们不确定自己的目标是什么，也没有想好如何运用他们发现的真相，但是他们对它将把他们引向何方保持着一种开放的态度。一旦他们决定在某个领域深耕，他们就会发现一些挑战普遍惯例的东西，从而为知识的获取及应用带来无限可能。

在寻找高产的真相时，你必须遵循一定的指导方针。虽然你是从一个自己对之有着深刻理解的特定领域入手的，但你一定不能让自己的思想被束缚在这个领域里，你必须阅读所有不同领域的期刊和书籍。有时候，你会在一个不相关的学科里发现一个有意思的异常现象，这可能会对你自己的领域产生影响。你必须保持完全开放的态度——不要因为一件事太小或太琐碎而忽视它。如果一个明显的异常现象引起了你对自身信念和假设的怀疑，那就更好了。你必须去推测它可能意味着什么，这种推测会引导你接下来的研究，但不会决定你的结论。如果你的发现可能会产生深远的影响，那你必须竭尽全力地去追寻它。10 个研究只有 1 个产生了伟大的发现，好过 20 个意义不大的成功研究。你是最高级的猎人，你要时刻保持警惕，眼睛扫视着大地，仔细搜寻可以揭露隐藏着的并能产生深远影响的真相。

策略三：机械的智慧

威尔伯·莱特（Wilbur Wright，1867—1912）和奥维尔·莱特（Orville Wright，1871—1948）兄弟在早年间就对所有设备的工作部件有着不同寻常的兴趣，对父亲传教带回来的精巧玩具更是如此（他们的父亲在联合兄弟教会担任大主教）。他们会非常兴奋地把这些玩具拆开，急切地想弄清楚它们的工作原理。然后他们会将它们重新组装起来，并且每次都会进行一些改装。

尽管两兄弟的学习都相当不错，但是他们都没有拿到高中文凭。他们想生活在一个机械的世界中，唯一真正让他们感兴趣的知识是，关于设计和制造某种新设备的知识。这些知识非常实用。

1888 年，他们的父亲需要尽快印制一本工作用的小册子。为了帮助父亲，兄弟俩自己组装了一台小型压板印刷机，用的是后院里的折叠童车顶部的铰链、生锈的弹簧和其他的废弃零部件。这台印刷机非常好用。受到这次成功的激励，兄弟俩又用更好的零部件改进了印刷机的设计，并开了自己的印刷店。了解这一行的人都对兄弟俩能制造出如此厉害的印刷机赞叹不已，因为他们的印刷机每小时可以印刷1000 页，速度是一般印刷机的 2 倍。

然而，兄弟俩都有一种永不满足的精神。他们需要不断的挑战。1892 年，奥维尔发现了一个完美的新目标。随着安全自行车（第一辆两个轮子一样大的自行车）的发明，美国掀起了一场自行车狂潮。兄弟俩也各自买了一辆自行车，经常参加自行车比赛，成了这项运动的发烧友。然而不久之后，他们就又把自己的自行车拆了，做了一些小调整。朋友们和熟人们看到他们在后院的工作后，纷纷把自己的自行车送来给他们修理。仅仅几个月，他们就了解了自行车里里外外的技术，于是决定在家乡——俄亥俄州的代顿市，开设自己的店铺，出售、维修甚至改装最新款的自行车。

这简直太能发挥他们的技能了。他们可以对自行车进行各种改造，拿出去试骑，感受哪些改造有用，哪些改造无用，然后做进一步

的改良。他们不断努力让自行车变得更容易操控和更符合空气动力学
理论，从而为自行车骑行体验带来质的改善，并给骑行者一种完全
的掌控感。由于不满于最新的设计，他们决定下一步要造出自己的
铝制自行车框架并设计出自己的自行车。这是个严峻的考验——需
要数月的边学边做才能够正确地造出框架。最不起眼的错误也可以
引起各种可怕的事故。在学习这项技能的过程中，他们购买了大量
最新的工具，自己造了一台单缸发动机来给自行车提供动力。就这
样他们逐渐成了熟练的自行车工匠。那些骑上莱特兄弟改装过的自
行车的人可以立刻感受到其优越性，其中一些技术改进很快就成了
行业标准。

　　1896 年，威尔伯在养伤期间读到了一篇让他很多年都念念不忘
的文章。这篇文章讲到了奥托·利林塔尔（Otto Lilienthal）之死。
利林塔尔是一流的滑翔机设计师，也是日益发展的航空领域的专家。
他在驾驶自己最新设计的滑翔机时，不幸坠机身亡。威尔伯被利林
塔尔拍摄的各种在飞行中的滑翔机的照片震惊了——它们看起来就
像张开双翅的史前巨鸟。作为一个具有强大的视觉化能力的人，威
尔伯可以想象飞行的感觉，这令他兴奋不已。但是文章中令他吃惊
的部分是，经过多年的试飞（也许有数百次），利林塔尔始终未能维
持足够长的飞行时间，这使得他没有察觉到改进的必要，这或许导
致了他的死亡。

　　几年后，报纸上满是航空领域最新开拓者的故事，其中许多人似
乎离发明一个带发动机的飞行器的目标越来越近了。此时，发明一个
带发动机的飞行器变成了一个看谁先成功的竞赛。威尔伯对飞行器发
明的兴趣越来越浓厚，于是他决定写信给位于华盛顿特区的史密森学

会 ① 索要有关飞行学和飞行器的全部资料。在接下来的几个月里，他全神贯注地研究这些资料，阅读飞行背后的物理学和数学知识、莱昂纳多·达·芬奇的设计资料，以及 19 世纪的滑翔机资料。他还读了一些有关鸟类的书籍，并开始观察和研究鸟类。他读得越多，越莫名地觉得自己和弟弟会成为这场竞赛的赢家。

乍一看，这似乎是一个荒谬的想法。在这一领域工作的人都是些拥有极其丰富的技术知识的专家，其中一些人还取得了当时罕见的大学文凭。他们比莱特兄弟领先太多了。设计和制造飞行器是一项可能要花费数千美元而到头来却可能导致又一场坠毁事故的昂贵冒险。最有可能赢得这场竞赛的是史密森学会的秘书长塞缪尔·兰利（Samuel Langley），他的工作获得了一大笔政府资助，而且他已经成功试飞了一个无人驾驶的蒸汽飞行器模型。莱特兄弟出身普通，他们唯一的资金来源就是自行车店的微薄收入。但是威尔伯认为，参与这场竞赛的其他所有人都缺少某种关于机械的基本常识。

这些飞行器专家一开始都认为，用某种强大的发动机让机器飞上天是最重要的，其余的等成功起飞后再说。成功升空能给人们留下深刻的印象，获得关注，并吸引资金支持。但这也导致了许多坠毁事故，飞行器专家们不得不不断地重新设计飞行器，不断地寻找完美的发动机和新材料，这又导致了更多的坠毁事故。他们毫无进展，原因很简单，即威尔伯所知道的，重复是正确建造一切东西的关键。正是通过亲手摆弄和修理自行车，然后骑上它们感受哪些改造有用，莱特

---

① 史密森学会（Smithsonian Institution），是唯一由美国政府资助、半官方性质的第三部门博物馆机构，由英国科学家詹姆斯·史密森（James Smithson）遗赠捐款，根据美国国会法令于 1846 年建于美国首都华盛顿。——编者注

兄弟才设计出了性能优越的自行车。而飞行器的设计师们无法让飞行超过 1 分钟，这使得他们陷入了一个恶性循环——他们从未在空中飞行足够长的时间来学习如何飞行，以及如何测试自己设计的飞行器或感受什么样的设计可能有用。所以他们必然会失败。

威尔伯在飞行器设计师们的想法中还发现了另一个令他震惊的大缺陷：他们都高估了稳定的重要性。他们认为飞行器就是一艘在空气中飘浮的船。船就是要被设计得能保持平衡，并尽可能平稳笔直地航行，左右摇晃实在是太危险了。这样想着，他们就把飞行器的双翼设计成了略呈 V 形的形状，以为这样就可以让飞行器抵御突如其来的阵风，并始终在一条直线上飞行。但是威尔伯觉得把飞行器比喻成船是错误的，比喻成自行车反而要明智得多。自行车本身并不稳定，是骑车的人学会了如何让自行车保持稳定，以及如何通过将自行车往一边倾斜来转变方向。在威尔伯的想象中，飞行员应该能够安全地驾驶飞行器倾斜和转弯、上升或下降，而不是让飞行器像船一样沿着一条严格的水平线飞行。要想让飞行器不受风的影响实际上是非常危险的，因为这会剥夺飞行员的调整能力。

具备了这些知识后，威尔伯轻而易举地说服了弟弟，让他把飞行器作为他们的下一个挑战，这也是他们的终极挑战。他们只有自行车店的有限利润可以投入到这个项目中。因此，他们不得不发挥创造力，使用废弃的零部件，并且从不做他们负担不起的尝试。他们没有一开始就造一个华而不实的设备来测试自己的想法，而是逐步形成完美的设计，就像他们曾经制造印刷机和自行车那样。

莱特兄弟决定尽可能谨慎地开始他们的设计。首先，他们设计了各种各样的风筝来帮助他们判定测试用的滑翔机的外形最好做成什么样。随后，他们再基于了解到的信息制造出了滑翔机。他们想自学如何飞行。那时的滑翔机通常是从山顶起飞的，这样做太危险了。于是，他们决定把起飞地点改到北卡罗来纳州的基蒂霍克，那里是美国风力最强劲的地方。在基蒂霍克海滩的沙丘上，他们可以从较低的海拔飞到空中，在接近地面的高度飞行，然后降落在柔软的沙床上。仅 1900 年，他们的试飞次数就超过了利林塔尔那么多年的试飞次数。他们慢慢地完善滑翔机的设计，改进滑翔机的用料和结构——例如，他们学着将机翼造得更长、更薄，以提高滑翔机的升空能力。到 1903 年，他们造出了一架能飞行相当一段距离的滑翔机，并且这架滑翔机对转弯和倾斜有着出众的控制力。它就像是一辆可以飞的自行车。

此时，只剩最后一步了——给他们设计的滑翔机加上发动机和螺旋桨。像以前一样，他们研究了竞争对手的设计，并发现了他们的设计中的另一项缺陷：他们为了追求稳定性，再次模仿船只的螺旋桨来设计飞行器的螺旋桨。基于他们自己的研究，莱特兄弟认为飞行器的螺旋桨应该是弧形的，就像鸟的翅膀一样，这样才能给飞机更多的推力。他们想买一台最轻的发动机来给他们的飞行器提供动力，但发现其价格远远超出了他们的预算。于是，他们在自己店里的一位机械师的帮助下，自己制造了一台发动机。最后算下来，他们的飞行器造价不到 1000 美元，比所有竞争对手设计的飞行器都便宜许多。

1903 年 12 月 7 日，威尔伯在基蒂霍克驾驶他们的飞行器飞行了 59 秒。这次飞行举世震惊，同时也是历史上第一次由人驾驶、控制和有动力装置的飞行。在接下来的几年里，他们继续改进设计，他们的飞行器的飞行时间也随之不断增加。对发明一个带发动机的飞行器这场竞赛的其他竞争者来说，这两个既没有任何工程学或飞行学背景，也没有资金支持的人是如何拔得头筹的，完全是个谜。

飞机的发明是我们人类历史上最伟大的一项技术成就，对未来产生了深远的影响。飞行器的制造没有任何可以参考的先例或模型。这是一个真正的难题，需要最高程度的独创性才能解决这个问题。在它的发明历史中，我们可以看到两种截然不同的方法。一种方法是大批拥有科学背景的工程师和设计师所采取的从抽象的角度看待问题的方法。他们想的是如何让飞机起飞和前进、如何克服风的阻力，等等。他们重点关注的是技术，并致力于制造出最高效的零部件——最强劲的发动机、最精心设计的机翼，这一切都基于详尽的实验研究。对他们来说，钱不是问题。他们的这种设计过程非常依赖专业化——专注于研究不同零部件和不同材料的个人。在许多例子中，设计师本人不是飞行员，试飞的另有其人。

另一种方法是背景完全不同的莱特兄弟所采取的方法。对莱特兄弟来说，设计的乐趣和兴奋点就在于自己动手做每一件事情。他们不仅设计并制造了飞行器，还亲自试飞。他们的设计靠的不是高级的技术，而是无数次测试摸索出的最佳方案。这些测试暴露出了他们的设计中需要改进的缺陷，并让他们获得了一种对产品的感觉，这种感觉是抽象思考永远无法带给他们的。飞行器的设计重点不在零部件上，而在整体的飞行体验上；不在有没有动力上，而在好不好控制上。因为资金有限，所以他们最看重的是如何以最少的投入获得最大的回报。这两种方法之间的差异可以从抽象思考者和莱特兄弟选择的参照对象中看出来。抽象思考者们选择了船作为他们的参照对象，因为船和飞行器都是在外部介质（水或空气）中航行，所以他们把设计重点放在了稳定性上。莱特兄弟选择了自行车作为他们的参照对象，所以他们把设计重点放在了骑车的人或飞行员身上，关注的是飞行器的用户友好度以及它的整体功能。关注飞行员而不是飞行的介质，最终成了这个谜题的正解，因为它引导莱特兄弟对飞行器做了一些操作方面的设计，并以此为出发点，设计出了更复杂的飞机。

要明白，与抽象推理相比，机械的智慧并不是一种降级的思维方式。实际上，它是许多推理技能和创造力的来源。我们的大脑因双手的复杂操作而发展到现在的大小。在使用耐用材料制作工具时，我们的祖先形成了一种超越体力劳动本身的思维模式。机械的智慧背后的原则可以总结为：无论你创造或设计了什么，你都必须亲自测试和使用它。分工会导致你感受不到每部分工作的作用。你要通过高强度的劳动，去感受自身正在创造的东西，从而看到和意识到设计中的缺陷。不要将各部分的工作分开来看，而是要去看它们之间是如何相互作用的，从整体上体验自己的产品。你想要创造的东西不会在几次灵感爆发之后就神奇地成功，而是必须通过你逐步修正这些缺陷的过程而慢慢完善。最后，你将凭借高超的技术而不是市场营销获胜。这种技术涉及如何最大化地利用你所拥有的材料创造出一个结构简单的东西，这是一种高级的创造力。这些原则符合大脑的天生倾向，违背它们会让你陷入危险之中。

策略四：自然的力量

1973 年从西班牙的一所建筑学校毕业后，圣地亚哥·卡拉特拉瓦一想到要赶紧开始投身建筑实践，就感到有点焦虑。（更多关于卡拉特拉瓦的内容，请参阅第 94—96 页。）他小时候立志要成为一名艺术家，但是后来被建筑学所吸引，认为建筑是一种更广阔的艺术表达方式——既具备功能性，又具备像雕塑一样可以在公共场所展示的观赏性。建筑学是一个神奇的学科。要真正建成一个建筑，会受到诸多限制——客户的意愿、预算、可用的材料、地形甚至政治问题。从历史上伟大建筑师的作品中，例如勒·柯布西耶，我们可以看到许多他们的个人风格，但是也有许多人的作品被各种限制和干扰淹没了。卡拉特拉瓦感到自己还没有掌握足够多的知识和原理来坚持自己。如果他此时就到一家公司去工作，他的创造力将会被商业压力所埋没，并且永远无法恢复。

因此，他做出了一个不同寻常的决定：进入苏黎世联邦工业大学攻读土木工程学位。他想成为一名工程师，这样他就能知道设计房屋或建筑物有哪些限制性因素。他梦想有朝一日能够超越最基本的建筑原则，建造出可移动的建筑物。为了这个目的，他研究了美国航空航天局的许多设计（美国航空航天局为了完成太空任务，制造了各种可以折叠和展开的设备）。这种设计需要掌握新的工程学原理，为此卡拉特拉瓦全身心地投入到学院的学习中。

1981 年取得工程学学位后，卡拉特拉瓦终于开始了作为一名建筑师和工程师的实践工作。他那时对技术层面的工作已经非常娴熟，也很清楚完成一个作品的基本要求有哪些，但是没有人对他的创作过程进行过指导。他必须自己学会如何创造出这样一个过程。

他的第一个大项目是在 1983 年来到他手中的,当时他要为一栋现成的建筑物——德国著名的服装厂恩斯廷的一个大型仓库——设计外观。他决定用原铝覆盖整栋建筑。这会让整栋建筑浑然一体,但是在阳光的照射下,不同的建筑面又会呈现出不同的效果,有时甚至让人眼花缭乱。对卡拉特拉瓦来说,这个设计的关键部分是三个装货区的门,因为它们分别位于仓库的不同侧面。在这个部分,他可以试一试自己建造可移动和可折叠建筑的想法。于是,不确定从何入手以及如何开始的卡拉特拉瓦把这些门各种可能的样子画了下来。他自小就喜欢画画,经常画速写。他对铅笔或画笔驾驭自如,可以用极快的速度准确地画出几乎任何事物。他的速写速度和他的思考速度一样快,因此他内心深处的想法可以轻松地转化到纸上。

没有任何头绪的他开始用水彩画画,差不多是以一种自由联想的方式把自己想到的一切都画到了纸上。不知为何,一头搁浅的鲸鱼出现在他的脑海里,于是他就把它画了出来。他进一步发挥,把鲸鱼画成仓库的样子,鲸鱼的牙齿和打开的嘴巴就是仓门,它嘴里吐出的东西就是卡车和物资。在画的空白处他写道:"建筑是一个有生命的有机体。"当他凝视着这幅画时,他发现自己在鲸鱼嘴(仓门)的一侧画了一只相当大的鲸鱼眼。这本身就像是一个有趣的比喻,为他接下来的设计指明了新方向。

他开始在仓库的侧面画了很多不同的鲸鱼眼,然后再把鲸鱼眼画成仓门。这一次,他的画有了更多的细节,并且当他用更加逼真的渲染方式画出这栋建筑的侧面和仓门后,这幅鲸鱼变得更像一栋建筑了。还剩一只巨大的、可以开合的眼睛,最后在实际设计稿中,他用折叠门来表现这只眼睛，折叠门升上去就是眼睑弯弯的样子。

在设计结束的时候，卡拉特拉瓦已经画了大量的草图。当他按顺序翻阅这些草图时，他看到了一个非常有意思的过程——从最开始无意识的随意想象到后来越来越精确的描绘。然而，即使在最精确的外观草图中，仍然明显存在着某种有美感并且有趣的元素。看这些图画，就像是在看一张照片在化学托盘中逐渐显影一样。这种攻克难题的方式令他非常满意。这让他感到自己仿佛在创造有生命的东西一样。通过这种方式，他将自己的情绪深深地沉浸在对各种隐喻的运用之中，这些隐喻既有神话式的也有弗洛伊德式的。

最后，他的设计产生了一种奇异而强大的效果。仅仅通过设计建筑物的外观，他就创造出了希腊神殿的样子。波状的铝板就像是神殿的银柱。仓门加入了一种超现实的风格，而且当它折叠起来的时候，就成了神殿的入口。这一切都与这栋建筑的功能完美地融合在了一起。这是一次巨大的成功，立刻让他获得了关注。

随着时光的流逝，一项又一项重要的委托到了他的手上。因为设计的项目越来越大，卡拉特拉瓦可以清楚地看到自己面临的风险。从最初的草图到实际的建造，完成一项设计常常需要花费 10 年甚至更长时间。在这段时间里，各种各样的问题和冲突都可能出现，最终会破坏他最初的设想。更多的经费意味着更多的限制，意味着需要取悦更多不同的人。稍不小心，他想要打破规则和表达个人愿望的渴望就会迷失在这个过程中。因此，随着他事业的进步，他内心的某种东西让他重新开始使用他设计恩廷斯仓库所采用的方法，并进一步发扬了它。

他每次设计总是从画图开始。20 世纪 80 年代，电脑制图已经主导了建筑设计的许多方面，手工绘图越来越不常见。作为一名训练有素的工程师，卡拉特拉瓦深知电脑为运行建筑模型和测试建筑稳定性提供的巨大便利。但是如果只在电脑上工作，他就无法像用铅笔（或画笔）和纸那样进行创作。电脑的使用打断了他如梦般的画图过程，切断了他与自身潜意识的直接联系。在纸上画图时，他的手和大脑似乎会以一种原始且真实的方式合作，而这是电脑制图无法实现的。

那时，他为了一个设计项目会画数百张图纸。设计之初，他不会给自己设限，而是会进行各种各样的联想。然后，他会再从设计想法带给他的感觉或情绪开始。通常这会让他的脑海里产生一个图像，尽管很模糊。例如，当他被邀请为密尔沃基艺术博物馆进行扩建设计时，他的脑海里先是出现了一只将要起飞的鸟的形象，然后他再把这只鸟画到了纸上。这个图像经过他精心绘制过程的打磨后，最终成了他设计的建筑的屋顶，这个屋顶的特色是有两块巨大的、会随着光线的强弱打开和合上的肋板，给人感觉这是一只即将飞跃密歇根湖的史前巨鸟。

他设计之初的大多数自由联想都是围绕着自然展开的——植物、树木、各种姿势的人、肋骨骨架——而且会紧密地依合建筑周围的景观。随着他的想法变得越来越理性和符合建筑的形式，整个建筑的形状会通过手工绘图的过程慢慢地清晰起来。他还会通过建模来对这一过程进行补充，有时候建造出来的是一个抽象的雕塑模型，然后再逐步完善成建筑设计图纸。这些建筑图纸和雕塑模型就像是他潜意识和非语言的思维过程的外化。

当接近施工阶段时，他会不可避免地遇到各种限制，例如他要对要使用的材料和经费预算等方面进行考虑。但是与之前的设计过程相比，这些只不过是对他创造力的挑战。例如，他在设计时要考虑：如何选用材料并让这些材料物尽其用？如果设计的是一个火车站（或地铁站），如何使站台和火车（地铁）的运动融入整体的视觉，甚至提升它们的功能？这样的挑战令他感到兴奋。

他面临的最大危险是，他的创作精力会随着设计一年一年拖下去而下降，并且他也会和自己最初的设想渐行渐远。为了克服这个问题，卡拉特拉瓦始终保持着一种永不满足的态度。在他看来，设计图不可能永远是正确的，需要不断的改进和完善。通过追求完美并保持这种不确定感，他设计的项目永远不会让人觉得呆板和没有生气。当他的画笔碰到纸的那一刻，他的设计就必须活起来。如果他的设计下笔之初有一点死气沉沉的感觉，他就会重新开始。这不仅要求他具备极大的耐心，还要求他具备充足的勇气，否则他无法将数月的工作一笔抹杀。因为对他来说，保持活力的优势和感觉更加重要。

多年后，当卡拉特拉瓦回顾自己的所有项目时，他产生了一种奇怪的感觉：仿佛是来自他身外的某种东西促进了他的成长。这种东西不是他通过自己的想象创造出来的，而是来自大自然本身，是大自然把他引到了这个完全有机且非常高速的成长过程中。这些项目会带着某种情绪或想法在他脑海中生根，然后通过画图慢慢成长，并一直保持着活力和与生活本身一样的流动性，这个过程就像植物从播种到开花一样。在工作中感受到这样的活力之后，他会将这种感受转化为一栋栋建筑，使看到它们和使用它们的人们感到敬畏和惊奇。

因为创造过程难以捉摸，我们也没有接受过相关的训练，所以在我们的第一次创造性尝试中，我们通常只能靠自己，自生自灭。在这样的情况下，我们必须发展出适合我们个人精神和专业的东西。然而我们在这个过程中常常会走错路，尤其是在我们处于要产出成果的压力和其带给我们的恐惧之下时。在卡拉特拉瓦为自己的工作所找到的创造过程中，我们可以发现一种应用广泛的基本模式和一些原则，它们建立在人类大脑的自然倾向和优势的基础之上。

首先，在创造过程初期要保持一个开放的态度，这一点很重要。你要给自己充分的时间去幻想和漫游，以一种漫无目的和漫不经心的方式开始。在这个阶段，你要将这个项目和某些强烈的、会在你专注于自己的想法时自然流露出来的情绪联系起来。这样，后面再来聚焦自己的想法，让项目变得越来越现实和合理，就会很容易。但是如果你一开始就让自己处在紧张和压力之下，操心钱的事情、竞争的成败或人们的意见，你就会扼杀自己大脑的联想能力，迅速把工作变成一件毫无乐趣和生命力的事情。其次，你最好要具备自身领域和其他领域的广博知识，这样你大脑的联想和想象能力才会更强。再次，为了让这个过程保持活力，你绝不能自满，要始终保持最初的谦逊态度。在工作中，你必须保持永不满足的态度，不断改进自己的想法，同时还要保持一种不确定感——不确定下一步要做些什么，这种不确定感会激发你的创作冲动并使其保持新鲜。你遇到的任何阻力或障碍都应该被你视作改进自身工作的又一个机会。

最终，你必须承认：慢，本身就是一种优点。当谈到创造性尝试时，时间总是一个相对概念。无论你的项目需要花几个月还是几年才能完成，你总会感到不耐烦，你总想快点结束。为了获得创造力，你可以采取的最有力的行动就是去改掉自己身上这种天生的急躁。你要在艰苦的研究过程中寻找乐趣；你要享受想法随着时间的推移慢慢酝酿成熟的过程。不要故意去拖延这个过程，这也会产生问题（我们都需要最后期限），但是你为这个项目注入心血的时间越长，它就会变得越丰富。想象一下，自己在多年后的未来回看自己现在做的工作，你会发现，你在这个过程中额外的投入似乎一点也不令你感到痛苦和费力。当下的痛苦会消失。时间是你最强大的盟友。

策略五：开放的领域

玛莎·葛兰姆的父亲乔治·葛兰姆医生，是 19 世纪 90 年代少有的几位专门研究精神疾病的医学先驱之一。（更多关于玛莎·葛兰姆的内容，请参阅第 17 页和第 68 页。）他在家人面前很少谈论自己的工作，但是他会和玛莎·葛兰姆公开谈论精神疾病这个令她着迷的话题。通过与病人打交道，葛兰姆医生发展出了一种从他们的肢体语言就能大致判断出他们的精神状态的能力。从他们走路、摆动手臂或凝视某样东西的方式中，他就可以读出他们的焦虑程度。"身体不会撒谎。"他常常这样告诉她。

玛莎·葛兰姆在美国加利福尼亚州的圣巴巴拉市读高中时，就对戏剧产生了兴趣。1911 年的一个晚上，葛兰姆医生带着自己 17 岁的女儿到洛杉矶观看著名的舞蹈家鲁思·圣·丹尼斯（Ruth St. Denis）的演出，自那时起，她就一心想要成为一名舞蹈家。受父亲的影响，她对这种完全靠身体的移动而非语言来表达情绪的能力很感兴趣。1916 年，圣·丹尼斯和她的搭档泰德·肖恩（Ted Shawn）合办的舞蹈学校一开业，玛莎·葛兰姆就报名成了第一批学生。这所学校许多芭蕾舞的编排都是自由式的，强调要让所有动作都看起来轻松和自然。里面还有很多关于如何用丝巾摆姿势和走位的设计，这与伊莎多拉·邓肯（Isadora Duncan）的作品很相似。

一开始，大家并不认为玛莎·葛兰姆是一位有前途的舞者。她很害羞，总是躲在班级后面。她也不是为这项艺术而生的（她没有芭蕾舞者那样轻盈柔软的身体），而且舞蹈动作也学得很慢。但是当她第一次独舞时，圣·丹尼斯和肖恩在她身上看到了令他们惊喜的东西：她爆发出了一种出乎意料的能量。她很有魅力。圣·丹尼斯把舞台上的她比作"年轻的旋风"。她用自己的方式将从他们那儿学到的一切转化成了更强烈和更积极的东西。

几年后，她成了他们最优秀的学生之一，同时也是他们舞蹈团里的主要演员和著名的丹尼肖恩舞蹈法的老师。但很快，她就厌倦了这种舞蹈形式。它不合她的性情。为了和学校拉开一些距离，她搬到了纽约，以教授丹尼肖恩舞蹈法为生。1926年的一天，或许是出于对玛莎·葛兰姆离开舞蹈团的不满，泰德·肖恩给她发来了最后通牒——她必须支付500美元才有权教授丹尼肖恩舞蹈法。否则，她绝不能在自己的课上或作品中使用他们的任何方法，并面临被告上法庭的风险。

这使玛莎·葛兰姆陷入了危机。那时，她已经32岁了，在舞蹈这一行里已不再年轻。她只有50美元，这意味着即便她想付钱给肖恩都不可能。为了多挣钱，她已经尝试过在百老汇的流行舞蹈节目中工作，但她很讨厌这份工作，发誓再也不回去了。在她权衡自己的选择时，一个想法不断出现在她的脑海中。无论是作为舞蹈演员还是观众，她总能想象出一种世界上并不存在却十分契合她内心渴望的舞

蹈。这种舞蹈与丹尼肖恩舞蹈截然不同，丹尼肖恩舞蹈当时在她看来
只是在空洞地、附庸风雅地故作姿态。而她想象出来的舞蹈更符合她
所看到的现代艺术——有点不整齐，偶尔还会不协调，但充满了力量
与节奏感。她想象的是一种发自内心的舞蹈形式，并且当她想象这种
舞蹈的时候，她会不断地回想起父亲以及他们之间有关身体、有关所
有动物通过自己的动作所表达的语言的讨论。

　　她想象的这种舞蹈是严谨的，它基于一种新的准则——一点儿也
不像自由随兴的丹尼肖恩舞蹈。这种舞蹈有自己的表达方式。这种并
不存在的舞蹈的美丽形象在她脑海里挥之不去。她再也不会有这样的
机会了。年龄越大，人就会越保守，越寻求安逸。要想创造出世界上
还不存在的舞蹈，她必须创办自己的舞蹈学校和舞蹈团，建立一套自
己的技术和规则。为了支持自己的这个想法，她不得不去授课，教授
她还在创作中的新的舞蹈动作。这样做风险极高，而且钱的问题也一
直没有解决，但是她不顾一切地想要创造出自己想象中的舞蹈的这种
渴望会帮助她渡过任何难关。

　　收到泰德·肖恩的最后通牒几周后，她迈出了第一步。她租下一
间舞蹈工作室，并且为了让学生知道他们即将学习一种新舞蹈，她用
粗麻布遮住了墙上所有的镜子，而其他舞蹈工作室的墙上都有镜子。
学生们必须高度专注于她所教授的内容，并学习如何通过感受自己的
身体而不是自己在镜子里的样子来纠正动作。她希望这种新型舞蹈中
的一切都是面向观众的，无须舞者的自我意识掺杂其中。

　　起初，一切似乎都是不可能的。她只招到了几个学生，赚的钱仅
够付房租。学生们也经常得等她慢慢想出某种新的动作或练习方法，
然后再跟她一起去练习和完善。他们早期的一些表演虽然笨拙，但还

是成功吸引来了更多的成员，这让玛莎·葛兰姆开始考虑建一个小型舞蹈团。她用最严格的纪律要求这个舞蹈团。他们在创造一种新的舞蹈语言，因此必须努力苦练。几周后，她发明了一套能给舞者们带来更多控制感的练习方法和一种全新的动作机制。然后，她和舞蹈团的成员们花了 1 整年的时间来练习和完善这套简单的新动作，直到习惯成自然。

为了将她的舞蹈与其他形式的舞蹈区别开来，她将全部的重点放在了身体的躯干上。她称躯干为"骨盆真相的居所"。她认为，横膈膜收缩时和躯干剧烈运动时，人体最具表现力。躯干才应该是舞者关注的焦点，而不是让舞蹈变得过于浪漫的脸和手臂。她设计了无数练习来帮助舞者们锻炼自己的躯干，并鼓励舞者们去感受使用这些肌肉时他们内心深处所产生的情绪。

早期，激励她的主要是她那想要创造出舞台上前所未有的舞蹈的渴望。例如，在西方舞蹈中，舞者摔倒是大忌，因为这是犯错和失控的表现。地板是舞者的大敌，舞者永远也不能向其投降。她决心通过设计一套地面舞蹈动作来扭转大家的这种观念。在这套动作中，舞者先是紧贴地面，与地面融为一体，然后再极其缓慢地从地面起身。这需要舞者们去锻炼新的肌肉群。她还进一步发展了这一理念，把地面当作可以让舞者像蜿蜒而行的蛇一样在上面移动的空间。在她的新体系里，膝盖也突然间变成了一种不同的表达工具——舞者可以靠它保持平衡并进行移动，从而产生失重的效果。

慢慢地，随着工作的进展，她看到自己设想的新型舞蹈渐渐生动起来了。为了给自己的舞蹈增添新奇感，玛莎·葛兰姆决定设计并缝制自己的演出服。她设计的演出服基本上用的是弹性布料，这可以将舞者们的身体曲线完美地呈现出来，并让他们的动作看起来更分明。并且她的舞台布景与一般芭蕾舞剧那种童话般的风格也不同，极其简单朴素。舞者们也很少化妆。这一切都是为了使他们不被舞台束缚，让他们的动作更具爆发力。

　　她的首个系列演出就反响惊人。观众从未见过像这样的舞蹈。许多人厌恶、排斥它。但也有一些人认为她的作品极其感人，她赋予了舞蹈一种出人意料的表现力。这部作品引起了两种截然不同的反应，这是它力量的象征。多年以后，她的这种初看似乎死板无趣的舞蹈开始被大众接受，玛莎·葛兰姆终于单枪匹马地创立了自己的舞蹈类型，也就是我们今天所知道的现代舞。为了避免让这种舞蹈也套路化，她不断努力颠覆人们的期望，从不重复，并经常改变舞蹈的主题，从希腊神话到美国文学。在她的舞蹈团成立后的近 60 年里，她不断地驱使着自己去创造她一直向往的新奇感和即时感。

　　或许，人类创造力的最大阻碍是，任何一种方法或职业中随时间而产生的自然衰退。在科学和商业领域，某种思维方式或行为方式一旦取得成功就会很快变成一种范式，一种既定的程序。随着时间的流逝，人们忘记了这一范式最初形成的原因，而只是盲目地遵从一套毫无生气的技术。在艺术领域，有人开创了一种崭新的、有活力的、能呼应特定时代精神的风格。它因其与众不同而具备某种优势。很快，模仿者就层出不穷。于是，它变成了一种潮流，一种需要大家去遵守的东西，即使这种遵守看起来是叛逆而前卫的。这股潮流会持续 10

年、20 年，最终变成一种毫无真情实感或不能满足大众需求的陈词滥调。没有哪种文化能逃脱这种自然衰退。

我们可能毫无察觉，我们正在忍受扰乱我们的文化的死板形式和习俗的折磨。然而，这个问题却为有创造力的人提供了巨大的机会，玛莎·葛兰姆就是其中的一个缩影。这个过程是这样的。你要从向内看开始。你有自己想要表达的东西，这些东西对你来说是独一无二的，并且与你的天生倾向有关。你必须确保它不是由某种潮流或时尚而引发的，而是源于你自己的、真实的东西。或许它是一种你在音乐中不曾听到过的声音、一个没有人讲过的故事、一本不同寻常的书。甚或它是一种新的生意经。让这种想法、声音、想象在你身上扎根。当你发现某种新的表达方式或做事方式的可能性时，你必须下定决心与那些腐朽的、你想要摆脱的习俗对抗到底。玛莎·葛兰姆并不是凭空创造了她的作品，她的想象源自当时的芭蕾舞和现代舞所没有带给她的东西。她接受了它们的传统并将其颠覆。遵循这一策略会给你的作品提供一个反向参考点和一种塑造它的方法。

像玛莎·葛兰姆一样，你不能误把随机的自发性当作创新。没有什么比缺乏现实和训练根基的自由表达更容易变得重复和无聊的了。你必须在酝酿自己的新想法时用上你在自身领域所掌握的全部知识，但目的是颠覆它，正如玛莎·葛兰姆对丹尼肖恩舞蹈法所做的那样。从本质上来说，你要做的就是在一个杂乱的文化中开辟一个空间，为自己争取一片开阔地，在这片开阔地你可以培养新的东西。人们渴望新的东西，渴望以新颖的方式表达时代精神的东西。通过创造新的东西，你会赢得自己的观众，并在文化中获得终极的权力地位。

策略六：高处着手

松冈容子（详见第 1 章，第 21—23 页）总是觉得自己与别人不同。这与她的穿着和样貌没多大关系，是她的兴趣把她和别人区别开来的。20 世纪 80 年代早期，她还是日本的一名青少年，父母希望她专注于某一项未来可以成为她事业的学科。但是随着年龄的增长，她的兴趣越来越广泛。她不仅热爱物理和数学，也被生物和生理学深深吸引着。她还是一名未来可能成为职业网球手的天才球员，直到一次受伤终止了她这条道路。最重要的是，她非常喜欢动手操作和摆弄各种机器。

令她非常庆幸的是，在加州大学伯克利分校开始自己的本科学习时，她接触到了一个似乎能够揭露各种各样大问题的学科，可以满足她贪婪而广泛的兴趣——机器人学这一相对较新的领域。完成本科学习后，渴望进一步探索这一学科的她进入麻省理工学院攻读机器人学硕士学位。她在系里的工作之一就是，帮助设计大家正在研发的大型机器人，她负责的是机器人手的设计。一直以来，她都对人手的复杂性和力量很感兴趣，而且这个工作还让她有机会将自己那么多的兴趣结合起来（数学、生理学和制造东西），她似乎终于找到了自己想要从事的领域。

然而，当她开始研究机器人手时，她再次意识到自己的思维方式是多么与众不同。系里的其他同学大都是男性，他们倾向于把一切都归结为工程学问题——如何给机器人配备尽可能多的机械选项，以便它可以在某种程度上像人一样移动和行动。他们认为自己的机器人本质上还是一台机器。要研发机器人意味着要解决一系列技术问题，并发明一种能模仿一些基本的思维模式的移动电脑。

容子的方法则非常不同。她想研发出尽可能逼真、符合人体解剖学原理的机器人。那才是机器人技术真正的未来，而为了实现这一目标，就要将更高层面的问题纳入思考——是什么让一切有生气和有机复杂？在她看来，研究进化论、人体生理学以及神经科学与研究工程学一样重要。或许这会让她的职业道路变得复杂，但是她会遵从自己的天生倾向，看看它们会把她引向何方。

在着手设计时，容子做了一个关键的决定：她要先造一只尽可能像人手的机器人手模型。在尝试完成这一艰巨任务时，她开始逼着自己去了解人手各个部分的工作原理。例如，在设法搭建机器人手的骨骼时，她偶然发现了一些看似不相关的凸起和凹槽。比如，食指指关节处的骨骼有一块凸起，这使得它的一侧较大。通过研究这一处细节，她发现了这块凸起的功能——让我们能更有力地将物体抓在手心。为了这样一个目的而专门进化出这样一处凸起似乎有些奇怪。或许它是因某种突变而形成的，但随着手在我们人类的发展中愈发重要，这种突变最终成了我们进化的一部分。

沿着这条思路，她继续研究机器人手的手掌。她认为从各个方面来说，手掌都是机器人手设计的关键。大多数工程师认为，机器人手的设计追求的是最佳力道和可操作性。他们会在机器人手内部设置各种机械选项，并且为了让这些选项的功能都可以实现，他们会把所有的电动机和缆线都安装在最方便的地方，也就是手掌内，致使手掌变得极不灵活。被设计成这样的机器人手会被打发到软件工程师那里，由他们去设法弄清楚如何恢复手掌的可操作性。然而，由于手掌内部塞满了东西，变得很僵硬，拇指怎么也碰不到小指，所以工程师们最终做出的必然都是些功能高度受限的机器人手。

　　容子从另一端着手。她的目标是发现是什么让手变得灵巧。很明显，其中一个关键的必备要素就是有一个灵活的、能弯曲的手掌。如果从这一更高层面进行思考，显然电动机和缆线都必须放在别处。她没有在机器人手掌里装满电动机和缆线，试图让所有机械选项都能实现。她认为，机器人最重要的可操作部位是拇指，这是我们抓取能力的关键，所以她将更多的力量投在了拇指。

　　她沿着这条思路继续前进，发现了越来越多的有关人手的奇妙力学细节。由于她独特的生物学方法，其他工程师都嘲笑她，说她是在浪费时间。然而，被她称为"符合人体解剖学的试验台机械手"很快就成了行业中的典范，不仅展示了手部假肢的全新可能，证明了她的方法是正确的，还为她赢得了工程技能方面的声誉和认可。

　　然而，这只是一个开端。她的目标是探索人手为什么能如此灵活，并造出和人手一样灵活的机器人手。获得机器人学的硕士学位后，她回到麻省理工学院攻读神经科学博士学位。此时，她对让手脑连接变得如此独特的神经信号已经有了深入的了解，她下一个追求的目标是研发一只能真正与大脑相连、能像真手一样活动和感受的假肢手。为了实现这个目标，她继续研究那些高端概念，例如手脑连接对我们整体思维的影响。

　　她曾在她的实验室里做实验试图去了解人们在闭着眼的情况下是如何操作对象不明的物体的。她研究了人们是如何用自己的双手去探索的，并记录下在这个过程中产生的复杂的神经信号。她想知道在这种探索和抽象思维过程（或许涉及类似的神经信号）之间有没有某种联系，例如当我们面临一个看起来难以解决的问题时我们的思维过程。她很想将这种双手在探索时产生的感觉植入假肢中。在其他实验中，她让受试者们摆动一只虚拟的手，她发现受试者越相信这只虚拟的手是他们身体的一部分，对它的控制程度就越强。她想要让她正在研发的假肢手拥有这样的感觉。尽管很多年后她才实现这一点，但是这种连接神经的假肢手设计带来的技术影响远超机器人领域。

在许多领域，我们都会犯这样的毛病，我们称之为"技术锁定"。意思是，为了学习一门学科或技能，尤其是一门复杂的学科或技能，我们必须埋头于很多细节、技巧和程序中，因为它们是解决问题的标准。然而，如果我们不小心，我们就会被它们限制住，总是用相同的方法看待一切问题，用相同的、深深烙印在我们心中的技巧和策略去处理一切问题。走老路总是更容易。在这个过程中，我们会忽略整体，忘记我们做某件事情的目的，并忘了这样一个事实：我们遇到的每一个问题都不一样，需要不同的解决办法。我们的视野变得狭窄了。

这种技术锁定让各个领域的人们都感到很苦恼。受其影响的人们会感受不到自己工作的总体目标，察觉不到手头更重要的问题，并失去最初驱使他们从事这份工作的动力。松冈容子发现了这个问题的解决办法，这使她成了自身领域的领军人物。她的办法是，对机器人领域流行的工程学方法进行反抗。她的大脑天生更擅长处理更大规模的信息，并且会不断地在更高层面上仔细考虑事物之间的联系——是什么让人手如此的完美，手如何影响我们是谁，以及我们是如何思考的。她用这些大的问题来指导她的研究，从而避免了因缺乏全局观而只狭隘地关注技术问题。在这样高的层面上进行思考，可以解放我们的思想，使我们可以自由地从不同的角度进行研究：手的骨骼为什么是这样的？是什么让手掌如此灵活？触觉是如何影响我们的整体思维的？这让她既可以深入研究细节，又不会忘记自己这么做的初衷。

你也必须把松冈容子的例子当作自己工作的典范。你应该始终把你的项目或你正在解决的问题与更高层面的东西联系在一起——一个更大的问题、一个总体的想法、一个鼓舞人心的目标。当你对自己的工作开始感到乏味时，你必须重拾最初驱动你的、更大的目的和目标。这种更高层面的认识会引导你的微观研究方向，并为你打开更多的方向，以供你探索。时常提醒自己目标是什么，可以防止自己迷恋某些技术或过度纠结于琐碎的细节。这样，你就能发挥出人类大脑的天然优势，在越来越高的层面上寻找事物间的联系。

策略七：进化劫持

1995 年的夏天，保罗·格雷厄姆（详见第 2 章，第 98—101 页）从广播里听到一个故事，这个故事畅想了在线商务的无限可能，这在当时几乎是闻所未闻的。这次宣传活动是美国网景公司做的，目的是设法在首次公开募股前引起人们对其业务的兴趣。这个故事听起来对未来充满希望，但又茫然无措。当时的格雷厄姆正处于一个人生的十字路口。从哈佛大学取得计算机工程博士学位后，他就陷入了一种模式：先在软件行业找一份兼职的咨询工作，存够了钱就辞职去做自己真正热爱的事情——艺术和绘画，等钱花完后，又再找一份工作，如此循环往复。但此时，31 岁的他已经厌倦了这种模式，而且他也讨厌做咨询工作。所以，通过开发互联网应用来快速赚大钱这个畅想对他来说突然变得很有吸引力。

他打电话给自己在哈佛的编程老搭档罗伯特·莫里斯，说服他和自己合伙开公司，尽管格雷厄姆对从何处着手和要开发什么还毫无头绪。两人讨论了几天，决定尝试编写一个程序，来帮助企业经营在线业务。他们一把这个想法确定下来，就面临着一个非常大的障碍。那时候，一个程序要想足够流行，就必须是为了 Windows 操作系统而编写的。自诩高级黑客的他们讨厌与 Windows 有关的一切，也从未费心学习过如何为 Windows 开发程序。他们更喜欢用 LISP 语言编写可以在开源操作系统①Unix②上运行的程序。

他们决定先不管这些，等写好了可以用于 Unix 系统的程序再说，他们以为之后再把这个程序转换为可以用于 Windows 系统的程序，应该会很容易。但当他们深入思考这个做法时，他们意识到这可能会导致可怕的后果——一旦 Windows 版的程序发布，他们将不得不去处理用户的各种问题，并被动地根据他们的反馈去完善程序。这意味着他们将被迫花数月甚至数年的时间在 Windows 的环境下思考和编写程序。这太可怕了，他们认真考虑之后决定放弃。

格雷厄姆借住在莫里斯在曼哈顿的公寓里，睡的是地板上的床垫。一天早上，他醒来后一直重复着某句他从梦里想起的话："你可

---

① 开源操作系统（open-source operating system），就是公开源代码的操作系统，其中比较著名的有 Unix 操作系统和 Linux 操作系统。——编者注

② Unix，诞生于 20 世纪 60 年代末，比 Windows 诞生的时间还要早，可以说是操作系统中的"老大哥"。——编者注

以通过点击链接来控制程序。"忽然，他坐直了身子，因为他意识到了这句话带来的可能性——开发一个可以在网络服务器上运行的网络商店的程序。人们可以在网景浏览器上下载和使用这个程序，并通过在网页上点击不同的链接来进行设置。这意味着他和莫里斯可以绕过常规路径：编写一个要用户下载到自己桌面的程序。这样就不需要再受 Windows 系统的限制了。那时虽然市面上还没有类似的网络应用程序，但这似乎是一个显而易见的解决方案。他兴奋地告诉了莫里斯自己的顿悟，两人决定试一试。没过几天，他们就写好了第一版网络应用程序，而且运行得极为顺畅。显然，网络应用程序的概念是可行的。

在接下来的几周里，他们优化了这个程序，找到了自己的天使投资人，对方以 1 万美元的初始投资换得了两人公司 10% 的股份。一开始，很难让商家对网络应用程序这个概念产生兴趣。因为他们的程序是第一个在互联网上运行的用于创业的程序，走在了在线商务的最前沿。但是慢慢地，情况开始好转。

事实证明，格雷厄姆和莫里斯因为不喜欢 Windows 而产生的新奇想法，有各种意想不到的优势。直接在互联网上运行，可以让他们不断优化程序并立即对优化的程序进行测试。他们可以和用户直接互动，获得他们对程序的即时反馈，并在短时间内进行改进，而无须像桌面程序那样花费数月。由于没有经营企业的经验，他们没想过雇人来做销售，而是亲自给潜在客户打电话。但也正是因为他们自己亲自做了销售工作，他们能在第一时间听到用户的抱怨或建议，这让他们真正感受到了这个程序的弱点以及应该如何改进它。因为它是如此独一无二和前所未有，所以他们不用担心有竞争对手。没人能盗用他们的想法，因为他们是唯一疯狂到会去尝试它的人。

当然，他们在这一路上也犯了一些错误，但是这个想法太完美了，不可能会失败。1998 年，他们将自己创办的 Viaweb 以近 5000 万美元的价格卖给了雅虎。

格雷厄姆在多年后回顾自己的这段经历时，对自己和莫里斯走过的这段路还颇为感慨。这使他想起了历史上许多其他的发明，例如微电脑。使微电脑成为可能的微处理器原本是为了控制交通信号灯和自动贩卖机而开发的，从未有人想过用它们来驱动电脑。首先做出这种尝试的创业者们遭到了嘲笑，他们造出的电脑看上去根本不配被称为电脑——又小又做不了什么事。但是微电脑吸引了恰当数量的人，为他们节省了时间，渐渐地，它就流行起来了。同样的故事也发生在晶体管上。20 世纪 30—40 年代，晶体管原本是被开发用在军用电子设备上的。直到 20 世纪 50 年代早期，才有人想到把这项技术用到民用的收音机上，很快晶体管收音机便发明了，后来成为历史上最流行的电子设备之一。

在所有这些例子中，有意思的是导致这些发明的特殊过程：一般情况下，发明者偶然接触到某种现有技术；然后，他们就会萌生将这项技术用于其他目的的想法；最后，他们会尝试造出不同的原型机，直到找到最合适的那个。这一切的发生，得益于发明者乐于用不同的眼光看待日常事物并想象它们的新用途。对那些拘泥于僵化的观点的人们来说，他们被自己对旧事物的熟悉所催眠，而看不到它的其他可能性。归根结底，就是要拥有一个灵活且适应性强的大脑，这往往是让成功的发明家和企业家脱颖而出的原因。

用 Viaweb 赚到钱后，格雷厄姆突然产生了在网上写文章——在那时还很罕见的博客——的想法。这些文章让他在各地的年轻黑客和程序员当中成了名人。2005 年，哈佛大学计算机科学系的本科生邀请他去做了一次演讲。为了不让听众和自己感到无聊，他没有给他们讲不同编程语言之间的区别，而是跟他们分享了自己对科技创业公司的看法——为什么有些科技创业公司成功了，而有些科技创业公司却失败了。这次演讲极其成功，格雷厄姆的想法很有启发性，学生们纷纷向他请教关于他们自己的创业想法的问题。听着听着，他发现学生们的一些想法并不离谱，但是还非常需要优化和指导。

格雷厄姆一直想尝试投资别人的创业想法。在自己的项目中，他曾是天使投资人的受益人，现在理当帮助他人以作回报。问题在于从哪开始。大多数天使投资人在投资前都有一些相关经验，并常常会用小规模的投资来试水。格雷厄姆没有这样的商业经验。基于这个弱点，他想了一个乍一看很荒谬的主意——他要同时投资 10 个创业公司，每个公司投 1.5 万美元。他会去宣传自己的投资计划，并选出 10 个最佳候选人；然后再用几个月的时间亲自带领这些新手，帮助他们实现自己的想法。等这些创业公司成功后，他会从中抽取 10% 的股份。这就像是一个科技创业者的学徒训练系统，但它实际上还有另一个目的——这会是他学习投资业务的速成班。他是一个缺乏经验的第一投资人，而他投资的学生是缺乏经验的创业者，这让他们成了完美的组合。

他再次找到罗伯特·莫里斯加入他的公司。然而，经过几周的实践后，他和莫里斯意识到，他们实际上正在做一件很有意义的事情。因为有 Viaweb 的经验，他们可以给人提出清晰而有效的建议。他们正在孵化的这些创业想法看起来很有前景。或许他们为了快速学习投资业务所采用的这个系统本身就是一个有趣的模型。大多数投资人一年只能管理几个创业公司，因为他们有太多自己的业务要处理。但是，如果格雷厄姆和莫里斯把自己的时间专门投入到这个学徒训练系统呢？这样，他们就可以大规模地提供这种服务。他们可以资助成百上千家这样的创业公司，而不只是几十家。在这个过程中，他们自己的知识会飞速增长，而这种指数级增长的知识反过来又会帮助越来越多的创业公司获得成功。

如果这个想法真的成功了，他们不仅会赚到一大笔钱，还会对经济产生明显的影响，吸引成千上万的聪明创业者加入这个系统中。他们将自己的新公司命名为 Y Combinator，并将其看作他们改变世界经济形态的终极手段。

他们用自己一路走来学到的所有原则来指导学生们——寻找现有技术的新用途和未被满足的需求所带来的好处；与用户尽可能地保持密切的关系的重要性；让想法尽可能地保持简单可行的必要性；创造卓越的产品和凭技术取胜的价值，不要只想着赚钱。

学生们在学习的同时，他们自己也在学习。奇怪的是，他们发现，造就成功创业者的不是创业者们的想法本身，也不是他们读过的大学，而是他们的真实性格——他们愿意调整自己的想法并利用他们一开始没有想到的可能性。这正是格雷厄姆在自己和其他发明家身上发现的特质——思维的流动性。另一个必要的性格特质是极度的坚韧。

多年来，Y Combinator凭借着自己的方式不断以惊人的速度成长。到 2012 年，它的估值已近 5 亿美元，并且有着明显的增长潜力。

◆　◆　◆

通常，我们对人类大脑的发明能力和创造能力有误解。在我们的想象中，有创造力的人产生一个有意思的想法，然后这个想法会以一个类似线性的过程进一步发展和改善。然而，真相要更加混乱和复杂。实际上，创造力类似于自然界中的进化劫持过程。在进化中，突发状况和意外事件扮演着重要的角色。例如，羽毛是从爬行类动物的鳞片进化而来的，作用是为鸟类保暖。（鸟类是从爬行动物进化而来的。）但最终，为了保暖进化出来的羽毛适应了飞行的目的，演变成了翅膀上的羽毛。对我们生活在树上的灵长类祖先来说，手的形态在很大程度上是由于需要快速敏捷地抓住树枝而进化出来的。但是我们的原始祖先在地面上行走时发现，这只高度进化的手在操纵石块、制作工具和用手势沟通时都十分有用。或许，语言本身是作为一种严格意义上的社交工具而发展出来的，后来却被劫持用来推理，使人类意识成了一次意外事件的产物。

人类的创造力一般遵循着一条相似的路径，这或许表明任何事物的创造都有一种自然的宿命。我们的创意不会凭空出现，而是在偶然发生某件事情时产生的——在格雷厄姆的例子中，是他在广播里听到的那个故事，或是演讲后学生们的提问。如果我们的阅历足够丰富，时机一成熟，这种偶发事件就会在我们心中激起一些有趣的联想和想法。在观察某些我们可用的物品时，我们会突然发现另一种使用它们的方式。在这个过程中，偶发事件会不断出现，这表明我们可以选择的不同道路。如果某些道路前景光明，我们就会沿着它们走下去，但是我们不确定它们会通向哪里。创造过程不是从想法到成果的直线过程，它更像是弯弯曲曲的树枝。

道理很简单——真正的创造力源自我们的开放精神和适应精神。当我们看到或经历某件事情时，我们必须能够从几个角度来看待它，从而去发现不那么显而易见的其他可能性。我们想象我们周围的物品可以用于不同的目的。我们不能单纯出于固执或自己一定正确的自尊而坚持最初的想法。相反，我们要随机应变，去探索不同的道路，利用偶发事件。这样，我们才能将羽毛变成能飞行材料。人与人之间的差距不在于大脑最初的创造力，而在于我们看待世界的方式，以及我们重构我们所见之物的变通性。创造力和适应性密不可分。

策略八：多维思考

1798 年，拿破仑·波拿巴入侵埃及，企图将其变成殖民地。但由于英国的阻止，拿破仑的入侵陷入了僵局。1 年后，战争仍未停止。在罗塞塔镇附近的一个法国堡垒的加固工作中，一名士兵在挖地时挖到了一块石头。取出这块石头后，这位士兵发现它是古埃及的某种文物——一块写满文字的玄武岩石板。拿破仑之所以入侵埃及，部分原因是他对埃及的所有事物都有着强烈的好奇心。他随军带着许多法国科学家和历史学家，就是为了帮他分析他想找到的文物。

经过一番对这块后来被称为"罗塞塔石碑"的玄武岩石板的观察，法国学者们都兴奋了起来。这块石碑包含了三种不同的文字——最上面是埃及圣书体文字 [1]，中间是埃及世俗体文字（古埃及平民使

---

[1] 埃及圣书体（Egyptian hieroglyphs），是古埃及的一种象形文字，也是最早的文字形式之一，由图形文字，音节文字和字母构成。——编者注

用的语言文字），最下面是古希腊文字。将古希腊文字的内容翻译出来后，他们发现这是一则庆祝托勒密五世统治（Ptolemy V，公元前203—公元前181）的诏书；并且文末说，这则公告被写成了三个版本，这意味着世俗体文字的内容和圣书体文字的内容跟古希腊文字的内容是一样的。有古希腊文字作为钥匙，破译其他两个版本似乎有了可能。由于最后一个为人所知的圣书体文本写于公元394年，能读懂它的人早已不在人世，使得圣书体文字完全成了一种无法翻译的死语言，也使得众多神庙和莎草纸上的内容成为未解之谜。现在，或许这些秘密终于可以被揭开了。

石碑被运到开罗的一家研究机构。但是1801年，英国人在埃及战胜法国人，并将他们驱逐出埃及。英国人知道罗塞塔石碑有着极高的价值后，他们就在开罗追查到它的下落，找到它后就把它用船运到了伦敦，至今仍收藏在大英博物馆中。随着石碑上的图像开始流传开来，欧洲各地的知识分子都争当第一个破译圣书体文字和揭开谜团的人。当他们开始解题之后，陆续取得了一些进展。某些圣书体文字外面有一个方框，这个方框后来被称之为"王名圈"。经研究确定，王名圈里是各种王室人物的名字。一位瑞典教授在世俗体文字中认出了托勒密的名字，并推测出这些符号可能具备的价值。但是，人们最初破译圣书体文字的热情最终还是消失了，因为很多人担心这些文字无法破译。人们越是深入地研究这个谜题，越是对这些符号本身所代表的文字系统充满了疑问。

1814年，一个新人——名为托马斯·杨（Thomas Young）的英国人——加入了这场竞争，他很快就成了有望第一个破译罗塞塔石碑的主要候选人之一。尽管他是一名医生，但是他对各种科学都有涉猎，被认为有几分天才。他获得了英国当局的支持，可以充分调用英国征收到的各种莎草纸和文物，甚至包括石碑。而且，他本身很富裕，可以将全部的时间投入到研究中。就这样，他带着极大的热情投入到这项工作中，并开始取得了一些进展。

他用了一种计算方法来解决这个问题。他计算了某个单词在希腊文文本中出现的次数（例如"神"一词），然后在世俗体文本中找到出现次数同样的单词，并假设它们的意思是相同的。他尽一切努力用这种方法去辨认世俗体的文字——如果世俗体中明显表示"神"的意思的单词太长，他就简单地推断某些字母毫无意义。他假设这三种文本行文顺序一致，这样他就可以根据它们的位置来匹配单词。有时，他会碰巧猜对一些词的意思；但更多时候，他毫无头绪。他也取得了一些重要发现——世俗体文字和圣书体文字之间是有联系的，前者是后者的一种随意的书写形式；碰到外国名字，世俗体文字会用语音字母来拼写，但总体而言世俗体文字是一种象形文字。他不断走入死胡同，而且离破译圣书体文字还差得很远。几年后，他基本放弃了。

与此同时，一位看似毫无胜望的年轻人出现了，他就是让-弗朗索瓦·商博良（Jean-Francois Champollion，1790—1832）。他来自法国格勒诺布尔市附近的一个小镇。他家里很穷，7岁前没有受过正规教育。但是与其他所有人相比，他有一个优势：他从小就喜欢古文明史，他想发现关于人类起源的新事物，为了这个目的，他开始研究古代语言——希腊语、拉丁语和希伯来语，还有其他几门闪米特语①——他在12岁前就以惊人的速度掌握了所有这些语言。

———————————

① 闪米特语（Semitic languages），与雅利安语同时形成的一个语群，希伯来语、阿拉伯语、阿比西尼亚语、古亚述语、古腓尼基语等许多相关联的语言都来源自闪米特语。——编者注

很快，他的注意力就被古埃及吸引了。1802 年，他听说了罗塞塔石碑，于是跟哥哥说自己会是破译它的那个人。从开始研究古埃及人的那一刻起，他就对与这种文明相关的一切产生了一种强烈的认同感。当他还是个孩子时，他就有着强大的视觉记忆力。他的绘画技术非凡。他倾向于将书上的文字看作图画而不是一个个字母。当他第一次看到圣书体文字时，就觉得这种文字好像很熟悉。很快，他就近乎疯狂地迷恋上了圣书体文字。

为了取得真正的进展，他决定一定要学习科普特语。自从埃及在公元前 30 年成为罗马殖民地后，古老的世俗体语言逐渐消亡，取而代之的是科普特语——一种希腊语和埃及语的混合语。阿拉伯人征服埃及后，把埃及变为了伊斯兰国家，以阿拉伯语为官方用语，而这片土地上剩下的基督徒仍然使用科普特语。但到了商博良生活的那个时代，只有少数基督徒还在使用这种古老的语言，且大多数是修道士和牧师。1805 年，恰巧有一位讲科普特语的修道士经过商博良所在的小镇，商博良迅速和他成了朋友。这个修道士给商博良教了科普特语的基础知识，并在几个月后再次回到这个小镇时，给商博良带来了一本科普特语语法书。于是这个孩子便没日没夜地学习这门语言，狂热到旁人都觉得他疯了。他给哥哥写信道："我无心做别的事。我做梦都在讲科普特语……我完全就是个科普特人，为了好玩，我把我想到的一切都译成了科普特语。"他后来在巴黎求学时遇到了更多说科普特语的修道士，更是刻苦练习，别人都说他把这种即将消亡的语言说得像科普特人一样好。

在只有一个劣质的罗塞塔石碑复制品的情况下，他就开始尝试用各种假设来攻克圣书体文字之谜了，后来所有这些假设都被证明是错误的。然而，与其他人不同的是，商博良的热情从未被浇灭。困扰他的是当时的政治动乱。他曾公开宣称自己支持法国大革命，最后在拿破仑失势之际还支持拿破仑的事业。当路易十八成为新任法国国王时，他对拿破仑的同情导致他失去了教授的工作。长年的贫病交加迫使他将对罗塞塔石碑的兴趣暂时放在了一边。终于在 1821 年，政府恢复了他的名誉。从此，商博良定居巴黎，并带着焕然一新的活力和决心回到自己的探索中。

离开圣书体文字的研究有一阵子的他带着一种全新的视角回来了。他认为，问题在于，大家都在试图像破译某种数学密码一样破译圣书体文字。商博良会说十几种语言，甚至能读懂许多已经消亡的语言，他知道语言的演变充满偶然性，会受到社会中新群体的涌入的影响，也会随时间的流逝而变化。它们不是数学公式，而是有生命的、逐渐进化的有机体。它们很复杂。所以，他用了一种更整体的方式来研究圣书体文字。他的目标是弄清楚它到底是一种什么样的文字——象形文字（直接用图形代表事物）、表意文字（用图形表达某个意思）、表音文字，或者可能是三者的混合文字。

带着这种想法，他尝试了一件别人没有想到的奇怪事情——他比较了罗塞塔石碑上古希腊文文本与圣书体文本的字数。他数了数，古希腊文文本有 486 个单词，圣书体文本有 1419 个象形符号。商博良一直以为圣书体文字是表意文字，每个符号代表一个意思或单词。然而这两种文本的字数差异如此悬殊，这种假设不再成立。随后，他试着找出构成单词的象形符号组，发现只有 180 个。他没能在古希腊文文字和圣书体文字两者之间找出明确的数量关系，所以这一切唯一可能得出的结论是，圣书体文字是一种混合了表意文字、象形文字和表音文字的文字系统，这使它比任何人想象的都要更复杂。

接下来，他决心尝试一件任何其他人都会认为是疯狂和无用的事——将自己的视觉能力用于世俗体文字和圣书体文字的研究中，只看字母或符号的形状。在这样做的过程中，他开始在两者中发现了一些规律和联系——例如，圣书体文字中的一个特定符号，比如表示一只鸟的符号，在世俗体文字中有一个大致对等的符号，只是鸟的样子变得不像圣书体文字中的那么逼真，更像是一个抽象的形状。由于他惊人的、过目不忘的记忆力，他能在这两种文字中识别出数百个像这样的对等符号，但还说不出它们中任何一个的意思。它们对他来说还只是图像而已。

有了这些了解，他继续出击。他检查了罗塞塔石碑的世俗体文本中之前被认为包含托勒密的名字的王名圈。他那时已经知道许多圣书体文字和世俗体文字的对等符号，于是将世俗体文本中的文字换成了相应的圣书体文字，用这种方式找到了圣书体文字中的"托勒密"一词。这个词的发现令他又惊又喜，这也是第一个成功破译的圣书体文字。他知道这个名字可能是用语音拼写出来的（正如世俗体文本中所有的外国名字一样），于是推断出"托勒密"一词在世俗体文字和圣书体文字中对等的发音符号。识别出 P、T、L 三个字母后，他又在一份莎草纸文献中发现了另一个王名圈，他确定其中的名字一定是克莱奥帕特拉①，这下他认识的字母又增加了。托勒密和克莱奥帕特拉用两个不同的字母表示 T。其他人可能会对此感到困惑；但是商博良明白，这只不过代表着同音字——就像英语里"phone"中的"ph"和

---

① 克莱奥帕特拉（Cleopatra），意为"父亲的荣耀"，为古埃及托勒密王朝著名女性常用的名字，埃及艳后的名字也叫克莱奥帕特拉。——编者注

"fold"中的"f"都发同一个音一样。随着他认识的字母越来越多，他逐渐破译了所有他能找到的王名圈中的名字，积累了一个字母信息库。

1822年9月，所有的一切都以最令人惊讶的方式被解开了，而且发生在一天之内。在埃及一个荒凉的地方发现了一座神庙，其墙壁和雕塑上都刻有圣书体文字。这些文字的准确绘图落到商博良手上，在观察这些文字时，他惊奇地发现，这个神庙里的王名圈中的名字没有一个是他认识的。他决定用自己开发的语音字母来辨认其中一个王名圈中的名字，但只认出了最后一个字母S。第一个符号使他想起了太阳的形象。科普特语是古埃及语较远的一个旁支，其表达太阳的单词是Re。王名圈的中间有一个带着三个尖头的三叉符号，看起来出奇地像字母M。他极度兴奋地意识到这可能是拉美西斯（Ramses）的名字——拉美西斯是公元前13世纪的一个法老，这意味着埃及人很久很久以前就开始使用语音字母了，这是一个惊天动地的发现。他需要更多的证据来确认这一点。

神庙绘图中的另一个王名圈中也有相同的M形符号。这个王名圈中的第一个符号是一只鹮的形象。凭借着对古埃及历史的了解，他知道这只鸟是托特神①的象征。这个王名圈中的字母可以拼成Thot-mu-sis，或Thuthmose②，又是一个古埃及法老的名字。在神庙绘图的另一处地方，他发现了一个完全由字母M和字母S的对等符号构成的象形词语。他参照科普特语，把这个词译作mis，是"生育"的意思。果然，他在罗塞塔石碑的古希腊语文本中发现了一个表示生日的短语，

① 托特神（Thoth），又译为"透特神"，是古埃及神话中的智慧之神。——译者注
② 译为"杜得模斯"。——编者注

并在圣书体文本中找到了它的对等符号。

这项发现让他欣喜若狂，不知如何是好。他穿过巴黎的大街小巷去找自己的哥哥。他一进哥哥家就大喊道："我知道了！"随后就晕倒在了地上。经过近 20 年的持续痴迷，经历了无数的问题、贫困和挫折，商博良终于在短短几个月的高强度工作中揭开了圣书体文字的谜底。

在这项发现之后的一段时间里，他又继续翻译了一个又一个的词语，并弄清楚了圣书体文字的确切性质。在这个过程中，他彻底改变了我们对古埃及的了解和认识。他最早的翻译显示，圣书体文字正如他猜想的那样，是象形、表意、表音三种文字的复杂结合，而且拥有等同字母的符号的时间远比人们以为的字母发明的时间要早。这不是一个牧师支配奴隶文化并通过神秘符号来保守秘密的落后文明，而是一个文字复杂且优美的充满活力的社会，一个可以和古希腊媲美的文明。

当他的发现被传开后，商博良立刻成了法国的英雄人物。但是他的主要对手托马斯·杨无法接受自己的失败。在随后的几年里，托马斯·杨不断地指控商博良欺诈和剽窃，因为他无法想象一个出身如此卑微的人居然能达到如此惊人的智力成就。

商博良与托马斯·杨的故事蕴含了关于学习过程的基本教训，也说明了处理同一问题的两种典型的方法。在托马斯·杨的例子里，他是从外部入手来解圣书体文字这个谜的，他的动机就是，想要成为第一个破译圣书体文字的人并借此扬名。为了加快研究进程，他将古埃及人的文字系统简化为简单的数学公式，并假设它们是表意文字。这样一来，他就可以将破译圣书体文字当作一道复杂的计算题。为此，他不得不对这种后来被证明极其复杂且有分层的文字系统进行简化。

商博良的情况正相反，他的动力源自他真心想要了解人类起源，以及他对古埃及文明的深切热爱。他想找到真相，而不是获得名望。因为他把翻译罗塞塔石碑当作自己的人生使命，所以他才愿意投入 20 年甚至更长的时间来做这项工作，他才愿意不惜一切代价来揭开这个谜。他没有从外部用公式来解圣书体文字这个谜，而是经历了严格的学徒训练，认真学习了古代语言和科普特语。结果，他在科普特语方面的知识被证明是解开这个谜题的决定性关键。他对多种语言的了解使他明白了语言可以多么复杂，因为语言的复杂性反映了一个伟大社会的复杂性。1821 年，当他终于可以全身心地重拾对罗塞塔石碑的研究时，他的智力达到了积极创造阶段。他从整体的角度重新定义了这个问题。他决定先把世俗体和圣书体这两种文字当作纯粹的图形来研究，这是创造性天才的一步。最后，他从更大的维度上对圣书体文字进行了思考，并揭示了有关这种语言足够多的信息，最终成功破译了圣书体文字。

各个领域大部分的人都倾向于走托马斯·杨的这条路。如果他们在研究经济学，或人体与健康，或大脑的工作方式，他们往往会使用抽象和简化的方法，将高度复杂和相互作用的问题简化为模型、公式、有条理的数据，以及可以被解剖的单个的器官。这种方法可以让我们对整体有片面的认识，就像解剖一具尸体可以告诉你有关人体的一些事情一样。但在这些简化过程中，那些鲜活的元素消失了。因此，你要以商博良为榜样。你不要去赶时间。你要更喜欢整体研究。

你要从尽可能多的角度来观察研究对象，为自己的想法增添新的维度。你要假定任何整体中的各部分都是互相影响的，不能完全分开。在你的脑海里，你要尽可能地接近研究对象的复杂真相和现实。在这个过程中，巨大的谜团会自己在你眼前解开。

策略九：炼金术般的创造力与无意识

艺术家特瑞西塔·费尔南德斯长期以来一直对炼金术很着迷，这是早期的一种将基础材料变成金子的科学方法（更多关于费尔南德斯的内容，请参阅第 189—193 页。）炼金术士认为，自然本身通过相互对立的事物不断地相互作用来运行——土与火、太阳与月亮、男性与女性、黑暗与光明。炼金术士相信，通过某种方式调和这些对立，自己就可以发现自然界隐藏最深的秘密，获得从无到有的力量，把泥土变成金子。

对费尔南德斯来说，炼金术在许多方面类似于艺术和创造过程本身。首先，艺术家产生一种想法或主意。慢慢地，他将这个想法转变成一件艺术作品，从而创造了第三种元素，即观看者的反应——艺术家希望唤起的某种情感。这是一个神奇的过程，如同从无到有创造一个东西，也是一个将泥土变成金子的过程——在这种情况下，艺术家的想法得以实现，并会引起观众强烈的情感反应。

炼金术靠的是调和各种对立的特质，费尔南德斯联想到了自己，她发现自己也有很多对立冲动，但它们都在她的作品中得到了调和。她个人很崇尚极简主义，这是一种用最少量的材料来沟通的表达形式。她喜欢这种对用材的精简给自己的思考过程带来的自律和严谨。

同时，她有一点浪漫主义精神，对能引发观众强烈的情感反应的作品很感兴趣。在自己的作品中，她喜欢将感性与朴素糅合起来。她发现，在作品中表达自己内心这样或那样的紧张感，能使她的作品给观众带来一种特别令人迷惑和梦幻般的感觉。

费尔南德斯从小就对比例有一种特殊的感觉。在她看来，一个小的空间或房间通过合理的内部陈列或窗户的安排就可以给人一种更大甚至是巨大的空间感，这一点实在很不可思议。孩子们通常对比例很着迷，他们总是在迷你版的成人世界里玩耍，却以为这就是真正的成人世界。这种兴趣通常会随着我们的长大而渐渐消失，但是在费尔南德斯 2005 年的作品《爆发》（*Eruption*）中，她让我们重新意识到，利用我们对比例的感觉可以唤起潜在的不安情绪。这是一件小型的地板雕塑作品，形状类似艺术家的调色板，有成千上万的透明玻璃珠铺在它的表面。玻璃珠的下面是一幅放大了的抽象画，这使得玻璃珠能够反射出各种各样的色彩。远看这件作品就像是一个沸腾着的火山口。我们看不见下面的画，也不会意识到玻璃珠本身是透明的。我们的眼睛单纯地被这种效果所吸引，因为我们想象的比实际存在的要多得多。她就这样在最小的空间里创造出了深邃而广阔的风景。我们明知道这是一种错觉，但还是被这件作品所创造出来的感觉和张力感动了。

在为户外公共空间进行创作时，艺术家通常有两个方向，要么创造那种能以有趣的方式融入周围环境的作品，要么创造那种能在环境中凸显出来的、吸引人们关注的作品。2006 年，在创作《西雅图云彩》（*Seattle Cloud Cover*）——位于华盛顿州西雅图市的奥林匹克雕塑公园——这件作品时，费尔南德斯在这两种截然相反的方向之间找到了一个空间。她沿着横跨在铁路轨道上的户外人行天桥安装了巨大的彩色玻璃板，这些玻璃板上印着云彩的摄影图像。这些延伸到头顶的玻璃板是半透明的，上面有许许多多等距的透明圆点，露出上方的点点天空。当人们在桥上行走时，能看到头顶逼真的云彩图，这些云彩图常常会在西雅图常年的灰暗天空的映衬下显得十分抢眼；偶尔天晴的时候，它们会被太阳照得更加夺目，或在日落时变成万花筒。走在桥上，真实和虚幻的交替让我们难以区分孰真孰假，这是一种能在行人心中引发强烈迷失感的超现实效果。

或许，你可以在费尔南德斯 2009 年的作品《堆积的水域》（*Stacked Waters*）中体验到她炼金术最极致的表达。这件作品是得克萨斯州首府奥斯汀的布兰顿艺术博物馆委托她为博物馆多层中庭的开放空间创造的，这个中庭位于通往博物馆其他场馆的入口，要在这个位置创作一件引人注目的作品对她来说颇有挑战。这个中庭光线充足，因为天花板上的大天窗会洒下很多明亮的光线。费尔南德斯没有费力地为这样一个空间创造一个雕塑，而是尝试颠覆我们对艺术的所有体验。当人们进入博物馆或画廊时，常常会有一种距离感或冷漠感，这使得他们在观赏作品时会后退几步，与作品保持一定的距离，并且一幅作品只看一会儿就离开，然后去看下一幅作品。她的目标是创造出比传统雕塑更能触动观众内心的作品，于是决定用中庭冰冷的白墙和络绎不绝的观众作为自己炼金实验的基础。

她用成千上万条高度反光的亚克力条贴满墙壁，创造出了一种从蓝色到白色渐变的漩涡的效果。这让站在中庭的人们感觉自己仿佛沉浸在一个巨大的蓝色水池里，蓝色的池水在上方阳光的照耀下闪闪发光。当人们走上楼梯时，他们可以在亚克力条上看到自己扭曲的倒影，这些倒影如同透过水看到的一样。近距离观察这些亚克力条，就能清楚地看出这一切都是用最简单的材料创造出的错觉，但是水的感觉、沉浸其中的感觉依然真实又奇异。观众因此成为这件艺术品的一部分，他们自身的倒影帮助创造了这种错觉。在这个梦幻般的空间穿行的体验让我们再一次意识到，艺术与自然、虚幻与现实、寒冷与温暖、潮湿与干燥之间的对立，并引起观众强烈的理智与情感反应。

我们的文化在很多方面都依赖我们必须遵守的标准和习俗的诞生。这些习俗往往以对立的形式表达出来——善与恶，美与丑，痛苦与愉悦，理智与荒谬，理性与感性。相信这些对立的事物，会给我们的世界带来凝聚力和舒适感。只要一想到一个事物兼具理性和感性、愉悦和痛苦、真实和虚幻、好和坏、阳刚和阴柔，我们就会觉得十分混乱和不安。然而，生活比这更复杂和更多变，我们的欲望和体验也无法恰好归到这些非此即彼的类别中。

正如特瑞西塔·费尔南德斯的作品所展示的那样，真实和虚幻对我们来说都是因想法和解释而存在的概念，因此能拿来随意玩弄、更改、支配和改造。那些用二元论进行思考的人相信，这个世界存在真实的事物和虚幻的事物，并且二者是截然不同的存在，永远也不会融合成第三种元素，即炼金术元素。他们的创造力是有限的，他们的工作很快就会变得死气沉沉，并且能一眼望到头。在生活中固守二元论，会让我们对许多摆在我们眼前的事实视而不见。但在无意识和梦里，我们往往会放下要对每件事进行分类的需求，并能毫不费力地将看起来完全不同甚至对立的想法和感觉混合在一起。

作为一个有创造力的思考者，你的任务就是积极探索自己个性中无意识的、矛盾的部分，并在整个世界中审视类似的矛盾和张力。在自己的作品中无论用何种方式表达这些张力都会对他人产生强大的影响，使他们感受到被隐藏或被压抑的无意识的真相或感觉。纵观整个社会，你会发现其中充斥着各种矛盾——例如，一个支持自由表达理想的文化，却充斥着压制自由表达的、压迫性的政治正确准则。在科学领域，你要去寻找那些与现有范式相悖的观点，或那些看起来因自相矛盾而令人费解的观点。所有这些矛盾都蕴含了关于真相的丰富信息，因为真相比人们直接感知到的更加深刻和复杂。通过深入研究意识层面之下、对立相接的混沌和多变地带，你会惊喜地发现，令人兴奋的、想象力丰富的点子会不断地冒出来。

人生逆转

在西方文化里，流传着一个特殊的荒诞说法——毒品或发疯会以某种方式实现最高层次的创造力大爆发。不然怎么解释约翰·柯川在吸食海洛因期间所创作的作品，或剧作家奥古斯特·斯特林堡（August Strindberg）被医学诊断疯了后写出的伟大作品？他们的这些作品是如此随性和自由，远远超出了理性和意识所能达到的程度。

然而，这是一个很容易被击破的陈词滥调。柯川自己也承认，他在染上毒瘾的那几年里的作品质量最差。毒品摧毁了他和他的创造力。他在 1957 年戒掉了毒品，从此再也没有复吸。后来，传记作家们研究了斯特林堡的信件和日记，发现他虽然在公众面前是一个非常戏剧化的人，但在私下里却极度自律。他在自己的剧作中创造出来的疯狂效果是精心设计的结果。

要明白，要想创造一件有意义的艺术作品，或做出一项发现或发明，需要严格的自律、自我控制和稳定的情绪，还需要你对自身领域的各种表达形式了如指掌。毒品和发疯只会摧毁你的这种能力。不要轻信文化里充斥着的有关创造力的浪漫神话和陈腔滥调，这些会被我们当作找捷径的借口或让我们以为这些能力可以轻易获得。当你看到大师们极具创造力的作品时，千万不要忽视这背后有这些人多年的练习、无止尽的重复、长时间的自我怀疑以及克服困难的毅力。创造力是这些努力所结的果实，除了努力，别无他法。

我们的虚荣心、热情、模仿精神、抽象智力和习惯都一直在发挥着作用，而艺术的任务就是解除它们的影响，使我们回归正途，发现内心深处真实存在的而我们却一无所知的东西。

——马赛尔·普鲁斯特

第6章
融合直觉和理性：精通

　　我们所有人都有机会获得更高的智慧，一种能让我们看到更多的世界、预测趋势、快速并准确地应对各种情况的智慧。通过将我们自己深深地沉浸在某个领域的研究中并忠于自己的天生倾向，这种智慧可以被培养出来，无论我们采取的方法在他人看来是多么的不符合常规。经过多年的专注沉浸，我们将自身领域的复杂知识吸收内化，并对其产生了一种直观的感受。当我们将这种直观感受同理性过程融合起来时，我们的心智就能扩展到自身潜力的外部极限，并且能看到生命本身的秘密核心。然后，我们便拥有了近似动物本能的力量和速度，但同时，我们作为人类的意识还赋予了我们更多。我们的大脑是为获得这种能力而生的，并且如果我们遵从自己的天生倾向直到最后，我们会自然而然地获得这种智慧。

第三次转变

对作家马赛尔·普鲁斯特（1871—1922）来说，他的命运似乎从一出生就注定了。他生下来身体就极其孱弱，曾在死亡的边缘徘徊了整整两周，但最终还是挺了过来。小时候，他经常因为生病在家一待就是好几个月。9 岁那年，他第一次哮喘发作，这差点要了他的命。他的母亲让娜（Jeanne）一直很担心他的健康，因而对他宠爱有加，还定期陪他到乡间疗养。

正是在这些旅行中，他的生活模式渐渐定型。常常独自一人的他培养出了对阅读的热爱。他爱读历史方面的书，也喜欢阅读各种文学作品。他用来锻炼身体的主要方式是，长时间地在乡间散步，这里的某些风景似乎令他着迷。他经常会停下来，盯着苹果花、山楂花或任何略显奇异的植物看上好几个小时。在他看来，蚂蚁成群地爬行或蜘蛛织网的场面都特别吸引人。于是，他马上就开始阅读植物学和昆虫学方面的书籍。那几年，他最亲密的伙伴是母亲，他对她的依恋很快就突破了所有界限。他们不仅样貌相像，在艺术方面也有相似的兴趣。只要和母亲分开超过 1 天，他就会受不了；并且在他们分开的几小时里，他会不停地给母亲写信。

1886 年，他读到一本书，这本书彻底地改变了他的人生轨迹。这是奥古斯汀·梯叶里（Augustin Thierry）写的一本有关诺曼征服[①]的

[①] 诺曼征服是发生于 1066 年的一场外族入侵英国的事件，是以诺曼底公爵威廉（约 1028—1087）为首的法国封建主对英国的征服，标志着英国中世纪的开始。——编者注

历史著作。这本书对这次事件的叙述是如此的生动，以至于普鲁斯特觉得自己好像回到了过去。作者在这个故事中暗示了某些永恒的人性法则，而揭开这些法则的可能性让普鲁斯特兴奋不已。昆虫学家可以发现支配昆虫行为的隐藏原则。作家是否也能够发现人类极其复杂的本性呢？普鲁斯特被梯叶里让历史鲜活起来的能力所吸引，在那一瞬间，他决定将成为一名作家、解释人性法则作为自己的人生使命。他一直觉得自己会英年早逝，所以必须加快这个过程，竭尽所能地培养自己的写作能力。

普鲁斯特在巴黎住校时，他的怪异给学校的同学们留下了深刻的印象。他读了非常多的书，脑袋里装满了各种各样的想法。他可以在一场谈话中同时谈到历史、古罗马文学和蜜蜂的社会生活。他会混淆过去与现在，像谈论在世的人一样谈论一位古罗马时期的作家，或像描述一位历史人物一样描述他的一位朋友。他的眼睛很大——一个朋友将其比作苍蝇的眼睛，在交谈时似乎总是直勾勾地盯着对方。在他写给朋友们的信中，他会仔细地分析朋友们的情绪和问题，其准确度令人不安；但是他也会进行自我剖析，毫不留情地揭露自己的弱点。尽管他喜欢独处，但是也非常善于交际，而且真的很有魅力。他懂得如何奉承别人，也懂得如何讨好自己。没人能真正了解他，也没人知道这样的一个怪人会有怎样的未来。

1888 年，普鲁斯特遇到了 37 岁的交际花洛尔·海曼（Laure Hayman），并对她一见倾心。洛尔有许多情人，普鲁斯特的叔叔也是其中之一。她就像是小说里走出来的人物一样。她的衣着、她迷人的举止、她对男人的控制力，都令普鲁斯特神魂颠倒。他幽默的谈吐和礼貌的举止也吸引着她。很快，他们就成了亲密的朋友。法国素来有举办沙龙的传统。在沙龙上，一群志趣相投的人们聚在一起讨论文学和哲学观点。在大多数情况下，这些沙龙是由女人举办的，并且凭借着女主人的社会地位，这些沙龙可以吸引来很多重要的艺术家、思想家和政治家。洛尔也凭借着自己的花名举办过不少沙龙，来的经常是一些艺术家、波西米亚人和演员。很快，普鲁斯特就成了洛尔举办的沙龙的常客。

对普鲁斯特来说，法国上流社会的社交生活有着无限的魅力。这是一个处处隐含着人性法则的世界——是否被邀请参加某个舞会或在晚宴上坐在哪个位置，都能显示一个人的地位是在上升还是在下降。一个人的衣着、仪态和措辞会引来别人无休止的评论和判断。他想探索这个领域，并了解其中所有的错综复杂之处。他以前用来研究历史和文学的精力，此时都被放在了上流社会的世界里。他还混入其他沙龙，很快就和上层贵族打成一片。

尽管普鲁斯特决心成为一名作家，但他从未想清楚自己想写些什么，这一直困扰着他。然而此时，他有了答案：他要像昆虫学家分析蚁群一样，无情地分析社交世界。为此，他开始为自己的小说收集人物。其中的一个人物是罗伯特·德·孟德斯鸠（Robert de Montequiou）伯爵，他是一位诗人、美学家，出了名的贪图享乐，而且有一个明显的弱点——喜欢年轻英俊的男人。另一个人物是查尔斯·哈斯（Charles Haas），他是上流社会风雅的代表人物，也是一位艺术收藏家，总是会情不自禁地爱上出身下层的女性。普鲁斯特仔细研究着这些人物，认真听他们讲话的方式，观察他们的习惯，然后试着在自己的笔记本里为他们写下生动的人物小传。写作时的普鲁斯特就是一个模仿大师。

他写下的一切都必须是真实的，必须是他目睹或亲历的；否则，他的作品就会变得毫无生气。然而，他自身对亲密关系的恐惧给他带来了一个问题。他虽然也会被一些男人和女人吸引，但是一旦涉及身体和情感方面的亲密关系，他往往会跟他们保持距离。这让他对浪漫和爱情的描写很难发自内心。为此，他开始了一项对他来说很有用的练习。如果他被某个女人吸引，他就会和她的未婚夫或男朋友成为朋友，并获得他们的信任，进而向他们询问他们关系中最亲密的细节。由于他能敏锐地洞察人们的心理，他常常能给他们提出极好的建议。然后，他会在自己的脑海里，分别代入男人和女人的角色，从头到尾重新经历一遍这场恋情，并尽可能深刻地感受其中的起起伏伏、阵阵醋意，仿佛这一切都发生在自己身上一样。

普鲁斯特的父亲，一位杰出的医生，开始对自己的儿子感到绝望。普鲁斯特总是通宵参加派对，早上很晚才回到家，然后接下来的整个白天都在昏睡中度过。为了融入上流社会，他挥金如土。他似乎没有一点自律能力，也没有真正的志向。因为他身体不好，再加上他母亲一直都很溺爱他，他的父亲担心他会成为一个废物，成为家里永远的负担，所以设法逼迫他找个工作。普鲁斯特尽最大努力安抚父亲，今天告诉父亲自己要学法律，明天又跟父亲说要找一份图书管理员的工作。但事实上，他把一切都寄托在了自己的第一本书《欢乐与时日》（*Pleasures and Days*）的出版上。这是一本故事集，描写的是他所渗入的那个上流社会。像梯叶里描写诺曼征服事件一样，他也要让上流社会的世界生动起来。这本书的成功能让他赢得父亲和其他所有怀疑他的人的支持。为了确保它的成功，并使它不仅仅是一本书，《欢乐与时日》还用最好的纸印了一幅他的一位上流社会女性好友的精美肖像画。

经过多次延期后，这本书终于在 1896 年出版了。尽管有很多正面评论，但是这些正面评论一再强调这本书的行文细腻优美，暗指作品肤浅。更令人烦恼的是，这本书几乎卖不出去，连印刷成本都没有收回来，赔了很多钱；马赛尔·普鲁斯特的公众形象也就此定型——一个讲究的花花公子，一个只会写上流社会的势利小人，一个不务实的年轻人，一个在文学领域闹着玩的社交花蝴蝶。这让他觉得很难堪，并变得意志消沉。

家人让他赶紧定下一份职业的压力与日俱增。但是他依然相信自己的写作能力，认为自己唯一的出路是再写一部小说，一部与《欢乐与时日》完全不同的小说。这本书要比第一本篇幅更长、更有分量。在这本书里，他要加入童年的记忆和近来的社交经历，让它呈现他所处的那一历史时期法国各阶层人们的生活。这样就不会再有人说他的作品肤浅了。但是随着小说越写越长，他不知道如何将它整合成合乎逻辑的东西，甚至连不成一个故事。他发现自己迷失在了自己的雄心壮志中，尽管已经写了好几百页，但他还是在 1899 年底放弃了这本小说。

他开始变得越来越沮丧和消沉。他厌倦了参加沙龙和与富人们厮混。他没有工作，没有可依靠的地位，虽然年近 30 岁，却仍然住在家里，花着父母的钱。他时常为自己的健康感到焦虑，认定自己过不了几年就会离世。他不断听到某个他上学时的朋友成了社会上的重要人物并有了自己的家庭的消息。这么一比，他觉得自己失败透了。他所取得的成就不过是几篇发表在报纸上的有关上流社会的文章，还有一本让他成为巴黎人的笑柄的书。他能依赖的唯有母亲对他不断地付出。

　　绝望之中，他有了一个主意。几年来，他一直在如饥似渴地阅读英国艺术评论家和思想家约翰·拉斯金（John Ruskin）的作品。他决定自学英语，将拉斯金的作品译成法语。这需要他对拉斯金专精的各个主题进行多年的学术研究，如哥特式建筑。这会花掉他很多的时间，所以他不得不推迟所有写小说的念头。但这可以向父母表明，他在认真谋生，也已经选定了一份职业。他把这当作自己最后的希望，全身心地投入到这项工作中。

　　经过几年的高强度工作，他翻译的几部拉斯金的作品出版了，并大获好评。他为这些译作写的序言和评论终于将他那自《欢乐与时日》出版以来就一直困扰着他的"游手好闲的半吊子"名声抹除了。他终于被当成一名严肃的学者了。他在翻译工作中磨炼了自己的文风。将拉斯金的作品内化吸收后，此时的他也可以写出准确而严谨的文章了。他终于有了一些自律能力，也有了继续发展的基础。然而，就在他获得这些微不足道的成功之时，他的情感支柱突然摇摇欲坠，直至崩塌。1903 年，他的父亲去世了。两年后，他的母亲因无法承受丧夫之痛，也去世了。他与母亲几乎从未分开过，他从小就很担心母亲去世的这一刻的到来。他感到孤独极了，他害怕自己已经没有了活着的动力。

　　在接下来的几个月里，他渐渐退出了社交生活。当他回顾自己之前的人生时，他发现了一个能给他带来微弱希望的生活模式。为了弥补自己身体上的缺陷，他爱上了阅读，并在这个过程中发现了自己的人生使命。在过去的 20 年里，他积累了大量有关法国社会的知识，他的脑子里住着现实生活中各种各样类型和阶层的人。他已经写了几千页的文字，包括那本失败的小说、为报纸写的短文和各种文章。他以拉斯金为导师，在翻译拉斯金的作品时，他培养出了一些自律能力和写作技能。他一直认为，人生就是一场学徒训练，我们都在其中慢慢接受世界的调教。一些人在这场学徒训练中学会了读懂信号并吸取教训，让自己在这个过程中有所成长；另一些人则没有。他接受了20年有关写作和人性的扎实训练，这已经深刻地改变了他。尽管他的健康状况不佳，也经历过失败，但是他从未放弃过。这一定意味着什么——或许是命运的安排。他认为，自己的失败都有其存在的意义，关键在于如何利用它们。他的时间并没有浪费。

他需要做的就是，把这些知识全部运用到工作中去。这意味着他要回到他那本一直没完成的小说中。虽然这部小说是关于什么的、情节要如何设计、要采用什么样叙述口吻，他还没有想好；但是，所有的素材都在他的脑海里了。如果孤寂不能把他的母亲、童年或青春还给他，那么至少可以让他躲在自己公寓的书房里完整地重建这一切。重要的是开始行动。他一定能写出点什么。

1908年秋天，他买了几十个笔记本——就是过去他在学校里用的那种，开始在上面写满笔记。他写下了有关美学的文章、人物的速写和勉强回忆起的童年记忆。随着这个过程的不断深入，他感到自己的内心发生了变化。仿佛有什么"咔哒"了一下。他不知道这声音从何而来，但确实有一个声音出现了，是他自己的声音，是他作为叙述者的声音。这个故事围绕着一个年轻人展开，他神经质地依赖着自己的母亲，无法独立。这个年轻人发现自己想成为一名作家，但是他不知道自己应该写些什么。当他长大以后，他开始去探索波西米亚和地主贵族这两个社会领域。他仔细分析自己遇到的各种人，去发现隐藏在他们表面社会性格之下的性格本质。他有过几次失败的恋爱经历，在这几次恋爱中，他都饱受极端嫉妒带来的痛苦。经过无数的冒险和人生中陆陆续续出现的失败之后，在小说的末尾，这个年轻人才明白自己想写些什么——我们一直在读的这本书。

他将给这部小说取名为《追忆似水年华》，它讲述的其实就是普鲁斯特自己的大半生，他认识的各种人物也将伪装在书中不同的名字之下。这部小说将涵盖从普鲁斯特出生到他写书之时法国那一整段的历史，无论当时法国的现状如何。这将是整个社会的一个写照，而他就像是一个昆虫学家，在揭示支配人类行为的法则。他此时唯一担心的就是自己的健康。他面临的任务是艰巨的。他能否活到完成它的时候？

几年后，他完成了小说的第一卷——《在斯万家那边》（*Swann's Way*）。这一卷于 1913 年出版，反响极好。从来没有人读过这样的小说。普鲁斯特好像创造了自己的文学体裁——半小说半散文。但是正当他在为这部小说的后半部分制订写作计划时，战争席卷了欧洲，出版业几乎停滞。普鲁斯特依然坚持不懈地写作，就在他这么做的时候，奇怪的事情发生了——小说的篇幅和范围不断扩大，一卷接着一卷。他的工作方法是造成这种现象的部分原因。他多年来已经收集了成千上万的故事碎片、人物、人生教训和心理学法则，这些都在这部小说里像马赛克瓷砖一样渐渐拼凑在一起。他自己也不知道小说的结局将走向何方。

随着小说篇幅的不断增加，它突然呈现出了一种不同的形式——真实的生活和小说不可分割地交织在一起。当他需要一个新角色时，例如一个初次参加社交活动的富家名媛，他就会在自己的社交圈中找一个差不多的人，然后让对方邀请自己参加舞会或晚会，这样他就可以好好地对她研究一番。她使用的措辞也会被他以某种方式放进他的小说里。一天晚上，他在剧院预订了几个包厢，把他书中角色在现实生活中的原型人物都聚到了一起。然后在他们交谈的时候，他就坐在桌前像个化学家一样观察他们，书中的各种元素尽在他的眼前。当然，这些人都不知道发生了什么。一切都可以成为他的素材——不仅仅是过去的，当下的事件和遭遇也可能给他带来新的想法或方向。

当他想写那些童年时就令他着迷的花草植物时，他就会开车到乡下去，花几个小时沉浸在忘我的观察里，试图找到它们独特的本质和令他着迷之处，从而为读者重现这种最原初的感受。他将德·孟德斯鸠伯爵虚构成他小说里一个名为夏吕斯（Charlus）的人物，一个声名狼藉的同性恋者。据说伯爵经常光顾巴黎一家最隐秘的男性妓院，于是他也去那儿拜访。他的书必须尽可能地真实，其中也包括生动的性爱场面。对于那些他无法亲眼看见的事情，他会付钱让别人给他提供八卦和信息，甚至自己去暗中窥探。随着这本书的篇幅和深度的增加，他觉得自己正在描绘的这个社交王国在他内心活了起来，并且每次当他从内心感受它时，它都会越来越容易地从他的笔端倾泻而出。他用了一个比喻来形容这种感觉，他把这个比喻也写进了小说里——他像一只坐在自己的蛛网上的蜘蛛，就像蜘蛛能感受到蛛网的每一丝最细微的颤动一样，他也对自己创造和掌控的这个世界中所发生的一切了如指掌。

战后，普鲁斯特的书相继出版，一卷接着一卷。评论家们完全被这部作品的深度和广度震惊了。他创造了，或者更准确地说，重新建造了一个完整的世界。但这不仅仅是一部现实主义小说，因为书中很多部分的论述涉及艺术、心理学、记忆的秘密和大脑的工作原理。普鲁斯特深入地探究过自己的心理，这让他对记忆和潜意识的发现似乎惊人地准确。一卷接一卷地读下去，读者们会发自内心地觉得自己好像就生活在书中的这个世界，经历着其中的一切，叙述者的想法就是他们自己的想法——叙述者和读者之间的界限消失了。这是一种神奇的效果，感觉就像生活本身。

为了写完最后一卷，也就是叙述者终于写下读者一直在读的小说的那一卷，普鲁斯特很着急。他能感受到自己的精力正在消失，死亡正在逼近。在整个出版过程中，他时常会让出版商停止印刷，因为他要把最新目睹的事件加入书中。当他感到自己快要死了时，他就让自己的女仆帮他做了一些最后的记录。他终于明白了濒临死亡是什么样的一种滋味，于是他又去重写之前已经完成的临终场景，因为之前写的那一版心理描写不够真实。两天后，他去世了，没能来得及见到全七卷的成书。

精通力的关键

庖丁为文惠君解牛……文惠君曰："嘻，善哉！技盖至此乎？"庖丁释刀对曰："臣之所好者，道也，进乎技矣。始臣之解牛之时，所见无非牛者。三年之后，未尝见全牛也。方今之时，臣以神遇而不以目视，官知止而神欲行。"

——庄子，中国古代思想家，公元前 4 世纪纵观历史，我们读过不少用尽一切努力的大师们描绘过这样一种感觉——经过在自身领域多年的浸润后，他们会突然产生一种智力提升的感觉。对杰出的国际象棋大师鲍比·菲舍尔（Bobby Fischer）来说，这种感觉就是他能超越棋盘上棋子的各种走法进行思考，并在一盘棋下一段时间后就看见某种"力场"，从而预见棋局的整体走向。对钢琴家格伦·古尔德来说，这种感觉就是他不再专注于自己正在演奏的音乐的音符或某些部分，而是能看到作品的整个结构并将其表达出来。对阿尔伯特·爱因斯坦来说，这种感觉就是他突然意识到，他凭直觉产生的视觉图像中不仅包含着问题的答案，还包含着一种看待宇宙的全新方式。对发明家托马斯·爱迪生来说，这种感觉就是他曾产生的用电灯照亮整座城市的设想，这个复杂的系统仅凭一个图像就传达给了他。

在所有这些例子中，这些身怀不同技能的从业者们描绘的都是一种"看到更多"的感觉。他们突然就能够通过一个图像、一个想法，或图像和想法的结合来掌控全局。他们将自己体验到的这种力量形容为"直觉"，或"指尖的感觉"。

考虑到这种智慧能带给我们的力量，以及拥有它的大师们对文化所做出的巨大贡献，这种高水平的直觉力会成为无数书籍和讨论的主题，并且随这种直觉所产生的思维方式会被提升到我们所有人都在追求的理想状态的程度似乎就不奇怪了。但奇怪的是，事实并不完全是这样的。这种形式的智慧要么被忽视，要么被归到了无法解释的神秘领域或玄学领域，要么被认为是天才才有的或是遗传决定的。一些人甚至试图揭穿这种力量的真面目，声称这些大师在夸大自己的经历，他们所谓的直觉力只不过是因为知识水平更高，思考得比一般人更广阔些而已。

造成对这种智慧的普遍漠视的原因很简单：我们人类只认可一种思维方式和智慧——理性。理性思维的本质是有序。我们看到现象A，然后推断出原因B，进而可能预测出反应C。在所有理性思维的情况下，我们都可以重现得出某种结论或答案所采取的各种步骤。这种思维方式非常有效，而且可以给我们带来巨大的力量。我们培养这种思维方式是为了帮助我们理解我们生活的世界，并能够对其加以控制。人们通过理性分析得到答案的过程通常经得住检查与验证，这就是为什么我们如此推崇它。我们更喜欢那些能简化为公式和能用精确的话语描述的事物。但是，大师们所谈及的各种直觉不能被简化成一个公式，而他们获得这些直觉的步骤也无法复制。我们无法进入阿尔伯特·爱因斯坦的大脑，去体验他对时间相对性的突然领悟。而且，因为我们认为理性才是唯一合理的智慧形式，所以这些"看到更多"的经历在我们看来，要么是一种速度更快的理性思考，要么就是天生的奇迹。

在这里我们要面临的问题是高水平的直觉力，即达到精通的终极标志，这是一个与理性完全不同性质的过程，但更加精确和敏锐。它可以触及更深层的现实，是一种非常合理的智慧形式，但也是一种必须凭自身能力来理解的一种智慧。在理解它的过程中，我们会逐渐发现，这种力量并不是奇迹，而是我们与生俱来的，所有人都可以得到。

让我们试着来理解这种思维方式，看看它在两种截然不同的知识形式——生命科学和战争——中如何起作用。

如果我们为了了解某种动物而去研究它，我们会将分析工作分解为几个部分。我们会研究它的不同器官、大脑和解剖结构，看看它适应自己所处的环境的方式与其他动物有何不同。我们会研究它的行为模式、它是如何采集食物的，以及它是如何交配的。我们会看看它在生态系统中是如何发挥作用的。用这种方式，我们就可以拼凑出一幅有关这种动物的精确图像，这幅图像包含着各种有关它的信息。如果我们要研究战争，我们会经历一个相似的过程，我们会将战争分解成几个部分——军事演习、武器、后勤和战略。对这些问题有了深入的了解后，我们就可以分析一场战斗的结果并得出一些有意思的结论；或者，如果我们有了一些实战经验，我们就可以带领军队作战，并有效地完成战斗任务。

然而，在尽可能深入地进行这些分析时，我们会不可避免地遗漏一些东西。动物不是我们通过简单地拼凑就可以理解的各部分的总和。它有自己的经验和情感，这些会对其行为产生巨大的影响，但却是我们无法看到或衡量的元素。它和环境有着高度复杂的互动，这种互动会随着我们将动物分解成一个个部分而扭曲失真。动物与自身环境之间持续进行的多维互动，也是我们的眼睛无法看到的。就战争而言，一旦战斗打响，我们就容易受所谓的战争迷雾的影响——当两股对立势力摆好阵势，并且一切都变得不可预料时，高深莫测的元素开始发挥作用。随着一方对另一方做出反应和意料之外的干涉，局势处于不断的变化之中。这种实时战斗有一种相互影响、持续变化的元素在起作用，并且这种元素无法分解成一个个部分或简单地对其加以分析，也不是我们能看到或衡量的东西。

这种看不见的元素构成了动物的全部经验，也让战斗成为一个变化的有机整体，它有各种各样的名字。对此了解颇深的古代中国人称其为"道"。"道"蕴含在世间万物之中，并深嵌在事物之间的关系之中。某一领域的行家可以看见"道"——无论是在烹饪、木工之中，还是在战争或哲学之中。我们不妨称之为"动态力量"，一种在我们研究或从事的任何事物中都不可避免地起作用的有生命的力量。这种力量关乎整个事物如何运行，以及各种关系如何从内部成长。它不是棋盘上棋子的移动，而是整个棋局，包括棋手的心理状态、他们的实时策略、他们那些对现在依然有影响的过往经验、他们所坐的椅子的舒适程度、他们彼此的能量如何相互影响——总之，会对棋局产生影响的全部一切。

经过长期在一个特定领域进行高强度的吸收学习，大师们开始对自己正在研究的事物有了全面的理解。他们达到了这样一种程度，即将所有这一切都内化了，他们不再只能看到局部，而是获得了一种对整体的直觉感受。他们真真切切地看到或感受到了这种动态力量。在生命科学领域，我们有珍妮·古道尔（Jane Goodall）的例子。她在东非野外研究黑猩猩多年，和它们生活在一起。经过不断地与它们互动，她达到了可以像黑猩猩一样进行思考的程度，而且可以看到它们社会生活中的一些其他科学家无法理解的元素。她对它们作为个体和群体是如何在社会生活中发挥作用的有一种直觉感受，即它们的这种发挥作用的方式是它们生活中不可分割的一部分。她对黑猩猩的社会生活的发现彻底改变了我们对这种动物的认识，并且这种发现依赖深层次的直觉，科学性一点也不差。

在战争领域，我们有伟大的德国将军埃尔温·隆美尔（Erwin Rommel）的例子。据说他拥有战争史上记载的最高水平的直觉力。他能准确感觉到敌人想要攻打的地方并挫败他们的计划；他能精确地对敌人防御线上的薄弱之处发动进攻。他的脑后似乎长了一双眼睛，而且有未卜先知的能力。他在北非的沙漠里就做到了这一切，而在那里，所有人都几乎不可能对地形有任何清晰的感觉。然而，隆美尔的能力实际上并不神秘。他只是比其他将军对战斗的各个方面有更深的了解。他经常自己开飞机飞过沙漠，俯瞰下面的地形。他还是一个训练有素的机械师，因而对自己的坦克了如指掌，知道如何使用它们。他深入研究了敌军战士和将领的心理。他与几乎全部的士兵都有过接触，清楚地知道自己能在多大程度上发掘他们的潜力。无论他研究什么，他都会投入不可思议的热情和专注，并最终将所有细节都内化吸收。这些细节在他的大脑中融为一体，使他能够感受到全局和这种相互作用的动态力量。

是时间让他们有了对全局的这种直觉把握以及感受到这种动态力量的能力。研究显示，大脑在经过近 1 万小时的练习后会发生实质性的改变，而这些能力可能是大脑经过大约 2 万小时甚至更长时间的练习后的结果。凭借这么多的练习和经验，不同知识在大脑中形成各种联系。因此，大师们能感受到万物是如何有机地相互作用的，并且能瞬间凭直觉发现规律和解决办法。这种流动的思维方式不是循序渐进的，而是发生在电光石火之间的，大脑会突然在不相干的知识之间建立起联系，从而使我们能够感受到实时的动态力量。

有些人倾向于认为这种直觉力是循序渐进地在起作用的，但只是发生得太快，思考者来不及看清步骤。这种推理源自要把所有形式的智慧都降低到相同的理性层面的想法。但是，对于像简单相对论这样的发现来说，如果阿尔伯特·爱因斯坦本人都不能回想起是哪些步骤导致自己产生了有关时间相对性的洞见，那么为什么要认为有这样的步骤存在呢？我们必须相信这些大师的经验和描述，因为他们都有高度的自觉，并拥有高超的分析能力。

然而，如果认为大师们只是遵循了自己的直觉并超越了理性思考，这也是一个误解。首先，他们是通过辛苦的工作、深厚的知识和不断发展自己的分析能力，才达到这种更高水平的智慧的。其次，当他们体验到这种直觉或洞察力时，他们总是会对其进行高度的反思和推理。如果他们是在科学领域，他们一定会花数月或数年的时间来验证自己的直觉。如果他们是在艺术领域，他们一定会去弄清楚自己凭直觉产生的想法，并理性地将它们变为现实。这对我们来说很难想象，因为我们认为直觉和理性是相互排斥的；但实际上，在这种高层次上，它们合作无间。大师们的推理是由直觉引导的，他们的直觉源自高强度的理性思考。二者融为一体。

尽管时间是获得精通力和这种直觉感受的关键因素，但是我们所谈论的时间并非中性的和可以简单量化的。爱因斯坦 16 岁时用来思考的 1 小时，与一个普通高中生思考一个物理问题所花费的 1 小时并不是相等的。在一个主题上研究 20 年也不一定就能成为大师。达到精通的关键在于我们在这段时间里有多专注。

因此，达到这种更高水平的智慧的关键是，让我们的学习时间更有质量。我们不是要简单地吸收信息——我们要将其内化，并通过某种实践将其变成自己的。我们要在自己正在学习的各种元素之间寻找联系，寻找我们在学徒阶段就可以感知到的隐藏规律。如果我们经历了任何失败或挫折，我们不要因为它们冒犯了我们的自尊就迅速将其遗忘。相反，我们要对它进行深刻的反思，努力找到哪里出了问题，并看看自己的错误是否有某种规律。随着我们的进步，我们开始怀疑自己一路上学到的一些假设和惯例。很快，我们就会开始做一些尝试，并变得越来越主动。在通往精通的各个时刻，我们都要保持高度的努力。每个时刻、每次经历对我们来说都是深刻的教训。我们要时刻保持清醒，永远不要只做表面功夫。

　　善用时间并达到精通的最佳典范是马赛尔·普鲁斯特，他的著名小说《追忆似水年华》的诞生就是这一点的最好证明。法语中表示"失去"的词语是"perdu"，这个词同时还有"浪费"之意。对普鲁斯特及许多在他年轻时就认识他的人来说，他似乎最不像是能在某一方面达到精通的人，因为从表面上来看，他似乎浪费了太多宝贵的时间。他所做的事情似乎只是读书、散步、没完没了地写信、不停地参加聚会、在大白天睡觉以及发表一些空洞浅薄的社评性文章。当他终于决心翻译拉斯金的作品时，他又把大把的时间花在了看起来与之不相关的事情上，比如到拉斯金描述的地方去旅行，没有其他译者会想到去做这样的事情。

　　普鲁斯特也曾不断抱怨过自己年轻时浪费的时间太多以及他取得的成就太少，但是我们不能把他的这些抱怨当真，因为他从未放弃过。尽管他身体虚弱，时常受到抑郁症的困扰，但他还是不断地进行新的尝试，不断地拓宽自己的知识领域。他孜孜不倦，有着顽强的意志。这些自我怀疑的时刻是他鞭策自己前进和提醒自己剩下时间不多了的方式。他深刻地意识到了自己的使命感，以及自己的独特之处的意义，这种使命感和意义要通过写作才能实现。

　　使他的 20 年与一个普通人的 20 年产生本质不同的是，他的专注程度。他不是在简单地读书，他会将书的内容进行分解，认真地分析，并从中吸取适用于自己生活的宝贵教训。这样的阅读将各种写作风格植入他的脑海中，丰富了他的写作风格。他也不是在简单地社交，他是在努力理解人们的内心，去发现他们隐秘的动机。他不只分析自己的心理，还深入地研究了他在自己身上发现的各种意识层次，从而对记忆的工作原理有了深刻的洞见，为神经科学领域的许多发现做了铺垫。他也不是在简单地翻译，而是在努力地住进拉斯金的头脑里。他甚至用母亲的去世来促进自己的发展。因为母亲的离去，他不得不通过写作来摆脱抑郁，并在自己要写的书里找到一种方法来重现他与母亲之间的感情。正如他后来所描述的那样，所有这些经历都仿佛一粒粒种子，他写小说其实就是在像园丁一样照顾和培育那些多年前已经扎根了的植物。

通过自己的努力，他把自己从一名学徒变成了一位成熟的作家和翻译家，并以此为起点进一步成为一名小说家，一名知道自己要写什么、用什么样的叙述口吻来写以及如何写好自己想要写的主题的小说家。在他开始写小说后的某个时刻，他经历了第三次转变。回忆和想法如洪水般涌入他的脑海。即便在这本小说的内容不断扩展的时候，他依然能凭直觉知道它的全貌和许多故事碎片之间的关系。这部宏大的小说有一种鲜活的、有呼吸的动态力量，这种动态力量现在在他的身体里完全活了起来。他沉浸在自己笔下的角色和整个法国社会之中。更重要的是，他完全进入了叙述者（也就是普鲁斯特本人）的内心，因而在他的小说里，我们仿佛能真切地从内心体会到另一个人的想法和感觉。他之所以能达到这样的效果，全凭他近 30 年不间断的工作和分析而获得的直觉力。

像普鲁斯特一样，你也必须保持一种使命感，并时刻感受到自己与它的连结。你是独一无二的，而且你的独一无二有其存在的意义。

你必须将每一次挫折、失败或困苦看作你前进路上的试炼；看作你为了进一步培育而播下的种子，你要知道如何滋养它们。如果你留意每次经历并从中吸取教训，时间就不会被浪费。通过不断投入到适合自己天生倾向的主题中，并从各个不同的角度去攻克它，你就是在给这些种子扎根的土壤施肥。你当下可能看不见这个过程，但是这一切正在发生着。只要你和你的人生使命永远保持联系，你就会在不经意间做出正确的人生选择。久而久之，你就会达到精通。

我们正在谈论的高水平的直觉力，源自我们身为思考性动物的发展；这种直觉力有进化上的意义，这对理解它非常有帮助，而且它与我们生活的时代密切相关。

精准直觉的根源

对几乎所有动物来说，速度是生存的关键因素。几秒之差就意味着避开捕食者和遭遇死亡之间的差异。出于对速度的需求，生物体进化出了精妙的本能。本能反应是即时反应，而且往往会由某种刺激因素所触发。有时候，生物体拥有的本能可以非常精确地适应环境，仿佛它们拥有不可思议的能力。

以泥蜂为例。雌泥蜂能以惊人的速度蜇刺各种受害者——蜘蛛、甲虫、毛毛虫——精准地刺中它们身体的正确部位，使其麻痹却又不至于丧命。然后，她会在这些受害者麻痹的身体里产卵，为自己的幼虫提供能享食数日的鲜肉。每种受害者被刺后会麻痹的部位都不相同——例如，它必须刺中毛毛虫身上 3 个不同的部位才能使其完全麻痹。因为这项操作太过复杂，雌泥蜂偶尔也会失手杀死受害者，但通常她的成功率会高到足以确保她的后代存活下来的水平。在这个过程中，雌泥蜂没有时间思考受害者属于哪个种类以及要刺到它们身体的哪个部位才能达到自己的目的。她要瞬间做出反应，仿佛雌泥蜂了解这些受害者的神经中枢并能从内部感受到它们一样。

我们的原始祖先有一套自己的本能，其中许多至今仍深藏在我们体内。但随着这些祖先慢慢地发展出了推理能力，他们不得不将自己从当下的环境中抽离出来，减少对本能的依赖。为了发现他们所追踪的动物的行为模式，他们不得不将其与其他不太明显的行为联系在一起。在寻找食物源或长途跋涉时，他们也不得不做类似的思考。凭借这种将他们自己从环境中抽离出来并发现某种规律的能力，他们获得了惊人的心智力量，但是这种进化也带来了一个巨大的危险——大脑需要处理的信息量越来越多，从而导致其对事情的反应速度越来越慢。

要不是人类大脑发展出的一种补偿能力，这种迟钝可能会导致我们的灭绝。追踪特定动物和观察它们周遭事物的多年经验，让我们的祖先了解了自身所处环境的复杂性。了解了各种动物的行为模式，我们的祖先就可以预料出捕食者可能会在哪里出击，并感觉到猎物可能会在哪里出现。他们非常清楚自己将要长途跋涉的旅途的情况，因此无须思考就可以在这些空间里快速穿行。换句话说，他们发展出了一种原始的直觉力。通过不断的练习和经验，我们的祖先恢复了一些已经失去了的即时性和速度。他们可以凭直觉做出反应，而不是凭本能做出反应。在这个层面上，直觉力比本能更强大，因为它不依赖非常具体的环境或刺激因素，并且可以应用于更广阔的行动领域。

这些祖先的大脑尚未负荷语言所传递出来的所有信息，或居住在大群体中的复杂性。他们可以直接与环境互动，从而在短短几年的时间里发展出一种直觉感受。但我们生活在一个复杂得多的环境中，这个过程可能需要 15—20 年的时间。然而，我们人类从一开就具备这种高水平的直觉力。

直觉力，不论是原始的，还是高水平的，本质上都是由记忆力所驱动的。当我们在吸收任何一种信息的时候，我们都会将它存储在大脑的记忆网络中。这些网络的稳定性和持久性取决于重复的次数、体验的强度，以及我们专心的程度。如果我们三心二意地去听一节外语词汇课，我们就不太可能掌握这节课。但是，如果我们身处一个讲这种语言的国家，我们就会在有语境的情况下反复听到相同的词语；并且我们往往会因为有需要而变得更专注，记忆因而也就更加牢固了。

根据心理学家肯尼斯·鲍尔斯（Kenneth Bowers）开发的模型，每当我们遇到一个问题——需要识别一张面孔，回忆一个词或短语时，我们大脑中的记忆网络就会开始活跃起来，并沿着特定的路线去寻找答案。所有这一切都在潜意识中发生。当某个记忆网络被充分激活时，我们就会突然想起那张面孔可能对应的名字，或想起一个可能合适的短语。这些是出现在我们日常生活中的低水平的直觉力；我们无法重现识别一张面孔和想起他们的名字的步骤。

多年研究某一特定主题或领域的人，会发展出许多的记忆网络和路径，这使得他们的大脑会不断地搜寻和发现各种信息之间的联系。当面临一个高层次的问题时，这种搜寻会在潜意识中朝着上百个方向进行，并由一种对答案可能在哪里的直觉所指引。各种记忆网络开始活跃起来，各种想法和解决方案突然浮现在脑海里。那些看起来特别有效和合适的，会留在记忆中，并成为我们行事的依据。答案不必通过一个循序渐进的过程推理出来，而是可以以一种直接的感觉出现在意识层面。海量固定下来的经验和记忆网络使大师们的大脑得以探索如此广阔的领域。这个领域包含各种维度，以及对事实本身和动态力量的感觉。

对国际象棋大师鲍比·菲舍尔这样的人来说，是他经历类似情况以及看到不同对手的各种棋步和反应的次数创造了他强大的记忆力。他内化了大量的棋谱。在他对弈过程中的某一刻，所有这些记忆融合成了对整个棋局动态的一种感觉。他在棋盘上看到的不再只是棋的走法，他也不再去回忆自己以前在棋盘上是如何回击对手的，他开始能看到和想起以力场形式出现的一长串后续的走法，横扫整个棋局。凭借对棋局的这种感觉，他可以使对手浑然不觉地落入他设下的陷阱，并快速、准确地击败他们，就像雌泥蜂亮出她的刺一样。

在运动、战争或任何看重时间的竞争性领域，大师们凭借直觉做出的决策要比他们试图分析所有要素后找出的最佳答案有效得多。因为有太多信息要考虑了，而时间又太短。尽管直觉力最初是为了追求速度而发展出来的能力，但现在它已经可以应用到科学、艺术或任何复杂的领域中了。而在这些领域中，时间不一定是关键因素。

像任何技能一样，这种高水平的直觉力也需要练习和经验。起初，我们的直觉力可能微弱到我们难以察觉到它或不敢去相信它。所有的大师都谈到过这个现象。但是随着时间的流逝，他们学会了如何去抓住这些转瞬即逝的想法。他们学会了如何去实践这些想法，并验证它们的有效性。有些想法会无疾而终，但是也有一些会带来惊人的洞见。久而久之，大师们发现自己可以唤起越来越多这种高水平的直觉力，因为此时大脑的各个角落都有它们的踪迹。通过经常进行这种直觉性思考，他们可以将其和自己的理性思考更深入地融合起来。

要明白，这种直觉形式的智慧是为了帮助我们处理复杂的信息和获得对整体的感知而发展出来的。而且在当今世界，达到这种思维水平的需求比以往任何时候都重要。任何一条职业道路都很难，都需要我们有足够的耐心，进行大量的训练。有太多的东西需要我们掌握了，以至于令人望而却步。我们必须学会应对技术方面的问题、社会和政治上的小动作、公众对我们工作的反应，以及自身领域不断变化的局面。这种学习量已经大到令人却步了，再加上我们现有的、我们必须掌握的大量信息，这一切看起来都超出了我们的能力。

当面对如此复杂的情况时，我们中的许多人还没做任何尝试就已经有些气馁了。在这个艰难的环境里，越来越多的人倾向于选择退出。他们更喜欢安逸和舒适，他们也越来越能接受那种对现实的简单认识和惯常的思维方式，他们深受提供简便知识的诱人速成法之害。他们会对那些需要时间和有适应力的自我——在学习一项技能的最初阶段，我们的自尊可能会受伤，因为我们会被动地将自己的笨拙看得一清二楚——才能发展出的技能失去兴趣。这样的人会抱怨这个世界，并为自己遇到的问题而责怪他人，他们会为自己的放弃找出各种看似正当的理由，而实际上，他们只是无法应对复杂局面带来的挑战罢了。在试图简化自己精神生活的过程中，他们断开了自己与现实的联系，使人类大脑经过数百万年发展出的所有能力都变得无效。

这种对简单和容易的事情的渴望，常常以我们难以察觉的方式影响着我们所有人。唯一的解决办法就是，我们必须学会平息那些在我们遇到看起来复杂或混乱的事情时所产生的焦虑。在我们从学徒到精通的旅程中，我们必须耐心地学习各种必要的技能，永远不要好高骛远。当我们察觉到危机时，我们必须养成保持冷静和绝不过度反应的习惯。如果情况很复杂，其他人都在寻求简单的、非黑即白的答案，或做出一些惯常反应时，我们必须要坚决抵制这样的诱惑。我们要保持自己的消极反抗态度和一定程度的超脱。我们这样做的目的是，忍受甚至是喜欢上这种混乱时刻，训练自己去接纳多种可能性或解决方案。我们要学习管理自己的焦虑，在这些混乱时刻中，这是一项关键技能。

在锻炼这种自控力的同时，我们必须尽一切努力来培养我们更大的记忆容量——在如今以科技为导向的环境中最重要的技能之一。科技带给我们的问题是，它增加了可供我们使用的信息量，但慢慢地降低了我们记住这些信息的能力。以往用来锻炼大脑的工作——记电话号码、做简单的计算、在城市的街道穿行并记住它们——现在全由科技代劳，像任何肌肉一样，大脑也会因为停止使用而变得迟钝。为了避免这种情况的出现，我们不应该把空闲时间都用来寻欢作乐。我们应该培养一些爱好——一项运动、一种乐器、一门外语——既能给我们带来愉悦，又能为我们提供增强记忆力和大脑灵活性的机会。这样一来，我们就可以把自己训练得在处理大量的信息时不会感觉焦虑或觉得负担过重。

在足够长的一段时间里持之以恒地这样做，我们最终将会获得直觉力。我们所从事的领域就像是一头活着的、会呼吸的、变化中的野兽，会被内化成我们体内的一部分。即使只拥有一部分这种能力，也会立刻将我们同其他人区别开来，这些人总是感到自己不堪重负并竭力简化那些在本质上很复杂的事物。我们将会比其他人做出更快和更有效的反应。之前对我们来说混乱的事物，现在在我们看来只是一种有着特定动态的不稳定的情况。这种情况我们对其已经有所了解了，并能相对轻松地应对。

有意思的是，许多拥有这种高水平的直觉力的大师在思想上和精神上，似乎都随着时间的流逝变得越来越年轻了——这对我们所有人来说都是令人鼓舞的事情。他们不需要花大量的精力去理解现象，而且可以越来越快地进行创造性思考。除非受疾病拖累，否则他们可以将自己的自发性和精神可塑性很好地保持到 70 多岁甚至更老。白隐禅师就是这类人。他在 60 多岁时画的画被认为是同时代最伟大的作品之一，以其显示出的自发性而著称。另一个例子是西班牙电影制作人路易斯·布努埃尔（Luis Bunuel）。他六七十岁时制作的超现实主义电影似乎比他年轻时制作的电影更加丰富和令人惊叹。但说到这种现象的典型代表，非本杰明·富兰克林莫属。

富兰克林一直是自然现象的敏锐观察者，并且他的这种能力随着年龄的增长而有增无减。他在 70 多岁到 80 多岁时相继提出了一系列猜想，这些猜想——涉及健康与医疗、天气、物理、地球物理、进化论、飞机的军事和商业用途，等等——直到如今仍然被认为领先于他所处的时代。随着年龄的增长，他将自己伟大的创造才能运用到了自己日渐衰弱的身体上。为了提高自己的视力和生活质量，他发明了双光眼镜。由于够不到书架顶端的书，他发明了可伸缩的机械手臂。由于需要复印自己的作品又不想出家门，他发明了滚筒印刷机，两分钟内就可以准确地复印出一份文件。在他人生的最后几年里，他还对政治和美国的未来发表了深刻的见解，人们把他看作一个预言家、一个有神奇能力的人。美国制宪会议代表威廉·皮尔斯（William Pierce）

在富兰克林生命尽头遇见他时，写道："富兰克林博士是当代最伟大的哲学家；他似乎对自然界的一切活动都了如指掌……他 82 岁了，却有着像 25 岁的年轻人一样活跃的大脑。"

如果这样的大师活得再久一些，他们的理解力将达到怎样的深度，这个问题想想就很有意思。或许在未来，随着预期寿命的增加，我们将有机会看到像本杰明·富兰克林这样的大师活到更大的年纪。

回归现实

人们可以无休止地争论是什么构成了现实，不妨让我们从一个简单的、无法否认的事实说起：大约 40 亿年前，生命开始以单细胞的形式出现在这个星球上。这些细胞，或许只是其中的某个细胞，就是随后所有生命形式的共同祖先。从这个单一的源头开始，逐渐出现了生命的各种分支。大约 12 亿年前，出现了最早的多细胞生物。大约 6 亿年前，出现了或许是进化史上最大的进展——具有中枢神经系统的生物体，这是最终使我们拥有现在的大脑的开端。大约 5 亿年前的寒武纪生命大爆炸时期，出现了最早的简单动物，随后又出现了最早的脊椎动物。大约 3.6 亿年前，陆地上出现了最早的两栖动物的踪迹。大约 1.2 亿年前，陆地上又出现了最早的哺乳动物。大约 6000 万年前，哺乳动物出现了一个新的分支，这就是最早的灵长类动物，我们就是从它们进化而来的。最早的人类祖先出现在大约 600 万年前，又经过了 400 万年后，我们最近的祖先"直立人"出现了。而仅仅 20 万年前，解剖学意义上的现代人才出现，他们拥有和我们现在差不多的大脑容量。

在这一系列非常复杂的环境中，我们可以在某些转折点确定，我们人类是从某一个祖先进化而来的（最初是单细胞动物，再逐渐进化成简单动物、哺乳动物，然后是灵长类动物）。一些考古学家推测，所有现代人都起源于一位女性祖先。沿着这条进化链向上回溯，我们能清楚地看到如今的我们是由谁进化而来的——我们独有的生理构成与这些进化链上的原始祖先中的每一个都密切相关，最早可追溯到第一个有生命的细胞。因为所有的生命形式都有着这一共同的起源，所以它们在某种程度上是相互关联的，因而我们人类也密切地被缠绕在这个网络中。这是无可否认的。

我们不妨把这种生命的相互关联称为"终极现实"。关于这个现实，人类大脑往往会选择下面两个方向中的一个进行发展。选择方向一的大脑倾向于偏离这种相互关联，转而去关注事物间的区别，将事物从它们所处的环境中抽离出来，作为独立的存在进行分析。人类沿着这个方向发展到极致，就会具备高度专业化的知识形式。在当今世界，我们可以看到这种倾向的许多迹象——大学和科学中各个领域的精细化和专业化。在整个文化中，人们习惯于在即使是紧密相关或相互重叠的主题之间也做出最精细的区分，并无休止地争论它们之间的差异。他们会将整个社会区分为军事社会和平民社会，尽管这在一个民主国家中并不太容易区分。（或许这种将人与研究领域如此严格地区分开来的做法，是当权者所采取的一种分而治之的终极策略。）在这种思维水平上，生命和现象相互关联的感觉消失了，而且在变得如此专业化的过程中，我们的想法会变得相当怪异和脱离现实。

选择方向二的大脑则想在一切事物之间建立联系，这与选择方向一的大脑截然相反。这种情况通常发生在那些知识丰富到足以使这些关联生动起来的人身上。尽管在大师们身上更容易发现这种倾向，但是我们也可以在历史上的某些思想运动和哲学思潮中看到它，这种对现实的回归在文化中很普遍，并成了时代精神的一部分。例如，在古代，东方有道家学说，西方有斯多葛学派，这两种哲学思潮都持续了几个世纪之久。在道家学说中，有"道"的概念；而在斯多葛学派中，有"逻各斯"的概念——宇宙中连结所有生命的秩序法则。正如马可·奥勒留①所说："时时提醒自己，事物之间是彼此相连、息息相关的。万物都相互影响、彼此依赖着。这一件事是另一件事的结果。事物间彼此牵制，共同呼吸，互为一体。"

或许这一点最好的例子就是文艺复兴运动，这是一场以培养通才——能够将所有知识连接起来、接近造物主智慧水平的人——为目标的文化运动。

或许今天我们正见证着一场回归现实的早期迹象，一次现代形式的文艺复兴。在科学领域，法拉第、麦克斯韦（Maxwell）和爱因斯坦撒下了最初的种子，他们专注的是现象之间的联系和力场，而不是个体的粒子。从更大的层面来说，许多科学家如今都在积极地寻找各自的专业同其他专业的关联——例如，神经科学如何与其他学科产生交集。我们可以在我们对被应用到迥然不同的领域（如经济学、生物学和计算机科学）的复杂性理论不断增长的兴趣中看到了这种迹象。我们也可以在我们将思维扩展到生态系统，以试图去真正了解自然界中的动态交互作用中看到这种迹象。我们还可以在健

---

① 马可·奥勒留（Marcus Aurelius，公元121—180），罗马皇帝，斯多葛学派哲人。——译者注

康和医疗领域看到这种迹象，现在很多人能够理智地将身体看作一个整体。这种趋势就是未来，因为意识的作用一直是把我们同现实联系起来。

作为个体，我们通过追求精通就能参与到这种趋势中。在我们的学徒阶段，我们自然要从学习各个部分的知识和做出各种区分开始——正确和错误的前进方式、需要掌握的个人技能和特定技巧、管理团队的各种规则和惯例。在积极创造阶段，随着我们按照自己的目的试验、塑造和改变这些惯例，这些区别开始消融。在精通阶段，我们兜了一圈，又回到整体感上。我们凭直觉就能感觉到并看到这些联系。我们要拥抱生命的天然复杂性，使大脑扩展到现实的各个维度，而不是局限于最狭窄的某个专业里。这是深入沉浸在一个领域里必然会出现的结果。我们可以将智慧定义为，更符合情境、对事物间的联系更敏感的思维方式。

我们要这样想：你所做的终极区分就在你和世界之间。有内在（你的主观经验）的，也有外在的。但是每当你学会点什么，你的大脑就会因为新连接的产生而被改变。你所经历的发生在外部世界的某件事情，会真实地改变你的大脑。你和世界之间的界限可能比你想象的更加多变。当你朝着精通的方向努力时，你的大脑会被经年累月的练习和积极的试验彻底改变。它不再是过去那个简单的生态系统了。大师的大脑内部是极其紧密地联系在一起的，像物质世界一样是一个生机勃勃的生态系统，在这个生态系统中，所有形式的思维都相互关联和连接在一起。大脑和复杂生命之间的这种不断增加的相似性，代表着对现实的终极回归。

达到精通的策略

直觉是神圣的礼物，而理性是忠实的仆人。我们创造了一个尊重仆人却忘了礼物的社会。

——阿尔伯特·爱因斯坦

精通不取决于天赋和才华，而取决于投入到某一知识领域的时间和专注程度。此外，还有一个因素，一个大师们都具备的 X 因素，它看起来神秘，但实际上我们每个人都有条件具备。不论我们从事哪个领域的活动，通常都有一条公认的通往顶峰的道路。这是一条其他人已经走过的路，因为我们都是墨守成规的生物，所以我们大多数人都会选择这条常规道路。但是大师们有很强的内部导航系统和高度的自觉。过去适合其他人的道路并不适合他们，而且他们知道试图融入常规模式只会导致他们精神上的压抑，让他们寻求的现实远离他们。

当这些大师在自己的职业道路上前进时，他们都在人生中的关键时刻做出了这样的选择：他们决定开辟自己的道路，一条在他人看来打破常规的道路，但这条道路适合他们自己的精神和节奏，并能引领他们接近发现他们所研究的对象的隐藏真相。这个关键抉择需要自信和自觉——达到精通所必需的 X 因素。以下是 X 因素在实际应用中的例子，以及在它的引导下的策略选择。每一条策略下所举的例子是为了表明这一因素的重要性，以及我们可以如何将它运用在自己的情况中。

策略一：连接你的环境——原始力量

在人类航海的诸多壮举中，或许没有什么比大洋洲土著居民的航海更加了不起和更神秘的了。大洋洲包括密克罗尼亚群岛、美拉尼西亚群岛和波利尼西亚群岛。在一个 99.8% 的面积都是水的区域，这里的居民在各个岛屿之间的广阔水域里熟练地航行了几个世纪。大约 1500 年前，他们成功地航行到了几千英里之外的夏威夷，甚至一度远航到了北美洲和南美洲的部分地区，而他们航行时所使用的都是与石器时代的设计和技术相同的独木舟。到了 19 世纪，因为西方的干涉，以及航海图和罗盘的引进，这些古老的航海技术消失了，他们神秘技术的来源因此成了一个谜。但是在密克罗尼亚群岛中的加罗林群岛上，某些岛民将这些古老的传统很好地保持到了 20 世纪。最先和他们一起航行的西方人对自己所看到的一切惊讶不已。

岛民们航行用的是配有桅杆和帆的独木舟，可以搭载三四个人，其中一人担任船长。他们没有航海图或任何工具，这可能让和他们一同航行的西方人非常不安。因为这样一来，不论是在晚上还是在白天启航（这对他们来说无关紧要），一路上都没有任何东西可以指引他们。这些岛屿之间相距很远，连续航行几天都看不见陆地。稍一偏离航线（暴风雨或天气变化肯定会导致这种情况）就意味着永远到不了目的地，甚至可能导致死亡，因为要找到下一个岛屿需要花太长的时间，而补给会耗尽。然而，他们每次开始航行时的心情却都出奇地放松。

船长偶尔会瞥一眼夜空或太阳的位置，但大多数时候，他都在和其他人聊天或盯着前方。有时，某个岛民会趴在独木舟中间听听船下的动静，然后向船长汇报他收集到的一些信息。总体上，他们给人的印象就像火车上的乘客，平静地欣赏着沿途的风景。他们在晚上似乎更平静。只有当他们认为自己快要靠近目的地时，才会略微警觉一些。他们会观察天空中飞鸟的行迹；会深深地凝视着海水，偶尔掬一捧海水闻一闻。当他们抵达目的地时，气氛完全就像火车准时进站。他们似乎清楚地知道要航行多久，需要携带多少物资。一路上，他们也能根据任何天气或洋流的变化做出最恰当的调整。

一些西方人很好奇这怎么可能，想知道他们的秘密。经过几十年的努力，这些西方人终于拼凑出了岛民们使用的航行系统。这些西方人发现，岛民们主要的领航方法之一就是，追随夜空中星星的路径。几个世纪以来，岛民们制作了一张包含 14 个不同星座路径的星空图。这些星座和太阳、月亮一起，在天空中连成不同的、绕着地平线的 32 个不同方向的弧线。这些弧线无论在什么季节都会保持不变。他们以自己的岛屿为参照，根据不同岛屿在夜晚特定时刻应该位于哪个星座之下，就可以定位出所在区域里所有岛屿的位置。他们还能知道，当他们朝着目的地航行时，他们所在的位置会变到哪一颗星星之下。因为这些岛民没有文字，所以学徒船员只能用脑子记住这张不断变化的复杂地图。

白天时，他们可以根据太阳的位置来确认航线。快中午时，他们可以根据桅杆在船上的投影来辨认前进的准确方向。黎明或傍晚时，他们可以借助月亮，或正在沉入地平线或开始从地平线升起的星星。为了估算已经航行的距离，他们会选择附近某个岛屿作为参照点，通过追踪天空中的星星，他们可以计算出何时会经过这一参照点，以及还有多久能够抵达目的地。

作为这一系统的一部分，他们假设自己的独木舟是完全静止的——星星在他们头顶移动；海上的岛屿向他们靠近，等他们经过之后又远离。假设独木舟是静止的，这使得他们更容易计算出自己在参照系统中的位置。尽管他们知道那些岛屿不会移动，但经过这么多年的航行后，在海上航行对他们来说就像静坐在某个地方一样。这就是为什么他们在航行时给人像是火车上的乘客在观察沿途的风景这样的感觉。

他们学会辨认的几十个其他信号也完善了他们的星空图。在他们的学徒阶段，年轻的船员会被带到大海上，并在海水里泡上几个小时。这样，他们就可以学会通过皮肤的感觉来区分不同的洋流。经过大量的实践，他们趴在独木舟的船板上就能判断出洋流的方向。他们对风也有类似的敏感性，可以通过头发或桅杆上的帆飘动的方向来识别不同的风向。

一靠近某个岛屿，他们就能知道这个岛上鸟类的生活轨迹，比如有的鸟儿就是清晨离巢捕鱼、黄昏归巢休息。他们可以从海水粼粼波光的变化中看出他们是否靠近陆地，并根据云彩推测远处的是陆地还是海洋。他们用嘴唇碰碰海水，就能通过水温的变化感知到他们是否正在靠近某个岛屿。还有很多这样的指示信息，岛民们学会了将环境中的一切都看作潜在的信号。

最令人惊奇的是，船长看起来就像根本没有注意到这一复杂的信号网络。只有偶尔向上或向下的一瞥，才表明他可能正在辨认航线。显然，航海家们对星空图太熟悉了，只要看到天空中的某一颗星星，就能立刻感觉到其他所有星星的位置。他们对其他航海信号也非常熟悉，这些全然成了他们的第二天性。他们对整个航海环境有一个完整的感觉，包括那些看起来会给他们带来混乱和危险的所有因素。正如一位西方人所说的，这样的航海家可以轻松地从一座岛屿航行到几百英里外的另一座岛屿，就像有经验的出租车司机在伦敦迷宫一般的街道上穿行一样。

　　在历史上的某个时刻，这个地区最初的航海者们一定感受过极大的恐惧，因为他们需要远航去寻找其他的食物来源，并且他们意识到了其中蕴含的巨大危险。海洋一定比他们所生活的小岛复杂得多。他们慢慢克服了这种恐惧，并建立了一套极其适合他们所生活的环境的系统。在这个地区，一年中的大部分时候夜空都格外晴朗，这使得他们能够很好地利用星星位置的变化。用小一点的船在海上航行，可以让他们和水保持更近的接触，让他们像了解他们所生活的岛上连绵起伏的大地一样了解海水。想象自己是静止的而岛屿是移动的，有助于他们追踪参照点，并让他们平静下来。他们不会依赖单一的工具或手段，这个复杂的系统完整地刻在他们的头脑里。通过与环境建立深入的联系，并读懂所有看到的信号，岛民们具备了近似强大的动物本能的航海能力，例如各种鸟类可以凭借它们对地球磁场的敏感性飞到世界各地。

　　要明白，与自身环境建立深入的联系的能力是大脑可以带给我们的最原始的、在许多方面也是最强大的精通力。这不仅适用于密克罗尼西亚水域，同样适用于任何现代领域或办公室。我们获得这种能力的第一步是，要把自己变成技艺高超的观察者。我们要将周围的一切看作可以解读的潜在信号。永远不要只看表面。像这些岛民一样，我们也可以将观察对象分成不同的体系。与我们共事和交往之人所做和所说的一切都不仅仅是我们表面所看到的那样。我们可以看看自己与他人是如何互动的，看看他人对我们的工作会有何反应，以及人们的喜好是如何不断变化的。我们可以让自己沉浸在我们所从事的领域的方方面面，例如对发挥重要作用的经济因素保持深度的关注。我们要变得像普鲁斯特所说的蜘蛛一样，能感觉到蛛网上哪怕最轻微的震动。经年累月，随着我们在这条路上不断地进步，我们会逐渐把我们对这些不同因素的了解融合到对环境本身的总体感觉中。我们无须费尽心力地去和复杂多变的环境保持同步，我们只需要真正地了解环境并且可以事先预感到环境中变化的发生即可。

对加罗林群岛的居民来说，他们达到精通的道路并无奇特之处；他们的方法与他们的环境完美契合。但对我们来说，身处先进的科技时代，这样的精通意味着要做出不同寻常的选择。为了成为这样敏锐的观察者，我们绝不能屈服于科技带来的各种干扰，我们必须活得原始一点。我们依赖的主要工具必须是我们用来观察的双眼和用来分析的大脑。各种媒体提供给我们的信息只是我们与环境相联系的一小部分。我们很容易迷恋科技给我们带来的力量，并把它们视作目标而非手段。在这种情况下，我们所连接的是虚拟的环境，因而我们的双眼和大脑的能力会慢慢退化。你一定要将自己所处的环境看作一个物质实体，而你和它的联系要是发自内心的。假如你必须要爱上或迷恋上一样工具，那一定是人类大脑——宇宙中已知的最不可思议、最令人敬畏的信息处理工具，它拥有我们甚至无从了解的复杂性，以及精密性和有用性远超任何一项科技的多维能力。

策略二：发挥自己的优势——极度专注

故事 A

在孩子出生的最初几年，阿尔伯特·爱因斯坦的父母因为爱因斯坦开口说话有点晚，而且开始学说话时总是结结巴巴的，而担忧不已。（更多关于爱因斯坦的内容，请参阅第 16 页和第 67 页。）爱因斯坦有一个奇怪的习惯，在大声把话说出来之前先喃喃自语一遍。他的父母担心儿子可能智力有缺陷，还咨询了医生。然而很快，他说话时就不再嘟嘟囔囔了，并显示出了之前被隐藏的智力优势——他擅长解谜，对某些科学很有天分；喜欢拉小提琴，尤其是莫扎特的作品，会一遍又一遍地演奏它们。

然而，当他上学后，问题又出现了。他不是一个成绩特别好的学生。他讨厌背诵那么多的知识和数字；讨厌老师们的严厉权威。他成绩平平。为了他的未来考虑，他的父母决定将 16 岁的儿子送到一个思想更加开明的学校。这个学校位于阿劳镇，离他们在苏黎世的家不远。这所学校用的是瑞士教育改革家约翰·裴斯泰洛齐（Johann Pestalozzi）的教学方法，强调通过自己的观察进行学习的重要性，从而促进思维和直觉的发育。甚至是数学和物理也用这种方法来教。这种教学方法不要求学生反复训练和背诵各种知识，相反它极其看重视觉形式的智慧（裴斯泰洛齐将其视为创造性思维的关键）。

在这样的氛围中，年轻的爱因斯坦一下子就冒出来了。他觉得这个地方非常鼓舞人心。这个学校鼓励学生自主学习，忠于自己的天生倾向，自由发展。对爱因斯坦来说，这意味着他能更深入地去探索牛顿物理学（他的热情所在）和电磁学研究的最新进展。在阿劳镇研究牛顿时，他发现了牛顿的宇宙观存在的一些问题，这些问题深深地困扰着他，给他带来了许多不眠之夜。

根据牛顿的理论，自然界中的所有现象都可以用简单的力学定律进行解释。知道了这些定律，我们几乎就可以推断出所有事情发生的原因。物体根据这些力学定律在空间中移动，例如万有引力定律，并且所有这些运动都可以用数学方法进行测量。这是一个高度有序和理性的宇宙。但是牛顿的理念建立在两个无法被经验证明或验证的假设之上：绝对时间和绝对空间的存在，这两者被认为独立于所有生命和物体而存在。没有这些假设，就没有测量的至高标准。然而，牛顿理论体系的光辉是难以被质疑的，因为基于他的定律，科学家们可以精确地测量声波的运动、气体的扩散或恒星的运行。

然而，在 19 世纪晚期，牛顿的力学宇宙观开始出现某些问题。在迈克尔·法拉第的研究的基础上，伟大的苏格兰数学家詹姆斯·麦克斯韦（James Maxwell）发现了电磁的一些有趣特性。麦克斯韦提出了著名的场论理论，他断言电磁不应该用带电粒子来描述，而应该用空间中具有持续转化成电磁的潜力的场来描述，这个场由可以在任何点充电的应力矢量组成。根据他的计算，电磁波以每秒 18.6 万英里的速度移动，这个速度刚巧是光的速度。这不可能仅仅是巧合。因此，光一定是整个电磁波频谱的可见表现形式。

这是一个开创性的、全新的物理宇宙观，但为了使其和牛顿的宇宙观保持一致，麦克斯韦和其他人都设想存在一种叫作"载光以太"的物质，它可以震动并产生这些电磁波，类似于水的震动能产生海浪、空气的震动能产生声波。这一概念为牛顿方程又增加了一个绝对概念——绝对静止。这些波的运动速度只有在静止的背景下才可以测量出来，即以太本身。这个以太一定很奇怪——它充斥在整个宇宙中却不曾以任何方式干扰行星或物体的运行。

世界各地的科学家们为了证明这种以太的存在已经努力了几十年，煞费苦心地设计出了各种实验，但是这似乎是一个不可能完成的任务，而且越来越多的人开始质疑牛顿的宇宙观及其赖以成立的绝对概念。阿尔伯特·爱因斯坦如饥似渴地了解麦克斯韦的所有研究及其提出的问题。爱因斯坦有一个基本信念，即相信有某种定律，相信存在着一个有序的宇宙，而对这些定律的怀疑让他感到非常焦虑。

一天，还在阿劳镇上学的爱因斯坦正沉浸在这些思绪中，一个图像出现在他的脑海里——一个以光速移动的人。当他仔细琢磨这个图像时，它变成了一个谜题，他后来称之为思想实验：假如一个人沿着一束光以光速移动，那么这个人应该可以"看到一束像一个静止的电磁场一样的一束光，尽管它在空间上是不断震荡的"。

然而，直觉告诉他这说不通，原因有两个。这个人看向光源发现光束的那一刻，光脉冲就会以光速移动到他前方，否则他就无法感知到光束，因为可见光是以恒速行进的。光脉冲的速度相对于观察者来说仍然是每秒 18.6 万英里。支配光速或电磁波速度的定律，对一个站在地球上的人或一个理论上以光速运动的人来说，必须是相同的。不可能存在两个不同的定律。然而在理论上，人们仍然认为，一个人可以追上并看见以光的形式出现之前的波。这是一个悖论，他越思考这个问题，就越感到难以忍受的焦虑。

第二年，爱因斯坦进入苏黎世理工学院，他再次表现出了对传统教学方式的反感。他的数学成绩尤其不理想。他也不喜欢物理的教学方式。他开始学习许多毫不相关的课程。他不是一个很有前途的学生，没有引起任何一位重量级教授或导师的关注。他很快就对学术界及其对自己思维的限制开始不屑一顾。他依然深受思想实验的困扰，继续独自研究它。他花了数月时间设计了一个或许能让他发现以太及其对光的作用的实验，但是理工学院的一位教授告诉他这个实验行不通。他给了爱因斯坦一篇文章，这篇文章写的是，一些知名科学家在发现以太方面做的所有失败尝试。他这样做的目的或许是为了打击这个 20 岁学生的自命不凡：别以为自己可以做到世界上最伟大的科学家们都没能做到的事情。

1 年后，也就是 1900 年，爱因斯坦做出了一项改变自己人生的决定：他不要做一个实验科学家。他不擅长设计实验，也不享受这个过程。他的优势在于：他很擅长解答各类抽象谜题；他可以在脑海里反复思考它们，把抽象的谜题转化成任他摆布和塑造的意象。而且，由于他对权威和惯例天生就很反感，他可以用新颖灵活的方式进行思考。当然，这意味着他注定不会在学术界取得成功。他不得不开辟自己的道路，但这也可能是一项优势。他不会因为要适应和坚持惯例而感到有负担。

爱因斯坦继续夜以继日地进行自己的思想实验，最后得出了一个结论——牛顿所描述的物理宇宙观一定有问题。科学家们都在错误的方向思考这个问题：他们努力证明以太的存在，就是为了维护牛顿的理论大厦。尽管爱因斯坦崇拜牛顿，但他与任何学派都没有联系。因为他早已决定独立做研究，所以他可以想多大胆就多大胆。他可以抛弃以太这个概念和所有无法验证的绝对概念。摆在他面前的路就是，凭借自己的推理能力和数学能力，推导出支配运动的定律和法则。他不需要大学的教职或任何实验室就可以做这件事。无论在哪里，他都可以研究这些问题。

多年后，在他人看来，爱因斯坦有点失败。他以近乎垫底的成绩从苏黎世理工学院毕业。他找不到任何教职工作，只能勉强接受一份普通、低薪的工作，即在位于伯尔尼的瑞士专利局做专利发明评估员。但是他可以自由地继续进行自己的工作，他以令人难以置信的韧性钻研他的问题。甚至在专利局的办公室上班时，他也会一连几个小时都专注于思考自己脑海里形成的理论；甚至和朋友外出散步时，他也会继续仔细琢磨自己的想法——他有一种不同寻常的能力，可以一边听朋友说话，一边思考。他会随身带着一个小笔记本，上面写满了他各种各样的想法。他回想着自己最初的悖论及后来对它的所有调整，在脑海里不断地推敲，想象着上千种不同的可能性。在醒着的几乎每一个小时里，他都在从各种角度思考这个问题。

在他深入思考的过程中，他想出了两个可以引导他更进一步的重要原则。首先，他要确定自己最初的直觉必须是正确的——物理定律必须同样适用于静止不动的人和在宇宙飞船上以匀速运动的人，否则就不能成立。其次，光速要是恒定的。即使一颗星星以每小时几千英里的速度在运动，它发出的光依然要保持每秒 18.6 万英里的速度，而不会更快。这样，他就可以遵循麦克斯韦关于电磁波速度不变的定律。

然而，随着他进一步思考这些原则，另一个悖论又以另一种形式的图像在他脑海里出现。他想象着一列开着灯的火车正沿着轨道快速飞驰。一个站在路堤上的男子会看到火车光束在以预期的速度移动。但如果一个女子在轨道上跑向或跑离火车呢？女子相对于火车的速度取决于她的速度和方向，那她相对于火车光束的速度不是一样道理吗？当然，女子跑向或跑离火车时，火车光束移动的速度对女人而言是不同的，自然这束光的速度对这个女子和那个站在路堤上男子而言也是不同的。这个图像似乎对他在那之前的所有指导原则都提出了质疑。

他琢磨了这个悖论几个月，直到 1905 年 5 月，他决定放弃整个研究。这个悖论似乎是无解的。在伯尔尼一个阳光明媚的日子里，他和一位专利局的朋友兼同事一起散步，他边走边向这位朋友倾诉自己陷入的死胡同、他的沮丧，以及他想要放弃的决定。就在他说着所有这些时，正如爱因斯坦后来回忆的："我突然明白了这个问题的关键。"他突然灵光乍现，他的脑海里先是浮现了一个画面，接着浮现了一些话语——他在那一瞬间的顿悟永远改变了我们对宇宙的认知。

后来，爱因斯坦通过以下图像来说明自己的观点。假设一列火车以恒定的速度驶过路堤。一个男子站在路堤中间。就在火车经过的时候，闪电同时击中了男子左右两侧两个等距点 A 点和 B 点。假设一个女子坐在火车的中间，当闪电击中堤岸上的男子时，她刚好经过他的面前。随着光信号的移动，她将越来越靠近 B 点。她会略微先于 A 点看到 B 点的闪电。同时发生的事，对堤岸上的男子和对火车上的女子来说并非同时的。没有两件事可以说是同时发生的，因为每一个运动的参考系都有自己的相对时间，并且宇宙中的一切事物都处于相对运动的状态。正如爱因斯坦所说："全世界能听见的钟表滴答声都不能被看作时间。"如果时间不是绝对的，那么空间或距离也不是。一切都是相对的——速度、时间、距离，等等——除了光速，它永远不变。

这就是爱因斯坦的狭义相对论，它在接下来的几年中将撼动物理学和科学的基础。几年后，爱因斯坦重复了完全一样的过程，发现了广义相对论及他所说的"时空弯曲"，将相对论应用于引力。他又一次从一个图像入手，开始了近 10 年之久的思想实验，并最终在 1915 年取得了理论上的突破。单从这个理论，他就推断出光线的轨迹必定会随着时空的弯曲而弯曲，并进一步推测出星光掠过太阳表面时产生的确切弧度。让科学家和公众同样震惊的是，在 1919 年的日食期间，天文学家精准地验证了爱因斯坦的推测。似乎只有具备超人的脑力才能仅仅凭借抽象的推理就推导出这样的测量结果。阿尔伯特·爱因斯坦的怪才名声从那一刻起就诞生了，并一直延续至今。

尽管我们喜欢假设阿尔伯特·爱因斯坦这样的天才拥有远超我们想象的力量，但他的伟大发现取决于他在年轻时做的两个非常简单的决定。首先，在 20 岁时，他就认定自己不会是一名出色的实验科学家。尽管沉浸在数学和实验当中是物理学的常规路线，但是他要走自己的道路——一个大胆的决定。其次，他认为自己对权威和惯例的天生厌恶是一项极大的优势。他要从外部入手，而不是像其他科学家那样饱受牛顿假设的折磨。这两个决定使他得以发挥所长。还有第三个因素：他对小提琴和莫扎特音乐的热爱。当有人惊叹于他对莫扎特音乐的了解时，他会回答说："它就在我的血液里。"他的意思是，他常常演奏莫扎特的音乐，它已经成了他的一部分，他的本质。他对音乐有着内在的理解。这在不知不觉中成了他进行科学研究的模式：他会想象自己身处复杂的现象之中。

　　尽管我们常常把爱因斯坦想象成一个终极的抽象思考者，但他的思维方式其实非常具体——他想象的几乎总是与他周围的日常事物有关的图像，例如火车、钟表和电梯。用这种具体的方式进行思考，他可以在脑海里反复琢磨一个问题，不论是走路、聊天，还是坐在专利局的办公桌前，他都可以从各个角度仔细思考它。他后来解释说，想象力和直觉力对他的发现起到的作用，远比科学和数学知识起到的作用大。如果说他有什么超凡的品质的话，那就是他的耐心和不屈不挠的韧性了。在一个问题上思考超过 1 万小时后，他到达了一个转折点。一个极度复杂的现象的各个方面都被内化吸收后，会给我们带来对整体的直觉把握——在爱因斯坦的例子中，突然出现在他脑海里的图像揭示了时间的相对性。他的两个相对论可以说是历史上最伟大的智力成就，这是他刻苦努力的结果，而不是某种非凡的、无法解释的天赋带来的结果。

　　通往精通的道路有很多，如果你坚持不懈，就一定能找到适合自己的道路。但是在这个过程中的一个关键环节是，你要确定你的脑力和心理优势，并发挥它们的作用。要达到精通水平，需要长时间的专注和练习。如果你无法享受工作的乐趣，并且需要一直努力克服自身的弱点，你就无法达到精通。你必须深入探寻自己的内心，去了解自己身上独特的优势和劣势，尽可能地做到实事求是。了解自己的优势，你就可以最大限度地依靠它们。一旦你朝着自己优势的方向开始，你就会获得动力。你不会为惯例所负累，也不会因为必须要去学习违背自己天生倾向和优势的技能而被拖慢速度。这样，你的创造力和直觉力自然而然就会被唤醒。

故事 B

每当回想起 20 世纪 50 年代自己年幼的那几年时，坦普·葛兰汀想起的都是一个黑暗和混乱的世界。她一出生就有自闭症，还记得那时的自己在沙滩上看沙粒从手中滑落，一看就是几个小时。（更多关于坦普的内容，请参阅第 35—38 页和第 195—198 页。）她生活在一个惊吓不断的世界里——任何突然的响声都会让她惊慌失措。她学说话比其他孩子要慢许多，渐渐地，她痛苦地意识到自己与其他孩子是多么地不同。由于经常独自一人，她自然而然地就喜欢上了动物，尤其是马。这不仅仅是她对陪伴的需求——不知为何，她对动物有一种不同寻常的认同感和同理心。她最喜欢在波士顿附近的乡间骑马，那是她长大的地方。因为骑马可以加深她与它们的连接。

有一年夏天，还是一个小女孩的她被安排去看望她的安阿姨。这位阿姨在亚利桑那州有一个大牧场。坦普立刻就感受到了自己与牧场上的牛之间的连接，她可以一连几个小时地盯着它们看。她对牛接种疫苗用的按摩槽尤为感兴趣。牛在接种疫苗时，按摩槽侧板的按摩可以帮牛放松下来。

从最早记事起，她就总是想把自己包进毯子里，或把自己埋在靠垫和枕头下，以某种方式感受被按摩的感觉。与牛一样，任何形式力度逐渐加强的按摩都能让她感到放松。（这在自闭症儿童中很常见。被人拥抱对她来说过于刺激，而且会引发焦虑；她无法控制这种感觉。）她一直梦想有某种设备可以给她按摩，看到按摩槽中的牛后，她找到了答案。一天，她恳求阿姨让她进入按摩槽中像牛一样接受按摩，阿姨同意了。在那 30 分钟的时间里，她体验到了自己一直渴望的感觉，之后她就感受到了一种彻底的平静。正是在这个时刻，她意识到了自己与牛之间存在某种奇怪的连接，她的命运以某种方式与这些动物密切地联系在了一起。

她对这种连接很好奇，几年后上高中时，她决定将牛作为自己的研究主题。她还想知道其他自闭症儿童和成人是否也会有跟她同样的感受。她在书中能找到的有关牛及其情绪或它们如何感受这个世界的信息非常少，而有关自闭症的信息要多很多，她如饥似渴地阅读这方面的书籍。就这样，她发现了科学中的乐趣：做研究可以疏解她的紧张并帮助她了解这个世界。她也拥有完全沉浸在一个主题中的强大专注力。

渐渐地，她把自己变成了一个很有前途的学生，并被新罕布什尔州的一所文理学院录取，主修心理学。她出于对自闭症的兴趣而选择了这个领域——她对这个主题有切身的体会，并且学习这个专业可以帮助她更好地理解这一现象背后的科学。毕业后，她决定到亚利桑那州立大学攻读心理学博士学位，但是当她回到亚利桑那州西南地区看望阿姨时，她重新找回了自己童年时对牛的痴迷。虽然不知道确切的原因，也不知道未来将会如何，她还是决定把专业换成动物科学。她的毕业论文也以牛为主要研究对象。

坦普的思考多是以视觉形式进行的，她常常需要将文字转化为图像才能理解它们。这或许是她大脑独特的回路造成的。为了完成专业实地工作，她参观了亚利桑那州的几个养牛场，然后被自己目睹的情景震惊了。她突然明白，大部分人并不是像她一样用视觉的方式来进行思考的。要不然该如何解释这些养牛场非常不合理的设计及其对那些在她眼里显而易见的细节的关注的缺失呢？

她沮丧地看着这些牛被赶进容易打滑的斜道。她能想象一头头重达 1200 磅的牛突然在光滑的地面上失控是什么感觉。这些牛会撞到彼此，发出惨叫并停止前进，然后引发连环撞击。在一家养牛场，她看到几乎所有的奶牛都会停在同一个地方，显然在它们的视线之内有令它们恐惧的东西。难道没有人停下来想想其中的原因吗？在另一家养牛场，她还目睹了一幕令人惊骇的场景：牛群被赶上通向一个浸渍池（一个装满消毒液的水池，用来去除动物身上的虱子和寄生虫）的斜道，由于斜道太陡了，池中的消毒液又太深，一些牛会滑进水池里被淹死。

基于她所看到的，她决定对这些养牛场的工作效率以及如何对其进行提高做一个详细的分析，并将这个作为她硕士论文的主题。她参观了几十个这样的地方，每次她都会站在离斜道很近的地方，记录牛群在被盖章和注射疫苗时的反应。独自一人的时候，她会走近牛群，抚摸它们。小时候骑马时，她常常仅靠用手和腿去触碰它们就能感受到马的情绪。她也开始在牛身上感受到相同的感觉，每当她用手按摩牛身体的两侧时，她就能感受到它们放松的反应。她注意到，当她自己保持平静时，它们会用更平静的方式来回应她。慢慢地，她开始能站在它们的角度来感受它们了，并了解到它们的许多行为是如何被我们可能没有注意到却能被它们感知到的威胁所影响的。

很快，坦普就发现自己是动物科学系唯一对动物的情绪和体验感兴趣的人。这类主题通常被认为是缺少科学价值的。然而，她坚持这一研究方向——既为了她自己，也为了完成论文。她开始在去养牛场时随身携带相机。她知道牛对自己视线范围内的任何对比都十分敏感，于是就跟随着牛群进入各种斜道，跪在地上从牛的视角拍一些黑白照片。她的相机可以捕捉到它们视线里的各种鲜明的对比——阳光的刺眼反射、突然出现的阴影、窗外照进的强光。她清楚地知道，正是因为看见了这些鲜明的对比，牛群才会在斜道上不停地停下来。有时，它们看见悬挂着的塑料瓶或摇晃着的链子时，也会产生同样的反应——不知为何，这些东西对它们来说代表着危险。

这些动物的本能反应显然不是为了适应工业化的饲养场而形成的，这给它们造成了很大的压力。每当动物们受到一些东西的惊吓本能地做出反应时，现场的工作人员就会恼怒不已，并催促它们快走，这只会加剧它们的恐惧。它们受伤和死亡的数量相当惊人，而且当它们一窝蜂地涌进斜道时会造成拥堵，从而浪费大量的时间。然而，正如她那时所了解的，这一切都很好解决。

毕业后，她获得了她的第一份工作——改进亚利桑那州西南地区饲养场的各种设计。为肉类加工厂，她设计出了远比之前更人性化的牲畜斜道和控制系统。有些设计通过留意简单的细节就可以实现，例如让斜道拐弯，这样牛就看不到两侧或前面太远的东西，因此能保持平静。在另一个地方，她重新设计了浸渍池，把通向它的斜道坡度改缓，并在上面设计了一些深槽，来帮助动物们站稳，使它们落入水池的可能性变得非常小。她还重新设计了烘干区域，使这里成了一个对动物们来说更加安全的环境。

在改造浸渍池时，牛仔和饲养场的工人会像看火星人一样盯着她看。他们在背后嘲笑她对饲养场的动物们太"多情"。但是当她的改造完工时，他们惊愕地看到牛群欢快地走近浸渍池，然后"扑通"一声跳入池中，几乎没有发出任何叫声。没有牛在这个过程中受伤或死亡，也不会因为牛群拥堵或集体恐慌而浪费时间。这样的效率提升也出现在了她的其他所有设计中，原先质疑她的男同事们因此而对她又嫉妒又钦佩。渐渐地，她为自己在这个领域赢得了声誉。想到自己从最初的严重自闭一路走来，这样的成就让她感到非常自豪。

几年之后，通过不断地研究和与牛的频繁接触，她对牛的了解不断增加。很快，她的工作就扩展到了农场的其他动物——先是猪，后来又是羚羊和麋鹿——身上。她成了农场和动物园争相聘请的顾问。她似乎对她所接触的动物的内心活动都有第六感，并且拥有能让它们平静下来的神奇力量。她觉得自己已经达到了能想象出各种动物的思维过程的程度。这得益于她高强度的科学研究和站在这些动物的角度进行的大量思考。例如，她认为动物的记忆和思维主要受到图像和其他感官体验所驱动。动物有学习的能力，但是它们是通过图像来推理的。尽管我们可能很难想象这是怎样的一种思维方式，但是在语言发明之前，我们人类也是用相似的方式进行推理的。人类和动物之间的差距并不像我们想象的那么大。这种联系令她着迷。

她可以从牛耳朵的动作、牛的眼神、触摸牛皮肤时感受到的张力来读出牛的情绪。在研究牛的大脑动态时，她产生了一种奇怪的感觉，好像牛在许多方面都像自闭症患者。她自己的大脑扫描图显示，她的恐惧中枢是正常人的 3 倍。她总是需要应对比大多数人更严重的焦虑，并且会不断地发现环境中的威胁。牛，作为一种被猎食的动物，也时刻处于警戒和焦虑的状态。她推测，或许自己身上大于常人的恐惧中枢是一种返祖现象，她的恐惧中枢变回了很久之前人类还是猎物时的状态。对现在的我们来说，这些反应大多已经被阻断或隐藏了，但是由于她的自闭症，她的大脑保留了这一古老的特征。她发现牛和自闭症患者之间还有其他相似性，例如对习惯与秩序的执着。

这样的思考让她重拾起自己早年间对自闭症背后的心理学的兴趣，她开始深入研究其所涉及的神经科学。她能够走出自闭症并从事科学研究，这样的经历为她研究这个主题带来了独特的视角。就像她在研究动物时所做的那样，她既可以从外部（科学）进行探索，也可以从内部（同理心）入手。她可以将自己读到的有关自闭症的最新发现同自身经历联系在一起。她可以阐明其他科学家无法形容或理解的情况。当她深入钻研这个主题并把自己的经历写成书时，她很快就成了这一领域极受欢迎的顾问和演说家，同时也是年轻自闭症患者的榜样。

当她回顾自己的人生时，坦普·葛兰汀有一种奇怪的感觉。她之所以能从自闭症最初几年的黑暗和混乱中走出来，部分原因在于她对动物的热爱和对它们内心活动的好奇。通过在阿姨的大农场上与牛相处的经历，她开始对科学感兴趣，这为她打开了研究自闭症的大门。当她重新开始动物研究事业时，科学和深入的观察让她有了革命性的设计和独特的发现。这些发现引导她再次回到对自闭症的研究上，此时的她可以将自己在科学中得到的训练和锻炼的思维应用到这个领域。似乎冥冥之中有某种命运将她指引到了特定的领域，让她可以带着单纯的目的在其中探索和了解，并用自己独特的方法在这一领域达到了精通。

对于像坦普·葛兰汀这样的自闭症患者来说，在任何领域达到精通都是一个遥不可及的梦想。自闭症患者发展道路上的障碍是巨大的。然而，她还是成功找到了通往前进可能性的两个领域。尽管看起来好像是运气或看不见的命运把她指引到了那里，但是在她还是个孩子时，她就凭直觉知道了自己的天生优势——她对动物的喜爱和同理心、她的视觉思考能力、她在一件事情上的专注能力，并尽全力发挥了它们的作用。这些优势让她愿意忍受也有能力忍受所有质疑她的人、所有那些觉得她怪异和觉得她选择的研究领域太过于打破常规的人。在这个领域，她可以将自己天生的同理心和独特的思维方式发挥到极致，她能够越来越深入地研究自己选定的领域，从而对动物世界产生一种强大的内在感受。一旦她在这个领域达到了精通，她就能将自己的技能应用到她的另一大兴趣——自闭症上。

要明白，在人生中能否达到精通，这往往取决于我们所迈出的第一步。这不仅仅是一个深入了解我们人生使命的问题，也是一个感受自己的思维方式和独特视角的问题。发自内心地对动物或某类人怀有同理心可能看起来并不是一项技能或智力优势，但事实正相反。移情能力在学习和认知中都发挥着巨大的作用。即便是以客观著称的科学家，也需要时不时地从实验对象的视角进行思考。我们可能拥有的其他品质，如对视觉思维方式的偏爱，则代表着其他可能的优势，而非劣势。问题是，我们人类太循规蹈矩了。那些使我们与众不同的品质往往会受到他人的嘲笑，或引来师长的批评。例如，视觉思维能力强的人常常被贴上"有阅读障碍"的标签。我们可能会因为这些评价而将自己的优势视为不足，并试图改掉它们以求合群。但是，任何我们身上的独特之处，都是我们在追求精通时必须予以最深切的关注和运用的。追求精通就像游泳——当我们自己制造阻力或逆流而上时，就很难前进。你要了解自己的优势并好好地利用它们。

策略三：通过练习来改变自己——直觉

正如第 2 章（详见第 80 页）叙述的那样，塞萨尔·罗德里格斯 1981 年从塞特多大学毕业后，决定参加美国空军的飞行员训练项目。但很快，他就不得不面对一个残酷的现实——他没有驾驶喷气式飞机的天赋。项目里有几位黄金男孩。他们似乎有高速飞行的诀窍，学起飞行来如鱼得水。从一开始，塞萨尔就热爱飞行，而且立志成为一名战斗机飞行员，这是空军中最精英和最令人向往的职位。但是，除非他设法把自己的技能水平提升到黄金男孩们的高度，否则他永远没有机会实现这个目标。他的问题是，他很容易被飞行员需要处理的海量信息弄得不知所措。飞行的关键在于学会如何扫描式地获取驾驶舱内所有仪器的信息——快速扫视各处——同时对自己在天空中的大体位置做到心中有数。失去对情势的感知可能是致命的。对他来说，这种扫视能力只有通过在模拟机上和在飞行中的无数练习才能获得，直到它成为一种几乎是自动的反应。

塞萨尔在高中时参加过体育运动，他知道练习和重复的重要性，但是飞行比他学过的任何一项运动或技能都要复杂得多。他才适应了这些仪器，又面临着艰巨的任务——学习执行各种飞行动作（如翻转）和了解实现这些动作所需的精确速度。这一切都需要极其高速的大脑计算能力。黄金男孩们无须多久就能拿下这些动作。但对塞萨尔来说，每次坐进驾驶舱，他都需要不断地重复和高度地专注。他注意到，有时他的身体反应得比他的大脑快，他的神经和手指会对应执行的动作指令产生一种直觉，然后他会有意识地去重现那种感觉。

刚迈过这道坎，他又得学习如何在编队中飞行，如何在一个配合度很高的队伍里与其他飞行员相互合作。在编队中飞行意味着要同时掌握多种技能，其复杂程度可能令人难以置信。一方面，操纵这样一架喷气式飞机所感受到的巨大兴奋感会带给他动力；另一方面，挑战本身也激励着他。他发现，在他学习喷气式飞机和各种飞行动作的过程中，他锻炼出了极强的专注力。他会排除一切杂念，全神贯注地沉浸在当下。这会让每一组新技能对他来说都变得更容易掌握一点。

慢慢地，通过顽强的毅力和不断的练习，他的排名升至组内前列，成了少数几个有望担任战斗机飞行员的人选之一。但是他离到达顶尖水平还有最后一道障碍：在所有军种都参与的大规模军事演习中飞行。在这种情况下，飞行员关键是要理解整个任务，并在错综复杂的陆海空军事行动中飞行。这需要更高水平的认识，而塞萨尔在这些演习中时常会有一种奇怪的感觉——他不再专注于飞行中的各种设备或个人技术要素，而是去思考并感受整个军事行动，以及自己如何完美地融入其中。这是一种精通的感觉，它稍纵即逝。他发现自己和黄金男孩们之间存在着细微的区别。他们长期依赖自己的天赋，因而没有培养出他所拥有的那种专注力。在许多方面，他已经超过了他们。在参加了几次这样的演习后，塞萨尔终于成了他们中的佼佼者。

1991 年 1 月 19 日，在几分钟的时间里，他所有的勤学苦练都经受住了最后的考验。几天前，美国及其盟军发动了沙漠风暴行动，以应对萨达姆·侯赛因（Sadaam Hussein）对科威特的入侵。19 日早晨，塞萨尔和他的僚机①飞行员"鼹鼠"克雷格·昂德希尔（Craig Underhill）带领由 36 架飞机组成的突击队飞往伊拉克，向巴格达附

---

① 僚机，军事术语，指编队飞行中跟随长机执行任务的飞机。在编队飞行中，僚机要观察空中情况，保护长机，执行长机的命令。——编者注

近的一个目标前进。这是他第一次真正尝到战斗的滋味。驾驶着 F-15
战斗机的他和鼹鼠迅速锁定了远处的两架伊拉克米格战斗机，并决定
追击。不出几秒，他们就意识到自己被引入了敌人的圈套，由追击者
变成了被敌人追击的目标，两架米格战斗机正在从一个出乎意料的方
向逼近他们。

意识到其中一架敌机逼近的速度极快，塞萨尔立即扔掉了自己飞
机的油箱以提高速度和灵活度。随后，他向地面俯冲，飞到正在向他
逼近的米格战斗机下方，尽其所能地让敌军的雷达难以侦察到他，比
如与地面呈直角飞行，从而让飞机尽可能显得小。雷达侦测不到数
据，米格战斗机就无法发射导弹。一切都发生得太快了。他自己的雷
达随时都可能亮起来，这表明他已被敌人锁定，随时可能丧命。他只
有一线生机：在避开米格战斗机的攻击的前提下尽可能地靠近它，让
它无法开火，并将它引入近距离空斗——现代战争中很少见的空中循
环战。他在心里默默地设法为自己的僚机飞行员争取足够的时间来帮
他脱离险境，因为他隐隐感觉到鼹鼠正在远远地跟着他。但时间久了
又会引来另一个危险——另一架米格战斗机。

他用尽了书上所有的躲避策略。眼看着米格战斗机越来越近了，
突然间他听到了鼹鼠的声音。鼹鼠一路跟随着塞萨尔，现在终于归位
了。塞萨尔转头一看，敌人的米格战斗机爆炸了——是鼹鼠的导弹击
中了它。随着追击的展开，一切都如塞萨尔所愿，但他一秒都不敢放
松，因为另一架米格战斗机正在逼近。

鼹鼠飞到 2 万英尺的高度。当米格战斗机飞到塞萨尔的飞机上方
时，它的驾驶员发现鼹鼠正在自己上空，于是就忽上忽下地飞行，试
图摆脱二人的夹击。塞萨尔利用这一瞬间的混乱进入了米格战斗机的

回转圈。此时，双方飞机开始在空中互相缠斗，并试图绕到对方的机尾，让对方进入自己的射程范围。他们每绕一圈，离地面就越近。他们就这样不断地缠绕着对方。终于，在3600英尺的高度，塞萨尔用导弹锁定了米格战斗机。伊拉克飞行员采取了一个艰难的躲避策略，直接掉头冲向地面，同时翻转机身试图往反方向逃跑，但由于混战只持续了短短几秒钟的时间，伊拉克飞行员没有意识到自己离地面有多近，于是撞向了下面的沙漠。

鼹鼠和塞萨尔回到基地，向上级汇报工作，但是当塞萨尔回顾整个过程并观看交战录像时，他产生了一种奇怪的感觉。他一点儿也想不起当时的情形了。一切都发生得太快了。与米格战斗机的整个交锋只持续了3—4分钟时间，而最后的空中缠斗更只不过几秒钟。在这个过程中，他一定以某种形式进行了思考——他完成了一些近乎完美的动作。例如，他想不起来自己决定扔掉油箱的事，也不知道这是从哪儿冒出来的主意。这一定是他曾学过的东西，不知为什么当时就想了起来，救了他一命。他在躲避第一架米格战斗机时所执行的动作震惊了他的上级——它是如此的迅速有效。他在与敌方战斗机空斗时的意识一定格外敏锐；他绕到对方机尾的速度虽然越来越快，但他一直没忘记自己正在逼近地面的沙漠。他如何解释所有这些动作呢？他一点儿都不记得了。他只知道当时自己所体验到的不是恐惧，而是肾上腺素的急速飙升，这使得他的身体和大脑能够完美地配合，并以毫秒为单位进行高速思考，快到他自己都无从分析。

这次遭遇战后，他连着3天都睡不着觉，肾上腺素仍在他的血管中奔流。这让他意识到，人的身体具有潜在的生理力量，这种力量可以在一些令人激动的时刻释放出来，从而将大脑提升至更高的专注程度。塞萨尔在之后的沙漠风暴行动中和 1999 年的科索沃战争中分别又击落了 1 架敌机。他击落敌机的数量比美国近代战争中的任何飞行员都多，这为他赢得了"最后的美国王牌"的称号。

在日常有意识的活动中，我们通常会经历大脑和身体分离的状态：我们想的和身体实际做出的动作是不一致的。动物不会经历这种身脑分离。当我们开始学习任何需要用到身体的技能时，这种身脑分离会变得更加明显，因为我们不得不去思考涉及的各种动作以及我们必须遵循的步骤。然后，我们会发现自己的动作有多缓慢，自己的身体反应有多笨拙。随着我们的进步，在某些时刻，我们隐约知道了如何用不同的方式来进行这一过程，以及在大脑不妨碍身体的情况下把技能练熟会是什么感觉。有了这样的认识，我们就知道了自己的目标是什么。如果我们练习得足够多，这些技能就会变成自动反应，我们就会有大脑和身体合二为一的感觉。

如果我们正在学习一项复杂的技能，例如在战斗中驾驶一架喷气式飞机，我们就必须掌握一系列简单的技能，一项一项地积累。每当某一项技能变成自动反应时，大脑就能空出来去学习更高级的技能。在这个过程的最后，当再也没有简单的技能可以学习的时候，大脑已经吸收了数量惊人的信息，并且所有这些信息都已经被内化了，成了我们神经系统的一部分。这个复杂的技能此时已在我们的身体里和指尖上了。我们在思考，但是我们的思维方式不同了——我们的身体和大脑完全融合在了一起。我们发生了蜕变。我们拥有了某种智慧，使得我们能够接近动物的本能力量，但这种智慧只能通过有意识的、深思熟虑的、长时间的练习才能获得。

在我们的文化中，我们倾向于贬低练习的价值。我们倾向于认为伟大的成就是自然而然出现的，因为这是一个人的天赋和过人的才华的标志。通过练习而取得非凡的成就似乎就显得平庸了，就不那么具有传奇色彩了。此外，我们也不愿意去承认，我们必须经过 1 万至 2 万小时的练习才能达到精通。我们的这些价值观会带来适得其反的效果，因为这使我们忽视了一个事实，即几乎任何人都可以通过顽强的努力达到这样的高度，这理应是鼓舞我们所有人的事实。是时候扭转这种对后天努力的偏见了，我们应该认识到，通过练习和训练获得的能力一样鼓舞人心，甚至不可思议。通过在大脑中建立连接来掌握复杂技能的能力，是数百万年进化的产物，也是我们所有物质和文化力量的来源。当我们在练习的早期阶段感受到身脑合一的可能性时，我们就在被引向这种力量。我们的大脑天生喜欢朝着这个方向前进，并通过不断的重复来提升自己的力量。失去与这种天生倾向的联系是愚蠢到极点的行为，而且会导致没有人再有耐心去学习复杂的技能。作为个体，我们必须抵制这种倾向，敬畏通过练习获得的变革性力量。

策略四：内化细节——生命力

作为公证人皮耶罗·达·芬奇的私生子，莱奥纳多·达·芬奇（更多关于这位艺术家的内容，请参阅第 3—8 页）基本上失去了从事传统职业——医生、律师等——的机会，也不能接受高等教育。

因此，作为一个在佛罗伦萨附近的芬奇村长大的男孩，他几乎没受过什么正规教育。他大部分时间都在乡间闲逛和去村外的树林探险。他在那儿发现了多种多样的生命形式、引人注目的岩石和瀑布，这些乡野风光令他深深着迷。因为他的父亲是公证人，所以家里有很多纸（纸在当时是稀有物品），他很想把散步时看到的一切都画下来，于是开始从家里偷拿纸张随身带着。

他会坐在石头上画那些令他着迷的昆虫、鸟儿和花朵。他从未受到过任何指导，他只是把自己看到的画下来。慢慢地，他开始发现，要想把这些东西生动地在纸上画下来，他必须深入思考。他必须关注那些眼睛常常忽略的细节。例如在画植物时，他会注意到不同花的雄蕊之间存在的细微差别，以及这些差别是如何产生的；他会注意到这些植物在开花的过程中所经历的变化，并用连续的几幅画记录下这些变化。在深入研究这些植物的细节时，他短暂地感受到了是什么让这些植物从内而外散发出生命力，是什么让它们独特又鲜活。很快，思考和绘画在他大脑里融为一体。通过画周围世界的事物，他开始对它们有了了解。

他在绘画上的进步非常令人惊讶，以至于他的父亲考虑在佛罗伦萨的某个画室为他找一个学徒的职位。从事艺术工作是留给私生子为数不多的选择之一。1466 年，达·芬奇的父亲利用自己在佛罗伦萨德高望重的公证人身份，设法为自己 14 岁的儿子在大画家韦罗基奥的画室谋得了一个职位。对达·芬奇来说，这再合适不过了。韦罗基奥深受那个时代开明思想的影响，他教导他的学徒要以科学家般严谨的态度来开展工作。例如，他会在画室四处摆放身上披着各种各样布料的人像石膏模型。学徒们必须学着全神贯注，才能分辨出不同布料的褶痕及其形成的阴影。他们必须学习如何逼真地把它们画下来。达·芬奇喜欢这种学习方式，并且很快，韦罗基奥就看出这个年轻学徒对细节已经有了超群的观察力。

1472 年，达·芬奇成了韦罗基奥的首席助手之一，协助韦罗基奥创作大型画作，并在其中承担了相当一部分责任。在韦罗基奥的作品《基督受洗图》（*The Baptism of Christ*）中，达·芬奇的任务是画基督边上的两个天使中的一个，这是现存的达·芬奇最早的画作。当韦罗基奥看到达·芬奇画的天使时，他被震惊了。天使的脸上有一种韦罗基奥从未见过的气质——它似乎真的由内而外散发着光芒。天使脸上的神情似乎不可思议地真实和富有表现力。

尽管在韦罗基奥看来，这种画法似乎像是魔法一般，但是最近的 X 射线揭开了达·芬奇早期画法的一些秘密。他涂抹的颜料层非常薄，他的笔触轻得几乎看不见。他一层一层地涂抹颜料，每一层颜料的颜色只比上一层深一点点。用这样的方式，他试了各种不同的颜料。他还自学了如何画出人类皮肤的纹理。由于颜料层很薄，任何照在画上的光线似乎都能穿过天使的脸庞，让它从内而外地容光焕发。

这表明，在画室工作的 6 年时间里，他一定潜心对各种颜料进行了细致的研究，并完善了他的色彩叠加画法，这使他画的一切都看起来细腻而生动，兼具质感和深度。他一定也花了大量时间研究人类皮肤的成分。这也表明达·芬奇一定极具耐心，非常热爱这样细致的工作。

多年后，他离开了韦罗基奥的画室，自己也成了一名画家。莱昂纳多·达·芬奇有一套用来指导自己的艺术创作以及后来的科学工作的哲学。他注意到，其他画家通常从他们打算画的东西的整体形象着手，这个形象会产生惊人的精神上的效果。他则不这样想。他发现自己是从对细节的敏锐关注着手的——各种形状的鼻子、表达不同情绪的嘴型、手上的血管、错综复杂的树结。这些细节令他着迷。他渐渐相信，通过关注和了解这些细节，自己实际上正在接近生命本身的奥秘，正在接近造物主的工作，即将自己的存在融入每一个生命和每一种形式的物质中。对他来说，人手的骨骼或嘴唇的轮廓和任何宗教形象一样鼓舞人心。他认为，绘画追求的是探索驱动万物的生命力。在这样做的过程中，他开始相信自己能创作出更感人、更震撼心灵的作品。为了实现这一追求，他想出了一系列练习方法，并极其严格地照着做。

白天，他会在城里和乡间漫无目的地散步，他的眼睛能捕捉到可见世界中的所有细节。他会让自己从他看到的每一件熟悉的事物中发现一些新的东西。晚上睡觉前，他会回顾所有这些不同的事物和细节，将它们牢牢地记在自己的脑子里。他痴迷于捕捉人脸上千变万化的神韵。为此，他会去每一个他能想到的、有不同类型的人的地方——妓院、酒馆、监狱、医院、教堂的祈祷室、乡村的节庆现场。他会在随身携带的笔记本上画下各种各样的表情，如鬼脸、大笑、痛苦、幸福、色眯眯。看到那些有着某种他从未见过的脸型或身体畸形的人，他会在大街上跟着人家，边走边画。他会在一沓纸上画上几十个不同鼻子的侧面轮廓。他似乎对嘴唇尤为感兴趣，认为它们和眼睛一样富有表现力。他会在一天的不同时间里重复这些练习，以确保自己能捕捉到变化的光线在人脸上的不同效果。

在他创作他的伟大画作《最后的晚餐》(The Last Supper) 时，他的赞助者米兰公爵曾因画作迟迟不能完成而对达·芬奇越来越生气。

因为看起来只剩犹大的脸没画了，但是达·芬奇却无法为它找到合适的原型。达·芬奇解释说，他走访了米兰最糟糕的地方，想为犹大找到最完美的恶毒表情，但一无所获。公爵接受了他这个解释。但很快，达·芬奇就找到了理想的原型。

他把同样的严谨用在了刻画身体动作上。他的哲学理念之一是，生命是由不断的运动和永恒的变化来定义的。画家一定要能在静止的画作中画出运动的感觉。从他年轻时开始，他就对水流十分着迷，而且很擅长画各种瀑布和急流。为了把人画好，他会在街边坐上几个小时，观察往来的行人。他会快速画出每一个动作定格下来时人物的整体轮廓。（他的速写速度已经达到了惊人的程度。）回家后，他再把人物的轮廓填满。为了提升自己观察动作的眼力，他想出了很多不同的练习方法。例如有一天，他在自己的笔记本上写道："明天用硬纸板剪出一些不同的形状，把它们从阳台上扔下去，然后画下每个剪纸在不同下落阶段运动的样子。"

他渴望通过探索生命的细节来了解生命的核心，这份渴望促使着他对人类和动物的解剖结构进行了详尽的研究。他希望能由内而外地画出一个人或一只猫。他亲自解剖尸体，锯开尸体的骨骼和头颅，还认真地参加验尸，就是为了可以尽可能近距离地观察肌肉和神经的结构。他画的解剖图因其写实性和准确度而远远领先于他那个时代的任何东西。

在其他画家看来，达·芬奇如此关注细节似乎是疯了，但在他完成的为数不多的画作中，我们可以看到和感受到这种严格练习的成效。相比同时代的其他画家，他的画作背景中的风景似乎更有生命力。每一朵花、每一根树枝、每一片叶子或每一块石头都画得栩栩如生。但是他画作中的这些背景并不仅仅是作为装饰而存在的。在他的作品中所特有的、俗称"晕涂法"的效果中，他会把部分背景画得极为柔和，使其与前景中的人物相融，从而产生一种梦幻般的效果。他认为，所有的生命在某种程度上都是相互关联和融合的。

他画的女性的脸会对人们产生显著的影响，尤其是对男人，他们常常会爱上他在宗教画中画的女性形象。这并不是因为在她们的神态中有着明显的性感气质，而是因为在她们朦胧的微笑和细腻的皮肤中，男人们会感受到一种强大的魅力。达·芬奇听说，许多男人会设法找到他放在各处的画作，偷偷地爱抚画中的女人并亲吻她们的嘴唇。

达·芬奇的名画《蒙娜丽莎》（*Mona Lisa*）在过去人们尝试对其进行清洁和修复的过程中，已大部分受损，这让我们很难想象它最初问世时是什么样子，以及它的惊人品质是如何震撼了当时的世人。幸运的是，在它变得面目全非之前，评论家瓦萨里（Vasari）对它进行了细致的描述："眉毛在一处渐浓而另一处渐淡，沿着皮肤上的毛孔而行，简直不能再逼真了。她那有着迷人的粉红色鼻孔的鼻子，就是生命本身。在嘴唇的刻画上，嘴唇的红色与脸上的肤色融为一体，看起来不像是用颜料画出来的，而像是鲜活的血肉构成的。在喉咙的凹陷处，细心的观众可以看到血管的搏动。"

达·芬奇去世后很长一段时间，他的画作仍然能对观众产生挥之不去的影响。世界各地有许多博物馆的安保人员因为过分迷恋他的画作而被开除。达·芬奇的画依然是艺术史上被蓄意破坏得最多的作品，这一切都证明了他的作品具有唤起人们最本能的情绪的力量。

◆◆◆

　　莱昂纳多·达·芬奇时代的画家们面临的最主要的问题是要持续产出越来越多作品的压力。为了赚取源源不断的佣金并一直留在公众视野中，他们不得不以相当高的速度进行创作。这影响了他们作品的质量。于是一种风格应运而生了，在这种风格下，画家们可以在自己的画作中快速创造出感官刺激的效果。为了创造这种效果，他们会使用明亮的色彩，罕见的对比和构图，以及戏剧性的场景。在这个过程中，他们不可避免地会忽略背景中的细节，甚至他们所创作的人物的细节。他们不太在意前景中的花、树或人物的手。他们要让画看起来眼花缭乱。达·芬奇在他的职业生涯早期就认识到了这一点，并为此感到痛苦。这在两个方面违背了他的本性——一是他讨厌不得不匆忙做事的感觉；二是他喜欢沉浸在细节里，因为细节本身具有其价值。他对做表面功夫毫无兴趣。他渴望从内到外地理解生命形式，抓住让它们充满活力的力量，并以某种方式将这一切呈现在画作中。这种渴望鼓舞着他。因此，他没有随波逐流，而是走出了一条自己的独特道路，将科学和艺术结合在了一起。

　　为了完成自己的追求，达·芬奇必须成为他所谓的"通才"——他必须能画出每个对象的所有细节，而且他必须尽可能地去拓展关于尽可能多的事物的知识。通过这些细节的不断积累，他可以看到生命本身的本质，并在他的作品中将他对这种生命力的理解展示出来。

　　在你自己的工作中，你也要遵循达·芬奇的道路。大多数人没有耐心专注于工作中固有的细节。他们急于创造效果，引起轰动；他们想的是用大笔触。他们的作品必然会暴露出他们对细节关注的缺乏，

因为它们不能和公众产生深刻的连结，而且会让人觉得很肤浅。即使
这样的作品能获得关注，这种关注也不会长久。你必须把自己创作的
一切看作有生命和独立存在的东西。这种存在可以是生机勃勃或震撼
心灵的，也可以是虚弱不堪和毫无生气的。例如，如果作者花了大量
的心血去想象小说中某个人物的细节，那么这个人物对读者来说就是
鲜活的。作者不需要逐字逐句地列出这些细节，读者会在作品中感受
到，并且会凭直觉知道作者在创作过程中的投入程度。所有的生物都
是复杂的细节的混合体，并由连接它们的动力所驱动。将你的作品看
作有生命的东西，全面研究和吸收这些细节，直到你可以感受到其中
的生命力，并能将它在自己的作品中毫不费力地表达出来，这才是你
通往精通的道路。

策略五：拓宽你的眼界——全局视角

在作为一名拳击教练的职业生涯早期，弗莱迪·罗奇觉得自己对
这个行业非常了解，能在这方面获得巨大的成功。（更多关于罗奇的
内容，请参阅第 1 章第 28—30 页，以及第 3 章第 142—145 页。）罗
奇曾作为职业选手打拳多年，因此能从拳击手的角度看待拳击比赛。
他自己的教练是传奇人物埃迪·福奇，一个曾训练过乔·弗雷泽等人
的人。罗奇的拳击手生涯在 20 世纪 80 年代中期结束，后来他在福
奇手下当了几年学徒教练。独立出来后，罗奇在使用拳击手套的基础
上，创立了一种新的训练技术。戴着这些大手套，他可以在拳击场上
与他的拳击手们对练，并实时指导他们，这让他的指导效果更上一层
楼。他努力与拳击手们建立良好的私人关系。最后，他开创了仔细研

究对手录像，深入研究他们的风格，并在此基础上制定出有效的反击策略的训练方法。

然而，尽管做出了这些努力，他仍然觉得少了点什么。训练时一切顺利，但在实战中，他常常会无奈地在角落里观战，因为他的拳击手在擂台上要么不按照他的策略来，要么只能执行一部分他制定的策略。有时候，他和自己的拳击手能做到意见一致，有时候则不然。这一切都反映在了他的拳击手们的胜率上——优秀，但不突出。他还记得自己在福奇手下当拳击手的日子。他也是这样，在训练时能做得很好，但是在实战中、在比较激烈的时刻，所有的策略和准备就都被他抛到了九霄云外，他一心只想着出拳猛击，直至获胜。他总是会忘记某些福奇在训练中教给他的东西。在拳击的各个方面（如进攻、防守和步法），福奇都对他进行了很好的训练，但是罗奇从来没有全局或整体战略的概念。他和福奇之间的关系也从来不曾亲近过，所以在拳击现场的压力下，他会突然恢复自己本能的拳击风格。此时，自己的拳击手似乎遇到了和他之前遇到的相似的问题。

福奇想按自己的方式摸索出一个能提升成绩的方法，于是决定为他的拳击手们做点他在自己的职业生涯从未为自己做过的事——也就是说，让他们对拳击比赛有一个全局的概念。他希望他们在每一次对战中都能从全局出发，他还希望加深拳击手与教练之间的关系。他从扩大手套对练的作用开始，使它不仅是训练过程中的一个组成部分，还是训练的重点。他会花几个小时和拳击手们进行多个回合的对练。日复一日，他感受着他们出拳和步法的节奏，几乎和他们融为了一体。他可以感觉到他们的情绪、专注度，以及愿意接受指导的程度。一个字都不必说，他就可以通过调整手套对练的强度来转变他们的情绪和专注度。

罗奇从 6 岁起就开始接受拳击训练，他对擂台上的每一处都了如指掌。任何时候闭上眼睛，他都能准确地判断出自己在擂台上的确切位置。和拳击手们手套对练几个小时，他就能将自己对空间本身的第六感印在他们的身体里。他会故意将他们逼到糟糕的位置，好让他们提前感受到自己是如何被逼到这样危险的境地的；然后再用同样的方式，向他们传授几种可以避免这样的死局的方法。

一天，正当他研究对手的录像时，他顿悟了：他观看录像的方法全错了。通常，他关注的是对手的拳击风格，但风格是拳击手出于战略目的可以控制和改变的东西。这样看来，他研究对手的方式就显得非常肤浅了。一个更好的策略是，寻找他们的习惯和抽搐，这是他们无论怎么努力都无法控制的东西。每个拳击手都有这样的抽搐——这是与他们的节奏深深相关的某种迹象，并变成了他们潜在的弱点。发现这些习惯和抽搐能让罗奇更深入地了解对手，直击对方的要害。

他开始在录像中寻找这方面的蛛丝马迹。刚开始，他要花几天时间才能有所发现。但看了很多个小时后，他开始能察觉到对方的移动方式和思维方式。最后，他终于找到了自己一直在寻找的习惯——例如，预示着某个特定的出拳招式的轻微的头部动作。每当他发现某个习惯，他就会在录像中频频看到它。几年的时间里，他用这种方式观看了许多不同的拳击比赛录像，并发展出了一种能快速找到这些抽搐的感觉。

基于这些发现，他制定出了一套具有内在灵活性的完整策略。根据对手在第一回合的表现，罗奇会为自己的拳击手准备几个选择，这些选择会让对手感到惊讶和沮丧，使他们无法进攻，只能被动防守。

他的策略会将整场比赛考虑在内。如果有必要,他会让自己的拳击手在不影响整体形势的情况下输一两个回合。在手套对练中,他会不断地检验自己的策略。他仔细地模仿他熟悉的对手的抽搐和节奏,告诉他的拳击手们怎样毫不留情地利用对手的习惯和弱点;他会根据对手在第一回合中的表现,仔细考虑各种可用的选项。当比赛到来时,他的拳击手们会觉得自己仿佛已经对战并摧毁过这个对手,因为在他们准备比赛的过程中,罗奇已经模仿过这些对手很多次了。

在拳击手们比赛的过程中,罗奇也有了一种与前几年完全不同的感觉。他和他的拳击手之间是有真正的连结的。他的全局观——对手的精神状态、每个回合在擂台上如何站位、赢得比赛的整体策略——已经深深地印在了他的拳击手们的步法、出拳和思维中。他甚至感觉是自己在擂台上与对手对打,仿佛他能同时控制自家拳击手和对方拳击手的思维,这令他十分满意。看着自己的拳击手按照自己所教的那样,想对手所想,并利用对手的弱点,慢慢地击垮对手,他越来越兴奋。

他手下的拳击手们的胜率开始攀升至拳击界前所未有的水平。他的成功不仅仅体现在其旗下主力拳击手曼尼·帕奎奥身上,还包括了几乎所有的拳击手。自 2003 年以来,他 5 次获得了"年度最佳拳击教练"的称号,之前从未有人获得这项荣誉超过两次。在现代拳击运动中,他一骑绝尘,独领风骚。

如果我们仔细观察弗莱迪·罗奇的职业道路,我们就可以看到一个精通力逐步发展的清晰例子。罗奇的父亲是前新英格兰次轻量级拳击冠军，在儿子们很小的时候就把他们全部推上了拳击这条道路。弗莱迪·罗奇 6 岁就开始接受正式的拳击训练，一直到 18 岁才成为职业拳击手。在这 12 年里，他一心一意地接受着这项运动的训练。在此后的 8 年里，直至他退役，他一共打了 53 场拳击赛，比赛日程非常紧凑。他非常享受练习和训练，在体育馆里花的时间远比其他拳击手要多。退役后，他继续从事这项运动，在埃迪·福奇那儿当学徒教练。当他开始自己的教练生涯时，他已经在这项运动中投入了相当多的时间，因而他看待拳击的角度比其他教练要广阔和深刻得多。因此，他想要追求更高层次的目标的直觉是建立在他多年实际经验的深度的基础上的。得益于这种感觉的启发，他才能够站在这样的高度分析自己的职业生涯，并看到其中的局限性。

　　罗奇从自己的职业经历中得知，拳击在很大程度上和心理有关。一个怀着明确的目标和策略、带着充分准备所带来的自信进入拳击场的拳击手，有更大的机会获胜。在想象中让自己的拳击手们具备这样的优势是一回事，把它变为现实则是另一回事。比赛前常常有太多的干扰，而在比赛中，拳击手们又容易对攻击做出情绪化的反击，从而失去策略意识。为了克服这些问题，他想出了一种双管齐下的方法——基于他对对手习惯的观察，他制定了一套全面而灵活的策略，并通过长时间的手套对练将这一策略深深地烙印在了他的拳击手们的神经系统里。从这个层面来讲，他的训练不是他单方面地帮助拳击手提高某方面的拳击技能，而是一套完整的、完备的准备形式，它尽可能模拟了比赛时的体验，并不断地去重复这些体验。经过多年"有时成功有时不成功"这样的过程，这种高水平的训练策略才得以形成。

当一切准备就绪，他的胜率直线飙升。

在任何竞争环境中都有赢家和输家，视野更开阔、更能把握全局的人必然会胜出。原因很简单：这样的人能跳出当下进行思考，并通过周密的策略来控制整体的动态。大多数人被永久地困在当下了。他们的决定过度受到了一些最直接事件的影响；他们很容易变得情绪化，认为某个问题会造成比实际情况更大的影响。通往精通总有一天会带给你一种更全面的视角，但是通过尽早训练自己不断扩大视野而加速这个过程，总是明智的。要做到这一点，你可以不断提醒自己当前工作的总体目标，以及这个目标与你的长期目标有何关联。在处理任何问题时，你都要训练自己去了解它是如何与更大的全局联系起来的。如果你的工作没有取得预期效果，你必须从各个角度去检查它，直至找出问题的根源。对自己领域里的对手光靠观察是不够的，你还要仔细分析并发现他们的弱点。你应该把"看得宽，想得远"当作你的座右铭。经过这样的心理训练，你通往精通的道路会更顺利，你也更容易从竞争中脱颖而出。

策略六：服从他人——由内而外的观点

正如第 2 章（详见第 77 页）叙述的那样，1977 年 12 月，丹尼尔·埃弗雷特和自己的妻子克伦以及两个孩子来到巴西亚马孙丛林的一个偏远村庄。他们未来 20 年的大部分时间将在这里度过。这个村庄属于散落在这个地区的名为皮拉罕的部落。埃弗雷特是被 SIL 派来这里的。SIL 是一个基督教组织，其宗旨是训练未来传教士的语言技能，使他们能够将《圣经》翻译成各个地方的语言并帮助教会传播福音。埃弗雷特就是一位受到正式任命的传教士。

SIL 的管理层认为，在把《圣经》翻译成所有语言的任务中，皮拉罕语是最后的荒野之一；对任何外地人来说，这可能是最有挑战性的语言。皮拉罕人在相同的亚马孙流域生活了几个世纪之久，拒绝被同化或学习葡萄牙语的所有尝试。他们一直生活在这种与世隔绝之中，这导致皮拉罕以外的人都不会说也无法理解他们的语言。第二次世界大战之后，有几名传教士曾被派到那里，但他们最终都没有取得多少进展。尽管他们受过训练，并且很有语言天赋，但这种语言十分难懂，简直令人抓狂。

丹尼尔·埃弗雷特是 SIL 很长一段时间以来最有前途的语言学家之一。当研究所交给他皮拉罕语的挑战时，他激动不已。他妻子的父母曾是常驻巴西的传教士，所以他妻子从小的成长环境与皮拉罕村没有太大的不同。埃弗雷特一家似乎可以胜任这项任务，埃弗雷特在那儿的最初几个月里也确实取得了不错的进展。他投入了极大的精力来研究皮拉罕语。用自己在 SIL 学到的方法，他慢慢积累了一些皮拉罕语的词汇，并能说一些简单的句子。他把所有东西都用皮拉罕语抄在索引卡上，然后把它们挂在腰带上。他是一位不知疲倦的研究者。尽管村子里的生活给他和他的家庭带来了一些挑战，但是他与皮拉罕人在一起很自在，也希望他们接受他的存在。但很快，他开始觉得所有一切都不对劲。

SIL 所教的方法之一是鼓励语言学习者沉浸在当地文化中，以此作为学习语言的最佳手段。传教士们实质上是被丢给了命运，在当地文化里自生自灭，毫无依靠。然而，或许在潜意识里，埃弗雷特仍然不由自主地与落后的皮拉罕文化保持着一些距离，觉得自己比他们优越一些。在村庄里发生了几件事之后，他开始意识到这种内在的距离。

第一件事是，埃弗雷特一家在那儿待了几个月后，他的妻子和女儿差点死于疟疾，而皮拉罕人对他们的遭遇却毫无同情心，这让他感到非常不安。不久后，埃弗雷特和妻子拼命救治了一个病入膏肓的皮拉罕婴儿，而皮拉罕人认为这个婴儿必死无疑，并且似乎对这对传教士夫妇的努力感到很困扰。后来有一天，埃弗雷特和妻子发现这个婴儿死了，是皮拉罕人强行给婴儿灌酒杀死了他。尽管埃弗雷特努力想将这件事合理化，但他还是禁不住感到愤怒。还有一次，一群喝得烂醉的皮拉罕男人似乎毫无缘由地要杀了他。他设法躲过了这次威胁，虽然后来没再发生过其他事情，但是他还是很担心家人在这里的安全。

然而，最重要的是，他开始对皮拉罕人感到失望。他读过许多有关亚马孙部落的书，但在任何标准下，皮拉罕人都不是一个合格的部落。他们几乎没有物质文化——没有重要的工具、艺术品、服饰或珠宝。如果皮拉罕女人们需要一个篮子，她们会找一些潮湿的棕榈叶，快速把它们编成一个篮子，用一两次就扔掉。他们不看重物质上的东西，他们的村子里没有什么东西是为长远考虑而设计的。他们几乎没有什么仪式，而且据他所知，也没有真正意义上的民间传说或创世神话。有一次，他被村子里兴奋的人们吵醒了——似乎是住在云上的神灵现身了，警告他们不要进入丛林。他顺着他们看的方向望去，什么也没有看到。他们这么兴奋，既不是因为听到了有趣的故事，也不是因为听到了某个神话传说，只是因为有一些村民在兴奋地望着什么也没有的天空发呆。在他看来，他们就像是露营的童子军，或一群嬉皮士——一个不知怎的失去了自己文化的部落。

伴随这种失望和不安一起出现的，还有他在工作中的挫败感。虽然他在这种语言的学习上取得了一些进展，但似乎他学的单词和短语越多，他产生的问题和疑惑就越多。他以为自己掌握了某种特定的表达方式，不料却发现它的意思与自己想象的不一样或范围更大。他看到孩子们轻而易举地就学会了这种语言，但是对此时生活在他们中间的他来说，却难以做到。之后某一天的经历，被他后来认为是一个转折点。

他家需要更换茅草屋顶，他决定找一些村民来帮忙。尽管他觉得自己已经融入了他们的生活，但是他从未和皮拉罕人一起冒险深入过附近的丛林。终于，这一次为了收集换屋顶所需要的材料，他在丛林中比以往走远了一点。这次丛林之行让他突然看到了他们完全不同的一面。当他在丛林里艰难地行走时，他们似乎很轻巧地就穿过了茂密的丛林，并且没有碰着一根树枝。他跟不上他们，于是就停下来休息。隔着很远，他就可以听到奇怪的声音——显然是那几个皮拉罕人在交谈，但是他们的说话声不知怎的变成了口哨声。这让他意识到，他们在丛林里使用的是这种不同的交流方式，一种在丛林中不会显得突兀的声音。这是一种极好的、不引人注意的交流方式，对狩猎一定有着很大的帮助。

他跟着他们进入了几次丛林后，就对他们多了几分尊敬。他们可以听到或看到一些他丝毫察觉不到的东西——危险的动物，异样或可疑的迹象。偶尔，不是雨季的时候也会下雨。但是因为他们在丛林里对天气有着精准的第六感，所以在大雨来临前几个小时就能感知到。（他们甚至可以提前几个小时预知飞机的到来，他一直没弄明白他们是如何做到的。）他们认得每一种植物及其医药用途，也熟悉丛林里的每一寸土地。如果他们看到河里的气泡或涟漪，他们就能立刻判断出这是落下的石块造成的还是某个危险的动物潜伏在水面下形成的。他们对自己周围的环境很熟悉，但他在村子里看到他们时感受不到这一点。当他意识到这一点时，他开始理解他们的生活和文化。乍一看，依照我们的标准，这似乎是一种相当贫瘠的文化，但实际上它非常丰富。在数百年的过程中，他们已经适应了一种与他们所处的恶劣环境完美契合的生活方式。

此时，再回过头去看那些曾经困扰他的事情，他对它们有了一种全新的认识。因为每天的生活都离死亡这么近（丛林里充满了危险和疾病），他们形成了一种相当坚忍的态度。他们不能在哀悼仪式上或过多的同情上浪费精力和时间。他们能够感受到一个人什么时候会死去，并确信埃弗雷特夫妇努力救治的那个婴儿命运已定，他们认为让婴儿快点死并且不后悔，是更容易也更好的选择。那些曾经想杀死他的村民是因为听说他不喜欢他们喝酒，害怕他又是一个想把自己的价值观和权威强加给他们的外来者。他们的行为都有自己的理由，但只有时间久了他才能看清楚。

他把自己对他们生活的参与扩展到其他方面——远足打猎或钓鱼，在旷野里采集根茎和蔬菜，等等。他和他的家人会和他们共享食物，并尽可能多地和他们互动。通过这种方式，他慢慢融入了皮拉罕的文化。尽管效果不是立竿见影，但这也给他学习这门语言带来了转机。学习的过程开始变得更加顺其自然——他学习这门语言的动力开始更少地源自自己田野研究者的身份，而更多地源自自己的内心，源自想要生活在他们的文化里的愿望。他开始像一个皮拉罕人一样思考，能预见他们对前来拜访的西方人的要求会做何反应。他也开始能体会到他们的幽默感了，并能理解那些他们喜欢在篝火旁讲的各种故事了。

随着他开始更多地理解他们的文化，他与他们的交流也更加顺畅，他开始发现越来越多的皮拉罕语中的独特之处。埃弗雷特学习的一直是诺姆·乔姆斯基主张的语言学主流思想。根据乔姆斯基的观点，所有的语言都有某些共性，他将称之为"通用语法"。这种语法的存在意味着大脑有共同的神经学上的特点，这为孩子们学习语言提供了可能。根据这一理论，我们天生具备语言学习能力。但是埃弗雷特在皮拉罕待得越久，就能在他们的语言中发现越多不符合这些共性的迹象。他们没有数字和计数系统。他们没有表达颜色的专门词汇，而是用与实物相关的短语来描述颜色的。

按照通用语法的理论，所有语言最重要的共性就是所谓的"递归性"，即在短语之中嵌入短语，使语言具备表达相关经验的无限潜力。例如，"你正在吃的东西闻起来不错"。埃弗雷特在皮拉罕语中就完全找不到这种递归性的证据。他们会用简单的、肯定的短语来表达这样的想法，例如"你正在吃东西。那个东西闻起来不错"。随着他不断地寻找，越来越多不符合通用语法的情况开始浮现。

与此同时，他开始越来越能理解皮拉罕文化，这改变了他对他们语言的看法。例如，有一次他学了一个新词，皮拉罕人向他解释这个词的意思是"你睡着时头脑里的东西"。那么这个词指的应该是"梦"。但是当皮拉罕人用一种特别的声调使用这个词时，这个词指的就是一种新的经验。进一步追问后，他发现对他们来说，梦只是一种不同形式的经历，一点儿也不虚幻。在他们看来，梦和醒着时遇到的任何事情一样真实、直接。这样的例子越来越多，一个理论开始在他脑海里形成，他称之为"即时经验原则"（Immediate Experience Principle，简称 IEP）。这意味着，对皮拉罕人来说，他们关心的只有此时此刻经历的事情，或一个人最近经历的事情。

这可以解释他们语言的独特性——颜色和数字是不符合即时经验原则的抽象概念。他们的语言不具有递归性，他们使用简单的陈述句来描述自己的所见。他的理论可以解释他们为什么缺少物质文化、创世神话和与过去有关的故事。他们发展出这种文化形式是为了完美适应自身环境和需求；这能让他们深深地沉浸在当下，而且非常快乐。这种文化帮助他们从心理上克服了环境中的困难。因为他们没有任何超出自己即时经验的需求，所以他们没有形容这些事物的词语。埃弗雷特的理论是年复一年深入沉浸在他们文化中的结果。随着这一理论在他的脑海中形成，许多事情得到了解释。这不是以局外人的身份观察几个月或几年就能看到或理解的。

他对此得出的结论是，文化在语言的发展中发挥了巨大的作用，语言比我们想象的还要不同。这个结论在当时的语言学领域引起了很多争议。尽管所有人类语言确实存在着共通之处，但是不可能存在凌驾于文化之上的通用语法。他认为，这样的结论只有通过多年大量的实地研究才能得出。那些没有实地研究，只是基于通用语法这一理论做出假设的人，看不到事情的全貌。发现差异、融入一种文化需要花费大量的时间和精力。因为这些差异非常难以被察觉，所以文化并没有被认为是塑造语言以及我们感受世界的方式的主要力量之一。

他越深入地沉浸在皮拉罕文化中，这种文化对他的改变就越多。他不仅对自上而下的语言学研究方法及其产生的思想日渐感到幻灭，而且对自己的传教士工作也是如此。这两者都试图将外来的思想和价值观强加给皮拉罕人。他不可控制地认为，传播福音和把他们变成基督徒会彻底毁了他们的文化，而这种文化十分完美地适合他们的环境，并让他们感到非常满足。由于这些想法，他丧失了对基督教的信仰，并最终离开了教会。在如此深入地了解一种异域文化之后，他再也无法接受某种特定的信仰或价值体系的优越性。他认为，这样的想法只不过是局外人所产生的幻觉。

对许多处境类似于丹尼尔·埃弗雷特的研究者来说，依赖自己学过的研究技能和概念是自然反应。这意味着要像埃弗雷特一开始所做的那样仔细研究皮拉罕人，记大量的笔记，并努力让这种异域文化适应由语言学和人类学的主流理论制定的框架。这样做，这些研究者就可以在权威期刊上发表文章，并在学术界获得稳固的地位。但最终，他们依然只是留在局外向内观看，而且他们的大部分结论只是证实了他们先前做出的假设。这样的话，埃弗雷特发现的有关皮拉罕人的语言和文化的丰富信息仍然不会被注意到。试想一下，这样的事在过去经常发生，现在仍在发生，有多少土著文化的秘密就因为这种局外人的方法而被我们错失。

这种对外部视角的偏好部分源于科学家们的一种偏见。许多人会说，从外部研究可以保持我们的客观性。但是，当研究者的观点已经被如此多的假设和预先消化的理论所影响时，还何谈客观性呢？皮拉罕人的真相只有在他们内部、通过融入他们的文化才能看到。这样做并不会让观察者变得过于主观。一个科学家可以参与其中，但仍然能保持自己的推理能力。埃弗雷特可以从他们的文化中抽身，形成自己的 IEP 理论。直觉和理性、内部视角和科学，无疑是可以共存的。对埃弗雷特而言，选择这条内部路径需要极大的勇气。这意味着，他要将自己置身于丛林生活的风险之中。这引发了他与其他语言学家的艰难对抗，以及这种冲突给他未来的教授生涯所带来的一切问题。这还导致了他对基督教的深刻觉醒，而基督教对年轻时的他而言意义重大。但是，他觉得要想发现真相，就必须这么做。通过在这个突破传统的方向上前进，他掌握了一个复杂到令人难以置信的语言系统，并对皮拉罕文化和一般文化的作用产生了宝贵的见解。

要明白，我们永远无法真正体验到别人正在经历的东西。我们总是站在外面向内看，而这正是如此多误解和冲突的原因。但是人类智慧的主要来源是镜像神经元的发展（详见前言第 X 页），它让我们有能力设身处地地想象他人的经历。通过不断地接触他人、尝试从他人的立场进行思考，我们可以越来越了解他们的观点，但这需要我们自身的努力。我们天生喜欢将自己的信仰和价值体系投射到他人身上，用我们自己甚至都没有察觉到的方式。当研究另一种文化时，只有通过运用我们的移情能力并参与到他们的生活中，我们才能开始克服这些自然的投射，并抵达他人体验的现实。为了做到这一点，我们必须克服自己对他者的巨大恐惧和对他们感受和看待世界的方式的陌生感。我们必须进入他们的信仰和价值体系、他们的重要神话，以及他们看待世界的方式。慢慢地，我们最初看待他们的失真镜头开始清晰起来。深入了解他们的不同，感受他们的感受，我们就可以发现是什么让他们与众不同，并了解人性。这适用于文化、个人甚至作家。尼采曾写道："一旦你感觉到自己反对自我，你就已经停止了理解我的立场和我的论点！你必须成为相同激情的受害者。"

策略七：综合所有形式的知识——成为通才

约翰·沃尔夫冈·冯·歌德（1749—1832）在德国法兰克福一个不幸福的家庭长大。他的父亲是一名失败的政客，因此对生活充满了怨恨，并与自己年轻的妻子分居而住。为了弥补自己事业上未能成功的遗憾，歌德的父亲让自己的儿子接受着最好的教育——学习艺术、科学、多种语言、各种手工艺、击剑和跳舞。但是歌德觉得，在父亲的监视下，家里的生活让他无法忍受且单调乏味。当他终于离开家到莱比锡上大学时，歌德感觉自己像是从监狱中获得释放一样。他所有被压抑的精力、躁动、对女人和冒险的渴望都突然间爆发了出来，他开始放纵自己。

他过着花花公子的生活，穿着最时髦的衣服，引诱着他能找到的年轻女子。他投身于莱比锡的思想生活中；在所有酒馆里，都能看到他和教授、同学们讨论哲理的身影。他的思想格格不入——他控诉基督教并向往古希腊的异教信仰。正如一位教授所指出的那样："大家几乎一致认为他头脑有些不正常。"

后来，年轻的歌德恋爱了，最后一点剩余的自控力也消失了。他在写给朋友们的信中谈到了这段恋情，这引起了他们的极大关注。他时而兴高采烈，时而沮丧抑郁，时而爱慕人家，时而又不信任人家。他开始绝食。他求婚后却又反悔。在许多人看来，他像是处于疯狂的边缘。"我的身体每况愈下，"他写信给朋友道，"我活不过 3 个月了。"

然后1768年，他突然病倒了。他醒来时发现自己身处血泊之中。他得了肺出血，接连几天他都处于病危状态。在医生们看来，他的康复似乎是个奇迹；由于担心病情复发，医生们让他回法兰克福的家卧床静养几个月。

痊愈后，年轻的歌德感觉自己好像变了一个人。他的脑海里此时产生了两个想法，这两个想法将伴随他的余生。

第一，他感觉自己拥有一种内在精神，并称之为他的"精灵"。这种精神是他所有紧张、不安、邪恶能量的化身。它可以变得很有破坏性，就像在莱比锡时一样。他也可以控制并引导它去产出富有成效的东西。这种能量是如此强大，能让他从一种情绪或想法转到相反的一面——从精神到感官，从天真到狡诈。他认为，这个精灵是出生时就植入在他体内的一种精神，占据了他的整个身心。他如何控制这个精灵将决定他生命的长度，以及他的努力能否成功。

第二，年纪轻轻就如此接近死亡的经历让他刻骨地感受到了死亡的存在，这种感觉在他康复后还持续了好几周。当他苏醒过来的时候，他突然被活着的新奇感震撼了——拥有超出意识控制的心脏、双肺和大脑。他感觉有一种超出个体生命化身的生命力，这种生命力不是来自上帝（歌德一生都是一名异教徒），而是来自自然本身。在他康复期间，他常到乡间去散步，而他个人对生命的新奇感转移到了他所看到的植物、树木和动物身上。是什么力量让它们呈现出了如今完美适应的生命状态？让它们成长的能量来源是什么？

感觉自己仿佛从死刑中重获新生，他对这种生命力感到无限好奇。一个关于浮士德（Faust）的故事出现在他脑海里。这个名为浮士德的学者是德国著名传奇故事中的主人公，他拼命想要发现生命的秘密，后来遇到魔鬼的化身靡菲斯特（Mephistopheles）。靡菲斯特答应帮他实现他的追寻，条件是占有他的灵魂：如果不安于现状的浮士德体验到片刻的满足，对生活再无所求，那么他就会死去，魔鬼将占有他的灵魂。歌德开始把这部戏剧记下来，在他写魔鬼和浮士德的对话时，他可以听见自己内心的声音，他正在与恶魔的自己对话。

几年后，歌德开始了在法兰克福当律师的生活。像之前在莱比锡一样，他的精灵似乎控制了他。他讨厌律师循规蹈矩的生活，以及所有主宰社交生活、使人和自然脱节的习俗。他有强烈的叛逆思想，后来他把这些想法写进了一本书信体小说《少年维特的烦恼》。尽管这个故事大致基于他认识的人以及一个恋爱失败后自杀的年轻朋友，但其中的大部分想法都来自他自己的经历。这部小说推崇情感的优越性，提倡回归感性生活和亲近自然。它是后来在整个欧洲掀起的浪漫主义运动的先驱，在德国和其他地方都引起了强烈的反响。一夜之间，年轻的歌德成了名人。几乎每个人都读过他的这本书。成百上千的年轻人模仿绝望的维特自杀。

对歌德来说，这次成功令他惊讶又困惑。突然间，他开始与当时最著名的一些作家亲密交往。慢慢地，精灵又抬起了它丑陋的脑袋，他开始纵情于声色犬马的生活之中。他的情绪开始反复地大起大落。他开始一天比一天厌恶自己和自己所流连的世界。主导他社交生活的作家和知识分子圈子让他烦恼不已。他们如此自以为是，但他们的世界和律师的世界一样，与现实和自然严重脱节。他越来越觉得自己那如雷贯耳的名声是个负累。

1775 年，《少年维特的烦恼》出版 1 年后，魏玛公爵邀请歌德到自己的公国担任私人顾问和大臣。魏玛公爵非常欣赏歌德的作品，正在试图给自己那人才寥落的宫廷多招募些艺术家。对歌德来说，这正是他一直在等待的机会。他可以挥别文学世界，投身魏玛公国。他可以把自己的精力倾注到政治、科学上，去驯服那个可恶的内心精灵。他接受了邀请，而且要不是后来的一次意大利之旅，他会在魏玛度过整个余生。

在魏玛，歌德萌生了将当地政府现代化的想法，但是他很快就意识到公爵的软弱与散漫，任何改革公国的尝试都注定会失败。腐败太多了。因此慢慢地，他将自己的精力倾注到新的生活热情——科学上。他专攻地质学、植物学和解剖学。他写诗和写小说的阶段结束了。他开始收集大量的石头、植物和骨骼，以便在家随时进行研究。随着他对这些科学的钻研逐渐深入，他开始发现它们之间的一些奇怪的联系。在地质学中，地球的变化极其缓慢，要经过非常长的时间，慢到一个人即使穷极一生也很难有所察觉。而植物处于不断的变化之中——从最初的种子，到开花或长成树。这颗星球上的一切生命无时无刻不在发展着，从一种生命形式长成另一种生命形式。他开始接纳一个激进的观点：人类本身就是从这些原始的生命形式进化而来的——毕竟，这是自然之道。

当时反对进化论的主要论据之一是，没有在人类身体中发现颌间骨。包括灵长类动物在内的所有低等动物都有颌间骨，但当时无法在人类的头骨中找到。这被吹嘘成证明人类是由神圣的力量单独创造出来的证据。在歌德看来，自然界中的一切事物都是相互联系的，所以他无法接受人类是由神圣的力量单独创造出来的假设。经过大量研究，歌德在人类婴儿的上颚骨中发现了残余的颌间骨，这是我们与所有其他生命形式相联系的最终标志。

他的科研风格不符合当时的常规。他认为存在一种原型植物，现今所有植物都是由它发展而来的。在研究骨骼时，他喜欢比较各种生命形式，看看它们是否有相似的结构，比如脊柱。他痴迷于不同生命形式之间的联系，这是他浮士德式的渴望——想要了解一切生命的本质。他认为自然界中各种现象的本质原理就蕴含在它们自身的结构中，需要我们用自己的感觉和思考来抓住它。当时几乎所有的科学家都嘲笑他的研究，但是几十年后人们意识到，或许他是第一个真正提出进化论概念的人，而且他的其他研究也是后世形态学和比较解剖学的前身。

在魏玛，歌德像变了一个人——一个冷静的科学家和思想家。但在 1801 年，另一场疾病又一次差点要了他的命。他用了几年时间调养身体，直到 1805 年他感觉自己的力量才又回来，并且随之而来的还有他自青春时代就再也没有体验过的感觉。那一年开启了人类思想史上最奇异、最惊人的创作时期之一——从歌德 50 岁多岁一直到他将近 70 岁。他压抑了几十年的精灵再一次挣脱出来，但这一次他已经有了自律能力，可以将它引导到各种创作中。诗歌、小说、戏剧如泉水般从他笔端涌出。他再次拿起《浮士德》，《浮士德》的大部分内容都是在这个时期完成的。他每天近乎疯狂地进行各种不同的研究——上午写作，下午做实验和进行科学观察（此时又增加了化学和气象学），晚上和朋友们一起讨论美学、科学和政治。他似乎不知疲倦为何物，又经历了一次青春。

从自己年轻时濒临死亡的经历中，歌德凭直觉感受到了一种生命力。此时，他认为一切形式的人类知识都是这种生命力的表现。他认为，大多数人的问题在于，他们会在各种主题和思想四周人为地筑起围墙。真正的思想家能发现每个单独个体间的联系，抓住其生命力的本质。为什么人要止步于诗歌，或认为艺术与科学无关，或限制自己对知识的兴趣？大脑就是用来连接事物的，就像织布机将线织成布一样。如果生命是一个有机整体，分成一个个部分就会失去整体感，那么思考也应该是整体的。

朋友和熟人注意到了歌德晚年时的一个奇怪的现象——他喜欢谈论未来，几十年甚至几百年后的未来。在魏玛的那些年，他拓展了自己的研究，读了许多有关经济学、历史学和政治学方面的书籍。他会从这些读物中获取新的见解，并加入自己的推理。他喜欢预测历史事件的趋势，那些见证了这些预测的人后来都对他的先见之明感到震惊。法国大革命发生的前几年，他就预测了波旁王朝的覆灭，他凭直觉认为，它在人民眼中已经失去了正统性。在破坏法国大革命的战争中，他站在了德国的一边，并见证了法国平民军队在瓦尔密战役[①]中的胜利，他呼喊道："就此，一个新的历史时代开始了，你们都是见证者。"他所说的"新的历史时代"指的是即将到来的民主和平民军队的时代。

70多岁时，他告诉人们，狭隘的民族主义力量式微，有朝一日欧洲会形成一个像美国一样的联盟，他期待这种发展。他兴奋地谈论美国，预言美国有一天将会成为世界上的强国，它的边界会慢慢扩展到整个美洲大陆。他坚信，一种新的电报科技将把全球连接在一起，人们可以每时每刻获得最新的消息。他称这个未来为"速度时代"，一

---

① 瓦尔密战役爆发于1792年9月20日，法兰西革命军队为一方，奥普联军及入侵法国企图扑灭革命力量恢复君主制度的法侨保皇党分子支队为另一方，在瓦尔密（法国马恩省的一个村庄）进行的一次交战。——编者注

个由速度决定的时代。他担心这会导致人文精神的衰落。

终于，在 82 岁高龄的时候，他感到自己大限将至，尽管此时他的脑海里迸发了比以往任何时候都多的想法。他对一个朋友说，可惜自己不能再活 80 年——凭借他积累的所有经验，他可以做出什么样的新发现呢！《浮士德》的结尾还未写完，他已经推迟了好多年，现在终于到把它完成的时候了：浮士德会感到片刻的幸福，魔鬼会拿走他的灵魂，但是神会因为他在智识方面的野心以及他对知识的不懈追求而原谅他，并将他救出地狱——这或许是歌德对自己的审判。

几个月后，他写信给他的朋友——杰出的语言学家和教育家威廉·冯·洪堡（Wilhelm von Humboldt）。他在信中写道："人类的器官，能够依靠练习、训练、反思、成功或失败、促进或阻碍……在无意间学会建立必要的连接，后天习得的知识和直觉联手，可以创造世上的奇迹……这个世界被混乱的理论所统治；对我而言最重要的是，尽可能地利用自己身上的东西和内心的坚持，牢牢抓住自己的特质。"这是他写下的最后一番话。几天后，他就去世了，享年 83 岁。

对歌德来说，《少年维特的烦恼》大获成功是他人生的一个转折点。突然成名，把他弄得眼花缭乱。他身边的人都强烈要求他再写下去。他当时只有 25 岁。他之后的余生都在拒绝公众这样的要求。虽然他后来的作品无一能像《少年维特的烦恼》一样成功，但是在他生命的最后几年里，世人公认他为德国的伟大天才。拒绝公众的要求是一种需要巨大的勇气的举动。拒绝利用这样的名声意味着，它可能会一去不复返。他将不得不放弃所有的关注。但是歌德感觉自己的内心有比名利的诱惑更强大的东西。他不想被这一本书所禁锢，不想把自己的余生都奉献给文学来制造轰动。因此，他选择了自己这条独特又奇怪的人生道路，让自己称之为"精灵"的内心力量——一种不安分的精神——来指引他，并驱使他去探索文学之外的世界，探索生命本身的核心。他唯一需要做的就是，控制和引导这种一出生就存在于他体内的精神。

在科学研究中，他遵循自己独特的道路，寻找自然界的深层规律。他还将自己的研究扩展到政治、经济和历史领域。在人生的最后阶段回归文学时，他的大脑里装满了各种形式的知识之间的联系。他的诗歌、小说和戏剧充满了科学知识，而他的科学研究也充满了诗意的直觉。他对历史的洞察力神乎其神。他精通的不是这个或那个主题，而是它们之间的联系，这些联系是建立在他数十年的深入观察和思考的基础上的。歌德成了文艺复兴时期所谓的"通才"的完美缩影——一个深入研究各种知识的人，他的思想越来越接近自然本身的真实面貌，他能看见大多数人看不见的秘密。

今天，一些人可能会将歌德这样的人视为 18 世纪的老古董，将他整合知识的理想视为浪漫梦想，但实际上恰恰相反，原因很简单：人类大脑的设计——建立连接和关联的内在需要——赋予了它自己的意志。尽管这种进化在历史上可能一波三折，但是建立连接的欲望最终会胜出，因为它是我们的天性与天生倾向中非常强大的一部分。现在，各方面的技术为在各个领域和想法之间建立连接提供了前所未有的方式。艺术和科学之间的人为壁垒将会在了解和表达我们共同现实的压力下消融。我们的想法会更加贴近自然，更加有活力。你应该用尽一切方法，努力投入成为通才的过程中，把自己的知识扩展到其他领域，不断地向外延伸。你将从这样的探索中收获的丰富想法。

人生逆转

精通力的逆转就是否认它的存在或它的重要性，以及以任何方式努力获得它的必要性。但这种逆转只会导致无助和失望的感觉。这种逆转会导致我们被所谓的虚假自我奴役。

你的虚假自我是他人对你潜移默化的影响。这个"他人"既包括希望你符合他们对你应该是什么样的人、你应该做什么的期待的父母和朋友；也包括诱导你坚持某种价值观的社会压力；还包括你自我意识的声音，它不断设法保护你免受残酷真相的伤害。虚假自我会清楚地和你对话，关于精通力，它会这样说："精通力是天才、特别有才华的人和大自然中的异类才能拥有的。我天生就不是那块料。"或者它会这样说："精通力是丑陋和不道德的。只有那些野心勃勃又自命不凡的人才会需要它。最好接受自己的命运，努力去帮助别人，而不是丰富自己。"又或者它会这样说："成功全在于运气。那些我们称之为大师的人只是得了天时地利的好处。如果我时来运转，也能轻易地达到他们的高度。"还或者它会这样说："长时间地做一件需要付出这么多痛苦和努力的事，何苦呢？不如享受我的短暂人生，尽我所能地过得去就行了。"

现在，你一定知道这些声音说的不是真相。精通力不在于遗传或运气，而在于遵循激荡你心灵的天生倾向和深切渴望。每个人都有这样的倾向。你内心的渴望不是由自负或对权力的纯粹野心所驱动的，这两者都会阻碍你达到精通。相反，这种倾向是你与生俱来的、独一无二的东西的深刻表达。通过遵循你的天生倾向、朝着精通的方向努力，你会为社会做出巨大的贡献——用新的发现和见解丰富这个社会，并能充分利用自然和人类社会的多样性。事实上，只消耗他人创造的东西、退缩到狭隘的目标和即时的欢愉中，这是极其自私的。从长远来看，偏离自己的天生倾向只会给你带来痛苦和失望，以及一种浪费了自己的独特之处的感觉。这种痛苦会通过怨恨和嫉妒表达出来，并且你不会意识到自己沮丧的真正原因。

你的真实自我不会借助话语或老套的说法来展现自己。它的声音源自你内心深处，源自你心灵的底层，源自嵌在你身体里的某种东西。它源自你的独特性，它通过似乎要超越你的感觉和强烈欲望来进行交流。你无法从根本上理解为什么自己会被某些活动或某些形式的知识所吸引。这是无法用语言来表达或解释的。这只是一种天性。通过跟随这种声音，你就会意识到自己的潜力，并满足自己去创造和表达自己的独特性的最深切的渴望。它的存在有其意义，而实现它就是你的人生使命。

因为我们自视甚高，但还没高到认为自己能画出拉斐尔那样的画作，或写出莎士比亚那样的戏剧场面；所以我们说服自己相信，做到这些的能力极其了不起，完全是不寻常的事，或者如果我们仍然有宗教信仰，就会说那是神的恩赐。这样，我们的虚荣心、我们的自恋，会促使我们崇拜天才：因为只有当我们认为天才离我们很远，是奇迹般的存在时，我们才不会因为他们而苦恼……但是，除了这些我们虚荣心的暗示之外，天才的活动似乎和机器发明家、天文学家或历史学家、军事家的活动并无根本区别。所有这些活动都是可以理解的，只要你把他们当作思维在一个方向上活跃的人，当作能善用一切的人，当作热心观察自己和别人的内心生活的人，当作能随时找到榜样和激励的人，当作可以不厌其烦地把各种可用的方法结合在一起的人。天才也要先学习如何砌砖和如何建造，然后再去不断寻找材料把它建起来。人类的每一项活动都惊人地复杂，不仅仅是天才的活动如此，没有一项活动是"奇迹"。

　　　　　　　　　　　　　　　　　　——弗里德里希·尼采

当代大师简介

圣地亚哥·卡拉特拉瓦

1951 年出生于西班牙瓦伦西亚。他先是在瓦伦西亚理工大学（Polytechnic University of Valencia）取得了建筑学学位，随后又在瑞士的苏黎世联邦工业大学取得了土木工程学博士学位。由于他的土木工程学背景，卡拉特拉瓦以设计大型公共项目为主，如桥梁、火车站、博物馆、文化中心和体育中心。受自然界有机形态 [①] 的启发，卡拉特拉瓦力求在这些公共项目中融入一种宛如神话却又象征未来的特质，这种特质的特色就是建筑物的某些部分可以移动和变形。他著名的设计作品有加拿大多伦多的拱廊商业街（1992）、葡萄牙里斯本的东方火车站（1998）、美国威斯康星州的密尔沃基艺术博物馆扩建工程（2001）、阿根廷布宜诺斯艾利斯的女人桥（2001）、西班牙加那利群岛圣克鲁斯的坦纳利佛音乐厅（2003）、希腊雅典的奥林匹克体育中心（2004）、瑞典马尔默的旋转大厦（2005）及以色列耶路撒冷的轻轨桥（2008）。他目前正在设计的纽约世贸中心中转站，预计 2014

---

① 有机形态通常主要以动植物等自然物为灵感来源，并大量运用流动的形态和蜿蜒的曲线，充满内在活力。——编者注

年开放。[①]卡拉特拉瓦还是一位著名的雕塑家，他的作品有在世界各地的美术馆展览。他荣获了众多奖项，其中包括结构工程师学会金奖（1992）和美国建筑师学会金奖（2005）。

丹尼尔·埃弗雷特

1951 年出生于加利福尼亚州的霍尔特维尔。他在芝加哥穆迪圣经学院获得海外传教学位后，被正式任命为传教士。在基督教组织 SIL 学习语言学后，埃弗雷特和他的家人作为传教士被派到亚马孙流域，和一小群以打猎和采集为生的皮拉罕人生活在一起。皮拉罕人的语言同当时的任何方言都不一样。同皮拉罕人一起生活了许多年后，埃弗雷特终于破译了他们看似无法破译的语言，并且在这个过程中发现了人类语言的一些本质，这些发现在语言学界至今仍存在争议。他还对十几种不同的亚马孙语言进行了研究，并发表了相关文章。埃弗雷特拥有巴西坎皮纳斯州立大学（State University of Campinas）的语言学博士学位。他曾在美国匹兹堡大学（University of Pittsburgh）担任语言学和人类学教授，同时出任语言学系的主任。他还曾在英国曼彻斯特大学（University of Manchester）和美国伊利诺伊州立大学（Illinois State University）任教。埃弗雷特目前是美国本特利大学（Bentley University）文理学院的院长。他出版了两本书：畅销书《别睡，这里有蛇：亚马孙丛林的生活和语言》（*Don't Sleep, There are Snakes: Life and Language in the Amazonian Jungle*，2008）以及《语言：文化的工

---

① 世贸中心中转站已于 2016 年 3 月投入使用。——译者注

具》(*Language: The Cultural Tool*, 2012)。他在皮拉罕的工作后来成了纪录片《幸福的语法》(*The Grammar of Happiness*, 2012)的主题。

特瑞西塔·费尔南德斯

1968 年出生于佛罗里达州的迈阿密。她获得了佛罗里达国际大学的美术学学士学位，以及弗吉尼亚联邦大学（Virginia Common Wealth University）的美术学硕士学位。费尔南德斯是一位概念艺术家，因其公共雕塑和用特殊材料制作的大型作品而闻名。在她的作品中，她喜欢探索心理学是如何影响我们对周遭世界的看法的。出于这个目的，她会在自己的作品中创造沉浸式的环境，挑战我们对艺术和自然的传统观念。她的作品在世界各地的著名博物馆都有展出，包括纽约现代艺术博物馆、旧金山现代艺术博物馆，以及华盛顿科科伦艺术馆。她的大型作品包括在日本直岛著名的倍乐生艺术园地创作的场域特定作品，名为《盲目的蓝色风景》(*Blind Blue Landscape*)。费尔南德斯获得了众多荣誉，其中包括古根海姆奖，罗马美国学院附属学会奖以及美国国家艺术资助金。2005 年，她还获得了麦克阿瑟基金会奖，此奖也被称为"天才奖"。2011 年，时任美国总统巴拉克·奥巴马任命费尔南德斯为美国艺术委员会委员。

保罗·格雷厄姆

1964 年出生于英国威茅斯。4 岁时举家搬到美国，他在宾夕法尼亚州的门罗维尔长大。格雷厄姆拥有康奈尔大学（Cornell University）

哲学学士学位和哈佛大学计算机科学博士学位。他曾在罗德岛设计学院和意大利佛罗伦萨美术学院（Accademia di Belle Arti in Florence）学习绘画。1995 年，他与朋友共同创办了 Viaweb，成为第一个允许用户建立自己的网上商店的应用服务商。雅虎以将近 5000 万美元收购了 Viaweb（后更名为 "Yahoo! Store"）后，格雷厄姆接着又在网上撰写了一系列有关编程、科技创业公司、科技史和艺术的文章，非常受欢迎。2005 年，格雷厄姆在哈佛大学计算机学会进行了一次演讲，在这次演讲的热烈反响的启发下，他创建了 Y Combinator，这是一个为年轻的科技企业创业者提供种子资金、建议和指导的学徒训练系统。Y Combinator 后来成了世界上最成功的科技企业孵化器之一。到 2012 年，它投资的 200 多家公司估值超过 40 亿美元，包括 DropBox、Reddit、loopt 和 AirBnB。他出版了两本书：关于计算机编程语言的《LISP 语言》（*On Lisp*，1993）以及《黑客与画家》（*Hackers and Painters*，2004）。你可以在 PaulGraham.com 这个网站上阅读他在网上写的一些文章。

坦普·葛兰汀

1947 年出生于马萨诸塞州的波士顿。3 岁时，她就被诊断患有自闭症。通过特殊的指导和在语言治疗师的帮助下，她慢慢掌握了语言技能，她的智力也得到了发展，可以进入各种学校就读，甚至包括一所为天才儿童开办的高中，她在那里的科学成绩非常优异。后来，坦普相继在富兰克林·皮尔斯大学（Franklin Pierce College）获得了心理学学士学位，亚利桑那州立大学获得了动物科学硕士学位，伊利诺伊大学厄巴纳–香槟分校（University of Illinois at Urbana-Champaign）获得了动物科学博士学位。毕业后，她从事畜牧处理设备的设计工作。那时，美国有一半的牛是由她设计的设备饲养的。她在这个领域的工作目标是为屠宰场的动物创造更加人性化、没有压力的环境。为此，她为肉类加工厂如何宰杀猪牛制定了一系列操作指南，如今这些指南被麦当劳之类的公司所采用。坦普是动物权利和自闭症方面很受欢迎的演说家。她撰写了几本畅销书，包括《用图像思考：我的自闭症生活》（*Thinking in Pictures: My Life with Autism*，1996）、《读懂动物：用自闭症的奥秘解码动物行为》（*Animals in Translation: Using the Mysteries of Autism to Decode AnimalBehavior*，2005），以及《我看它的方式：从个人角度看自闭症和阿斯伯格综合征》（*The Way I See It: A Personal Look at Autism and Aspergers*，2009）。2010 年，HBO[①]拍摄了一部关于她和她的生活的传记电影，名为《坦普·葛兰汀》。她目前是科罗拉多州立大学（Colorado State University）动物科学的教授。

松冈容子

1972 年出生于日本东京。年少时，因为在网球运动方面颇有前途，而去往美国一所高水平的网球学院学习。她后来因负伤网球生涯被中断，但最终还是留在美国完成了自己的高中学业，之后获得了加

---

① HBO，英文全称为"Home Box Office"，一般译为"HBO 鼎级剧场"，与绝大多数电视频道不同的是，它不卖广告，全天候播出电影、音乐、纪录片、体育赛事等娱乐节目。其制作的《黑道家族》《欲望都市》和《权力的游戏》等系列剧集都在美国电视界最受欢迎的剧集之列。——编者注

州大学伯克利分校的电机工程学和计算机科学的学士学位，以及麻省理工学院的电机工程学和人工智能的硕士学位和博士学位。在麻省理工学院时，她担任着贝瑞特技术公司的首席工程师，并在那里研发出了一只机器人手，这只机器人手后来成了行业标准。她曾在卡耐基梅隆大学（Carnegie Mellon University）担任机器人学和机械工程学教授，还曾在华盛顿大学西雅图分校（University of Washington at Seattle）担任计算机科学与工程学教授。在华盛顿大学西雅图分校时，容子还开创了一个新的领域，她称之为"神经机器人学"，并在这里建立了神经机器人学实验室，用机器人模型和虚拟环境来了解人类四肢的生物力学和神经肌肉控制。2007 年，容子获得了麦克阿瑟基金会奖。她还是谷歌 X 部门 ① 的联合创始人之一和创意主管。容子目前是 Nest Labs 公司的技术副总裁，这是一家绿色技术公司，专门开发节能消费品，比如智能恒温器。

维莱亚努尔·苏布拉马尼安·拉马钱德兰

1951 年出生于印度马德拉斯。他开始学的是医学，之后转换领域，到英国剑桥大学三一学院学习视觉心理学，并获得博士学位。1983 年，他被聘为加州大学圣地亚哥分校心理学助理教授。目前，他是该校心理学系和神经科学项目的特聘教授，还担任着该校大脑与认知中心的主任。他最著名的研究领域是各种奇异的神经综合

① 谷歌 X 部门是谷歌专门从事顶级秘密项目研发的一个部门，与谷歌 Lab 主要进行软件研发不同的是，谷歌 X 部门主要进行硬件研发，目前已知的项目有汽车自动驾驶项目、谷歌眼镜等。——编者注

征，如幻肢综合征、各种身体认知障碍、卡普格拉妄想症（这种疾病的患者会认为自己的家庭成员被人冒名顶替了），他的镜像神经元理论和联觉理论也很有名。他获得了众多荣誉，包括英国皇家学会（Royal Institution of Great Britain）终身荣誉会员、牛津大学（Oxford University）和斯坦福大学（Stanford University）的奖学金，以及国际神经精神病学协会的年度拉蒙卡哈奖。2011 年，《时代》杂志将他评为"世界上最有影响力的人之一"。他还是畅销书作者，著有《脑中幻影》（*Phantoms in the Brain*，1998）、《人类意识简介：从冒充的卷毛狗到紫色的数字》（*A Brief Tour of Human Consciousness: From Impostor Poodles to Purple Numbers*，2005），以及《讲故事的大脑：一个神经科学家对是什么让我们成为人的探索》（*The Tell-Tale Brain: A Neuroscientist's Quest for What Makes Us Human*，2010）。

弗莱迪·罗奇

1960 年出生于马萨诸塞州的戴德姆。他 6 岁开始接受拳击训练。到 1978 年成为职业拳击手时，罗奇已经打了 150 场业余拳击赛。在传奇教练福奇手下训练时，作为职业拳击手的罗奇创造了 41 胜（其中 17 次 KO 对手）13 负的纪录。1986 年，罗奇退役，并在福奇手下做学徒教练。几年后，他开始了自己的事业。1955 年，罗奇在加利福尼亚州的好莱坞开设了自己的外卡拳击俱乐部，在那里训练自己旗下的拳击手。成为教练后的罗奇训练过 28 名世界拳击手冠军，包括曼尼·帕奎奥、迈克·泰森（Mike Tyson）、奥斯卡·德·拉·霍亚（Oscar De La Hoya）、阿米尔·可汗（Amir Khan）、小胡里奥·塞萨尔·查维斯（Julio César Chávez）、詹姆斯·托尼（James Toney），以及维吉尔·希尔（Virgil Hill）。他还是终极格斗锦标赛（UFC）次中量级冠军乔治·圣·皮埃尔（Georges St. Pierre）和世界顶级女拳击手露西娅·瑞科尔（Lucia Rijker）的教练。1990年，罗奇被诊断患有帕金森症，但是他能够通过药物治疗和严格的训练在很大程度上控制帕金森症对他的影响。他获奖无数，曾5次被美国拳击作家协会评为"年度最佳拳击教练"，后来还入选国际拳击名人堂。HBO也拍摄了关于罗奇的系列纪录片《拳力以赴》（*On Freddie Roach*），导演是彼得·伯格（Peter Berg）。

塞萨尔·罗德里格斯

1959年出生于得克萨斯州的埃尔帕索。从南卡罗来纳州的塞特多大学的工商管理学毕业后，他加入了空军本科飞行员训练项目。他曾在F-15等喷气式飞机上接受过成为一名指挥战斗机的飞行员的训练。他慢慢晋升，1993年成为少校，1997年成为中校，2002年成为上校。他的战斗机飞行总小时数超过3100小时，其中有350小时是在作战行动中。他因在空战中击落3架敌机脱颖而出——在沙漠风暴行动（1991）中击落两架伊拉克的米格战斗机，在南斯拉夫战争期间（1999）击落一架南斯拉夫空军的米格战斗机。自越南战争以来，他是在服役期间击落敌机最多的美国飞行员。塞萨尔在伊拉克自由行动（2003）期间指挥过第332远征作战小组。2006年，塞萨尔从空军退役。他还是美国空军指挥与参谋学院（U.S. Air Force Air Command and Staff College）及美国海军军事学院（U.S. Naval War

College）的研究生。他获得过许多勋章，曾 3 次被授予杰出飞行十字勋章，还获得过美国军功勋章、美国青铜勋章。他目前受聘于雷神公司（Raytheon），担任其空战系统产品线国际项目与增长部的主管。

参考书目

Abernathy, Charles M. and Robert M. Hamm. *Surgical Intuition: What It Is and How to Get It*. Philadelphia, PA: Hanley & Belfus, Inc., 1995.

Adkins, Lesley and Roy. *The Keys of Egypt: The Race to Crack the Hieroglyph Code*. New York: Perennial, 2001.

Aurelius, Marcus. *Meditations*.Trans. Gregory Hays. New York: The Modern Library, 2003.

Bate, Walter Jackson. *John Keats*. Cambridge, MA: Harvard University Press, 1963.

Bazzana, Kevin. *Wondrous Strange: The Life and Art of Glenn Gould*. Oxford, UK: Oxford University Press, 2004.

Bergman, Ingmar. *The Magic Lantern: An Autobiography*. Chicago, IL: The University of Chicago Press, 2007.

Bergson, Henri. *Creative Evolution*.Trans. Arthur Mitchell. New York: Henry Holt and Company, 1911.

Beveridge, W. I. B. *The Art of Scientific Investigation*. Caldwell, NJ: The Blackburn Press, 1957.

Boden, Margaret A. *The Creative Mind: Myths and Mechanisms*. London, UK: Routledge, 2004.

Bohm, David, and F. David Peat.*Science, Order, and Creativity*. London, UK: Routledge, 1989.

Boyd, Valerie. *Wrapped in Rainbows: The Life of Zora Neale Hurston*. New York: Scribner, 2004.

Bramly, Serge. *Leonardo: The Artist and the Man*. Trans. Sian Reynolds. New York: Penguin Books, 1994.

Brands, H. W. The First American: *The Life and Times of Benjamin Franklin*. New York: Anchor Books, 2002.

Capra, Fritjof. *The Science of Leonardo: Inside the Mind of the Great Genius of the Renaissance*. New York: Doubleday, 2007.

Carter, William C. *Marcel Proust: A Life*. New Haven, CT: Yale University Press, 2000.

Chuang Tzu, *Basic Writings*. Trans. Burton Watson. New York: Columbia University Press, 1996.

Corballis, Michael C. *The Lopsided Ape: Evolution of the Generative Mind*. Oxford, UK: Oxford University Press, 1991.

Curie, Eve. *Madame Curie: A Biography*. Cambridge, MA: Da Capo Press, 2001.

De Mille, Agnes. *Martha: The Life and Work of Martha Graham*. New York: Random House, 1991.

Donald, Merlin. *Origins of the Modern Mind: Three Stages in the Evolution of Culture and*

Cognition. Cambridge, MA: Harvard University Press, 1993.

Dreyfus, Hubert L., and Stuart E. Dreyfus.*Mind Over Machine: The Power of Human Intuition and Expertise in the Era of the Computer*. New York: Free Press, 1986.

Ehrenzweig, Anton. *The Hidden Order of Art: A Study in the Psychology of Artistic Imagination*. Berkeley, CA: University of California Press, 1971.

Ericsson, K. Anders, ed. *The Road to Excellence: The Acquisition of Expert Performance in the Arts, Sciences, Sports and Games*. Mahwah, NJ: Lawrence Erlbaum Associates,Publishers, 1996.

Gardner, Howard. *Frames of Mind: The Theory of Multiple Intelligences*. New York: Basic Books, 2004.

Gregory, Andrew. *Harvey's Heart: The Discovery of Blood Circulation*. Cambridge, U.K: Icon Books, 2001.

Hadamard, Jacques. *The Mathematician's Mind: The Psychology of Invention in the Mathematical Field*. Princeton, NJ: Princeton University Press, 1996.

Hirshfeld, Alan. *The Electric Life of Michael Faraday*. New York: Walker &

Company, 2006.

Hogarth, Robin M. *Educating Intuition*. Chicago, IL: The University of Chicago Press, 2001.

Howe, Michael J. A. *Genius Explained*. Cambridge, UK: Cambridge University Press, 2001.

Humphrey, Nicholas. *The Inner Eye: Social Intelligence in Evolution*. Oxford, UK: Oxford University Press, 2008.

Isaacson, Walter. *Einstein: His Life and Universe*. New York: Simon & Schuster, 2007. Johnson-Laird, Philip.*How We Reason*. Oxford, UK: Oxford University Press, 2008.

Josephson, Matthew. *Edison: A Biography*. New York: John Wiley & Sons, Inc., 1992.

Klein, Gary. *Sources of Power: How People Make Decisions*. Cambridge, MA: The MIT Press, 1999.

Koestler, Arthur. *The Act of Creation*. London, UK: Penguin Books, 1989.

Kuhn, Thomas S. *The Structure of Scientifi c Revolutions*. Chicago, IL: The University of Chicago Press, 1996.

Leakey, Richard E., and Roger Lewin.*Origins: What New Discoveries Reveal About the Emergence of Our Species and Its Possible Future*. New York: Penguin Books, 1991.

Lewis, David. *We, the Navigators: The Ancient Art of Landfi nding in the Pacifi c*. Honolulu, HI: The University Press of Hawaii, 1972.

Ludwig, Emil. *Goethe: The History of a Man*. Trans. Ethel Colburn Mayne. New York: G. P. Putnam's Sons, 1928.

Lumsden, Charles J., and Edward O. Wilson.*Promethean Fire: Refl ections on the Origin of Mind*. Cambridge, MA: Harvard University Press, 1983.

McGilchrist, Iain. *The Master and His Emissary: The Divided Brain and the Making of the Western World*. New Haven, CT: Yale University Press, 2009.

McKim, Robert H. *Experiences in Visual Thinking*. Belmont, CA: Wadsworth Publishing Company, Inc., 1972.

McPhee, John. *A Sense of Where You Are: A Profi le of Bill Bradley at Princeton*.

New York: Farrar, Straus and Giroux, 1978.

Moorehead, Alan. *Darwin and the Beagle.* New York: Harper & Row, Publishers, 1969.

Nietzsche, Friedrich. *Human, All Too Human: A Book for Free Spirits.* Trans. R. J. Hollingdale. Cambridge, UK: Cambridge University Press, 1986.

Nuland, Sherwin B. *The Doctor's Plague: Germs, Childbed Fever, and the Strange Story of Ignác Semmelweis.* New York: W. W. Norton & Company, 2004.

Ortega y Gasset, José. *Man and People.* Trans. Willard R. Trask. New York: W. W. Norton & Company, 1963.

Polanyi, Michael. *Personal Knowledge: Toward a Post– Critical Philosophy.* Chicago, IL: The University of Chicago Press, 1974.

Popper, Karl R., and John C. Eccles.*The Self and Its Brain.* London, UK: Routledge, 1990.

Prigogine, Ilya. *The End of Certainty: Time, Chaos, and the New Laws of Nature.* New York: The Free Press, 1997.

Quammen, David. *The Reluctant Mr. Darwin: An Intimate Portrait of Charles Darwin and the Making of His Theory of Evolution.* New York: W. W. Norton & Company, 2007.

Ratey, John J.*A User's Guide to the Brain: Perception, Attention, and the Four Theaters of the Brain.* New York: Vintage Books, 2002.

Ratliff, Ben. *Coltrane: The Story of a Sound.* New York: Picador, 2007.

Rothenberg, Albert. *The Emerging Goddess: The Creative Process in Art, Science, and Other Fields.* Chicago, IL: The University of Chicago Press, 1990.

Schrödinger, Erwin. *What Is Life: The Physical Aspect of the Living Cell.* Cambridge, UK: Cambridge University Press, 1992.

Schultz, Duane. *Intimate Friends, Dangerous Rivals: The Turbulent Relationship Between Freud & Jung.* Los Angeles, CA: Jeremy P. Tarcher, Inc., 1990.

Sennett, Richard. *The Craftsman.* New Haven, CT: Yale University Press, 2008.

Shepard, Paul. *Coming Home to the Pleistocene.* Washington, D. C.: Island Press,

1998.

Sieden, Lloyd Steven. *Buckminster Fuller's Universe*. New York: Basic Books, 2000.

Simonton, Dean Keith. *Origins of Genius: Darwinian Perspectives on Creativity*. New York: Oxford University Press, 1999.

Solomon, Maynard. *Mozart: A Life*. New York: Harper Perennial, 1996.

Steiner, Rudolf. *Nature's Open Secret: Introductions to Goethe's Scientific Writings*. Trans. John Barnes and Mado Spiegler. Great Barrington, MA: Anthroposophic Press, 2000.

Storr, Anthony. *The Dynamics of Creation*. New York: Ballantine Books, 1993.

Von Goethe, Johann Wolfgang, and Johann Peter Eckermann.*Conversations of Goethe*.Trans. John Oxenford. Cambridge, MA: Da Capo Press, 1998.

Von Sternberg, Josef. *Fun in a Chinese Laundry*. San Francisco, CA: Mercury House, 1988.

Waldrop, M. Mitchell. *Complexity: The Emerging Science at the Edge of Order and Chaos*. New York: Simon & Schuster Paperbacks, 1992.

Watts, Steven. *The People's Tycoon: Henry Ford and the American Century*. New York: Vintage Books, 2006.

Wilson, Colin. *Super Consciousness: The Quest for the Peak Experience*. London, UK: 2009.

Zenji, Hakuin. *Wild Ivy: The Spiritual Autobiography of Zen Master Hakuin*. Trans. Norman Waddell. Boston, MA: Shambhala, 2001.

致　谢

　　首先，也是最重要的，我要感谢安娜·比勒（Anna·Biller）对本书的宝贵贡献——包括她的许多洞见、精细的编辑、在资料检索上对我的帮助，以及她在这一漫长的写作过程中的爱心支持。她所做的工作和给我提供的协助让这本书成为可能，对此我永怀感恩。

　　我要感谢我的经纪人，墨水池管理公司的迈克尔·卡莱尔（Michael Carlisle）。感谢他巧妙地引导这个项目渡过偶尔出现的难关，以及他在编辑上和生活上给予我的所有建议。他是一位不折不扣的大师级经纪人。我还要感谢墨水池公司的劳伦·斯迈思（Lauren Smythe）的所有帮助，感谢亚历克西斯·赫尔利（Alexis Hurley）将这本书带到全世界读者的面前。

　　我要感谢茉莉·斯特恩（Molly Stern）推动整本书的出版，以及维京出版社（VikingPress）所有为本书的出版起到重要作用的工作人员。其中包括我的编辑乔希·肯德尔（Josh Kendall），他在很多层面上帮助并影响了本书的出版；卡罗琳·卡尔森（Carolyn Carlson），她后来接管了本书的编辑工作并发挥了她的魔力；玛吉·帕耶特（Maggie Payette），本书的封面设计师；丹尼尔·拉金（Daniel Lagin），本书的版式是由他设计的；诺伊琳·卢卡斯（NoirinLucas），她有力地监管了本书的制作过程；市场总监南希·谢泼德（Nancy

Sheppard）和宣传总监卡罗琳·科尔伯恩（Carolyn Coleburn），她们在推广本书上都起到了绝妙的作用；最后但同样重要的是玛格丽特·里格斯（Margaret Riggs），她提供了所有的后勤支援。我还必须要感谢克莱尔·费拉罗（Clare Ferraro）的耐心，以及她对本书在总体上的精准把握。

我要感谢瑞安·霍利迪（Ryan Holiday），《相信我，我在说谎：一个媒体操纵者的自白》（*Trust Me I'm Lying: Confessions of a Media Manipulator*，2012）这本书的作者。感谢他在本书写作过程中所提供的宝贵支持，以及他在安排和协调采访各位当代大师的工作中所提供的帮助。

在此过程中，还有一些人贡献了他们的建议和想法。毫无疑问，在这些人中我第一要感谢的是 50 美分（50 Cent）①。我们在 2007 年的一次讨论为本书的创作埋下了种子。50 美分的作品经纪人马克·杰拉尔德（Marc Gerald）在早期阶段发挥了他一贯的促进作用。在这方面，我还要感谢卡斯珀·亚历山大（Casper Alexander）、基思·费拉齐（Keith Ferrazzi）、尼尔·斯特劳斯（Neil Strauss）；威廉·里普尔教授（William Ripple）；弗朗西斯科·吉梅内斯（Francisco Gimenez）；我的好朋友埃利奥特·沙因（Eliot Schain）、米希尔·施瓦茨（Michiel Schwarz）、约斯特·艾尔弗斯（Joost Elffers）；还有凯特琳娜·坎托拉（Katerina Kantola），她的帮助我将永记于心；我还要感谢我的妹妹莱斯莉（Leslie），感谢她所有的关于动物和我们的更新世②祖先们的那些富有启发性的点子。

---

① 50 Cent 是美国的说唱歌手。——译者注
② 更新世，亦称洪积世、冰川世，处于地质时代第四纪的早期。——编者注

当然，我还要永远感激那些同意接受本书采访的当代大师们。我设定的采访条件是：一定要采访大师们本人，没有时长限制，而且采访对象必须将他们创作的过程、早期的挣扎，甚至是一路上经历的失败尽可能地坦诚相告。我采访的所有人都慷慨地安排了自己的时间，并且宽厚地回答了我那些常常令人恼火的问题。我相信，他们所展现出的开放精神，对在生活中达到精通和实现成功都发挥了重要作用。

我还必须要感谢以下这些帮我安排与各位大师采访的朋友们：加州大学圣地亚哥分校维莱亚努尔·苏布拉马尼安·拉马钱德兰教授的研究生伊丽莎白·塞克尔（Elizabeth Seckel）；杰西卡·利文斯通（Jessica Livingston），保罗·格雷厄姆的妻子，同时也是 Y Combinator 公司的合伙创始人；安德鲁·富兰克林（Andrew Franklin），我那在英国 Profile Books 公司工作的优秀出版人，他为采访丹尼尔·埃弗雷特提供了帮助；戴维·戈登（David Gordon），卡拉特拉瓦精心扩建的密尔沃基艺术博物馆的前主管，他帮助安排了对圣地亚哥·卡拉特拉瓦的采访，以及蒂娜·卡拉特拉瓦（Tina Calatrava）夫人；谢里尔·米勒（Cheryl Miller），坦普·葛兰汀的执行助理；斯蒂芬妮·史密斯（Stephanie Smith），立木画廊（Lehmann Maupin）的合伙人，她为采访特瑞西塔·费尔南德斯提供了帮助；还有来自创新艺人经纪公司（CAA）的代理人尼克·罕（Nick Khan）和埃文·迪克（Evan Dick），他们都是弗莱迪·罗奇的经纪人。

我还要感谢我的母亲洛蕾特（Laurette），感谢她所有的耐心和爱，她一直是我的头号粉丝。我也一定不会忘记布鲁特斯（Brutus），世界上最好的猫和捕猎大师。

最后，我想感谢所有的先辈们——大师、益友、导师。多年以来，他们慢慢打开了我的眼界，教会了我如何思考。他们的存在和精神贯穿全书。

图书在版编目（CIP）数据

如何在自己感兴趣的领域出类拔萃 / (美) 罗伯特·
格林著 ; 黄淼译. -- 北京 : 九州出版社, 2022.7（2025.7重印）

ISBN 978-7-5225-0933-4

Ⅰ.①如… Ⅱ.①罗… ②黄… Ⅲ.①名人—生平事
迹—世界 Ⅳ.①K811

中国版本图书馆CIP数据核字(2022)第088413号

MASTERY

Copyright©2012 by Robert Greene

This edition arranged with InkWell Management,LLC.

through Andrew Nurnberg Associates International Limited

著作权合同登记号：图字：01-2022-2058

如何在自己感兴趣的领域出类拔萃

作　　者	［美］罗伯特·格林 著　黄淼 译
责任编辑	周　春
出版发行	九州出版社
地　　址	北京市西城区阜外大街甲 35 号（100037）
发行电话	（010）68992190/3/5/6
网　　址	www.jiuzhoupress.com
印　　刷	天津中印联印务有限公司
开　　本	690 毫米 × 960 毫米　16 开
印　　张	29
字　　数	333 千字
版　　次	2022 年 8 月第 1 版
印　　次	2025 年 7 月第 4 次印刷
书　　号	ISBN 978-7-5225-0933-4
定　　价	68.00 元